扬州大学中国史学科丛书　主　编：周新国

淮 扬 文 化 研 究 文 库　副主编：吴善中　王永平　陈景春

南京国民政府时期
劳工社会保障制度
(1927~1937)

THE SOCIAL SECURITY SYSTEM FOR
LABORS IN THE PERIOD OF
NANJING NATIONAL GOVERNMENT
(1927-1937)

刘秀红　著

社会科学文献出版社
SOCIAL SCIENCES ACADEMIC PRESS (CHINA)

总　序

文化是国家综合国力的重要组成部分，是一个民族的"根"和"魂"。一个国家的文化要从深度和广度得到传承与创新，需要国家层面的倡导，也需要政界、学界、企业界等社会各界和广大民众的广泛参与，如此才能有计划、有条理、有主次地践行。

20世纪末以来，我国人文社会科学领域出现了区域化研究的趋势，尤其是21世纪以来，区域文化的研究与发展呈现出更加锐意进取的态势，围绕各大区域文化进行的文化学、人类学、政治学、经济学、社会学、历史学等方面的研究不断深入。随着我国城市化的发展，人们的漂泊感日益增强，个体化的文化传承越来越困难，区域化研究对于文化的传承与创新而言也许是一条反同质化的出路，它可以在宏大的叙述中，保持文化鲜明的个体性和独特性，为文化的传承与创新提供更加鲜活的经验。因此，面对全球化浪潮，从理论和现实角度考察，要实现区域的现代化发展必须高度重视和发挥区域文化优势，挖掘区域文化资源，从而真正使区域文化得到传承和创新。

21世纪初，江苏省人民政府制定的《江苏省2001～2010年文化大省建设规划纲要》曾明确指出，"江苏省在历史演进过程中，形成了吴文化、楚汉文化、淮扬文化、金陵文化等一批特色鲜明的地域文化，以及一批具有全国影响的学术流派，要在加强研究、保护的基础上继承创新，赋予传统文化以新的生命力。"在此规划指导下，江苏省教育厅及时批准成立扬州大学"淮扬文化研究中心"等一批区域文化研究的重点研究基地，以此推进区域文化研究的深入发展。

扬州大学地处苏中，是淮扬文化的核心区域之一，作为淮扬文化区域内唯一的一所省属重点综合性大学，其具有学科门类齐全、多学科交叉融合的显著特点。扬州大学中国史学科是国务院学位委员会和江苏省教育厅公布的中国史一级学科博士点，也是人事部颁布的博士后流动站。该学科包括中国古代史、中国近现代史、史学理论、专门史和自设的教育史、法制史六个二级学科博士点研究方向。此次即将出版的《扬州大学中国史学科丛书·淮扬文化研究文库》即是该学科的学术成果之一，它是"十三五"规划期间江苏省重点学科建设项目"人文传承与区域社会发展"的成果《淮扬文化研究文库》的延续和发展，是一项有重要影响和现实意义的学科建设文化工程。我们相信，该文库丛书的出版必将对中国史学科建设和淮扬文化研究起到积极的推动作用。

衷心感谢所有对扬州大学中国史学科和淮扬文化研究给予指导和帮助的各级领导和各位同仁，衷心期待扬州大学中国史学科和淮扬文化研究取得更多更好的成果。

扬州大学中国史学科丛书·淮扬文化研究文库

编辑委员会

2017 年 6 月

目　录

图表目录

绪　论

　　社会保障（social security）一词来源于 1935 年美国《社会保障法案》（Social Security Act），《国际劳工通讯》1935 年第 15 期将其翻译为"社会安全"。[①] 这个词产生以后即"被有关国际组织及多数国家所接受，成为以政府和社会为责任主体的福利保障制度的统称"。[②] 在这个词广泛使用之前，和西方国家一样，中国也有一些有关社会保障的措施，它们有专门的称谓，如贫民灾民的"赈济救恤"，官员的"致仕养老"等。近代劳工阶层兴起，社会开始对劳工问题有所关注以后，中国出现了一些描述国内外相关社会保障措施的词语，这些词语一方面受到了传统语言词汇的影响，另一方面来自对西方发达国家相关制度和国际劳工组织的公约及建议书的翻译。对其进行分析，可发现它们描述出劳动者遇到劳动风险时应受到保障的各种项目。

　　（1）工伤保障："灾害赔偿""职业疾病赔偿""伤病医药费""伤病津贴""伤病诊治""残废津贴""残废年金""赡养费""遗族抚恤费""遗族年金""丧葬费""慰恤金""殡殓费""棺殓费""伤害保险""灾害预防""职业病预防"等。

　　（2）失业保障："失业救济""解雇费""解雇预告期""退职金""退职待遇""职业介绍""民生工厂""失业保险"等。

　　（3）疾病保障："病假及休养期""病假工资""养病津贴""疾病扶助金""病故抚恤金""疾病保险""健康保险""疾病给付""疗养给

---

①　《美国之社会安全法（附表）》，《国际劳工通讯》1935 年第 15 期。
②　郑功成：《社会保障学》，商务印书馆，2000，第 4 页。

付""家族扶助"等。

（4）生育保障："生产津贴""分娩费""产假工资""产期工资""生育扶助金""哺乳津贴费""分娩津贴""产妇保险""妊娠保险"等。

（5）养老保障："退休养老金""养老金""老年抚恤金""遗族抚恤金""老年保险""老废保险"等。

（6）福利："劳工教育""劳工储蓄""工人储蓄""储金""储蓄金""补助金""强制储蓄""自由储蓄""劳工住宿""劳工住宅""劳工宿舍""劳工新村""劳工娱乐"等。

（7）综合的称谓："劳工福利""劳工保险""劳工抚恤""劳动保障"等。

本书将这些描述劳动者各种风险保障的词语归纳统摄于一个概念："劳工社会保障"，含义为：国家通过立法或实施行政措施，在以产业工人为主体的新型劳工群体遇到工伤、疾病、生育、年老、失业等风险及有基本福利需求时，由社会给予一定的物质帮助或服务，以保障其基本生活并提高其生活水平的一种社会制度。劳工社会保障制度的建立标志着社会保障制度从传统到现代的转型，保障对象从传统的特殊群体扩展为社会中的主要劳动者。在制度建立的过程中，1927~1937年南京国民政府时期是一个关键时期。南京国民政府成立后出台了一系列劳工立法，其中含有大量社会保障条文，同时又建立了相应的行政体系以保障制度的实施，劳工社会保障制度可以说基本成型。

目前对此主题的研究，散见于工人运动史和社会保障史中。《中国工人运动史》第一卷第二章介绍了工人工伤及疾病的基本情况，第四卷第二章第一节谈到此时期的劳工政策、劳工立法、劳工管理机构。① 《中国社会通史·民国卷》专章讨论了民国时期的社会保障体制。② 《中国社会福利史》专章论述了民国时期的社会福利事业。③ 《近代社会保障立法研究》将社会保障内容分为社会救济、社会保险、社会福利等部分，分析

① 刘明逵、唐玉良：《中国工人运动史》，广东人民出版社，1998。
② 朱汉国：《中国社会通史·民国卷》，山西教育出版社，1996。
③ 王子今等：《中国社会福利史》，中国社会出版社，2002。

了此时期的相关立法与政策。① 《中国近代安全史》论述了近代工伤发生情况与政府的劳动安全措施。②

近年来还有数篇有关近代劳工福利、劳工保险的专题论文公开发表。这些论文以民国某段时期政府的劳工政策或立法为研究主题,对其出台的原因、过程、内容及实施效果进行了考察,在肯定其进步性的同时,指出其在实施过程中存在的缺陷。

目前的研究成果有以下不足:首先,缺少将劳工社会保障作为研究对象的专题成果。在劳工问题研究中,工资、工时、女工、童工等问题是其关注的主要方面,对劳工的劳动风险及相应的社会保障论述较少;在社会保障史研究中,重点是贫民灾民的社会救济,对劳工问题关注较少。其次,现有的研究成果梳理了社会保障史的基本脉络,但许多资料未得到有效利用,如民国时期大量的社会调查数据,针对各类劳工的社会保障法规政策等。最后,以往研究多停留在描述现象的基础阶段,较少运用社会科学研究的基本方法,如比较研究法、田野调查法、社会统计法、个案研究法等对问题进行深入分析;研究的视角也较单一:大都从国内社会治理的角度分析政策的出台,缺乏世界社会保障史的研究视野。

本书通过系统地梳理此时期的相关文献资料,分析影响制度建立的因素、立法过程中的利益博弈、制度内容与模式、制度实施及效果,以期深入了解工业化初期此新型的社会制度的发生及运行机制,弥补中国社会保障史研究的不足。同时运用现代化理论分析外源性现代化背景对中国近代劳工社会保障制度建立和制度模式选择的影响,这将会对同类国家的制度研究有一定的借鉴意义。国民党统治地区的劳工社会保障制度在其政权迁台后发展为中国台湾社会保险制度,共产党领导地区的制度在中华人民共和国成立后发展为大陆的劳动保险制度。分析当初模式选择的深层次因素,有助于理解两岸社会保障制度现状及正在进行的中国社会保障改革,为政策制定者进一步完善制度提供历史借鉴。

---

① 岳宗福:《近代社会保障立法研究》,齐鲁书社,2006。
② 孙安弟:《中国近代安全史》,上海书店出版社,2009。

第一章 劳动风险与劳工社会保障立法需求

第一节 民国早期劳工生活状况与劳动风险

一 民国早期劳工的基本情况

民国成立后，我国经历了一个工业迅速发展的时期。北京政府制定的一系列奖励实业的措施及第一次世界大战的爆发，给中国现代工业发展提供了较好的内外部条件。1912~1920 年，中国工业年平均增长率为 13.8%，是整个民国时期增长速度最快的阶段。[①] 伴随着现代工业的发展，劳工阶级的规模迅速增长，成为近现代史上一个重要的阶级。

（一）劳工的数量与职业分布

劳工阶级是中国近现代史上一个新兴的阶级，和机器大生产密切相关的产业工人是其主体。产业工人首先产生于鸦片战争后外国资本在华兴办的新式航运业和使用机器生产的工业中。19 世纪 60 年代洋务运动中清政府开办的近代企业及 70 年代后中国商人自办的近代工业也产生了一些近代工人。1895 年的《马关条约》及其后陆续签订的一系列不平等条约，使外国取得在中国开设工厂、修建铁路、开发矿藏、发展内河航运等特权，外资输入急剧增加，外资在中国开设的企业大量增多。与此同时，中

---

① 〔法〕白吉尔：《中国资产阶级的黄金时代（1911-1937）》，上海人民出版社，1994，第 84~85 页。

国官僚资本和民族资本经营的近代工矿业也有初步发展,从而使这一时期的产业工人队伍也获得了相应增长。1914~1919年第一次世界大战期间,由于欧洲国家忙于战争,暂时减少了商品输出和资本输出,中国民族工业获得了前所未有的发展。同时日、美资本扩张,外资工厂增多导致中国产业工人迅速发展壮大,成为中国近代社会一支新兴的力量。

由于当时社会统计制度不完善,对劳工概念界定也存在差异,因此我们无法掌握中国劳工人数的确切数字。政府所做的相关统计有农商部1912~1920年对工业劳动者及矿业劳动者共9年的统计(不包括外资厂矿,且各年所调查的省份都不完全),交通部对铁路人员的调查。另有来自刊登在当时书刊报纸等的一些学者个人的调查与估计,较为重要的有《工人旬报》对各产业工人人数的估计,这些数字转载于日本学者西川喜一《支那劳动者之现状》一书。

当代学者刘明逵等人对当时的各种统计数字进行研究后,对1894年、1913年、1919年全国产业工人人数和职业类别做了估计,具体见表1-1-1。表1-1-1显示,首先,近代产业工人的人数增长迅速,从1894年到1919年的25年间,人数从11万人增长到288.5万人,增长了26倍多。其次,从职业构成来看,工厂工人人数最多,交通与矿业工人次之。

表 1-1-1　1894 年、1913 年、1919 年全国产业工人人数和职业类别

单位:人

1894 年		1913 年		1919 年	
类别	工人数	类别	工人数	类别	工人数
外资工业交通工人	34000~39000	近代工矿企业工人	700000	中国工厂工人	800000
				外资厂工人	400000
		铁路工人	95000	近代矿业工人	700000
官办工矿交通企业工人	40500~44800			轮船航运业:海员	150000
		轮船航运企业工人	80000	轮船航运业:船务、栈房、码头工人	400000
				铁路工人	165000

续表

1894 年		1913 年		1919 年	
民营近代工矿交通企业工人	33000	邮政电信工人	25000	邮电工人	40000
				电车、汽车工人	30000
				近代建筑工人	200000
合计	约 110000	合计	900000	合计	2885000

资料来源：刘明逵、唐玉良《中国工人运动史》（第一卷），广东人民出版社，1998，第31、52、73 页。

在工厂工人中，根据北京政府农商部的调查，从事织染业的比例最高，其次是饮食业与化学工厂，三者占工人总数的7成至9成。具体见表1-1-2。

近代劳工中，除产业工人外，还有卷入资本主义经济中的其他雇佣劳动者，包括：各种手工业者、苦力运输工人、商业和金融业的普通职工等。据估计，这部分劳动者总人数约2500万。[①] 这些非产业工人是近代劳工阶级的大多数，是中国劳工阶级的重要部分。

（二）劳工的地区分布

由于中国的近代工业是随着外国资本的侵入而建立发展起来的，因此中国劳工集中分布在沿海、沿江及铁路沿线的城市中。法国学者谢诺在《中国工人运动（1919-1927）》中将中国劳工的地理分布划分为6个地区：(1)上海地区和长江口，(2)广州和广东内地以及香港，(3)华中的湖北、湖南，(4)山东的低地中心区，(5)直隶和东北边区，(6)东北平原的南部地区；并认为在这6个地区里，集中了"外国100%和中国95%的棉纺工业，外国100%和中国98%的现代缫丝厂，外国100%和中国75%的面粉厂，外国100%和中国绝大多数的榨油厂，75%打蛋厂，100%卷烟厂，10%炼铁厂，外国93%和中国90%的造船厂，100%的水泥厂，外国95%的新式砖厂和中国83%的土法砖厂，100%毛纱和棉纱厂，外国84%的煤矿（中国只有16%），最后，外国100%和中国70%的金属矿场"。[②] 在这些区

① 刘明逵在《中国工人运动史》中认为，非产业工人包括除各种手工业者、苦力运输工人、农业雇工、商业和金融业的普通职工；总数为400亿，其中农业雇工为1500万。考虑到农业雇工情况复杂，除少数垦殖公司外的雇工外，其他农业雇工和农业有着千丝万缕的联系，其情况与其他非产业工人情况差异较大，因而将其排除后，则非产业工人为2500万。见刘明逵、唐玉良：《中国工人运动史》（第一卷），广东人民出版社，1998，第73~110页。

② 〔法〕谢诺：《中国工人运动（1919-1927）》，载刘明逵：《中国工人阶级历史状况》（第一卷，第一册），中共中央党校出版社，1985，第200页。

表1-1-2　工业工人的职业分布（1912~1920年）

年份（年）	职工总数(1)（人）	织染工厂		机械及器具工厂		化学工厂		饮食物工厂		杂工厂		特别工厂	
		人数（人）	比例（%）	人数（人）	比例（%）	人数（人）	比例（%）	人数（人）	比例（%）	人数（人）	比例（%）	人数（人）	比例（%）
1912	661784	228497	34.53	33267	5.03	154621	23.36	208900	31.57	30720	4.64	5773	0.87
1913	630890	249324	39.52	36697	5.82	94745	15.02	181732	28.81	64352	10.20	4040	0.64
1914	624524	228212	36.54	37515	6.01	119066	19.07	141566	22.67	30004	4.80	9161	1.47
1915	648725	302666	46.66	25965	4.00	119789	18.46	151677	23.38	35085	5.41	13063	2.01
1916	*575854	*286481	49.75	26583	4.62	*111420	19.35	*122575	21.29	*28004	4.86	*1191	0.21
1917	*555592	*293366	52.80	*22338	4.02	*99426	17.90	*106931	19.25	*29411	5.29	*4425	0.80
1918	*488605	*207815	42.53	*24814	5.08	*92754	18.98	*103010	21.08	*30006	6.14	*4159	0.85
1919	*410279	*241229	58.80	*17887	4.36	*66138	16.12	*57093	13.92	*27006	6.58	946	0.23
1920	*413040	*301544	73.01	*17951	4.35	*42002	10.17	*36762	8.90	*13866	3.36	*915	0.22

注：（1）部分年份职工总数与分业统计数目不完全一致，原资料如此。（2）带＊号为不完全统计。

资料来源：转引自北京农商部总务厅统计科《第九次农商统计表》，1924；殷梦霞、李强《民国统计资料四种》（第十册），国家图书馆出版社，2010，第232~236页。其中比例为笔者计算得出。

域中，上海和长江中下游是最重要的地区。根据 1920 年的估计数据，上海全部工业和交通运输业的男、女工人大约有 30 万人。长江下游的无锡、镇江、苏州、南通、崇明和海门等城市还有工人数万人。[1]

近代中国劳工集中在上述这些地区的若干大中企业中。1900~1910 年，雇用 500 工人以上的中外厂矿有 156 家，人数有 240395 人。其中 66 家集中在江苏省，工人数为 102390 人，占总数的 42.59%（见表 1-1-3）。1923 年，上海 500 工人以上的厂家雇工共 157464 人，估计占上海工人阶级总数的一半以上。[2]

表 1-1-3　雇用 500 工人以上的厂矿工人数及地区分布（1900~1910 年）

地区	中国		外国		合计		
	厂矿数（个）	工人数（人）	厂矿数（个）	工人数（人）	厂矿数（个）	工人数（人）	比例（%）
江苏	48	66360	18	36030	66	102390	42.59
浙江	5	5890	—	—	5	5890	2.45
山东	7	7030	2	4200	9	11230	4.67
湖北	9	15529	3	4200	12	19729	8.21
直隶	5	4719	4	14100	9	18819	7.83
广东	38	21620	—	—	38	21620	8.99
湖南	1	600	—	—	1	600	0.25
江西	1	3600	2	1400	3	5000	2.08
福建	1	3407	—	—	1	3407	1.42
河南	1	2230	1	8400	2	10630	4.42
奉天	—	—	8	33080	8	33080	13.76
蒙古	—	—	1	7000	1	7000	2.91
贵州	—	—	1	1000	1	1000	0.42
合计	116	130985	40	109410	156	240395	100

资料来源：刘明逵《中国工人阶级历史状况》（第一卷，第一册），中共中央党校出版社，1985，第 212~213 页。其中比例为笔者计算得出。

（三）年龄与性别

此时期的中国产业工人主要是青年工人。法国学者谢诺针对具有代表性的 13 个工业项目所做的调查显示，中国工人的平均年龄是很低的。上

---

[1] 同上书，第 201 页。

[2] 〔法〕谢诺：《中国工人运动（1919-1927）》，载刘明逵：《中国工人阶级历史状况》（第一卷，第一册），中共中央党校出版社，1985，第 215 页。

海、汉口、青岛和天津的纺织厂有很大一部分是雇用童工的，工人的平均年龄在 20 岁以下。在矿山、铁路这些很少雇用童工的行业中，工人的年龄也偏低。[1] 刘心铨对山东中兴煤矿的调查显示，此矿里工和外工年龄在 35 岁以下的分别占 54.8% 和 66.7%。1925 年北京政府交通部职工教育委员会调查显示，津浦铁路职工 30 岁以下者占 50%，京奉铁路和京汉铁路 35 岁以下职工各占 58.12% 和 48.94%。[2]

此时期童工占很大比例，尤其是在纺织工业中。据谢诺的研究，在 1923~1924 年上海的各种工厂中：39 家中资丝厂中，12 岁以下童工占 15.9%，27 家外资丝厂中，占 41%；18 家中资棉纺厂中，12 岁以下童工占 9.3%，24 家外资棉纺厂中，占 8.0%。[3]

关于工人的性别，北京政府农商部有历年来男女工人人数统计表。此表显示，一般女工占全体工人总数的 40% 左右（见表 1-1-4）。

表 1-1-4　女工人数（1912~1920 年）

年次（年）	全国职工数（人）	全国女工数（人）	女工百分比（%）
1912	661784	239790	36.23
1913	630890	212586	33.70
1914	624524	233398	37.37
1915	648725	245076	37.78
1916	*575854	239954	41.67
1917	*555592	237745	42.79
1918	*488605	181285	37.10
1919	*410279	183589	44.75
1920	*413040	167367	40.52

注：带＊号为不完全统计。
资料来源：转引自北京农商部总务厅统计科《第九次农商统计表》，1924 年；殷梦霞、李强《民国统计资料四种》（第十册），国家图书馆出版社，2010，第 229 页。

（四）工作时间与工资

此时期绝大多数劳工的工作时间为每天 10 小时以上。1925 年对上

---

[1] 同上书，第 189~191 页。
[2] 王清彬等：《第一次中国劳动年鉴》（第一编），北平社会调查部，1928，第 381~384 页，比例为笔者计算得出。
[3] 〔法〕谢诺：《中国工人运动（1919-1927）》，载刘明逵：《中国工人阶级历史状况》（第一卷，第一册），中共中央党校出版社，1985，第 216 页。比例为笔者计算得出。

海、杭州、无锡的工厂进行的调查表明，工厂工人每天工作12小时是很普遍的。最长的，如纺织工，有时工作时间达到18小时（见表1-1-5）。有些外资工厂情况相对较好，如纺织工业有些外资工厂实行8小时工作制。东三省日本人的工厂工人工作时间在9～11小时，平均为9小时58分。[1] 矿工一般采取两班或三班工作制。据现有材料可以看出，各地矿山每日两班交换制者居多，矿工每天工作12小时。交通工人情况较好，铁路工人工作时间皆在9～10小时。[2]

表1-1-5　上海、杭州、无锡工厂工作时间（1925年）

单位：小时

工作	一日工作时间			工作	一日工作时间		
	上海	杭州	无锡		上海	杭州	无锡
纺织工	11～18[(1)]	12～18	12～18	电器工	11～12[(1)]	11～12	11～12
印刷工	11～12	11～12	11～12	造船工	9	9	9
制丝工	10～12[(2)]	12～14	11～12	铁工	10～12[(3)]	10～12	10～12
制袜工	11～12[(2)]	10～14	10～14	面粉工	10～12	10～11	10～11
制纸烟工	12～12	12～12	12～12				

原注：（1）外资工厂多采取8小时制。（2）采计件制者为多，工作时间不定。（3）多为由天明工作至日没。

资料来源：转引自王清彬等《第一次中国劳动年鉴》（第一编），北平社会调查部，1928，第306～307页。

各地劳工全年休息日数因所在行业不同而有所差异，但阴历新年、端午、中秋三节及国庆日、纪念日大都放假休息，其日数不一律。平日假期，各种新式工厂及矿山，有采取星期休息者，每逢星期日休息一日；有采取按月休息者，每逢阴历初一、十五或初二、十六各休息一日。[3]

关于工人工资，1919年北京农商部分饬各省实业厅调查各地工资。[4] 从这次统计来看，工人（除少数技术工人）每日工资最高不超过5角，最低的不及1角，一般在2～3角。由于中国经济社会发展不平衡，各工种之

---

[1]　王清彬等：《第一次中国劳动年鉴》（第一编），北平社会调查部，1928，第305～306页。

[2]　同上书，第323页。

[3]　同上书，第326～330页。

[4]　北京农商部总务厅统计科《第八次农商统计表》，1923，载殷梦霞、李强：《民国统计资料四种》（第九册），国家图书馆出版社，2010，第358～381页。

间、地区之间、产业之间，工资标准差别很大。一般来说，南方工资比北方工资高，沿海地区工资比内陆地区高。各行业工人中，工资最低的是缫丝工人和纺织工人，其次是矿工，工资最高的是金属工人。同一企业中，技术工人比非技术工人、非熟练工人工资要高几倍。工资差别还涉及性别、年龄问题。女工一般工资低于男工，童工所得工资约等于成年工人的1/2到2/3。[1] 上海青年会工业委员会的全国工人月工资统计表显示工人工资水平与一般情况类似，见表1-1-6。相比同时期的资本主义国家，中国工人的工资极低。据日本学者调查，中国工人的工资和美、日两国工人的工资相比较，日本比中国高4.1倍，美国比中国高14.8倍。[2] 谢诺对当时的调查材料进行研究认为，工人工资之低，"简直不足以维持生活"，即使加上其家属的收入，也有相当部分家庭负债。[3] 当时的上海市社会局对305家工人家庭所做的调查显示，认为"单靠工资来维持家用，那么有盈余的不过54家，占17.7%，……工资入不敷出的有251家之多，占82.3%"。[4]

表1-1-6 全国工人月工资统计（1920年代初）

（上海青年会工业委员会调查） 单位：元

种类	粗工						精工					
	男工			女工			男工			女工		
	最高	最低	平均	最高	最低	平均	最高	最低	平均	最高	最低	平均
纺织工厂	12	6	9	10	6	7.5	30	12	26	24	8	12
铁工及机械工	20	10	15	—	—	—	50	20	25	—	—	—
矿场	18	9	14	—	—	—	40	16	22	—	—	—
制丝工厂	12	6	8.5	10	5	7.5	22	6	12	22	6	9
其他工业	16	6	1.8[(1)]	5	3	5.5	30	9	15	20	7.5	12

注：（1）原文如此。

资料来源：转引自刘明逵《中国工人阶级历史状况》（第一卷，第一册），中共中央党校出版社，1985，第386页。

---

[1] 刘明逵：《中国工人阶级历史状况》（第一卷，第一册），中共中央党校出版社，1985，第364~365页。

[2] 同上书，第461页。

[3] 〔法〕谢诺：《中国工人运动（1919-1927）》，载刘明逵：《中国工人阶级历史状况》（第一卷，第一册），中共中央党校出版社，1985，第541页。

[4] 上海市社会局：《上海市工人生活程度》，载李文海：《民国时期社会调查丛编》（城市劳工生活卷），福建教育出版社，2005，第418~420页。

二　劳工面临的劳动风险

劳动风险是指劳动者在生存或劳动过程中所遭遇的风险事故，包括生理变化、职业灾害事故及工作机会丧失等。劳动风险一般包括工伤、疾病、生育、失业、老年等类型。民国以后，随着近代工业在中国的发展，劳动者所面临的劳动风险也越来越大，这严重影响了劳工群体的正常生活。

（一）工伤

传统社会中，劳动者日出而作、日落而息，全靠体力与手工从事经济活动，因工负伤、中毒、致残、致死可能性较小。而工业化生产，使劳动者的职业危险性大大增加。矿山的开发和利用，大机器的使用，冶炼化工、建筑、交通等行业的发展，使劳动者面临种种新型因职业劳动而发生的伤害。

工伤一般指"由于工作直接或间接引起的事故"。[①] 民国时候，一般称工伤为"工业灾害"。对于工业灾害的调查统计，一般按行业进行，主要有工业、矿业等。

1. 矿业

工业发展导致了对煤炭、金属等原材料的需求增长。煤、铁及有色金属等矿业发展迅速，矿工的数目也相应增加。大矿有工人一两万或几千，小矿也有几百人。而矿场在利润的支配下，缺少安全意识，缺乏相应的安全措施，因此矿难次数增长迅速，死亡人数越来越多。从虞和寅《矿业报告》中所载抚顺煤矿历年工人死伤人数表可以看出，1907~1919年，煤矿事故次数由125次增长到4724次，十多年内增长了近38倍。事故次数的增多伴随的是死伤人员数量的增长。1907~1910年，工人死伤每年不足千名，而1913~1919年，死伤人数都在3000~5000人，而1916年，死伤人数则超过了5000人（见表1-1-7）。

---

① 孙树菡：《工伤保险》，中国人民大学出版社，2000，第2页。

表 1-1-7　抚顺煤矿历年工人死伤人数（1907～1919 年）

年份（年）	坑内外事故次数（次）	死者数 采煤夫（人）	死者数 其他 中国人（人）	死者数 其他 日本人（人）	伤者数 采煤夫（人）	伤者数 其他 中国人（人）	伤者数 其他 日本人（人）	死伤合计 采煤夫（人）	死伤合计 其他 中国人（人）	死伤合计 其他 日本人（人）	死伤合计 总计（人）	职工人数 日本人（人）	职工人数 中国人（人）	职工人数 合计（人）	死伤人数占职工人数的比例（%）
1907	125		(14)			(127)			(141)		141	748	395	1143	12.34
1908	203	—	—	—		(209)			(209)		209	973	1449	2422	8.63
1909	356	21		7	(268)		147	(289)		154	443	1055	2153	3208	13.81
1910	570	—	—	1	(466)		122	(446)		123	569	1185	5681	6866	8.29
1911	1901	5	4	1	325	617	151	330	621	152	1103	1421	10572	11993	9.20
1912	1685	6	3	1	717	795	167	723	798	168	1689	1461	12210	13671	12.35
1913	2794	18	4	1	1195	1632	200	1213	1636	201	3050	1871	17946	19817	15.39
1914	3338	24	12	1	1294	1954	195	1318	1966	196	3480	1928	16178	18106	19.22
1915	3440	14	14	1	1252	2226	230	1266	2240	231	3737	2098	18994	21092	17.72
1916	3809	558	538	28	1343	2542	270	1901	3080	298	5279	2336	18781	21117	25.00
1917	3507	55	17	3	1527	2097	185	1582	2114	188	3884	2686	27789	30475	12.74
1918	4130	32	39	—	1636	2768	223	1668	2807	223	4698	3303	35005	38308	12.26
1919	4724	33	17	—	1457	3082	211	1490	3098	211	4799	3737	37057	40794	11.76

原注：（1）1907 年、1908 年及 1909 年、1910 年的部分数据仅有共计数字，特加括弧以识别之。（2）采煤夫均为中国人。死伤人数占职工人数的比例为笔者计算得出。

资料来源：转引自刘明逵、唐玉良《中国工人运动史》（第一卷），广东人民出版社，1998，第 244 页。

死伤人数与职工总数的比例，更能显示出矿难的严重性。抚顺煤矿这统计的 13 年中，每年死伤人数均占总职工人数的 8% 以上。最低为 1910 年，占比 8.29%，最高为 1916 年，占比 25.00%。也就是说，在死伤最高的年份中，每 4 个职工中，就有 1 个在矿难中发生死伤。

保晋煤矿的历年死伤者数与总人数比较表同样显示出矿难发生的严重性：此矿矿工人数虽处于波动中，但死伤者人数增长同样迅速，从 1918 年占矿工总数的 0.76% 增长至 1922 年的 5.96%（见表 1-1-8）。

表 1-1-8　保晋煤矿历年死伤者数与总人数比较（1918~1922 年）

年次 （年）	每日平均人数 （人）	死者数 （人）	伤者数 （人）	死伤者数占矿工总数比例 （%）
1918	793	6	—	0.76
1919	1262	7	8	1.19
1920	2027	16	14	1.48
1921	1136	28	29	5.02
1922	1528	24	67	5.96

资料来源：转引自王清彬等《第一次中国劳动年鉴》（第一编），北平社会调查部，1928，第 355 页。比例为笔者计算得出。

其他煤矿也存在同样的情况。本溪湖煤铁矿 1918 年于半年间的死伤情况为死亡 7 人、重伤 46 人、轻伤 487 人，死伤共 540 人；1919 年为死亡 241 人、重伤 90 人和轻伤 758 人，死伤为 1089 人；1920 年为死亡 41 人、重伤 157 人和轻伤 1236 人，死伤共 1434 人。

关于发生矿难的原因，1929 年 4 月《矿业周报》曾对较大的几次矿难进行总结：

　　中兴煤矿，1915 年 2 月 1 日矿难，死亡 458 人，主要原因是"沼气爆炸，并旧窑积水涌出"。

　　萍乡煤矿，1917 年 8 月 18 日矿难死亡人员为 27 名，原因为"火灾"；1920 年 3 月死亡 48 名，原因是"沼气爆发"。

　　抚顺煤矿，1923 年 10 月 13 日，死亡 69 人，原因为"煤坑爆发"。

　　井陉煤矿，1925 年 3 月 18 日，死亡 20 余人，原因为"沼气爆发"。

抚顺煤矿，1929 年 4 月 9 日，600 名工人生死不明，原因为"矿穴发暴水"。[①]

《矿业报告》中奉天本溪湖煤铁矿 1918~1920 年工人死伤事故表较为详细地记载了事故的原因及死伤亡人数（见表 1-1-9）。从此表可以看出，在这三年中，天板坠落是工伤第一大原因，死伤人数占总人数的 60.95%，煤车轧撞和煤气爆发为第二和第三大原因，分别占 15.61% 和 9.60%。

表 1-1-9　本湖溪煤铁矿工人死伤事故（1918~1920 年）

事故	死亡人数（人）			重伤人数（人）			轻伤人数（人）			总计（人）	比例（%）
	1918 年	1919 年	1920 年	1918 年	1919 年	1920 年	1918 年	1919 年	1920 年		
天板坠落	5	22	16	21	61	101	250	512	879	1867	60.95
煤气爆发	—	214	23	2	10	7	10	14	14	294	9.60
煤车轧撞	—	2	—	9	13	26	82	131	215	478	15.61
坑内出水	2	—	—	—	2	—	1	1	—	6	0.20
机械关系	—	—	—	9	1	—	—	20	3	33	1.08
爆药发破	—	—	—	—	1	1	—	2	—	4	0.13
煤壁塌倒	—	—	—	—	1	—	7	1	1	10	0.33
自转车道及卷扬机	—	1	—	1	—	2	2	2	24	32	1.04
其他	—	2	2	1	4	20	135	75	100	339	11.07
合计	7	241	41	46	90	157	487	758[(1)]	1236	3063[(1)]	100

注：（1）原文总数统计有误，本表中予以改正。（2）1918 年统计时间为 1918 年 7 月至 12 月。

资料来源：转引自王清彬等《第一次中国劳动年鉴》（第一编），北平社会调查部，1928，第 354 页。比例为笔者计算得出。

这些工伤数字一方面显示了矿业劳动环境的恶劣，另一方面则显示出矿业生产中安全意识的淡薄。1920 年 10 月 14 日开滦煤矿矿难，工人死亡 451 名。北京政府农商部在国务会议上提出的议案指出：矿难爆发原因系"由最易引火之旧式安全灯，暨洋监工明知沼气浓烈仍责令工人依旧

[①]　转引自刘明逵：《中国工人阶级历史状况》（第一卷，第一册），中共中央党校出版社，1985，第 319~320 页。

开凿所致……该局不应用罩薄网稀易于引火之旧式安全灯，如早改用新式者，断不至此。是此次遭险，并非出于天然不可抵抗之灾变。……其他救济及预防设备之缺点甚多，如窿中空气之不充足，瓦斯试验器及临时救险器具之不设置，均为酿成惨祸之原因……"[1]

矿业生产安全意识的淡薄，源于对劳工生命权的忽视。"井下的煤，用人工挖，用马车运，要是塌陷的时候，外国工（程）师一定问伤马了没有，至于人的死活，他们不很注意。因为死一马价值百八十元；死一工人，仅出抚恤 40 元，工人的生命，比牛马还贱几倍！"[2]

现代意义上的工伤，包含职业病。职业病是指"劳动者从事生产劳动及其他职业活动中，因接触职业性有害因素而引起的所有疾病"。[3] 但在 20 世纪初，国际上还没有将职业病划到工伤的范围内，因而在此时期的统计中，职业病往往和普通疾病归为一类。但在矿业中，职业病是影响劳工生命健康最重要的因素之一，其危害性并不小于工伤事故。矿工最常见的职业病是矽肺病、结核病、关节炎以及肠胃病。据原唐山老工人李士成等回忆："长期在白掌（开凿岩石巷道的工作面）工作的工人，工作 10 年左右，就有 70%~80% 的人患矽肺病，有的掌子甚至达到 100%。""得了病，就逐渐丧失劳动能力，并很快死亡。"[4]

2. 工业

工业工人所包含类别众多。由于职业不同，工人所接触的有关职业的危险因素不同，危险程度不同，工伤情况差异应该很大。但关于这方面的材料很少。1928 年沪江大学教授兰孙（H. D. Lamson）率其社会问题班学生，在上海、汉口、杭县、芜湖四地作工业灾害调查，共统计了涉及织染、机械及器具、化学、饮食等门类的 26 个工厂，工人 18890 名，其中受工伤人数为 1007 名，占工人总数的 5.33%（见表 1-1-10）。[5]

① 刘明逵：《中国工人阶级历史状况》（第一卷，第一册），中共中央党校出版社，1985，第 330 页。
② 无我：《唐山劳动状况（一）》，《新青年》第 7 卷第 6 号，1920 年 5 月 1 日。
③ 孙树菡：《工伤保险》，中国人民大学出版社，2000，第 2 页。
④ 刘明逵、唐玉良：《中国工人运动史》（第一卷），广东人民出版社，1998，第 249~250 页。
⑤ 邢必信等：《第二次中国劳动年鉴》（第一编），北平社会调查所，1932，第 93~94 页。比例为笔者计算得出。

表 1-1-10　沪江大学教授兰孙所调查的各地工厂灾害工人人数及比例（1928 年）

工厂名称	工人人数（人）	灾害工人数			灾害工人在工人总数中所占比例（%）
		致命（人）	非致命（人）	总计（人）	
上海兵工厂	2600	6	82	88	3.38
汉阳兵工厂	5000	1	215	216	4.32
汉口保昌铁厂	1300	35	102	137	10.54
杭州 Szen Ching 铁厂[1]	12	—	1	1	8.33
杭州 Heng Tai 铁厂[1]	—	—	—	—	—
杭州应振昌铁厂	16	—	2	2	12.50
上海华东机器厂	600	5	11	16	2.67
上海江南造船厂	2120	3	71	74	3.49
沪宁铁路与工厂	400	1	18	19	4.75
沪杭甬铁路工厂	240	2	12	14	5.83
杭州闸口铁路工厂	30	—	5	5	16.67
上海江南造纸厂	520	—	11	11	2.12
Pep Sah Tso 造纸厂[1]	720	4	79	83	11.53
浦东申新面粉厂	890	9	102	111	12.47
上海复兴面粉厂	620	—	32	32	5.16
杭州纬成纺织厂	1300	—	3	3	0.23
汉口升记丝厂	1018	10	89	99	9.72
上海 Hung Teng 丝厂[1]	450	—	23	23	5.11
芜湖 Kong Lee 米厂[1]	376	1	21	22	5.85
上海华生电器工厂	260	1	29	30	11.54
芜湖电厂	250	1	13	14	5.60
陈同记建筑公司	22	—	1	1	4.55
Sin Kee 建筑公司[1]	37	1	1	2	5.41
Chang Tai 建筑公司[1]	43	—	3	3	6.98
Yo Cheng Kee 建筑公司[1]	25	—	1	1	4.00
Lee Yu Chwang 建筑公司[1]	15	—	—	—	—
总计	18890	80	927	1007	5.33

　　原注释（1）：中文原名不详，本书仍沿用英文，以免误译。

　　资料来源：转引自邢必信等《第二次中国劳动年鉴》（第一编），北平社会调查所，1932，第 93~94 页。比例为笔者计算得出。

　　尽管样本有限，且只有一年的统计数据，所得结果有一定的局限，但我们还是可以了解当时各业工人工伤的一些情况。在这些工厂中，工伤率显著超过平均水平的有杭州闸口铁路工厂（16.67%）、杭州应振昌铁厂（12.50%）、浦东申新面粉厂（12.47%）、Pep Sah Tso造纸厂（11.53%）、上海华生电器工厂（11.54%）、汉口保昌铁厂（10.54%）、汉口升记丝厂（9.72%）、杭州Szen Ching铁厂（8.33%）。值得关注的是，在所调查的4家铁厂中，除一家铁厂（杭州Heng Tai铁厂）没有统计数字外，3家铁厂都在高工伤率工厂之列。工伤率最低的是杭州纬成纺织厂（0.23%）。

　　兰孙教授就表1-1-10所列26厂劳工灾害案件，选择了其中130件加以详细分析。关于灾害的原因，兰孙将其归纳为8种（见表1-1-11），其中最主要的原因为"触及正在转动中之机器"，由其导致的工伤事件占总数的26.92%，其次是"灼伤"，占20%。再次为"坠物"，占19.23%。[①] 可见机器等现代化的工作环境是当时劳工工伤最主要的发生原因。

表1-1-11　沪江大学教授兰孙所调查的工厂灾害原因统计（1928年）

灾害原因	件数（比例）（件）
1. 触及正在转动中之机器	35（26.92%）
2. 灼伤	26（20.00%）
甲、化学爆裂	1
乙、因手之接触而生化学作用	15
丙、汽与热水	3
丁、火焰	3
戊、热金属	4
3. 坠物	25（19.23%）
甲、从起重机或上部机器坠下	5
乙、从不稳之物堆上坠下	5
丙、其他	15
4. 处理物件不慎	17（13.08%）
甲、物由手中落下	7
乙、狭边或尖端	5
丙、其他	5

---

　① 邢必信等：《第二次中国劳动年鉴》（第一编），北平社会调查所。1931，第95页，比例为笔者计算得出。

续表

灾害原因	件数（比例） （件）
5. 坠落	16（12.31%）
甲、从房上屋坠下	6
乙、走路不稳坠下	4
丙、从扶梯上坠下	3
丁、从罅隙中坠下	1
戊、其他	2
6. 触动引线	4（3.08%）
7. 由于同伴工人之举动	6（4.62%）
甲、由同伴带来之物击中	3
乙、为同伴挤伤	2
丙、由同伴器具中飞出物件所伤	1
8. 眩晕或中毒气而死	1（0.77%）
总计	130（100%）

资料来源：转引自邢必信等《第二次中国劳动年鉴》（第一编），北平社会调查所，1932，第95页。比例为笔者计算得出。

兰孙统计了这 130 起灾害的结果，见表 1 - 1 - 12。其中死亡占 10.77%，永久受伤占 21.54%，暂时受伤占 66.92%。死亡与永久受伤约占 3 成，[1] 可见工伤对工人及其家庭的危害程度。在永久伤害性质的分析中，可以看出，工伤主要损害的是工人的四肢，[2] 见表 1 - 1 - 13。

表 1 - 1 - 12　沪江大学教授兰孙所调查的工厂灾害结果统计（1928 年）

	死亡	永久受伤	暂时受伤	未详	总计
件数（件）	14	28	87	1	130
百分比（%）	10.77	21.54	66.92	0.8	100.0

资料来源：转引自邢必信等《第二次中国劳动年鉴》（第一编），北平社会调查所，1932。第95页，比例为笔者计算得出。

---

[1]　邢必信等：《第二次中国劳动年鉴》（第一编），北平社会调查所，1931，第 95 页，比例为笔者计算得出。

[2]　同上书，第 96 页。

表 1-1-13 沪江大学教授兰孙所调查的工厂永久伤害性质（1928 年）

伤害性质	人数（人）	伤害性质	人数（人）
缺一眼	2	臂残	5
断手指	8	腿残	5
断足趾	5	足残	1
缺一臂	3	手残	1

资料来源：转引自邢必信等《第二次中国劳动年鉴》（第一编），北平社会调查所，1932，第 96 页。

兰孙所做调查涉及多个行业。此时期对某个具体行业所做的调查，较为系统的有美国基督教浸礼会传教士戴克尔 1924 年所做的《上海工业医院八百八十件纱厂工人病情的分析报告》。由于纺织行业是雇用工人较多的一个行业，而兰孙只是调查了职业总数为 1300 人的杭州纬成纺织厂，所以戴克尔的调查对于我们认识民国时期工业工人的工伤事故情况有重要的价值。[①]

上海工业医院是由美国浸礼会与沪江大学发起，受杨浦区若干工厂主的赞助而创立的。医院经费由各工厂提供，所服务的纺织工约有 15000 人。各工厂所属工人如有受伤、患病等情况，由厂方给予证明卡片，即可按照病情，享受治疗或在药房接受门诊的权利。如果病人需要住院，住院期间的费用也由厂方支付。据戴克尔调查，住院工人有 880 名，约占全体服务工人数的 5.87%，其中工伤人数为 374 名，占全体住院工人总数的 42.50%，占总服务工人数的 2.49%。由于只有伤势较为严重的病人才被允许住院，实际工伤数可能远远大于此数。在因工伤住院的工人中，按年龄和性别进行划分，男工受伤人数最多，为 231 人，其次是童工 100 人，女工则为 43 人。而在纱厂中雇用男女童工的比例一般为 55：25：20。男工受伤比例较高，源于在纱厂中，男工的工作危险性大于女工与童工。但童工和女工的工作危险性大致相同，童工受伤比例较大，显示童工更易发生工伤事故。因为"女工小心而有经验，对于机器的运转较为熟悉，……童工缺乏经验，也不容易教他们懂得机器的危险，而且他们很快就感觉疲劳"（见表 1-1-14）[②]。

---

① 参见戴克尔《上海工业医院八百八十件纱厂工人病情的分析报告》，载上海社会科学院历史研究所：《五卅运动史料》（第 1 卷），上海人民出版社，1981，第 239~248 页。

② 同上书，第 243 页。

表1-1-14　上海工业医院住院疾病人数与工伤事故的百分比（1919~1923年）

工人类别	病人总数（人）	各类工人占总数比例（%）	工伤事故人数（人）	占各类别病人总数的百分比（%）	其他疾病人数（人）	占各类别病人总数的百分比（%）
男工	566	65	231	41	335	59
女工	164	18	43	26	121	74
童工	150	17	100	67	50	33
总计	880	100	374	43	506	57

资料来源：转引自上海社会科学院历史研究所《五卅运动史料》（第1卷），上海人民出版社，1981，第241页。

对于工伤事故的受伤部位统计显示，纺织工人在工伤中上肢受伤比例最高，为42%，这和纺织工人大都在机器旁工作有关。根据对受伤部位的统计，95%为手部或上肢，其次是下肢，为31%，再次为头部和躯干，分别为16%和7%。就伤害性质而言，裂伤为59%，复杂骨折为18%，普通骨折为5%，烫伤为8%。[1]

较为严重的工伤会导致永久残废与死亡。在所有受工伤的工人中，永久残废的比例为25%，死亡的比例为1.8%（见表1-1-15）。[2]

表1-1-15　上海工业医院因工伤事故而致永久残废与死亡的比较（1919~1923年）

工人类别	永久残废（%）	死亡（%）
男工	20	1.7
女工	44	0
童工	29	3
各类共计	25	1.8

资源来源：转引自上海社会科学院历史研究所《五卅运动史料》（第1卷），上海人民出版社，1981，第245页。

女工的永久残废比例最高，占死伤女工的44%。戴克尔研究其原因为，织布车间雇用的多数为女工，在工作中，织布机上尖利的梭子常将不少女工的眼珠刺伤，导致其完全失明或部分失明。死亡率最高的为童工，占死伤童工的3%，这是因为"年幼而无经验的工人，其所发生的工伤事

---

[1]　参见戴克尔《上海工业医院八百八十件纱厂工人病情的分析报告》，载上海社会科学院历史研究所：《五卅运动史料》（第1卷），上海人民出版社，1987，第244页。

[2]　同上书，第245页。

故最为经常而严重"。①

（二）疾病

过长的劳动时间、不洁的居住与工作环境、长期的营养不良都损害了劳工的健康，导致疾病的产生。而医疗条件的不足及贫困引起的家庭在医药费支出方面的困难加剧了疾病的危害性。关于劳工疾病的情况调查不多，除上文提到的戴克尔所做的《上海工业医院八百八十件纱厂工人病情的分析报告》外，还有林颂河对久大精盐公司与永利制碱公司附属医院的调查、北京公共卫生事务所对燕京地毯工厂的调查等。这些调查涉及人数有限，且是针对工作环境相对较好、具有示范性的工厂，但对于我们认识当时工人的疾病情况还是有一定意义的。

戴克尔总结了纺织工厂的工人除工伤外所患的常见疾病为肺结核、非结核性的呼吸病、脚气病、寄生虫病、慢性腿疮，其发病人数占住院工人总人数的比例分别为9%、9%、5%、19%和5%。脚气病、寄生虫病与慢性腿疮这3种疾病应与居住环境与个人卫生习惯有关。而肺结核及其他呼吸病发病率较高，共占发病人数的18%，尤其是女工与童工，占比分别为29%和30%，这类疾病是纺织工厂所特有的。戴克尔认为，纱厂内的漂白粉气味与空气湿热等因素会导致呼吸病的发病与流行。

表1-1-16内"所列的肺结核病人，据临床诊断，都在病菌活跃时期，大多数病势极为沉重。各纺织厂的女工与童工，如果一一详细检查，很可能会发觉肺结核的蔓延范围已达到惊人的地步"。②

表1-1-16　上海工业医院非因工伤事故而发生的疾病的分类 （1919～1923 年）

工人类别	肺结核（%）	非结核性的呼吸病（%）	脚气病（%）	寄生虫病（%）	慢性腿疮（%）
男工	5	7.5	6	22	5
女工	14	15	3	4	10
童工	22	8	0	32	0
各类合计	9	9	5	19	5

资料来源：转引自上海社会科学院历史研究所：《五卅运动史料》（第1卷），上海人民出版社，1981，第246页。

---

① 参见戴克尔《上海工业医院八百八十件纱厂工人病情的分析报告》，载上海社会科学院历史研究所：《五卅运动史料》（第1卷），上海人民出版社，1981，第245页。

② 同上书，第248页。

由于职业病并没有被划入工伤范畴，除工伤事故外，其他的生理上的异常都被认为是自身原因导致的疾病。林颂河在《塘沽工人调查》中附载了久大永利附属医院疾病统计表，表中统计了自 1924 年 10 月 1 日起至 1925 年 9 月 30 日止 1 年内的医院疾病情况。久大精盐公司与永利制碱公司约有工人 900 名。附属医院全年共诊病 9059 次，分科计算为：内科 4080 次，外科 3612 次，皮肤（花柳）科 683 次，眼科 389 次，耳鼻咽喉科 295 次。内科疾病诊病次数最多，占 45.04%。在内科中，"胃肠病实占 1/2，其中以下痢（非细菌性之赤白痢）为最多，约占胃肠病十人之七八。内科全身血液病，仅次于胃肠病，其中感冒亦居中 4/5"。外科疾病诊病次数次之，占总数的 39.87%，其中绝大多数属火伤、烫伤、压伤、跌伤等，发生在永利锅炉工、久大盐锅、永利铁工房及白灰窑等处，可以说是工伤而非普通疾病。"皮肤科有肾囊湿疹和寄生性之疥癣；眼科几乎都是眼睑结膜病，其中沙眼病又居多。传染病多数为疟疾。"① 林颂河对各科各类病人看诊次数最多的伤病进行分析时，认为久大工人常患的疾病，与其工作有直接与间接的关系，具体如下。

"（一）全身血液病的感冒。久大的工作，多是筋力劳动，工人用重大气力后，偶尔受了风寒，就致感冒，暑天热度很高，工人休息时偶尔贪凉，尤其容易生病。……（二）皮肤的炎症。这种病症，除去寄生性外，几乎全因为久大制盐工人，感受湿潮，发生炎肿。……精盐的水分，与蒸气的潮湿，可以算作致病的两大原因，那末这种炎病也可叫作制盐的职业病了。（三）外科的局部炎症。……冬天厂里蒸气弥漫全屋，锅工登湿滑的锅台，铲去锅底所结的盐层，极容易失足落锅内，烫伤四肢。此项烫伤，当在炎症里占一大部分。（四）外科的小损伤。……两厂工人容易受伤。所幸大部分全是小损伤，大损伤十数次，都是永利的压伤跌伤者及外来的病人。……据工人谈话，盐炕工人还容易患染三项疾病，（1）咳嗽，（2）腿部软弱，（3）眼皮结膜。都与盐炕高热度，有直接间接的关系，既没有数字可以证明，不敢断定确否，但是盐炕工人，非有极强壮的身体，不能充任，原是公认的事实。"②

---

① 林颂河：《塘沽工人调查》，载李文海：《民国时期社会调查丛编》（城市劳工生活卷），福建教育出版社，2004，第 884～887 页。
② 同上书，第 808～809 页。

北京公共卫生事务所受北京燕京地毯工厂的委托，代办工厂卫生。该所保健科工厂卫生股的报告也显示了同样的情况。对入厂工人 999 人的体格检查中，发现沙眼的有 893 人，占所有入厂工人的 89.3%，营养不足者占 5.4%。在对各类疾病进行的统计中，包括沙眼在内的眼病占所有疾病的 43.8%，皮肤病占 13.9%，胃肠病占 12.5%。该所分析，"各项疾病之原因，约有 4/10，为工作状况之恶劣。胃肠病，多因工人处于不卫生环境之中。营养不足，由于饮食不良。沙眼由于光线不足与空气恶劣"。并认为，"改造工人环境，为防疫治病之最重要方法"。[1]

除少数工厂外，绝大多数工厂工人在得病时由个人支付医疗费，这对于仅在生存线挣扎的工人来说，是项极大的负担。

（三）生育

民国时期，我国是一个具有高生育率的国家。陈达对当时的政府报告和私人著述中的数据进行研究，认为生育率在 38‰左右。[2] 陈天表估计我国的生育率为 35‰，远远高于英、美等发达国家，和日本、印度等国家处于相同层次，只低于苏联，[3] 见表 1-1-17。

表 1-1-17　世界各地区人口生育率与死亡率比较（1920 年代）

地区	西历年（年）	生育率（‰）	死亡率（‰）
欧洲苏俄	1923	40.9	21.7
意大利	1925	27.5	16.6
美国	1922	22.7	11.9
英格兰及威尔士	1925	18.3	12.2
苏格兰	1925	21.3	13.4
法兰西	1925	19.1	17.7
德意志	1925	20.6	11.9
比利时	1925	19.7	13.1
日本	1924	34.9	20.3
中国	估计	约 35	约 30
英属印度	1921	33	31

资料来源：转引自陈天表《人口问题研究》，黎明出版社，1930，附录一"关于注释的统计材料"，第 24~25 页。

---

[1]　王清彬等：《第一次中国劳动年鉴》（第一编），北平社会调查部，1928，第 351~352 页。
[2]　陈达：《人口问题》，商务印书馆，1934，第 143 页。
[3]　陈天表：《人口问题研究》，黎明出版社，1930，第 24~25 页。

　　高生育率意味着妇女在承担更多的生育风险。而在生育率的统计和估计中，"只算活婴儿，不算死产；所谓死产即指下地时不呼吸或无生气的婴儿"。[1] 因此实际妇女生育的数量多于表面的数字。

　　关于劳工阶级的生育率调查很少。陈华寅对武汉 625 家 3621 人的调查显示，一年内共出生 116 个孩子，生育率为 32‰，[2] 略低于学者对此时期全国生育率的估计。对劳工家庭的生育率的调查相对较多，1920 年代末 1930 年代初所做的调查显示，南京、无锡、武汉、广州等劳工家庭妇女生育孩子平均在 2.5 至 3.3 个，见表 1-1-18。但由于在调查中，"被答问者对于其所生孩数，每将已死孩数隐秘不宣，尤其答问者如为女性时"，[3] 所以实际数量可能高于此数。对武汉家庭的调查也显示，"武汉工人家属生育计 3168 儿女中现存者 2064 人，死亡者 1104 人，则死亡者约有 35%"。[4]

表 1-1-18　1930 年左右劳工家庭妇女生育情况

生孩数（个）	南京[1] 妇女人数（人）	百分比（%）	无锡[2] 妇女人数（人）	百分比（%）	武汉[2] 妇女人数（人）	百分比（%）	广州[3] 妇女人数（人）	百分比（%）
1	411	28.42	57	32.38	254	26.29	37	18.78
2	360	24.90	36	20.45	194	20.08	43	21.83
3	259	17.91	45	25.57	176	18.22	43	21.83
4	189	13.07	20	11.36	104	10.77	26	13.20
5	123	8.51	13	7.38	75	7.76	21	10.66
6	45	3.11	4	2.27	67	6.94	14	7.11
7	35	2.42	0	0	37	3.83	6	3.05
8	12	0.83	0	0	21	2.17	6	3.05
9	7	0.48	0	0	17	1.76	1	0.51
10	3	0.21	1	0.57	14	1.45	0	0

[1]　陈达：《人口问题》，商务印书馆，1934，第 132 页。
[2]　陈华寅：《劳工家庭之生计调查》，载李文海：《民国时期社会调查丛编》（城市劳工生活卷），福建教育出版社，2004，第 751 页。
[3]　余启中：《广州工人家庭之研究》，载李文海：《民国时期社会调查丛编》（城市劳工生活卷），福建教育出版社，2004，第 605 页。
[4]　陈华寅：《劳工家庭之生计调查》，载李文海：《民国时期社会调查丛编》（城市劳工生活卷），福建教育出版社，2004，第 728 页。

续表

生孩数 （人）	南京[1]		无锡[2]		武汉[2]		广州[3]	
	妇女人数 （人）	百分比 （%）	妇女人数 （人）	百分比 （%）	妇女人数 （人）	百分比 （%）	妇女人数 （人）	百分比 （%）
11	1	0.07	0	0	2	0.21	0	0
12	1	0.07	0	0	3	0.31	0	0
13	0	0	0	0	1	0.10	0	0
14	0	0	0	0	1	0.10	0	0
总计	1446	100	176	100	966	100	197	100
平均生孩数	2.77		2.52		3.30		3.27	

注：（1）陈华寅：《南京工人家庭研究》，第647~648页，妇女人数、百分比及平均生孩数为笔者计算得出。（2）童家埏：《无锡工人家庭研究》，第675页，平均生孩数为笔者计算得出。此次调查对象为16~45岁妇女。（3）陈华寅：《劳工家庭之生计调查》，第731页，妇女人数、百分比及平均生孩数为笔者计算得出。（4）余启中：《广州工人家庭之研究》，第605页，调查时间为1934年1月至4月。

资料来源：除注中涉及文献外，还参见李文海《民国时期社会调查丛编》（城市劳工生活卷），福建教育出版社，2005。

　　生育行为对妇女身体健康影响很大，但此时期调查显示，用于生育上的支出占家庭总支出比例很低，这加大了生育行为对妇女的风险。杨西孟对1927~1928年上海工人生活程度的调查显示，所调查的230家工人家庭中，有生育情况的17家，生育费最高为30元，最低为0.62元，平均为4.55元。而且，这些花费是连生孩子后置酒请客的费用也计算在内的，所以真正用于接生和药品的费用是很少的。杨西孟评论当时的情况："在我们国度里，一般的人们对于科学的医学知识很缺乏，遇着家庭里生养孩儿的时候，虽然知道是关系生死的一件要紧的事，但也只依据'死生有命'的信仰，请一个一知半解的接生婆，凭着传统的经验，冒冒失失地希图把难关闯过。……结果便是把产妇和婴儿的生命当作抽彩一般，乞灵于机会的恩惠罢了。"[1]

　　上海市政府社会局1929年4月至1930年3月间，对上海工人305个家庭所做的调查显示，这一年有接生费的为23家，平均每家2.32元，其数额能予以相比的有娱乐（2.256元）、理发（2.430元）、购买肥皂（2.592

────────────

① 杨西孟：《上海工人生活程度的一个研究》，载李文海：《民国时期社会调查丛编》（城市劳工生活卷），福建教育出版社，2004，第296页。

元）、敬神祭祀（3.984 元）、购买高粱酒（3.417 元）、购买黄酒（4.436 元）、应酬（4.125 元），远远低于购买香烟（11.123 元）、购买土烟（11.961 元）、赌博（16.078 元）、喜庆（56.005 元）、丧葬（37.995 元）等支出。[①]

而妇女参加现代经济劳动使其承受的生育风险又增加了一些不可知的变数。"家庭生活的另一变化是外出谋生的妇女和孩子人数的增加，因为做父亲的工资不足以养家。"[②] 北京政府农商部调查显示，1912～1920 年，工厂女工占全体职工人数的 40%左右。在缫丝、纺织等行业，女工更是占职工的绝大多数。在家庭中，女工的收入占据重要的位置。由于没有劳动保护的相关法律，女工怀孕后请假会被扣除工资或失去工作继而失去收入，许多贫困家庭的女工在怀孕后仍在工厂工作，直到生产。在上海日商内外棉纱厂中，"日本厂主不准孕妇请假，而且如被发现，还要开除。因此，许多怀孕女工在繁重的劳动下小产了；许多女工怀胎六、七个月，不得不用宽布带子把腹部扎起来，以避开日本厂主的眼睛。有的女工直到临产前还在车间工作，孩子养在厕所里"。[③]

唐海在《中国劳动问题》中讲到他的亲身经历：

> 我在三新纱厂里做工的时候，厂里有一个江北妇人，她是在粗纱间做工的，身体很强壮，有身孕已经满十个月了，然而她为了生计问题，依旧在厂里做工，有一天，她觉得腹痛起来，她心里想或者胞儿要下地了，……要是不做完这一工，是要扣工钱的，还是做完了工作，等放工时出去罢，于是她依旧在厂里做工，直到放工汽笛吹了，她才捧着肚皮出去，便是还不曾走出门口，而胞儿已经下地了。[④]

恶劣的劳动环境和生活条件导致了女工所生婴儿的高死亡率。1964

① 上海市社会局：《上海市工人生活程度》，载李文海：《民国时期社会调查丛编》（城市劳工生活卷），福建教育出版社，2004，第 418～420 页。

② 〔法〕谢诺：《中国工人运动（1919-1927）》，载刘明逵：《中国工人阶级历史状况》（第一卷，第一册），中共中央党校出版社，1985，第 561 页。

③ 上海社会科学院历史研究所：《五卅运动史料》（第 1 卷），上海人民出版社，1981，第 226 页。

④ 唐海：《中国劳动问题》，光华书局，1926，第 261 页。

年 8 月对上海日商内外棉纱厂纺织车间生过孩子的退休女工进行的调查显示，"28 个女工，在旧社会共生过 169 个孩子，死亡了 108 个，死亡率高达 63.9%"。①

（四）失业

失业是现代工业社会的普遍现象。民国时候，由于战争对经济秩序的破坏、外国资本的侵入及本国经济落后等，失业情况更加普遍。南京国民政府成立之前，官方并没有对失业情况进行过相关统计。1927 年后，一些城市开始对各产业工人、店员的失业情况进行调查，如汉口、北平、杭州。1928 年冬，汉口特别市党部对武汉工人及店员进行调查后估计，武汉产业工人约 205000 人，平均各厂因减少生产而失业的工人，约占工人总数的 20%，即约有 41000 人。② 北平市社会局在 1929 年通令该市各行商会呈报失业职工数，据此编制的 1928 年下半年至 1929 年上半年各行失业职工统计表显示，1928 年 6 月时职工总数为 91476 人，一年内失业人数为 29902，失业职工占职工总数的 32.69%。③ 1929 年杭州市政府调查显示，杭州的失业人数为 6500 人。④ 1930 年 6 月杭州市总工会调查显示，各级丝织工会失业人数为 5832 人。⑤

一些城市为了解工会的情况，对工会会员的失业情况进行了调查，如上海、天津、广州等。上海市社会局于 1928 年两度对各工会职工失业情况进行调查。第一次调查显示，全市 10 个行业 380 个工会，会员总数为 384251 人，失业会员为 75584 人，失业率为 19.67%。第二次调查显示，10 个行业 187 个工会，会员总数为 155069 人，失业会员为 10009 人，失业率为 6.45%。⑥ 1930 年 1 月，天津市政府调查工会会员就业与失业人数结果显示，在 17 个行业中，工会会员有 26532 人，就业会员有 23890 人，

---

① 上海社会科学院历史研究所：《五卅运动史料》（第 1 卷），上海人民出版社，1981，第 227 页。
② 邢必信等：《第二次中国劳动年鉴》（第一编），北平社会调查所，1931，第 112 页。
③ 同上书，第 114~115 页。
④ 同上书，第 115 页。
⑤ 同上书，第 116 页。
⑥ 同上书，第 109 页。

失业会员为 2642 人，失业会员占会员总数的 10%。[1] 1929 年广州市建设厅调查显示，广州工会工人共有 39104 人，失业 10104 人，失业率为25.84%。[2] 1930 年广州市政府统计股与社会局共同进行的调查显示，全市会员人数为 52563 人，失业会员为 15875 人，失业率为 30.20%。[3]

从上面的调查可以看出，各城市的失业情况有较大差异。一方面，这与统计失业人数的技术有关，如有的调查用填表的形式，有的据报纸所载数据进行统计，有的是各行业的自行呈报，这使统计数字或多或少有些偏差；另一方面，这也与各城市的行业结构不同有关。如一些行业受外界经济形势影响很大，这些行业的不景气大大影响了总的失业率。如天津，在1930 年进行调查时，该市提花工厂停业者二百余家，致提花工会工人失业者达 2539 人，佔占该工会总人数的 84.6%。[4] 但总体而言，当时的失业率在 20% 至 30%，应该是可信的。

关于失业的原因，上海市社会局在进行第二次工会职工失业统计时，对失业工会职工所填写的 1215 份表格进行了分析，结果见表 1-1-19。

表 1-1-19　上海工会职工失业原因及人数（1928 年）

失业原因	失业人数（人）	百分数（%）	失业原因	失业人数（人）	百分数（%）
因一般之劳动状况			加入工会	50	4.11
停业闭厂	160	13.17	参加罢工	11	0.91
意外事变	14	1.15	出于职工之主动者		
更换资方	62	5.10	意见不合	82	6.75
出于资方之主动者			工资微薄	32	2.63
无故开除	358	29.46	自行辞职	87	7.16
裁减工人	260	21.40	资方压迫	9	0.74
因病被裁	65	5.35	待遇不良	2	0.16
年老被裁	5	0.41	不明	18	1.48

资料来源：转引自邢必信等《第二次中国劳动年鉴》（第一编），北平社会调查所，1932，第 110 页。

---

[1]　邢必信等：《第二次中国劳动年鉴》（第一编），北平社会调查所，1931，第 111 页。
[2]　同上书，第 113 页。
[3]　同上书，第 108~113 页。
[4]　同上书，第 111 页。

从表中分析，导致劳工失业最主要的原因为：无故开除（29.46%）、裁减工人（21.40%）、停业闭厂（13.17%）。此三项导致的失业人数占总失业人数的64.03%。从劳动力的供需双方来看，出于资方之主动者，占61.65%，出于职工之主动者占17.45%，[1] 可见在劳资供需双方中，资方占有优势，成为劳工失业的主导者，八成多的职工属非自愿性失业。

关于失业的时间，从表1-1-20可以看出，失业一个月以上者占总失业人数的97.45%，失业六个月及以上者，占51.93%。由于工资收入是劳工家庭的主要经济来源，因此失业会严重影响劳工家庭的生活。在上海的这次调查中，男性失业职工占大多数（男8652人，女1084人，童工273人），而男性收入往往为家庭主要收入，因此其失业对家庭生活的影响更大。[2]

表1-1-20　上海工会失业职工失业时间 （1928年）

失业时间	失业人数 （人）	百分数 （%）
不及一月	16	1.31
一月至二月	125	10.28
二月至四月	202	16.62
四月至六月	226	18.60
六月以上	321	26.42
一年以上	310	25.51
不明	15	1.23

资料来源：转引自邢必信等《第二次中国劳动年鉴》（第一编），北平社会调查所，1932，第110页。

三　家庭保障功能的弱化

在传统社会中，劳动者所遭受的各种劳动风险主要由家庭提供保障。家庭作为一个由家庭成员组成、以土地作为生产资料的生产和生活共同体，在家庭成员遭遇疾病、生育、年老等风险时能对其提供经济上

---

① 邢必信等：《第二次中国劳动年鉴》（第一编），北平社会调查所，1931，第110页。
② 同上书，第110页。

的支持和生活上的照料。在家庭出现特殊风险的情况下，宗族社区也会提供一些帮助。但近代以来，劳动力向城市的流动与城市劳工家庭结构发生的变化使家庭宗族保障功能弱化，家庭与宗族社区在日益增强的现代劳动风险下已无法提供足够的保障。

（一）农村劳动力流入城市，脱离原有的家庭宗族保障结构

城市劳工多数来自农村，他们离开了土地，也离开了以土地为基础的家庭宗族保障。谢诺的研究指出，大多数工人以前都是农民，"在农业危机压力下离开土地的农民，都是在农村里不能再生活下去的农村劳动力和小土地所有者。长江北岸的江苏地区，那里的生活很苦，蕴藏着大批劳动力经常不断地供应上海、无锡和长江口的其他工业中心。许多棉纺织工人、缫丝工人、人力车夫和码头工人都是从那里来的。同样，从人口过剩的山东来的贫苦农民，提供华北和东北的矿山、工厂和铁路的劳动力"。[①]1926 年 3 月，北京政府农商部特派专员视察江浙两省，调查工人籍贯，本地人居 30%，近乡人居 27%，他省人居 43%。其中，上海工厂工人中，江北人占 40%，本地人占 30%，他省人占 30%。日本学者西川喜一观察认为，上海工厂本地人占 35%，近乡人占 25%，他省人占 40%。[②] 这些数据说明，江浙主要工业区的工人 7 成来自外地。这些农民离开农村，也离开了家庭宗族保障的范围，因而当他们在城市里遭受各种劳动风险时，他们也就无法从家庭、宗族、邻里社区那里获得相应的帮助。

（二）城市劳工家庭结构变小，保障功能变弱

传统的大家庭制度是由夫妇、子女、父母、妯娌等直系和旁系亲属构成的。大家庭中，人口多，劳动力也多，这有利于风险的分担。但在民国后，这种大家庭制度式微，渐被西洋式小家庭制度代替。"孩子少，家里没有地方给老人、年龄较大的或没有工作的同辈住，也负担不起他们。"[③]一些调查显示，工人家庭一般只是夫妻加两三个孩子（见表 1-1-21）。

---

① 〔法〕谢诺：《中国工人运动（1919-1927）》，载刘明逵：《中国工人阶级历史状况》（第一卷，第一册），中共中央党校出版社，1985，第 169 页。
② 邢必信等：《第二次中国劳动年鉴》（第一编），北平社会调查所，1931，第 359 页。
③ 〔法〕谢诺：《中国工人运动（1919-1927）》，载刘明逵：《中国工人阶级历史状况》（第一卷，第一册），中共中央党校出版社，1985，第 560 页。

表 1-1-21　1930 年左右工人家庭人数

户数	每户平均人数（人）	行业
262（杭州）[a]	4.44	可能是棉纺工人
230（上海）[b]	4.76	棉纺工人
100（商务印书馆）[c]	4.42	印刷工人
100（杨树浦）[d]	4.11	可能是棉纺工人
85（上海邮政）[e]	5.20	邮政工人
1125（武汉）[f]	3.23	各种工人
1484（南京）[g]	3.68	各种工人
65（南京）[h]	4.90	军工工人，铁路工人，纺织工人
61（久大精盐厂）[i]	3.72	盐厂工人

原注：（a）《中国经济杂志》，1931 年 3 月。（b）杨西孟：《上海工人家庭生活程度的一个研究》，第 24 页，北平，1931 年。（c）《中国经济杂志》，1931 年 9 月。（d）《中国经济杂志》，1931 年 8 月。（e）同上。（f）《中国经济杂志》，1931 年 3 月。（g）同上。（h）同上，1931 年 9 月。（i）林颂河：《塘沽工人调查》，第 71 页，北京，1928 年。

资料来源：转引自刘明逵《中国工人阶级历史状况》（第一卷，第一册），中共中央党校出版社，1985，第 559 页。

城市里工人家庭收入的主要来源是工资。据调查，上海纱厂工人工资收入占总收入的 95.5%，塘沽工人收入占比为 94.8%，广州工人收入占比为 89.84%，上海普通工人为 87.3%。[1] 由于工资微薄，一家之中，做父亲的一个人的收入往往无法负担家庭，妇女与孩子也大量地进入劳动力市场。谢诺的研究认为："每家差不多总是有两个以上挣工资的人，就是说，占家庭成员的一半或一半以上。"[2] 即使这样，工人家庭也往往入不敷出。一旦出现家庭成员失业、生病、死亡等风险时，就只能依靠借债度日。上海市社会局对 305 个工人家庭进行的调查显示，借款的家庭占家庭总数的 88.2%，有当物的家庭占 78.0%。[3] 而他们能借款的地方有限，往往只能求助于高利贷者。而一旦借了高利贷，家庭便面临无法解脱的经济压迫。上海市社会局在做工人生活程度调查时就记录了许多陷入高利贷困

---

[1]　上海市社会局：《上海市工人生活程度》，载李文海：《民国时期社会调查丛编》（城市劳工生活卷），福建教育出版社，2004，第 357 页。

[2]　〔法〕谢诺：《中国工人运动（1919-1927）》，载刘明逵：《中国工人阶级历史状况》（第一卷，第一册），中共中央党校出版社，1985，第 561 页。

[3]　上海市社会局：《上海市工人生活程度》，载李文海：《民国时期社会调查丛编》（城市劳工生活卷），福建教育出版社，第 363 页。

境的工人的诉说，其中讲到一个例子："某工人家庭有母妻子二（未成年）弟一，妻和弟也各有职业，每月工资收入约 40 余元，本来尚可度日。去年以其父去世，负下百余元的债务，又受了重利的盘剥，一年之后，积到了 300 余元，一个月要付的利息有 30 多元的，尽一月所入，仅供还债，遑云生活？"① 面临债务危机的工人，缺少家庭保障外的其他救济途径，往往被逼上绝境："浦东某工人，借了一个印度巡捕的印子钱，本息积至数百元，无力偿还，以印人的要挟，把自己的女孩嫁给印人偿债，后以不堪印人蹂躏，诉诸法庭。这种惨痛的经济压迫如自杀、卖子女，流为盗匪，报上几乎天天可以见到。"② 显然传统的家庭保障在面对上述各种风险时已无法行使相应的功能。这就要求适应现代社会的保障模式的建立。

综上所述，民国前期，伴随着我国工业现代化的起步，我国劳工数量增长迅速，他们集中分布在沿海、沿江及铁路沿线的地区。他们工作时间长，工资微薄，还要面临着工伤、疾病、生育、失业等现代劳动风险。同时人口的流动与家庭结构的变化削弱了传统的家庭保障功能。因此，新型劳工社会保障制度的建立成为必要。

第二节　西学东渐背景下的劳工社会保障立法诉求

到民国成立时，西方一些发达国家已经建立起较为完善的劳工社会保障制度，通过立法解决劳动风险问题已成为一个国际共识，这种理念传入中国后，得到中国知识界、劳工界和政界的认同，并体现于各界的活动中。

一　西方近代劳工社会保障制度和理念的传入与影响

（一）西方近代劳工社会保障制度和理念的传入

西方发达国家在早期工业化过程中，都曾面临着各种劳工问题，如工作时间长、工资低下、劳动条件恶劣、工伤和职业病频发等。伴随着这些问题的是劳资关系日趋紧张，劳工运动不断高涨，社会矛盾尖锐。最早工

---

① 上海市社会局：《上海市工人生活程度》，载李文海：《民国时期社会调查丛编》（城市劳工生活卷），福建教育出版社，2004，第 363 页。

② 同上书，第 363 页。

业化的英国，为了解决劳工问题，在 19 世纪初开始实行工厂立法，规范劳动关系，保护劳工的权利和利益。1802 年英国议会通过的《学徒健康与道德法》标志着现代意义的劳动法的产生。这之后的 30 年中，又直接用"工厂法"的名称通过了几部法律。最初的工厂法主要限制童工年龄和劳动时间，而后工厂法涉及的范围逐渐扩大，增加了安全卫生、工人教育、工资支付等方面的内容。继英国之后，其他西方国家也陆续颁布了工厂法：法、比二国于 1813 年，瑞士于 1815 年，德国于 1839 年，意大利于 1843 年，俄国于 1845 年，挪威于 1860 年，瑞典于 1864 年，加拿大于 1867 年，丹麦于 1873 年，新西兰于 1891 年分别颁布了工厂法。亚洲国家中，印度于 1881 年、日本于 1911 年也颁布了第一个工厂法。

在工厂立法中，劳动风险的防范与救济只是其中一小部分内容，但这部分内容表明了劳动风险由雇主负责的一个立法原理。而德国社会保险立法的出台使现代社会保障制度进入一个新的发展阶段。1870 年代，德国在统一以后扫除了经济发展的障碍，工业发展迅速，同时也发生了严重的劳资矛盾。在社会民主党的领导下，德国工人运动日益高涨，它强烈要求政府实施保护劳工的政策，同时自发组织各种互助储金会等，迫使当局考虑社会保障问题。这时德国出现了鼓吹劳资合作、实行社会政策的学派即新历史学派，该学派主张国家直接干预经济生活，承担起文明和福利的责任。这种主张对统治者的影响很大。1883~1889 年，德意志帝国议会先后制定了疾病保险法、工伤保险法与老年和残疾保险法，从而成为世界上第一个有比较完整的社会保障立法的国家。这些法律强制雇主和工人遵守，通过雇主和工人双方缴费或雇主单方负担的方式建立基金，在工人遇到疾病、生育、工伤、年老等风险时保障其基本生活。社会保险具有责任分担与互济性的优点，在政府立法强制参加、建立基金并承担最终责任的情况下，社会保险成为规避劳动风险的最佳方式。因此，德国的社会保险制度建立后，西欧、北欧国家及部分东欧国家纷纷仿效。1890~1919 年，许多国家建立了现代的社会保险制度，其中建立养老保险制度的有丹麦、奥地利、英国等 16 国，实行疾病保险制度的有比利时、瑞士、英国等 9 国，实行失业保险制度的有英国、法国、西班牙等 9 国，实行工伤保险制度的有美国、波兰、南非等 37 国。①

　　与资本主义国家社会保险制度相对应的是，苏联建立了社会主义的现代社会保障制度——国家保险制度。十月革命胜利后，从 1917 年 11 月至 1922 年，列宁亲自审批和签署了 100 多项关于劳动者社会保险和福利方面的法令。② 1918 年，《苏俄劳动法典》出台，同年《劳动者社会保障条例》被批准。1921 年重新规定了从事雇佣劳动的工人和职员的社会保险。从 1924 年起，开始逐步实行依据劳动贡献和残废的轻重及原因按个人的实得工资计算领取残废金的办法。1928 年，决定在纺织工人中首先实行养老金制度，而后逐步扩大享受养老金者的范围。苏联全体工人和职员均适用于国家社会保障制度，保险费由企业和国家负担，各种保险由统一的保险组织办理。

　　通过建立社会保障制度解决劳动风险，这种理念于 20 世纪初传入中国。早在 1910 年 1 月 20 日，《申报》就刊登了章乃炜译自《伦敦时报》的文章《英国保护幼年劳工策》，介绍英国针对幼年劳工的福利政策。③ 1912 年 7 月《东方杂志》第 9 卷第 1 号载有杨锦森翻译的《德国待遇工人之种种》一文，对德国的社会保障制度已有所提及。④ 1918 年 3 月，《东方杂志》第 15 卷第 3 号刊载了君实（章锡琛）所译《劳动者失业保险制度》，此文介绍了失业保险的三种形式：自治制度、公共自由制度和强制制度，也即近代失业保险制度发展的三个阶段。文章最后还介绍了学术界关于失业保险费负担方式的基本观点。⑤ 1919 年 3 月、5 月、6 月出版的《东方杂志》第 16 卷第 3 号、第 5 号、第 6 号上，连载了君实的《劳动者疾病保险制度》，文章重点介绍了疾病保险的历史发展过程、德国的强制疾病保险制度、现代疾病保险的种类及其他和疾病保险有关的保险制度。⑥ 1920 年 5 月，《新青年》杂志第 7 卷第 6 号劳动节纪念号发表

---

① 张彦、陈红霞：《社会保障概论》，南京大学出版社，1999，第 29 页。
② 陈冬红、王敏：《社会保障学》，西南财经大学出版社，1996，第 43 页。
③ 章乃炜译：《英国保护幼年劳工策》，《申报》第 13276 号，1910 年 1 月 20 日，第 26 版。
④ 杨锦森译：《德国待遇工人之种种》，《东方杂志》第 9 卷第 1 号，1912 年 7 月。
⑤ 君实：《劳动者失业保险制度》，《东方杂志》第 15 卷第 3 号，1918 年 3 月。
⑥ 君实：《劳动者疾病保险制度》，《东方杂志》第 16 卷第 3 号，1919 年 3 月；君实《劳动者疾病保险制度（续）》，《东方杂志》第 16 卷第 5 号，1919 年 5 月；君实《劳动者疾病保险制度（完）》，《东方杂志》第 16 卷第 6 号，1919 年 6 月。

李泽彰所译《俄罗斯苏维埃共和国劳动法典》。法典共 9 章 137 条，后附"关于补订第 76 条附则关于失业补助费规则"16 条、"补订第 80 条的附则关于劳动小册子的规则"8 条、"补订第 5 条的附则，决定丧失工作能力规则"18 条、"关于支给工人疾病补助费的规则"8 条。这些内容包含了在计划经济条件下，劳动者在遭受年老、残废、疾病、工伤、生育等风险的情况下所享有的待遇及免除强迫劳动的权利。① 1920 年 10 月《东方杂志》第 17 卷第 19 号上发表了若愚的《德国劳工各种保险组织》，文章介绍了德国疾病、伤害、老年及残废、失业四种保险组织和保险费的负担制度。②

　　一些劳工问题研究著作介绍了国外的社会保险制度。如 1927 年马超俊所著《中国劳工问题》在第六章"工人保险"中，介绍了德、美、英的健康保险，美、英的失业保险，德、美的养老及废疾保险和寡妇孤儿保险。③ 1927 年郑行巽《劳工问题研究》在第六章"工人保险"一章中，介绍了德国、挪威、英国的意外保险制度，德、英的疾病保险制度，德、丹麦的养老金制度，比利时干底制和英国的失业保险制度。④

（二）西方近代劳工社会保障制度和思想传入的影响

　　劳工社会保障思想的引入，促进了知识界用劳工社会保障制度解决劳工问题的思考，改变了中国人对传统社会保障的认识，即在面临新型的劳动风险时，认识到除家庭外，还有一种新的解决问题的方法，这种方法更适应现代社会的需要，有利于日益壮大的劳工阶层之基本生活的保障和社会问题的消弭。

　　1925 年邵元冲在其所著《劳动问题之发生经过及现代劳工事业之发展》中认为增进劳工地位及利益的事业有：制定劳动法、举办劳工介绍所、实施社会保险制度、给予劳工参与管理权、进行工业教育、设立纷争调查及判断机关。⑤ 可以看出，这些内容大都是关于劳工救济、劳工保险与劳工福利等社会保障方面的内容。

---

① 李泽彰译：《俄罗斯苏维埃共和国劳动法典》，《新青年》1920 年第 7 卷第 6 号（劳动节纪念号）。
② 若愚：《德国劳工各种保险组织》，《东方杂志》第 17 卷第 19 号，1920 年 10 月。
③ 马超俊：《中国劳工问题》，民智书局，1927。
④ 郑行巽：《劳工问题研究》，世界书局，1927。
⑤ 邵元冲：《劳动问题之发生经过及现代劳工事业之发展》，民智书局，1926。

1926 年唐海在其所著《中国劳动问题》第三编《劳动者幸福之设施》中，认为幸福设施指"在工资之外，雇主当设法增进雇佣者的健康与卫生，以改除他们灵肉上的劳动"。其内容及手段有下列几种：（1）保健。包括采光、换气、保湿、润湿、饮食、更衣、化妆、检查身体、急救、诊疗及危险的预防、运动、不扣工资的休假、卫生机关的设备。（2）教化。包括学校、演讲、修养、图书。（3）娱乐与慰安。包括祝祭、演艺、运动与远足、谈话、不道德之排除、工场内外之美化。（4）经济。包括利润分配、赏予金、借给、疾病灾害的扶助与救济、养老年金、住宅、贮金、金融、日常用品的斡旋。① 这些内容大部分属于劳工保障与福利。

1927 年马超俊所著《中国劳工问题》将劳工问题分为工作问题（包括工作时间和工资）、女工与童工问题、失业问题；在论述解决劳工问题的办法时，除组织工人团体外，其他都与建立劳工社会保障有关。如在失业方面，主张提倡职业教育，多设劳工介绍机关；举办工人教育，实施教育福利；举办工人保险，包括健康保险、失业保险、养老及废疾保险、寡妇孤儿保险；实施工人储蓄等。②

这种思想的影响并没有停留在字面上或只限于知识阶层。因为在民族危机和社会危机异常严峻的情况下，各种解决社会问题的方法在中国都能很快受到重视，并被纳入实践。以中国共产党、中国国民党为主的政治党派在其政治斗争目标中，都将建立劳工社会保障作为解决劳工问题的一种重要手段。各劳工团体也将争取劳工社会保障权利作为主要奋斗目标之一，并以争取会员的劳工福利作为本团体的主要职能。此时期风起云涌的罢工斗争，也显示了劳工团体在社会保障方面的强烈诉求。

二　国际劳工组织与中国劳工社会保障立法

在西方社会保障思想对中国的影响中，国际劳工组织的作用不可忽视。国际劳工大会通过的社会保障立法使中国人对其国际标准有了一个基本认识，国际劳工组织的活动对中国政府形成一种压力，促使其重视劳工

---

① 唐海：《中国劳动问题》，光华书局，1926，第 275～276 页。
② 马超俊：《中国劳工问题》，民智书局，1927。

的社会保障问题。

（一）国际劳工组织的劳工社会保障立法

1919 年国际劳工组织成立，中国作为国际联盟的原始会员国加入国际劳工组织。国际劳工组织致力于促进各会员国进行包括社会保障在内的劳工立法，改善世界劳工生活的状况。《凡尔赛和约》第十三章序言中提到建立国际劳工组织的目的："兹因国际联盟之主旨，为谋世界之和平，而以此种和平，非以社会公平为基础，莫能实现。又因现在之劳动状况，使大多数人民感受不公，困苦及穷乏，以致怨恨丛生，危及世界之和平与调和。此种情形之改良，实为亟图。例如规定工作时间，使每日每周之工作时间，有最多之限制，规定劳工之供给，招募，防止失业危险，保障足以维持相当生活之工资，工人染受普通或职业疾病及因工作而受伤害，应予保护，儿童青年妇女之保护，设置养老金及残废抚恤金，保护工人侨居外国者之利益，承认自由结社之原则，组织职业及技术教育以及其他类似之办法。又因任何国家，倘若不采用真正合乎人道之劳动制度，则必致妨碍其他国家改良其本国劳工状况之进行"，①　因而成立国际劳工组织以协调各国劳工立法。国际劳工组织包括国际劳工大会、理事院、国际劳工局三大机关。国际劳工大会"每年聚集各会员国之政府、雇主与工人代表，共商保护世界工人之最低限度的标准，以便共同遵守"。②　国际劳工组织自 1919 年成立后，截至 1927 年第十次大会，共通过公约 25 件，③　建议案29 项。④　其中公约最为重要，公约草案经会员国批准后对于批准的会员国有约束的效力，当批准国不依据公约执行其义务时，和约有相关的制裁规定。劳工社会保障是这些公约中的一项重要内容。

关于失业保障，1919 年第一次大会通过的《失业公约》规定了会员国在失业统计、失业预防与救济、职业介绍等方面的责任。⑤　此外 1920

---

① 实业部劳动年鉴编辑委员会：《民国二十一年中国劳动年鉴》（第四编），文海出版社，1990，第 1 页。
② 同上书，第 2 页。
③ 曾炳钧：《国际劳工组织》，北平社会调查所，1932，第 127 页。
④ 同上书，第 140 页。
⑤ 实业部劳动年鉴编辑委员会：《民国二十一年中国劳动年鉴》（第四编），文海出版社，1990，第 26 页。

年第二次劳工大会通过的《海员遇险之失业赔偿公约》与《便利海员受雇公约》对海员的失业就业保障问题作了规定。

关于生育保障，1919 年通过的《女工生产前后雇用限制公约》规定了工商业企业女工的生育保障的范围、生育津贴与治疗费用、哺乳时间等内容。①

关于工伤保障，1925 年第七次大会通过《工业工人灾害赔偿公约》规定了工伤保障的范围、医疗待遇、矫形器具提供、费用负担等方面的内容。② 这次大会还出台了《工业工人因工作致病应得赔偿之公约》，规定了职业病应与工伤享有同等待遇的原则。③

关于疾病保障，1927 年第十次劳工大会通过了《工商业工人及佣仆之劳动疾病保险公约》，规定了疾病保险制度的范围、待遇、管理及费用负担。④

建议案也是国际劳工大会劳工立法的一种。1927 年前通过的 29 项建议案中，关于社会保障方面的建议案有：第一次劳工大会《失业补救案》；第二次劳工大会《海员失业保险案》。第七次劳工大会《关于工人灾害赔偿之最低限度案》《关于工人赔偿纠纷之诉讼管辖案》《关于工人因职业疾病之赔偿案》《关于工人灾害赔偿外国及本国工人同等待遇案》；第十次大会《疾病保险之原则案》。

国际劳工组织劳工立法的实际效力是有限的。劳工组织通过的建议案仅供各会员国政府参考。公约草案只有会员国批准后才对该国有约束力，而这些公约的批准情况很不乐观。1927 年第十次劳工大会以前通过了 25 件公约，这些公约若得到 55 个会员国全部批准，应有批准书 1375 件。而截至 1931 年，集所有劳工大会成立的公约，所得批准书之总数，亦不过 440 件，差不多仅到可能批准数的 1/3。在和劳工社会保障有关的公约中，所得具体批准数为：《失业公约》为 24，《女工生产前后雇用限制公约》

———————

① 实业部劳动年鉴编辑委员会：《民国二十一年中国劳动年鉴》（第四编），文海出版社，1990，第 27 页。
② 同上书，第 37~38 页。
③ 同上书，第 38 页。
④ 同上书，第 44~46 页。

为 11，《工业工人灾害赔偿公约》为 14，《工业工人因工作致病应得赔偿之公约》为 20，《工商业工人及佣仆之劳动疾病保险公约》为 11。[1] 国际劳工组织对于批准公约而不能实施的国家其制裁力度也很小。所以这些立法的意义一方面在于提供保护劳工的标准或原则，供各会员国在颁布国内法时予以参考，如失业保障中的免费公共职业介绍所制度，生育保障中的 6 周假期和生育津贴及免费的诊疗，工伤保障中的工伤医疗、药品、矫形器具免费提供、职业病赔偿不得低于工伤待遇，疾病保险中的疾病津贴的享受期限及医疗相关的待遇和保险管理方面的一些原则等。另一方面，其意义体现在通过各种会议及其后的舆论宣传，在世界范围内增强保护劳工的意识，督促各会员国尤其是后起的工业化国家政府重视劳工社会保障立法。

（二）国际劳工组织对中国劳工立法的影响

国际劳工组织成立后至 1927 年，中国除 1920 年日内瓦第二次劳工大会外，均派有代表参加。第一次华盛顿大会由中国驻美国使馆临时代办王麟阁、容揆代表与会；1921 年日内瓦第三次大会由中国驻瑞士使馆公使汪荣宝参加；1922~1924 年三次大会均在日内瓦，由中国驻瑞士使馆公使陆征祥及瑞士使馆二等秘书萧继荣代表参加；1925 年北京政府改派中国驻意大利使馆公使唐在复、严庄为代表，复由中央加派委员及专门顾问多人，由北京赴日内瓦随同到会；1926 年以后则由驻瑞士使馆主其事，朱兆莘、萧继荣为代表。[2] 按国际劳工组织规定，每一会员国应派遣出席代表 4 人，其中代表政府者 2 人，代表雇主及劳工者各 1 人，大会中政府、雇主、劳工各代表，每人有一投票权，一切待遇平等。一直到 1927 年，中国仅有上述政府代表参会，而无劳资两方代表。

1923 年第五次劳工大会，劳工会审查证书股质问中国为何不按约派遣资本及劳动代表出席。萧继荣答复，"中国迄今尚无合统一劳动机关，无从选派。将来如有该项机关，自当一律派遣"。[3] 1925 年第七次劳工大会召开前，驻瑞士公使陆征祥致电外交部，请求政府派遣劳资代表各一员

---

① 曾炳钧：《国际劳工组织》，北平社会调查所，1932，第 142~143 页。
② 王治焘：《国际劳工机关概要》，商务印书馆，1931，第 44 页；《国际劳工组织与中国关系之大事摘要》，《国际劳工通讯》1935 年第 4 卷第 12 期，第 1~8 页。
③ 《国际劳工第五次大会开会纪略》（续），《农商公报》第 10 卷第 9 期，专案，第 1 页。

与会，外交部转咨农商部及内政部，内政部以劳资代表"按对奥等和约规定，须与国中著名之职业机关或为雇主或为劳动者协议选择等，因我国工业幼稚，现在尚无此项职业机关，且本届大会瞬即开会，事实上亦属赶办不及"等由，未予派遣。但回复中也强调"此项事宜我国早在筹备，如工会条例草案业经贵部（注：农商部）提出，临时法制院审核即其一斑。现在应即赓续，迅速进行，以期下届得以实行选派，俾副该局期望"。① 第五次大会召开后，日本劳工代表提案，请中国政府嗣后添派劳工与雇主代表。中国代表对此进行解释，并请求撤回提案，提案者自动撤回。

劳资代表的缺失显示中国在处理劳工事务上的准备不足，也影响了中国对于此项国际事务的参与。但国际劳工组织对中国的劳工问题一直有所关注。1919 年，国际劳工组织第一次劳工大会设置特别国委员会，就远东各国劳工问题进行讨论，其中就中国问题的报告中提出两点：第一，希望中国政府采取以工厂法保护工人之原则；第二，主张国际劳工大会向关系各国交涉，使其在华享有之租界及租借地仿照中国政府已定之劳工法，采取同一办法；或由各该国家决定，凡中国政府制定之劳工法，得由中国政府在租界及租借地内执行。该委员会要求中国政府于 1921 年前向大会提出关于如何实施劳工保护原则之报告，中国对此事未能如期履行。② 1921 年 4 月与 1923 年 12 月，国际劳工局两次通知中国政府，称根据上述报告，需与在中国地内享有租界或其他治外法权的国家接洽，请中国政府予以协助。1924 年 6 月，北京政府回复劳工局称："新颁布之工厂暂行条例第 2 条，规定'凡在中国领域内设立合于第 1 条规定之外国工厂，亦应遵照本条办理'，故租界内工厂，应适行中国劳工法，乃系当然之事。"拒绝了劳工局的建议。③

但国际劳工组织的活动也给予了北京政府相当的压力，迫使北京政府重视劳工事务。1922 年 11 月 23 日农商部向国务会议提出《请设立保工专管机关议案》，转述国际劳工大会代表陆征祥来电："劳工局因对于第

① 《咨农商部咨为关于国际劳工局希望本届并派劳资两项代表一案拟具意见请查照办理文》，《内务公报》1925 年第 141 期，文牍，第 43 页。

② 《国际劳工组织与中国》，《国际劳工通讯》1939 年第 6 卷第 4 期，第 32 页。

③ 实业部劳动年鉴编辑委员会：《民国二十一年中国劳动年鉴》（第四编），文海出版社，1990，第 6~7 页。

一次华盛顿议决诸案屡经函催，我国迄无办法，特于报告中载明，致引起各国注意，拟设特别国股，实含有查办性质，情形险恶。业由我国宣言反对，嗣经连日疏通，大概本届会议不至提出。但劳工局长谓中国应亟筹办法免致双方为难。"外交部亦备具说帖于国务会议，认为"国际劳工会由巴黎各约中劳工条款发生。我国既签奥约，且已派员与会，外交方面之责望日趋严重。若不亟筹根本办法，势必穷于应付"。因此农商部转述陆征祥建议"兹拟请在瑞士使馆内附设一常设国际劳工代表处，以为与该局接洽机关"。又因"前项代表处不过一种驻外接洽机关，至历次劳工大会议定事项，须由国内分别筹办，即代表处对外接洽亦必于国内有商承主管官署"，因此建议在"本部内添设一司名曰劳动司，专办保工一切事宜。遇有关涉其他部署者，随时会商办理"。①

国务会议议决由外交、内务、农商、交通四部会同筹办。四部会商结果，在内务、农商、交通三部各添一科，分别管理各部劳工事务。1923年2月，北京政府在瑞士伯尔尼设国际劳工代表处，萧继荣任处长，直辖于外交、实业与内政三部，但一切事务仍秉承瑞士使馆办理，每月经费400元。② 为协调各部处理国际劳工事务，1923年11月，农商部咨商外交、内务、交通三部及侨务局，在农商部设国际劳工事务讨论委员会。1924年2月22日，委员会成立。至1927年3月12日，委员会共开会10次，大半讨论答复国际劳工大会事项。③ 1924年12月20日，农商部设置劳工编译委员会，其任务之一为"关于国际劳工大会会议案议事录之编译"。④

按国际劳工组织规定，历次大会结束后，各成员国政府在18个月内必须将是项公约草案，送交本国之立法机关审查，以定批准与否。倘若本国政府正式批准，则该国当然与其他批准同一公约之国家发生条约关系，应即颁布国内法，将该公约遵守奉行。北京政府对于批准公约并无准备，

① 《请设立保工专管机关议案》，《农商公报》，政事门议案，1923年第9卷第8期（第104期），第37～38页。

② 《国际劳工组织与中国关系之大事摘要》，《国际劳工通讯》1935年第4卷第12期，第1～8页。

③ 王清彬等：《第一次中国劳动年鉴》（第三编），北平社会调查部，1928，第94页。

④ 《农商部劳工编译委员会章程》，《农商公报》1925年第11卷第6期（第126期），法规，第2页。

而国际劳工组织也考虑到中国的特殊性，在某些公约中给予例外规定，如《公界每日八小时工作公约》第 9 条："本公约不适用于中国、波斯及暹罗。但该国等之工作时间限制当于将来之一大会中讨论之。"① 但劳工立法问题的确已给中国带来了外交上的压力。1923 年 3 月 29 日，主管工业劳工事务的农商部公布《暂行工厂条例》，对劳工的工伤、疾病、生育、福利等社会保障内容作了规定；同年草拟《工人协会法草案》，1925 年又拟《工会条例草案》对工会举办劳工救济与福利的职责作了规定。1927年农工部制定《工厂条例》对《暂行工厂条例》作了修改，同年颁布《监察工厂规则》对于劳工社会保障的实施作了规定。在矿业工人方面，1923 年 5 月 12 日，农商部公布《矿工待遇规则》；在交通工人方面，交通部 1925 年草拟了一系列有关社会保障的法案，包括《国有铁路职工通则草案》《国有铁路抚恤金规则草案》《国有铁路职工疗养规则草案》《国有铁路职工养老规则草案》《国有铁路职工储蓄规则草案》。上述草案并未成为法规而实施，已颁布的法律也因与国内现实差距过大而成为具文。但这些法规和草案在出台后，都曾作为中国劳工立法的成果，被迅速送交国际劳工大会。1928 年 4 月，当《工厂条例》与《监察工厂规则》送达国际劳工组织后，国际劳工局局长函复"对于上项条例之颁布，极表喜悦"，认为这些法规是中国劳工立法进步的表现，打算将其登载于《社会消息》（*Informations Sociales*）、《法令汇刊》（*Series Legislative*）并汇述于《局长年务报告》（*Rappart du Directur*）中。②

三　1927 年 7 月前国共两党的劳工社会保障目标

西方劳工社会保障思想传入中国后，很快得到寻求各种救国方法的不同政治党派的重视。这些党派都将建立劳工社会保障作为解决劳工问题的一种方式写入政纲中，并将其作为奋斗目标之一，在政治行动中付诸实践。

（一）中国共产党的劳工社会保障目标

1921 年，工人阶级的政党——中国共产党成立，其活动推动了中国

---

① 实业部劳动年鉴编辑委员会：《民国二十一年中国劳动年鉴》（第四编），文海出版社，1990，第 26 页。

② 《工厂条例等件业经萧代办转送国际劳工局该局复函极表欣悦复请查照函》，《外交公报》1928 年第 81 期，通商，第 1 页。

劳工团体的发展和社会对劳工社会保障的重视。在 1922 年 6 月中国共产党第一次提出的对于时局的主张中，其设定的当前奋斗目标之一就是："定保护童工女工的法律及一般工厂卫生工人保险法。"①

1922 年，中国共产党第二次代表大会通过关于"工会运动与共产党"的决议案，认为"工人应该努力做改良工人状况的运动，凡在资本主义之下能够改良的，都要努力去做"。为了能够保证成果的长久，"工会进行劳动者的经济改良运动，必须进于为劳动立法运动"。② 为了贯彻这个决议，中国共产党领导下的工人运动机构——中国劳动组合书记部在全国范围发起了劳工立法运动。1922 年 8 月 16 日，中国劳动组合书记部向全国各劳动团体发出《关于开展劳动立法的通告》，指出"近年国会制定新宪法运动，进展颇速，但对劳动立法之制定，尚未闻有提供者，幸吾劳动界之奋斗精神与组织能力，尚能坚持不渝，此吾人所可庆幸者。惟吾等之自由屡受他人侵害，正式劳动工会始终未为法律所承认，同盟罢工屡为军警所干涉。凡此种种均缘法律尚未承认劳动者有此权利之故也。倘能乘此制宪运动之机会，将劳动者应有之权利以宪法规定之，将来万事均易进行矣"。③ 而后拟定了《劳动立法原则》与《劳动法案大纲》，作为此次劳动立法运动的指导原则与奋斗目标。

劳动立法原则有四项：一是保障政治自由，二是改良经济生活，三是参加劳动管理，四是劳动补习教育。《劳动法案大纲》有 19 条，包括劳动者的政治权利、工作时间、工资待遇、劳动管理参与等内容。涉及劳工社会保障的有第 11 条有关女工生育保障："对于需要体力的女子劳动者，产前产后均应以 8 星期休假，其他女工，应予以 6 星期之休息；休息中，工资照给。"第 17 条关于劳动保险："一切保险事业规章之订立，均应使劳动者参加之，俾可保障政府、公共及私人企业或机关中，劳动者所受之损失；其保险费完全由雇主或国家分担之，不得使被保险者担负。"第 19 条关于工人教育福利："国家以法律保障男女劳动者享受补习教育之机会。"④ 劳动组合书记部的立法运动得到全国各地劳动者的纷纷响应，唐

①　中共中央党校党史教研室：《中共党史参考资料》（一），人民出版社，1979，第 341 页。

②　同上书，第 351~352 页。

③　刘明逵、唐玉良：《中国工人运动史》（第二卷），广东人民出版社，1998，第 362 页。

④　王清彬等：《第一次中国劳动年鉴》（第二编），北平社会调查部，1928，第 483 页。

山、湖南、武汉等工会组织致电国会，赞成劳动法大纲19条，要求国会从速制定劳工法。湖南各工会召开劳工立法运动大会，组织湖南劳动立法同盟，广州、济南、天津各劳工团体也在酝酿成立劳动立法同盟。

在立法运动中，除发动工人团体外，1922年8月31日，中国劳动组合书记部还举行记者招待会，就劳工立法向国会请愿一事进行宣传，给国会施加压力。劳动组合书记部总部和部分分部人员联名向国会众议院递交《请愿书》，要求国会在宪法中增加保护劳工的条文。为争取议员的支持，9月3日，劳动组合书记部在北京举行国会议员招待会，宣传劳动立法的必要性，获得了与会大部分议员的认同。① 劳动立法运动是在中国共产党领导下的工人团体一次争取劳动权利的合法斗争，虽然没能取得预期成果，但通过广泛的宣传，工人了解了自己的劳动权利，并懂得了可以通过推动包括劳动保险在内的劳工立法保障自己的权益。这次立法运动所宣传的内容也成了正在兴起的罢工高潮的斗争目标，此后大罢工所列条件中也增加了劳工社会保障等内容。

中国共产党还试图将建立劳工社会保障制度加入党纲中，作为党的斗争目标。1923年6月，中国共产党第三次全国代表大会拟定了"中国共产党党纲草案"，认为在共产党当前的任务中，关于工人利益的要求为8点，其中有关社会保障的内容有："女工生产期前后6星期之休息，不扣工资；工厂卫生及劳动条件以法律规定，由国家设立监查机关监督执行，但工人有权参与之；制定强迫的劳工保险法（灾病死伤的抚恤等），工人有参与办理保险事项之权；救济失业之工人。"草案作为底稿于第三次代表大会通过。大会"议决令各地方郑重讨论后，尽1924年1月前将批评、修改及增补之条文意见等，汇交中央局，以便交由出席国际大会代表带往第五次世界共产国际大会作最终之决定"。②

在之后的时局变换中，中国共产党不断地宣传包含社会保障内容的劳工立法主张。1924年11月，冯玉祥发动北京政变后，中国共产党发表《中共中央第四次对于时局的主张》，认为当前中国有被帝国主义分裂的危险，挽救迫在目前危机的办法，是召开国民会议；希望国民党领袖努力

---

① 刘明逵、唐玉良：《中国工人运动史》（第二卷），广东人民出版社，1998，第369~371页。

② 中央档案馆：《中共中央文件选集》（第一册）（1921~1925），中共中央党校出版社，1982，第113~114页。

号召全国人民团体，促成此国民会议。同时向临时国民政府及国民会议提出目前最低限度的要求 13 条，并认定"拥护这些要求，是一切人民及其代表之责任，尤其是国民党之责任"，其中第 6 条，关于"工人目前最低限度的要求"，包括"工厂卫生改良，工人补习教育之设施，工人死伤保险法之规定，……女工妊孕前后之优待"等内容。① 1925 年 7 月 22 日，中国共产党发表《中共中央第五次对于时局的主张》，仍旧主张"国民会议是解决中国政治问题的道路"，主张建立"国民的联合战线"，发动国民会议运动。国民联合战线的共同目标即国民会议运动的最低限度的政纲 23 条，包括"颁布工会法"，"颁布工厂条例，禁止中外厂主及职员虐待工人，并改良工厂有害卫生的设备，特别保护童工及女工"等。②

　　共产国际也将劳动和社会保障立法作为"吸引工人阶级群众到运动中来，并加强它在革命中的地位"的策略。1926 年 11 月底，共产国际第七次扩大执行委员会会议通过的《中国问题决议案》指示"中国共产党应当宣传下列的要求之实行：甲、革命的工农组织的活动完全自由。工会公开，颁布最进步的工会法，承认罢工权。乙、劳工法。八小时制，每星期休息一天，规定最低工资。丙、社会法。卫生监督及劳动条件卫生及劳动条件之检查；改良住房；疾病、衰老、残废、失业等的危（保）险；保护女工童工……庚、救济失业；扩大工会在失业者中的影响；工会中设工人职业介绍所。"③ 中共中央政治局对这个提案进行详细讨论与辩论后，接受了共产国际这个提案，并决定"不必俟第五次代表大会之讨论，一切政策及工作计划，即须依据此提案方针与战略进行"。④

　　随着北伐战争的顺利进行，劳工运动在各地蓬勃发展，国民党政权开始对各地出现的"过火"行为进行镇压。中国共产党一边谴责国民党的行为，一边提出更加激进的主张。1927 年 5 月中国共产党第五次代表大会提

---

① 中央档案馆：《中共中央文件选集》（第一册）（1921～1925），中共中央党校出版社，1982，第 236～238 页。
② 中央档案馆：《中共中央文件选集》（第二册）（1926），中共中央党校出版社，1983，第 191～194 页。
③ 同上书，第 341 页。
④ 中央档案馆：《中共中央文件选集》（第三册）（1927），中共中央党校出版社，1983，第 14 页。

出的《职工运动议决案》中，认为中国资产阶级已经背叛，"中国革命将要在工、农、小资产阶级联合政权之下，向非资本主义前途发展"。因此职工运动应该定出新方针。其主要点为"要极力从政治上经济上向资产阶级勇猛进攻，一直到要求没收一切银行、矿山、铁路、轮船、大企业、大工厂等归国有的实现。……要求参加国有产业的生产管理，监督生产"。在劳动和社会保障方面，"要求政府实行高度劳工政策，颁布劳工保护法，工厂法，规定八小时工作制，及最低限度工资，使工人生活水平线，能随时提高。这些工作都应该是劳工部主要的工作，并须成立监察机关，保障这些法令的实施。……要求社会保险之实施，救济失业工人，同时要建立工人宿舍、公共食堂等"。[①] 1927 年 5 月 13 日，遵照第五次代表大会决议，中共中央政治局提出处理国共两党关系（特别关于小资产阶级的问题）中可能出现的困难的办法："（一）劳工部下设仲裁厅解决雇主和店员间的冲突；（二）劳工部颁布劳动法，包括工作时间，最低工资，恤金，保险，劳动条例，店员工作条例。"[②] 7 月 15 日，国民党中央在武汉召开常务委员会，进行"分共"，各地大肆屠杀共产党员。在这种紧急时刻，中国共产党召开"八七会议"，通过《最近职工运动议决案》，认为"革命已经到了最严重而向新的方向进展的时期"，"工人阶级目前最急切的要求，便是经济问题，因为不但工人受着一般的经济金融恐慌及资本家的加紧剥削，而且反动潮流之下资本家必定向工人店员进攻，悔弃旧约，取消工人已取得之胜利，本党应当领导工人努力于反抗这种反攻及一切剥削的经济斗争。这种经济斗争，不但以改良工人生活为目的，而且可以增进工人的革命化，并强固其战争力……"职工运动在此时期的经济斗争要求包括 8 小时工作制等内容，社会保障方面有"失业的救济，应由国家及资产阶级担负（须将失业工人组织为有力量的团体）。……妇女产前产后应有 8 星期（56 天）的休息照发工资。……劳动保险及工厂住宅之卫生设备"等。[③]

从以上内容可以看出，争取劳工立法是早期中国共产党保障劳工经济权

---

① 中央档案馆：《中共中央文件选集》（第三册）（1927），中共中央党校出版社，1983，第 57~58 页。
② 同上书，第 88 页。
③ 同上书，第 227~228 页。

益的一项重要措施，其在不同时期针对不同的政权作了许多呼吁，并通过社会宣传和组织工人运动给当政者以压力。而在劳工立法中，社会保障是重要内容，历次立法运动的斗争目标和要求都包括劳动保险、女工生育保障、救济失业工人等内容。第一次国共合作破裂后，中国共产党走向武装夺取政权的道路。在其建立革命根据地政权后，这些目标成为根据地劳动立法的依据。

（二）中国国民党的劳工社会保障目标

国民党将工农群众作为国民革命运动的主要力量。1924年中国国民党在第一次全国代表大会宣言中，认为"中国以内，以北至南，自通商都会以至于穷乡僻壤，贫乏之农夫，劳苦之工人，所在皆是。因其所处之地位与所感之痛苦，类皆相同，其要求解决之情至为迫切，则其反抗帝国主义之意亦必至为强烈。故国民革命之运动，必恃全国农夫、工人之参加，然后可以决胜，盖无可疑者"。在其民生主义政策中，包括改善劳工生活的社会保障措施："中国工人之生活绝无保障，国民党之主张，则以为工人之失业者，国家当为之谋救济之道。尤当为之制定劳工法，以改良工人之生活。此外如养老之制，育儿之制，周恤废疾者之制，普及教育之制，有相辅而行之性质者，皆当努力以求其实现。"[①] 在国民党政纲中，将"制定劳工法，改良劳动者之生活状况，保障劳工团体，并扶助其发展"作为16对内政策之一。[②]

1926年1月第二次全国代表大会对上述内容进行了进一步细化。此次大会通过的《工人运动决议案》明确了改良工人状况的11条具体事项，涉及劳工社会保障方面的有："（1）制定劳工法。……（4）……女工在生育期间内应休息60日，并照给工资；（5）改良工场卫生，设置劳动保险。……（8）厉行工人教育，补助工人文化机关之设置。（9）切实赞助工人生产的、消费的合作事业。"[③] 10月，国民党第二届中央执委会及各省区联席会议通过《本党最近政纲决议案》，议案对此又作了强调。关于工人方面，决议实行的有10条，其中包括"（1）制定劳动法……，特

别注意女工童工之保护。关于兵工厂及其他政府军用事业,并于军事有关之交通,须另定劳工待遇条例,以不妨国民革命运动为标准。……(6)制定劳动保险法,并设工人失业保险、疾病保险及死亡保险机关。……(8)改良工人住居,并注重其卫生。(9)设立劳工补习学校及工人子弟学校,以增进工人之普通智识及职业技能。(10)奖励及扶助工人消费合作事业。"① 1927年3月召开的国民党第二届第三次中央全会发表《对全国人民宣言》重申了国民党在改良劳工生活方面的主张:"国民党要用种种方法继续援助工人、农民和城市中一般民众的革命运动及改良他们本身生活的争斗。……我们就要设立农政部或劳工部,实现本党的农工政策。"②

这些目标在中国国民党掌握地方政权后以立法形式实现。1924年广州大元帅府公布《工会条例》;1926年11月,国民革命军占领武汉后,湖北政务委员会颁布《临时工厂条例》,宣布在湖北实施;1927年4月广东省农工厅拟定了《工厂法草案》。这些法律和草案都包含劳工社会保障的内容,是国民党劳工社会保障目标的具体实践。

在1927年7月前,国共两党的劳工社会保障目标有共同之处,都包括进行劳工立法,实施劳动保险、女工生育保障、工人教育等。由于此时正处于国共合作时期,两党都在争取劳工群众的支持,以取得国民革命的胜利,推行劳工社会保障也含有此目的。相比之下,中国共产党的宣传力度更强,目标更为详细,在保障方面更强调政府与雇主的责任。如提出在劳动保险方面,由政府与雇主负担保险费,劳动者个人不用负担;对工人实施失业救济,费用也是由政府与雇主负担。相对国民党劳工社会保障目标中仅有原则性规定,共产党的劳工社会保障目标明显对劳工更具有吸引力,但在当时的经济状况下,其可实施性存在一定问题。

四　劳工团体的劳工社会保障诉求

劳工社会保障制度与思想从西方传入后,对中国的劳工运动产生了重

---

① 荣孟源:《中国国民党历次代表大会及中央全会资料》(上),光明日报出版社,1985,第287~288页。
② 同上书,第306页。

要的影响。新型劳工组织成立后，往往以争取劳工福利为重要的责任。而在劳资斗争中，争取改善劳工社会保障待遇也成为一个重要的目标。

（一）第一、二次全国劳动大会的劳工社会保障目标

新型劳工团体兴起于五四运动之后。《第一次中国劳动年鉴》认为劳工团体建立的原因为："（1）当时因抵制日货之原因，我国各地纱厂兴起。（2）民国八年学生运动之方向趋向劳动方面，劳动者组织工会者极少，大抵均由学生为指导，其后复偶有共产党加入其中，工会组织，遂极发达。"[1] 五四运动之后的两年内，各种工界团体和工人组织大量涌现，仅上海、广州、香港、澳门、长沙等地就有 300 个左右。[2]

1922 年 5 月，中国劳动组合书记部在广州发起召集了第一次全国劳动大会，参加者有来自北京、上海、唐山、长辛店、山东、武汉、长沙、江西、南京、上海各地的工会团体代表，加上广州各工会的代表，共有 173 人，代表工人 34 余万人。会上讨论并通过了《罢工援助案》《八小时工作制案》《全国总工会组织案》等十个议案。大会宣言提出："我们组织工会并不是无意义的，也不仅仅是娱乐、教育或抚恤的机关，我们组织工会的目的，是要用我们这个阶级的组（织）力，做奋斗的工作，谋达到改良我们的状况。"[3] 这次大会引导劳工团体走向全国团结的道路。

1925 年 4 月，中华海员工业联合会、汉冶萍总工会、全国铁路总工会、广东工人代表会向全国劳工团体发起召开第二次全国劳动大会的通告。5 月 1 日～7 日，大会在广州召开。参加大会的代表共 277 人，代表 165 个工会、54 万有组织的劳动者。大会通过了 30 多个决议案。

其中，《经济斗争的决议案》阐明了劳工社会保障的目标：其一，女工生育保障。在此规定了女工生育时的劳动保护与工资待遇："绝对不许怀孕与哺乳的妇女作夜工及特别强度的工作"；"妇女在产前产后有 8 星期的休息并照领工资"；"怀孕及哺乳之妇女，于普通规定的休息时间以外，并须补足其哺乳小孩的时间。哺乳相隔的时间，每次不能超过三小时

① 王清彬等：《第一次中国劳动年鉴》（第二编），北平社会调查部，1928，第 6 页。
② 刘明逵、唐玉良：《中国工人运动史》（第二卷），广东人民出版社，1998，第 142 页。
③ 中华全国总工会中国工人运动史研究室：《中国工会历次代表大会文献》（第一卷），工人出版社，1984，第 5 页。

半以上，且每次哺乳不得少于半小时"。

其二，劳动保护与社会保险。在劳动保护方面，"一切企业机关，应设法消除或减少于工人身体有害的工作及生产方法，并当预防不幸的事情的发生；极力注意工场卫生与防疫事宜"。"对于从事有危险健康的工作之工人，工厂须供给他以种种抵抗危险的服装、用器、消毒材料等。""在危险的生产中，要预备保险的服装及防毒的用品，工人有病，或者在工作受伤，须赔偿其损失。"在社会保险方面，认为"应实行社会保险制度，使工人于工作伤亡时，能得到赔偿；于疾病失业老年时，能得到救济"。[①]

在《工人教育的决议案》中，指出工人教育的目的为"促进阶级觉悟"，"训练斗争能力"。具体的形式为："补习学校，工人子弟学校，工人阅书报社会，及化装演讲及公开讲演游艺事业等。"[②]

从以上内容来看，这些条文受到《劳动法案大纲》的影响，但是《劳动法案大纲》的制定目的是促进政府立法，而第二次全国劳动大会的决议案是工会推动工人运动的指导性文件，其斗争目标指向企业组织，希望通过斗争让企业承担工人生育、工伤、劳动保护、社会保险等方面的责任。

（二）第三次全国劳动大会的劳工社会保障目标

第二次全国劳动大会后不久，就发生了轰轰烈烈的五卅运动，工人运动进入高潮。这次运动中工人阶级"第一次以领导者的姿态，领导全国各阶层人民在政治舞台上叱咤风云"。[③] 在运动期间，爆发了持续16个月之久的省港大罢工。1926年4月，在大罢工还在进行时，中华全国总工会发出关于召开第三次全国劳动大会的通告。5月1日～12日，大会在广州召开。出席这次劳动大会的代表有502人，代表全国699个工人团体和124.1万余名有组织的工人。会上通过了一系列决议案，有关社会保障的内容有以下几方面。

《劳动法大纲决议案》中关于女工生育保障的内容有："女工从事重大工作者，产前产后休息8星期；轻的工作休息6星期；均应照给工资。

---

①　中华全国总工会中国工人运动史研究室：《中国工会历次代表大会文献》（第一卷），工人出版社，1984，第19～23页。

②　同上书，第30～31页。

③　刘明逵、唐玉良：《中国工人运动史》（第三卷），广东人民出版社，1998，第186页。

哺乳女工应有规定之哺乳时间"。关于劳动保险的内容有："国家应设立劳动保险。保险费由雇主或国库支出"。关于工人教育："应规定男女工人之劳动补习教育"。① 将这些条文与1922年劳动立法运动中的《劳动法案大纲》相关条文对比可以看出，其表述的内容基本相同，只是文字上略有差异。这是工人团体争取劳动保障立法斗争的继续。

《工会运动中之女工及童工问题决议案》中，在女工生育保障目标方面，也有类似或相同的表述。

这次劳动大会首次对失业问题予以关注。会上提出的《失业问题决议案》希望通过建立失业保险来解决劳工的失业问题："失业的保险，是工人应有的权利，应向资本家提出这种要求。在劳动雇用契约时，更必须要提出关于失业保险的规定。工人既受雇佣，对于生产情形的好坏，只应由资本家自负责任。若有失业发生，资本家应赔偿工人损失，受法律的裁判。"对于政府在失业问题上的责任："在劳动法内，对于失业问题应有规定，其原则与前条相同（注：即失业保险）。失业问题发生时，资本家应受法律的裁判。"对于工会的责任："在工人自己，须以团结的力量防止失业的发生。如一旦发生，必须设法救济。在各工会里，应有救济的组织，用在业工人与向社会捐助的力量，以援助失业者。又须设立工作介绍的机关，使失业者早得工作，免陷于生活的绝境。""对于因罢工或工会运动而失业者，工人应尽量设法救济。总工会此后须督促各工会注意失业问题，严厉禁止工厂无故开除工人，再从组织上（如救济会与工作介绍所）去求解决，并须力谋同业或各地的联络，防止资本家对于工人这种经济的进攻。"② 从上述措施可以看出，在失业问题上，议案追求责任的社会共担，即资本家应承担失业保险，政府应推行失业保障立法，工人团体应承担失业救济、职业介绍与防止失业发生的责任。

在劳工社会保障目标上，第三次劳动大会于第二次劳动大会基础上有所发展，在女工的生育保障方面目标谈定得更为详细，而在失业保障方面，初次有了较为详细的斗争目标。

---

① 中华全国总工会中国工人运动史研究室：《中国工会历次代表大会文献》（第一卷），工人出版社，1984，第112~115页。

② 同上书，第125~126页。

（三）第四次全国劳动大会的劳工社会保障目标

第四次全国劳动大会召开前，上海发生了四一二反革命政变，许多省份的劳工运动遭受了严重的打击，工会组织不能公开活动。1927 年 6 月 19 日在汉口举行第四次全国劳动大会，到会代表 400 余人，代表全国有组织工人 290 余万。有赤色国际委员长及英、俄、法、美、日本、印度、爪哇诸国代表参加；国民党、共产党、武汉国民政府、国民革命军及各界来宾，到者三千余人。① 大会通过的一系列决议案中，与劳工社会保障有关的斗争目标集中在《经济斗争决议案》与《女工童工问题决议案》中。

《经济斗争决议案》提出了全国工人阶级亟须进行经济斗争的三个总要点，其中之一为社会保障方面的内容："为了保障工人的生活条件，对不可避免的疾病、死伤、失业、衰老等，实行社会劳动保险。"在《经济斗争决议案》中，又包含三个具体决议案。

一是《产业工人经济斗争决议案》。在这个决议案中，对产业工人的社会保障斗争目标定为：（1）关于失业保障，"工人退职时，至少发给 1 个月的退职津贴；并应根据工作年限及每月工资数额，适当增加"。（2）关于女工生育保障，其一是生育津贴，"女工产前产后给 8 个星期的休假，并照发工资"。其二是女工的特殊保护，"在任何情况下，不得使用孕妇及哺乳的女工做夜工"，"对有乳儿的女工，除普通休息时间外，每 3 个小时应给三十分钟的哺乳时间"，"女工因生理关系，每月除星期日外另给三天的休假日，照发工资"。其三是女工福利，"专用女工的工厂，须设幼儿院"。（3）关于医疗保障，要求"企业主为工人设立诊疗医院"，"工人因病在 3 个月内不能工作时，仍照发工资"，"工人病死时，按照其工资的 3 倍发给家属作为抚恤金"。（4）关于工伤保障，"因工受伤时，除发给医药费外，照发工资"。"因公切断手足残废时，终身发给原来工资。如能从事适当工作，仍发给原来工资"；"因公死亡时，资本家按死亡工人原来工资发给其子女抚恤金，至年满 16 岁止。子女满 16 岁后，按死亡工人原工资的 1/3 的比例终身发给其妻子"。（5）关于养老保障，"年老

① 中华全国总工会中国工人运动史研究室：《中国工会历次代表大会文献》（第一卷），工人出版社，1984，第 274 页。

残废者，由劳动保险金中发给终身养老金"。（6）关于劳动保险的管理与资金来源，"政府设立劳动保险局，由资本家每月缴纳工资总额 3% 为基金，此外从预算中拨出若干，以充做工人失业救济及养老金"。

二是《救济失业工人决议案》。该决议案提出解决失业工人的办法 14 项。其主要内容有：（1）发放失业救济津贴，"失业津贴不能少于原工资的一半"。失业津贴来源一为政府支付，"国民政府每月拨出经常费作为失业救济津贴"；二为"雇主出款及在各种税款上附加一定的百分数，作为失业救济费"。（2）失业救济的管理。"有关失业救济组织及经费等一切事项，由政府劳工部在各地设立机构承办"。（3）限制解雇，控制新增雇用人数，减少失业。"除发放津贴外，限制工厂、作坊及商店解雇工人，以减少失业。……工会必须对雇主随便开除工人的行为进行严正的斗争。""工厂、作坊、商店增加人员时，须征得工会的同意。"（4）进行职业介绍，促进就业。"政府劳工部迅速设立劳动职业介绍所。……劳动职业介绍所登记所有失业工人。介绍所与工会共同努力为失业工人介绍职业。"（5）其他救济措施，包括"为迅速救济失业，政府须设立疗养所、宿舍和食堂"。"要求政府补助将破产的企业，并资助新企业的发展，以防止失业，救济失业。"

三是《手工业工人经济斗争决议案》。该决议案主要要求对学徒在疾病、工伤、失业时给予保障。"学徒疾病、死伤时，由店主负担医药费。养病期间的工资照发。因公或在学徒期间死亡时，发给治丧费，并按工作年限抚恤：1 年以内者 1 个月的工资；2 年以内者 2 个月的工资；3 年以内者 4 个月的工资；4 年以内者 6 个月的工资；5 年以内者 8 个月的工资；10 年以上者 1 年的工资。""不得无故解雇"；"手工业工人得享受劳动保险的利益"。①

《女工童工问题决议案》有关女工生育保障的内容和《经济斗争决议案》的内容表述基本相同，即包括女工的生育津贴、特殊保护及女工福利。

第四次全国劳动大会在劳工社会保障目标方面比第三次大会更加具体。在现代的社会保障制度的每个项目，即工伤、疾病、失业、生育、养

---

① 中华全国总工会中国工人运动史研究室：《中国工会历次代表大会文献》（第一卷），工人出版社，1984，第 251～259 页。

老、劳动保险管理方面，都提出了斗争的目标，尤其是在失业保障方面，提出了更多具体的方法，不但着眼于救济失业工人的生活，还在促进就业、防止失业方面提出了详细的措施。这次还专门为手工业工人提出了劳工社会保障的斗争目标，更加重视非产业工人的生活状况及其在斗争中的作用。

从以上四次全国劳动大会可以看出，每次大会都涉及劳工的基本生活保障方面的内容，劳工社会保障的斗争目标越来越清晰，越来越具体，其内容逐步覆盖了劳工所面临的各种劳动风险。但也要看出，1927 年 7 月前的工人运动主要受中国共产党思想的影响，劳工社会保障属于工人运动中为改善劳动生活而进行的经济斗争的目标之一。而经济斗争只是政治斗争的一个方面，"经济斗争的运动，只是工会运动之一部分，而不是工会的全部责任和唯一的或最后的目的……因为工人的完全胜利，要在工人自己完全取得政权以后"。① "工会应该明白并且认识资本家与工人中间没有相同的点，他们中间的利益的冲突，是不能调和的，所以工会不但不要去调和资本家和劳动者的利益，还要使这种争斗更加紧张。"② 虽然"工人阶级要完成他的责任，目前应注意……（三）要求工会组织自由和劳动法"，但是"我们知道在现在反动局面之下，工人自由和劳动法是说不上的，可是这也是团结工人攻击敌人之一法"。③ 所以包括劳工社会保障在内的经济斗争目标往往是政治斗争目标的附属物，在制定过程中往往并没有考虑当时的社会经济条件及实现的可能性。如在女工生育保障中，生育津贴为产前产后休息 8 周，并照给工资，这在当时的发达国家也是很高的待遇水平。1919 年国际劳工大会通过的《女工生产前后雇用之公约草案》规定，"不得允许她在分娩前后 6 星期内工作……公积金或保险机关应付与足以维持其本身及其婴孩之津贴"。④ 大多数发达国家的待遇水平都在类似程度。英国、比利时、丹麦、西班牙等国规定产后休息 4 周；瑞士、

① 中华全国总工会中国工人运动史研究室：《中国工会历次代表大会文献》（第一卷），工人出版社，1984，第 112 页。
② 中共中央党校党史教研室：《中共党史参考资料》（一），人民出版社，1979，第 351～353 页。
③ 中央档案馆：《中共中央文件选集》（第二册）（1926），中共中央党校出版社，1982，第 95 页。
④ 蒋学楷：《国际劳工立法》，大东书局，1931，第 113 页。

瑞典、挪威、罗马尼亚等国定为产前 6 周；意大利为 1 个月；日本为产前 5 周，产前产后共 8 周；美国为产前产后共 7 周；德国为 8 周。[①] 在工伤、疾病、医疗保障方面的待遇也是如此，都高于国际公约和建议书规定的标准，且费用都要由企业负担，这与技术落后、资金紧张的民族资本主义企业之实际能力不相匹配。但通过历次运动，通过实行劳工的社会保障制度改善劳工生活的方法已经深入人心，这使得无论哪种势力掌握政权，都要考虑劳工的社会保障问题。

五　劳动争议中的社会保障诉求

民国成立后，随着劳工群体人数的增加与群体意识的增强，劳动者为争取自己的权利、改善自己生活而进行的斗争也越来越多。最显著的表现是罢工事件。陈达的研究显示，1918~1926 年，《申报》所载罢工事件有 1232 次，有报告人数的罢工次数为 655 次，罢工总人数为 1813291 人次，有罢工日期报告的罢工次数为 671 次，罢工总日数为 6158 日，平均每次罢工日数为 9.18 日。对这些罢工的原因进行分析，则要求加资为最多，有 444 件，其次是表示爱国，有 189 件，再次为生活困难，有 75 件。[②] 可见，改善经济待遇为最重要的罢工原因。社会保障待遇属于经济待遇之一，由于认识的历史局限性，陈达并未将社会保障待遇列为一种原因进行分析。但从他对罢工进程所进行的详细记载可以看出，这也是劳工斗争的一个重要的目标。《第一次中国劳动年鉴》中对工业界罢工事件进行举例，以工、矿、交通三业分类，共 37 件，其中含有社会保障要求的有 17 件，占所有罢工事件的 45.95%（见表 1-2-1）。可见在这些影响较大的罢工事件中，声张关于社会保障的诉求是很重要的一方面。在这些有社会保障诉求的罢工事件中，按行业分类，9 件属于铁路业，3 件为矿业，5 件为工业。在产业工人中，铁路工人人数并不多，但后者的罢工事件社会影响较大，提出的罢工诉求也较为完整，这应该和中国共产党在铁路工人中的影响和建立的工人组织有关。在这些事件中，有

---

① 谢振民：《中华民国立法史》，中国政法大学出版社，2000，第 1106~1107 页。
② 同上书，第 138~142 页。

表 1-2-1 1921~1926 年部分罢工事件中的劳工社会保障要求

罢工事件	罢工日期	有关社会保障要求					结果
		工伤	生育	疾病	失业	福利	
陇海路同盟罢工	1921 年 10 月 20 日至 27 日	工人于公务执行中负伤者，铁路当局与以治疗费，残废者，应讲求相当之救济法；对于因公致死者，支与 3 年之工资，并无偿送还其尸体，并使其子弟得袭死者之职		因疾病休假者，给半额工资，死亡时给以 6 个月分之工资，并无偿输送其尸体回乡	就职后，非经 6 月，不能解雇	对于司机应支给制服，雨衣，宿舍，及薪煤；其待遇与车守同格	全部同意
水口山第一次罢工	1921 年 12 月	矿夫因公死亡者，应给抚恤金。每年工资与以 150 元以下者，与以 150 元之抚恤金；其以上者，与以 1 年份之工资。因公残废者，与以相当职业，并给膳费 6 元		因患病旷工者，照给工资；因病休假以 4 个月为限。工作地死亡者，与以 5 个月份之工资一次	矿局以后解雇矿夫，须宣置正当理由	俱乐部创立之小学校，由矿局与以地面并支给建筑费 1000 元，学校经费 200 元	所提条件大部分同意
京汉铁路北段工人罢工	1922 年 8 月 22 日至 27 日	因公致伤者，治疗期中，支给工资			临时雇工服务满 2 年者作为常雇	长辛店，北京，琉璃河，高碑店，保定等处，设置官舍，以便工人之休息寄宿	全部同意

续表

罢工事件	罢工日期	有关社会保障要求					结果
		工伤	生育	疾病	失业	福利	
粤汉铁路湘鄂线全路工人罢工	1922年9月9日至26日			……因病停工者，照常给与工资	……违犯铁路规定非5次以上者，不得上者，不得免职	对于司机火夫及工厂各种工人……给与出行旅费；请假归省时，发与折扣联运车票；司机请假归省，应发给二等免票	部分同意
株萍铁路全体路矿工人罢工	1922年9月13日至18日	工人因工受伤不能工作者，两局须抚养终身，照工人工资发给		病假两局照发工资			全部同意
京奉铁路山海关工厂工人罢工	1922年10月4日至13日			因病缺勤，如有医生之证明书时，第一月给全数工资，第二三月给半数工资，以后停给			全部同意①
开滦煤矿工人罢工	1922年10月10日至11月16日	工人在受雇期间受伤不能工作，应由局中担任医药费，并酌给津贴		在受雇期间死亡，应由局中给以5年工资之恤金	非经俱乐部费同，矿局不得开除工人		没有同意

续表

罢工事件	罢工日期	工伤	生育	疾病	失业	福利	结果
京奉铁路唐山工厂工人罢工	1922年10月13日至21日	因公负伤或老年不能工作者，应扶养其终身，照支原薪；工人死亡时，给以2月全数工资，服务满1年者给2月分之工资，救恤之；满2年者给以4月分之工资		因病缺勤，如有医生之证明书时，第一月给全数工资，第二三月给半数工资，以后停给		年发给五铁路共通免费乘车证1次。路局选适当地点建筑工人住宅及工人俱乐部并设水道及电灯等	部分同意
京绥铁路车务工人罢工	1922年10月26日至28日	因执行公务死亡者，支给2年工资		工人因病死亡时，支给1年工资于其亲属；因过劳及公务而缺勤者，不论病时间长短，不扣工资			全部同意
正太铁路全体工人罢工	1922年11月12日至24日	因公负伤者，给除以治疗费外，并照常给资；因公死亡者，支给1年之工资			短工服务1年，改为常雇	路局设立扶轮学校，教育工人子弟；本路免费乘车证，每年发给3次；他路免费乘车证，每年发给1次	全部同意
大冶铁山工人罢工	1923年1月			疾病及假日，仍给工资	无过失不得解雇，解雇须经工会承认		

续表

罢工事件	罢工日期	有关社会保障要求					结果
		工伤	生育	疾病	失业	福利	
粤汉铁路广东线工人罢工	1924年4月17日	公务死亡者，支给恤金500元		职员及工人患病时，公司出资治疗，并照常给资。病故者，给以1月之工资			大部分同意
青岛日本纱厂工人罢工	1925年4月19日至5月9日	工人受伤，医药费由厂方担任，因伤不能工作期间，仍给全份工资	女工生产前后各给假1月		斥退工人须有充分理由	免收房租	工伤一条厂方同意。其他不同意
杭州机织工人大罢工	1926年3月19日至22日			工人病时，公司每日须担生活费5角。工人死亡，公司须给与抚恤费		创办工人补习学校于厂内，一切经费，由厂方担负	厂方不同意
上海闸北各丝厂第一次大罢工	1926年6月6日至10日		产前产后须休息1月，工资照给				加上在厂工作满2年者之条件

续表

罢工事件	罢工日期	有关社会保障要求					结果
		工伤	生育	疾病	失业	福利	
汉口英美烟厂工人罢工	1926年11月3日至12月31日	因公毙命或残废者，厂中应永远发给养老金，数目照原有工资发给	新老二厂及烟叶子厂女工，分娩前须厂方须给假4星期，休息期间，以活工计算者，每日须给生活费洋4角，以日计算者，则照原有工资发给	因疾病死亡者，须给抚恤费6个月，数目照原有工资发给	厂方增加工人，须由工会介绍工人，开除工人，须得工会同意。除在厂偷窃斗殴外，绝对不许开除工人	厂方每月应提出三厂工人教育费1500元	工伤及福利两项保留，其他同意
武汉印刷工人罢工	1926年11月22日至27日	因公疾病或受伤，假期中不扣工资，医药费，死亡及残废，均须由工厂抚恤，其数目由工会与工厂协定			凡工厂聘请或辞退工友，均须工会同意。在工人失业过多时，各厂不得加工，并禁止同行生意	膳食每月每人8元。工厂现招待伙食者，须加点心。每日三餐，夜工友备伙相等。住宿：无论工友学徒，均应有良好宿处，否则每人每月给费3元，听其自租房外宿	基本同意。因工死亡抚恤为4月薪资，工资病经医生证明，以2月为限。疾病每人每月6元为标准。食，给洋4元，夜工另加点心洋1角，工友学徒，应有正式铺位，否则每月给费2元，听其自租房外宿

① 刘明逵、唐玉良：《中国工人运动史》（第二卷），广东人民出版社，1998，第391页。

资料来源：王清彬等《第一次中国劳动年鉴》（第二编），北平社会调查部，1928，第283～324页。

关社会保障的诉求主要包括工伤、生育、疾病、失业、福利几个方面。其中关于工伤保障和疾病保障的要求最普遍，17件罢工事件中有12件有此要求，占70.59%，可见工伤和疾病是对工人生活危害最大的劳动风险，因此罢工工人都要求工厂在工人伤病时给予假期，担负工伤和疾病时的医药费，及照发工资，在因伤病而死亡时给予抚恤费。有关失业保障方面的罢工事件有10件，占总数的58.82%，主要的要求是职业的稳定，即工厂不能无故解雇工人。在此方面，工会一般要求在解雇工人时享有和雇主协商的权利。在福利方面，有要求的共10件，占总数的58.82%，内容包括工人教育福利，住宅宿舍、膳食、服装等生活福利。在生育保障方面，有要求的有3件，分布在纱厂、丝厂及烟厂这些女工较多的工业，主要要求产假及产假期间的待遇。因为17件罢工事件中，12件属于铁路业和矿业，而这些行业基本不雇用女工，所以这些罢工不曾关注生育保障。

第二章 南京国民政府时期劳工 社会保障制度的创建

在国际劳工组织的影响及国内劳工运动的压力下，北京政府于 1923 年在内务部设保工科、农商部设劳工科、交通部设惠工科，分别管理各部劳工相关之事务。同年，先后公布《暂行工厂通则》和《矿工待遇规则》，对工厂工人和矿业工人进行劳工立法保护。1927 年又公布《工厂条例》。这些法规都包含了劳工社会保障的内容。① 在轰轰烈烈的大革命中，一些地方政权出台的法规中也有类似的内容，如 1926 年的《湖北临时工厂条例》，1927 年的《上海劳资调节条例》《陕甘区域临时劳动法》。② 但出于中央

---

① 《暂行工厂通则》："雇主对于伤病之职工，应酌量情形，限制或停止其工作。其因工作致伤病者，应负担其医药费，并不得扣除其伤病期内应得之工资。厂主对于女工之产前产后，应各停止其工作 5 星期，并酌给以相当之扶助金。"（《农商公报》1923 年第 9 卷第 9 期，"政事门·法规"，第 68 页。）《矿工待遇规则》："矿工因工作受伤时，矿业权者应代为医治，负担费用，并不得扣除伤病期内应得之工资；但皮肤轻伤，仍能工作者，不在此限。因工作受伤，致成废疾者，应依下列之规定，给以抚恤费：一，终身失去其全体之工作能力者，须给予 2 年以上之工资。二，终身失去其部分之工作能力者，须给予 1 年以上之工资。因工作死亡者，须给予 50 元以上之丧葬费，并给予其遗族 2 年以上之工资。"（《农商公报》1923 年第 9 卷第 10 期，"政事门·法规"，第 44 页。）《工厂条例》："厂主对于工人应为灾害保险。在工人保险条例未规定以前，厂主得照查抚恤条例办理。……女工之产前产后，厂主应酌量情形，各给假 4 星期，并照给 1 个月工资，作为扶助金。"（王清彬等：《第一次中国劳动年鉴》第 3 编，第 200 页。）

② 《湖北临时工厂条例》："女子产前后，须与以 6 星期之休息，但工资照付。凡工人在工作时间受伤者，工场主须给与工资，并给与医药费，受伤成残废者，工场主须给终身工资；但工场消灭时，由政府负责。死亡者，除给与丧葬费外，并按照年龄之老少，须给与 5 年至10 年之抚恤金。工人生疾病时，经医生之诊断后，须给与半薪及医药费；但染花柳病者，不在此限。因病死亡者，应按其在工厂工作年限，给与抚恤金，其数目由工场主及工会协定之。"［刘明逵：《中国工人阶级历史状况》（第一卷，第一册），（转下页注）

政府执行能力不足、政权更迭、战争频繁、社会秩序混乱等原因，这些法规并没有在全国层面上得到实施。

第一节　南京国民政府劳工社会保障立法的酝酿
（1927 年 4 月~1929 年 11 月）

1927 年 4 月，国民党在南京组建政府，中国进入南京国民政府统治时期。南京国民政府以三民主义为指导思想，对包含社会保障内容的劳工立法非常重视，政府一经建立即开始了立法工作的准备。

一　《劳动法典》的起草及相关社会保障内容

（一）劳动法起草委员会成立

1927 年 8 月，南京国民政府决定设立劳动法起草委员会，委员会隶属于国民政府委员会，从事劳工法的编订，戴传贤、王宠惠、伍朝枢、叶楚伧、王世杰、虞和德、马超俊 7 人为委员。[①]王世杰、马超俊为常务委员，王人麟、徐谓津为秘书。[②] 此时马超俊亦任劳工局局长，他向国民政府提议编纂《劳动法典》，并拟订了《劳动法典》的纲目。[③]

1927 年 10 月 27 日，国民政府决定将劳动法起草委员会并入劳工局。[④] 1928 年 1 月 7 日，国民政府公布《劳动法起草委员会组织条例》，规定劳动法起草委员会附设于劳工局，劳动法起草委员会由国民政府简任

（接上页注②）第 698~699 页。]《上海劳资调节条例》："实行劳动保险及工人保障法，其条例由政府制定之；规定因工作员（而）死伤的抚恤金；工人因工作受身体上之损害时，厂主须负责医治，并须发给以半数以上之工资；女工在生产前后休息 6 星期，工资照给。"（王清彬等：《第一次中国劳动年鉴》第 3 编，第 190 页。）《陕甘区域临时劳动法》："凡女工生育之前后，俱免除义务劳动，停止雇佣劳动。其时间产前 8 个星期，产后 8 个星期，共 16 个星期，仍保留其位置，并按时发原薪。……女工生育时应一次性付给 1 月之工资，以后 9 个月每月应增给其工资之 2/10。……工人患病时，其工资由劳动保险所支给。"（王清彬等：《第一次中国劳动年鉴》第 3 编，北平社会调查部，1928，第 191~195 页。）

① 《劳动法起草委员会成立》，《申报》1927 年 7 月 10 日，第 7 版。
② 《劳动法起草委员会》，《申报》1927 年 8 月 12 日，第 4 版。
③ 《马超俊提议编纂劳动法典》，《申报》1927 年 10 月 19 日，第 5 版。
④ 《首都要讯》，《申报》1927 年 10 月 28 日，第 5 版。

委员 4 人、劳工局长及法制局长、专门委员 3 人组成。专门委员是由前两项人员聘请的在劳动法规方面富有学识经验的专门人员。委员会承劳工局的委托，专任劳动法典的起草。委员会成立后 6 个月内，应将劳动法典草案拟就，呈送国民政府核夺。[①]　此时劳动法起草委员会由马超俊任主席，黄元彬任副主席。委员会成立后编定《劳动法典大纲》，并起草《劳动组织编》。[②]

1928 年 2 月，国民政府设立工商部，中央政治会议经过第 130 次会议决议将劳工局行政部分并入工商部，裁撤劳工局，劳动法起草委员会并入法制局。但该局并未将《劳动法典》草拟完成。[③]

（二）广东省农工厅编纂《劳动法典草案》

1928 年 2 月 1 日，从劳工局离任的马超俊职掌广东省农工厅，继续从事劳动法典的编订工作。他在农工厅附设劳动法起草委员会，自任主席，黄元彬任副主席兼委员，专门委员为史尚宽、王人麟、朱公准、高廷梓、陶因、戴时熙、詹功桂。后又加聘史太璞为专门委员。至 1929 年春，该委员会先后开会 200 余次，历时 11 个月，草拟完成了《劳动法典草案》。草案共 7 编 21 章 863 条，内容包括第 1 编"劳动契约"、第 2 编"劳动协约"、第 3 编"劳动组织"、第 4 编"劳动保护"、第 5 编"劳动诉讼"、第 6 编"劳动救济"、第 7 编"劳动保险"。

《劳动法典草案》完成后，送经中央政治会议广东分会审查。广东分会建设委员会经缜密研究后，对草案进行修订，"惟特种劳动者契约、经营协约、劳资协会、劳动教育、老废保险、失业保险等，则非当时所急需，或须经长期间之调查，遂不得不暂付缺如"。[④] 审查后的草案由广东省农工厅呈政治分会转送中央交立法院审议。当时立法院已决定劳工立法采用单行法形式，因此将此草案交于立法院劳工法起草委员会作为其立法时的参考。[⑤]

---

① 《令发劳动法起草委员会组织条例》，《江苏省政府公报》1927 年第 18 期。
② 谢振民：《中华民国立法史》，中国政法大学出版社，2000 年，第 1063 页。
③ 同上书，第 1063 页。
④ 同上书，第 1064 页。
⑤ 《立法院第 45 次会议》，《申报》1929 年 9 月 4 日，第 10 版。

（三）《劳动法典草案》中劳工社会保障内容

《劳动法典草案》是一部以劳工为立法对象的综合性法典草案，其中有关劳工社会保障的内容有如下几方面。

劳动保护法之适用范围：（1）雇用劳动者10人以上之工业；（2）使用千吨以下船舶之航业及其他运输业；（3）雇用店员或学徒5人以上之商业；（4）含有危险性或于卫生有害之事业。①

女工产假：女工产后休息6星期，产前休息1星期。②

职业介绍：职业介绍机构，分官营和私营两种。自县市至中央，皆须设立职业介绍机关，此为官营。私营职业介绍机关，又分为有偿和无偿两种。无偿职业介绍机关，可自由设立，成立前先行呈报主管部门，并按月报告其介绍情况，接受主管部门的监督。有偿的职业介绍所，则须承担种种义务，接受种种严厉的监督。③

劳动保险：劳动保险分为两种，伤害保险和疾病保险。伤害保险以减免劳动者因执行业务而致死伤疾病时所受经济上之损害为目的。被保险人为从事工业、矿业、建筑业、陆上及内河之运输业的劳动者，符合下列条件之一者：（1）发动力非人力兽力者；（2）当时使用劳动者在20人以上者；（3）事业之性质有危险者；（4）事业之性质有害于卫生者。保险人为伤害保险社，由政府、雇主、劳动者三方组成，保险社按区域组织，雇主根据所在区域强制加入。保险费由雇主交纳，保险社按照其雇用人数、工资额数及工作危险等级征收保险费。保险给付的范围为医疗伤病津贴、残废年金、遗族年金、丧葬费。④

疾病保险（含生育保险）：疾病保险以减免劳动者因疾病、分娩或死亡时所受经济上之损害为目的。被保险人分两种：一是强制被保险人，"凡为工资工作之劳动者除有特别规定外皆为强制被保险人。不受工资之学徒与家内工业劳动者视为工资劳动者"。二是任意保险人，包括年收入

---

① 谢振民：《中华民国立法史》，中国政法大学出版社，2000，第1066~1067页。
② 同上书，第1068页。
③ 同上书，第1070页。
④ 广东建设厅劳动法起草委员会编撰：《劳动保险草案》，载吴耀麟：《社会保险之理论与实际》，大明书局，1932，第201~235页。伤害保险共9节，148条。

在 1500 元的小业主等四类人。保险给付的范围包括：（1）疾病给付，包括疾病工资（或疾病津贴），疗养给付（诊察、药剂或治疗材料、手术、看护、病人之移送）；（2）分娩给付，包括分娩费、产期工资（或分娩津贴）、哺乳津贴费；（3）丧葬费；（4）家族扶助。保险人为地方疾病保险社和事业疾病保险社。前者为区域性组织，后者由雇用强制被保险人 500名以上的企业所组织。地方疾病保险社之事务费由政府负担，事业疾病保险社事务费由政府给予各社津贴 500 元。强制保险人之保险金由保险人及其企业主各负担 1/2，任意保险人全部自己负担。保险金率一般不得超过标准工资之 4.5%。①

矿工海员之特别保护：矿工方面规定了矿场的安全卫生设备、医院设施、学校教育设施等内容。海员方面规定了船舶的安全，饮食居处的卫生，伤病死亡之医治抚恤，解工、辞工之待遇，安全卫生规则等内容。②

（四）《劳动法典草案》的意义

《劳动法典草案》虽未成为法案，但在劳工社会保障史上有重要的意义。

第一，这是中国近现代史中第一次规模宏大的劳动法案起草活动，内容涉及劳动法的方方面面，对其后的劳动立法影响深远。"此草案虽未成为法典，而旁搜约采，寻源竟委，汇编别章，体情蕴理，实开吾国劳动立法之新纪元。"③此后立法院在制定《工会法》《工厂法》《团体协约法》等法律时，大多取材于此。

第二，法案的拟定是一次系统地学习西方先进劳工立法的过程。参与的专家"博采德意志、奥地利、新西兰、法兰西、卢森堡、匈牙利、西班牙、日本诸国之成法草案，及国际联盟劳动会议之决议，并远绍学者之理论"，④将当时劳工立法的先进国家都作为学习和借鉴经验的对象。在呈请广州政治会议审核时，审核文逐条说明立法理由，其中大部分条文都于文后介绍了有关此条的各国立法情况，而后再与本国的惯例相比较，以

---

① 广东建设厅劳动法起草委员会编撰：《劳动保险草案》，载吴耀麟：《社会保险之理论与实际》，大明书局，1932，第 235~261 页。疾病保险共 7 节，116 条。
② 谢振民：《中华民国立法史》，中国政治大学出版社，2000，第 1068 页。
③ 同上书，第 1064 页。
④ 同上书，第 1063 页。

使法典条文最大限度适应本国国情。

第三，这也是社会保险立法起草的初次尝试。此前北京政府时候，曾有多次劳动立法活动，但都不曾关注社会保险。在《劳动法典草案》中，劳动保险作为专门一编，和其他劳动法律处于同等地位。它被认为是20世纪30年代的《强制劳工保险法草案》及40年代的《伤害保险法草案》和《健康保险法草案》的蓝本。[①]

二　《工厂法》的草拟与工业劳工社会保障内容

由于工业劳工是现代劳工群体中最重要的部分，因此世界各国在劳工立法时，最先进行的是工厂立法。工厂法主要用于规范工人与雇主之间的关系，劳工的社会保障权益是其主要内容之一。当国民政府立法院决定劳工立法采用单行法的形式后，工厂法的草拟便成为政府部门工作的重点，当时社会对其中的社会保障内容也非常关注。

（一）工商部的《工厂法草案》

1928年2月工商部成立后，即将包含劳工社会保障内容的工商法规的修订作为行政事务的主要内容之一。[②] 1928年5月工商部设立工商法规讨论委员会，负责工商法规的审议、起草与修订。[③] 拟修订的工商法规中含有社会保障内容的有《劳动法》《工厂法》《劳动保险法》等。[④] 9月9日，工商法规讨论委员会第一次常会由主席指定《劳动法》起草员为刘荫非、王云五，《工厂监察法》起草员为吴健、吴承洛、朱懋澄，《劳动保险法》起草员为朱懋澄、王云五。[⑤] 此前工商部决定，由负责劳工事务的劳工司负责《工厂法草案》的草拟。按照《工商法规讨论委员会规则》，各项法规起草完成后都要交主席提付大会议决，而后呈候部长核定，然后分别向中央政治会议提出或呈请国民政府核准或以部令公布。[⑥]

劳工司拟具《工厂法草案》共15章115条。9月，工商法规讨论委

---

①　岳宗福：《近代中国社会保障立法研究》，齐鲁书社，2006，第135页。

②　《工商部拟订政纲》，《申报》1928年8月7日，第7版。

③　《工商部设立两委员会》，《申报》1928年6月1日，第13版。

④　《工商部工商法规讨论委员会成立会》，《申报》1928年7月30日，第13版。

⑤　《法规会起草法案消息》，《申报》1928年9月9日，第14版。

⑥　《工商部设立两委员会》，《申报》1928年6月1日，第13版。

员会就该案进行讨论，修订为16章117条，包括：（1）总则；（2）工作契约；（3）解雇；（4）工作时间；（5）休假；（6）工作标准；（7）工资；（8）资金及盈余分配；（9）工厂卫生与安全；（10）工厂委员会；（11）学徒；（12）工人福利；（13）工人保恤；（14）记录及呈报；（15）工厂检查；（16）附则。①

在实施范围方面，规定为"平时雇用工人30人以上之工厂"。工商部对工厂进行界定时认为，中国工业幼稚，北京政府农商部《暂行工厂条例》以雇用百人以上者为工厂，标准太高；但规定人数太低，则未免流于滥而牵连手工业及一切家庭工业之弊，于《工厂法》实行时必多有障碍，是以采折中办法，暂定为30人。②

在救济工人失业方面主要规定了工作契约解除时的预告期和解雇费。工商部认为，"年来劳资纠纷中解雇问题亦为重大之一。在厂方因商业凋疲，金融难以周转，自于工人之选择不得不慎密，故力求有自由开除工人之权。在工方，则因生计窘迫，位置难觅，恒有患得患失之惧，对于厂方得自由开除工人之议自然尽力反对。平心而论，各方俱由环境与生计驱之使然。"③ 工商部认为应明文规定在何种情形下，工厂和工人有合法解雇之权；并且应该至少于解雇1个月前通知对方。如果厂方临时解雇，须多给工人1个月工资，作为对工人的补偿。

同时为了救济失业工人，还作了解雇费的规定。"工人如无过失，于其解雇之后，若无相当保障以维持其生计，则难免作奸犯科，贻害社会。"④ 因此规定，"在劳动保险法未施行以前厂方宣告解约时须加给工人1个月之工资"。⑤

在工伤保障方面，内容包括：其一，工人受工伤时，工厂担负其医疗费，照给工资，而与工作无关的疾病不再享受此保障。其二，工人因公残疾，工厂担任医疗费，6个月内照给工资，以后终身给予半数工资。其

① 《工厂法、商会法、工商同业公会条例、消费合作条例各项草案审查报告》，《河北工商月报》1928年第4期，第77~97页。
② 同上刊，第99页。
③ 同上刊，第101~102页。
④ 同上刊，第102页。
⑤ 同上刊，第79页。

三，工人因公死亡，"给予百元之丧葬费，并给其家族一次抚恤金 400 元及 1 年之工资。但工厂资本在 3 万元以下者得呈请主管机关酌量给予之"。① 如不履行上述规定，"拒绝付给医药费及工资者，工人得依法追诉之"。②

在女工生育方面，产假将产前产后合并计算，为 2 个月，其间工资照给。同时规定，工厂应准许女工在工作时间内哺乳婴孩。

在教育福利方面，规定工厂对于幼年工及学徒的教育责任，16 岁以下之工人每星期补习时间在 10 小时以上；16 岁以上之工人，每星期在 5 小时以上。在生活福利方面规定了工人储蓄、保险、合作社等内容。此外，厂方得依该工厂情形拟订工人抚恤规则、奖励规则及养老金办法，呈由主管机关核准办理。

此草案规定了劳工保障的主管机关及工厂的责任，更有利于法规的施行。劳工保障的行政管理者为当地的政府，"在特别市为特别市政府，在县为县政府，在普通市为普通市政府"。③ 工商部设工厂检察机关，随时派员检查工厂。④ 在行政机关对工厂的管理中，工厂的责任为："工厂应于每年 1 月 7 日将下列事项造表呈报于主管机关：……乙，工人疾病及其治疗办法；丙，意外事项及其救济办法；丁，退职工人及其退职原因"；⑤ "工厂遇意外事项工人遭受死亡及重大伤害时，应于 5 日内将经过情形及善后处置呈报主管机关"。⑥ 在罚则中对工厂不予配合之情形作出处罚，"工厂违背第 90 条、第 91 条之规定，不于相当期限内呈报者每次科以 100 元以上 500 元以下之罚金。其呈报不实者，除罚金外，施以相当之处分"。⑦ 工厂建立工厂委员会，管理工人福利事务，"由工人与厂方举派同等数量的代表组成，负责调解劳资冲突，谋划工人福利事业"。⑧

---

① 《工厂法、商会法、工商同业公会条例、消费合作条例各项草案审查报告》，《河北工商月报》1928 年第 4 期，第 93 页。
② 同上刊，第 96~97 页。
③ 同上刊，第 78 页。
④ 同上刊，第 95 页。
⑤ 同上刊，第 94~95 页。
⑥ 同上刊，第 95 页。
⑦ 同上刊，第 97 页。
⑧ 同上刊，第 87~89 页。

（二）立法院制定《工厂法》

1929 年 1 月，工商部将《工厂法草案》呈请经行政院转交立法院核议。2 月 2 日，立法院第 11 次会议上对法案进行讨论，认为《工厂法》的重要原则，应由中央政治会议决定。经中央政治会议议定《工厂法》原则后，再依据原则对草案进行审议。因此对《工厂法草案》决定缓议。①

《工厂法草案》经国民政府函送中央政治会议。中央政治会议于 1 月 23 日第 172 次会议进行讨论，指定胡汉民、戴传贤、王宠惠、孔祥熙、孙科、陈果夫六委员审查，由孔祥熙召集。诸委员于 1 月 29 日、30 日两次集会研讨，拟定出《工厂法原则》12 条。《工厂法原则》规定，适用《工厂法》的工厂暂定以 30 人以上为标准。有关女工生育方面，规定女工在产前产后相当时期内不准工作，但工厂仍须照付工资。在工人福利方面规定，关于幼年工及失学职工之教育，工人之正当娱乐及保恤均宜明白规定。在管理方面，规定工厂经主管机关之核准，由工厂两方之代表组织工厂委员会，其任务以调解工厂纠纷及关于工厂改良状况、举办工人福利事业为限。②

《工厂法原则》提交中央政治会议后，中央政治会议于第 177 次会议通过，于 1929 年 2 月 28 日函送立法院查照审议。3 月 9 日，立法院于第 16 次会议对原则提出讨论，议决由劳工法起草委员依据原则起草法案。10 月，胡汉民、戴传贤提议修改《工厂法原则》，认为 "《工厂法》亟待起草，而《工厂法原则》中尚应请解释者，计有工厂工人人数标准、工人最低年龄及最低工资之规定等三点请明白解释，俾资依据"。③ 此提议于中央政治会议第 199 次会议通过，决议交法律组审查。该组审查完竣，缮具报告，提经中央政治会议于 10 月 23 日第 201 次会议通过。《工厂法原则》修正条文共 4 条，其中关于工厂工人人数标准，修正为：凡用机器发生动力之机器工厂适用本法，其人数暂以 30 人为标准。④

---

① 《国民政府立法院会议第十一次会议议事录》，《立法院公报》1929 年第 3 期，第 3 页。

② 《工厂法、商会法、工商同业公会条例、消费合作条例各项草案审查报告》，《河北工商月报》1928 年第 4 期，第 75 页。

③ 《中央政治会议函工厂法原则业经修正通过录案函达查照》，《立法院公报》1929 年第 11 期，第 256~257 页。

④ 《修正工厂法原则案》，《立法专刊》1930 年第 2 期，第 24 页。

中央政治会议将《工厂法原则》修正条文函送立法院转交劳工起草委员会查照起草。劳工法起草委员会即根据《工厂法原则》及修正条文，并参照工商部拟订的草案，数次开会研讨，议定《工厂法》草案13章77条。立法院于第57次会议将该草案提出初读，各委员就地大体讨论后，遂议决付劳工委员会会同法制委员会审查。两委员会先后开联席会议3次，将原草案修正通过。立法院复于第67次会议开二读会，将该审查修正案提出逐条讨论通过，并省略三读，通过《工厂法》全案，即呈国民政府，由国民政府于1929年12月30日公布。①

（三）社会团体对《工厂法草案》中社会保障内容的反应

1. 资方团体

鉴于战争对社会经济秩序的破坏及对生产与效益的影响，各资方团体对通过社会立法规范生产秩序非常期待。1928年4月，工商部成立不久，各省商联会即呈请修订工商法规，理由有两条：一是"盖我政府成立之后，法令未及颁布，使工商无所适从，每易酿成争端，而税则不良，工商既蒙其损害，税收反见其短绌，此宜急于实行者一也"。二是"劳资纠纷，年来成为工商界之一大问题……，工人被惑，尤趋于极点，一有争端，罢工相持，事业因之停顿，结果双方各蒙其害，此宜急于实行者二也"。②

5月，工商部决定成立工商法规讨论委员会，负责工商法规的审议起草和修订，各资方团体对此非常重视。7月，各省商会联合会举行第一次执行委员会，推定朱鸿达、陈绍武、邬志豫3人为工商法规讨论委员会委员，经工商部同意批准参加各项有关制订工商法规的活动。③

《工厂法草案》的制定对于纱厂等劳动密集型企业影响重大，这些企业对于《工厂法草案》的制定特别关注，并希望通过参与立法过程保障自己的权益。1928年9月，当工商部将《工厂法草案》发交工商法规讨论委员会讨论时，上海华商纱厂联合会等电呈工商部，要求派代表参与草案的拟定。工商部认为，根据工商法规讨论委员会规则，若对于法规有意见，可通过书面形式提出，或派代表向该会陈述意见以备参考，因此拒绝

---

① 谢振民：《中华民国立法史》，中国政法大学出版社，2000，第1100页。
② 《各省商联会请修订工商法规》，《申报》1928年4月25日，第15版。
③ 《各省商会推派工商法规委员》，《申报》1928年7月24日，第14版。

了联合会的请求。① 随后，上海华商纱厂联合会推派代表荣宗锦，向工商部递交对《工厂法草案》的意见。意见认为，此草案最不合于纱厂业，"八小时工作制、禁止女工夜工与国情不合，请予纠正"；② 并要求删掉工厂不得预扣工资为违约金或赔偿之用的规定。③ 意见措辞激烈，且认为此法案仿照苏俄劳动法拟定，不适于本国国情。工商部予以批饬，"查《工厂法草案》，系依据本党党纲，及国内社会经济状况，博采同咨，详为拟定，并未以任何一国法规为蓝本，况分红制系采取我国旧法，为永远消弭劳资纠纷之计，该代表漫不加察，遽以微闻辞，谓为以赤俄法规为依归，实属误会，具呈及附件，措词尤多失态之处，殊有未合，惟现在该法草案尚在审查中，既据条陈多端，自可留待参酌，仰即知照"。④

在递请修改意见未得到满意答复后，纱厂联合会便拟通过联合外国政府对工商部施加压力。12月4日，上海纱厂联合会在联华总会召开有中、日、英各委员出席的例会讨论《工厂法草案》，会议认为"此项草案为10年前苏俄所订，照其原文翻译者、起草此案之朱氏，对于工厂经营，全无经验，似欲以此不谙实际之悬想推行之"，因而"议决分别向各管公使转请我国政府予以考虑"。⑤

1928年12月，湖北纱厂联合会从报刊得知，立法院成立后首将起草者即为劳工法，于是立即致函工业总联合会，表达对劳工法的担忧："国人盼望亦既久矣，使立法果善，则以后实业各厂皆有遵循，一切纠纷自可立解。设或不幸与吾国习惯相隔太远，则首蒙其害者，亦以实业界为最巨。"因此，希望工业总联合会能发起或联合实业各界，将劳工法应注意之点，逐条缕陈立法院，以备起草时之研究。同时湖北纱厂联合会针对劳工立法陈述了4点意见，分为工时、工资、童工女工、工人生病时工资与医药。其中对于工人生病时的待遇，认为：

---

① 《公牍：工商部具呈上海华商纱厂联合会等，为声请准予推派代表会同拟订工厂法草案由》，《工商公报》1928年1卷第5期，第26页。

② 王莹：《各地修改工厂法意见》，《劳工月刊》1932年第1卷第1期，第32~35页。

③ 王莹：《各地修改工厂法意见（续一）》，《劳工月刊》1932年第1卷第2期，第33页。

④ 《工商部批饬华商纱厂联合会》，《申报》1928年12月14日，第14版。

⑤ 《纱厂联合委员会对于工厂法交换意见》，《纺织时报》1928年第560期，1928年12月6日，第239版。

工人生病不能照给工资与医药也。查工人生病给予工资与医药费，原为体恤起见，且寓慈善之意。仅观表面谁曰不宜。但是工人智识薄弱，不道德尤居多数。上年共产党在鄂时，曾与各厂订有此条，结果各厂工人借口生病者不仅半数，既有工资又得医药费，谁人肯来上工。虽条文载明须经医生验明为主，而医生只有一二人且非武装，工人动辄聚焦数百之众，坚欲借病出厂，安敢指为无病。所持药方亦大都向厂方指定药店卖钱。药店狼狈为奸，不出药而向厂中领款，亦得因缘作弊。种种不情言之痛心。①

也有其他工业组织表达了自己对《工厂法草案》的看法并积极采取影响立法的行为。工商法规讨论委员会通过《工厂法草案》决议案后，天津各大工厂的组织——华北工业协会为此数次召集各工厂代表进行讨论，认为《工厂法草案》有许多点不适宜于华北工业。倘此法实行，各工厂势必立即破产不可。各业情形不同，应请政府召集全国各工厂关系人，切实讨论，再行公布。当经决议，第一，电请国民政府将《工厂法草案》暂缓公布；第二，推选代表赴沪联合上海工业界向政府请求召集全国各工厂关系人讨论。②

2. 劳工团体

而劳工团体对于《工厂法草案》也有许多不满。"上海各工会因《工厂法草案》自工商部拟定，虽经过所谓工商法规委员之讨论审查，但绝未向工人采纳意见，特于全市工会代表大会修改通过"，由上海的工会组织，包括上海商务印书馆工会、商务印书馆职工会、英美烟厂工会、南洋烟草工会、邮务工会、报界工会、华商电气工会等联合商定后，拟定《工厂法草案》修正草案，而后经商务印书馆工会、商务印书馆职工会、沪杭甬二路工会、报界工会、华洋印刷工会、法商电水工会等审查，1928 年 10 月 3 日呈送上海全市各工会代表大会通过。"由各工会盖印，并推定全沪丝厂职

---

① 《湖北纱厂联合会对于劳工法条举妇见》，《纺织时报》1928 年第 566 期，1928 年 12 月 27 日，第 261、262、263 版。
② 《各埠市况：华北工业协会请缓布工厂法》，《银行月刊》1928 年第 8 卷第 11 期，第 189 页。

工总会及华商电气工会、报界工会、英美烟厂工会、南洋烟厂工会、商务印书馆工会、商务印书馆职工会等（邮务工会适因争议事件，须向交通部请愿），故各工会代表 12 人，于 10 月 2 日夜间，同车晋京，携带呈文及《工厂法》修改部分之意见，向中央党部、国民政府及工商部请愿，切希采纳，庶厂劳双方于党治正义之下，各得其平"。① 修正草案共 14 章 112 条，包括总则、工作契约、解雇、工作时间、休假、工资、盈余分配、工厂卫生与安全、学徒、工人福利、特别规定、纪录与呈报、工厂检查、罚则。

此草案认为《工厂法草案》的范围应当扩大，凡平时雇用工人在 20 人以上的工厂均应适用，并且无论月工、包工，应一律享受《工厂法草案》规定的权利。②

在解雇方面，要求修订的最多。首先，要求提高工会的权利。厂方与工人，无论何方解约，都应提前 30 天通知工会。③ 工会认为工厂辞退工人理由不充足时，工厂不能辞退。④ 其次，在解雇时的待遇方面，增加了有关退俸金的要求。解雇工人时，除解雇费至少须为工人的 1 个月工资外，还须依照工人的服务年限给予退俸金，其数目为：满足 1 年者照在职时起实得薪水总数支付 6%；满足 5 年者为 8%，满足 10 年者为 10%，嗣后每满 5 年加 3%。⑤ 再次，厂方可以在破产或工人有过错时，解雇或开除工人。但此权利需有以下限定：如工人因以下 3 种原因遭到开除或解雇时——出品或成绩不足劳工协定之标准 2/3 至半年以上，1 年内旷缺总计超过 4 个月以上，违反劳资协定之戒约经厂方在半年内提出书面警告 3 次不能悛改，应提前两个月通知本人及工会，此期内每日平均应给工人 2 小时供其另谋位置之用，不扣薪水。工会如无异议，除退俸金照给外，应送 3 个月之薪金，并照给离厂以前应得之花红及其他一切福利。⑥ 工人因无故连续缺勤至 2 个月以上者，辞退时应于拟定之日通知本人及工会，两星

---

① 《沪市各工会请愿团晋京》，《申报》1928 年 10 月 4 日，第 14 版。
② 王莹：《各地修改工厂法意见（续三）》，《劳工月刊》1932 年第 1 卷第 4 期，第 119 页。
③ 同上刊，第 120 页。
④ 同上刊，第 112 页。
⑤ 同上刊，第 120~121 页。
⑥ 同上刊，第 121 页。

期后工会如无异议可以解雇，以上待遇照给。

在劳工福利方面，认为工人退俸金、抚恤费、奖励金、养老金、补习教育费用及应缴部分之保险费用均为厂方经常性开支。①

在工伤方面的规定和工商部的《工厂法草案》规定大致相同，只是在死亡抚恤金上对于例外规定限制更多，由"资本在30000元以下者得呈请主管机关酌量给予之"改为"资本在5000元以下可分期给予"。②

三 工业劳工教育与娱乐福利政策的出台

教育福利与娱乐福利也是劳工社会保障内容之一，对于提高劳工的生活水平有一定的作用。南京国民政府对此也很重视。

（一）劳工教育福利

在普通劳工教育方面，1928年工商部依据国民党政纲"改良劳动者生活状况"、"教育均等"及世界劳工运动之三八制——"教育休养八小时"，并参考同年全国教育联合会会议议决的"实施劳工教育案"，颁布《工人教育计划纲要》，颁发各省，以期参酌办理。纲要规定，工人教育计划针对全国成年劳工及未成年的男女学徒及幼年工等。举办主体为省市县政府、公团、学校、工厂、商店、团体（如会所）及各军政工商个人。经费由各举办者承担。计划纲要同时规定了劳工教育的目的、举办形式、教育内容等。③

（二）劳工娱乐福利

在劳工娱乐福利方面，1929年2月工商部制定《特别市普通市职工俱乐部计划大纲》与《工商职工俱乐部计划大纲》。工商部在《职工俱乐部计划大纲缘起》中讲到办理职工俱乐部的原因与目的："工人整日工作，身体既极疲劳，精神亦复烦闷，若无休养的时间与场所，以资舒展，必至日就颓废，况处此恶劣环境，工人应享受的人生乐趣，既被剥夺，而赌博冶游，又在在足以伤身败德，救济一策，惟有娱乐教育，惟有娱乐设

---

① 王莹：《各地修改工厂法意见（续三）》，《劳工月刊》1932年第1卷第4期，第124页。
② 同上刊，第126页。
③ 《工人教育计划纲要》，《河北工商月报》1929年第1卷第5期，第119~126页；《工人教育计划纲要（续）》，《河北工商月报》1929年第1卷第6期，第65~74页。

备。盖健全的工作，基于健全的身体，健全的思想，基于健全的精神，精神愉快，思想自然活泼，身体强壮，工作自然增加，所以工人的娱乐关系既如此重要，设备更未可或缓，工人俱乐部之设，又不仅专为工人谋娱乐，同时是要使他们修养人格，研求学问，讨论国事，练习四权，且改良生活上一切恶习惯，进而改造生活环境。"①

《特别市普通市职工俱乐部计划大纲》规定由特别市与普通市政府办理不属于工厂、矿厂、公司、商店之各男女手工业、车夫、苦力等工人的俱乐部，俱乐部设在市政府所在地，隶属市政府之主管机关如建设、工商、社会各厅局。俱乐部经费由市政府每年划定最低额，由市库支给。②《工商职工俱乐部计划大纲》规定，凡雇用职工在 30 人以上的工厂、矿厂、公司、商店或工厂、矿厂、公司、商店的工会均应设立职工俱乐部（工厂、矿厂、公司、商店不满 30 人之职工得分别入特别市普通市职工俱乐部），所需经费由举办者负担。限于人力财力不能单独设立俱乐部的工厂、矿厂、公司、商店可以联合其他性质相同的工厂、矿厂、公司、商店等共同组织。两种俱乐部的设备与举办事业基本相同。③

四　特殊劳动者社会保障立法的开始

在民国时期，特殊劳动者是相对于工业劳动者而言的，包括从事交通、铁路、矿业等行业的劳动者。其中交通与铁路劳工因主管机关不同，其社会保障另有规定。

（一）交通劳工社会保障立法的出台

南京国民政府成立后，设交通部，直属国民政府，主管铁路员工、电务职工、邮务职工、船员待遇事项。而关于养老、医疗、工伤等社会保障是其待遇事务的主要内容之一。

1. 交通部重新起草待遇章程

1927 年 8 月，交通部组织电政职工改良待遇委员会，召集电政界

---

① 《职工俱乐部计划大纲缘起》，《河北工商月报》1929 年第 1 卷第 5 期，第 126~127 页。
② 同上刊，第 127~135 页。
③ 《职工俱乐部计划大纲缘起（续）》，《河北工商月报》1929 年第 1 卷第 6 期，第 74~81 页。

富有学识经验的人员，重新起草新待遇章程。章程草案内容共计 8 种，涵盖电务员、技术员、电话生、递报生、员司、工匠、信差、局役。其中电务员待遇分为 18 章 160 条，社会保障内容体现在教育、任用、告假、恤养、卫生、宿舍、娱乐等章节中。技术员等 7 种待遇除与电务员专章内规定共同适用各条外，均另有订章程及规则几十条，"办法极为详明赅备"。①

2. 交通部颁布职工社会保障待遇规划

1928 年交通部颁布《国民政府交通部交通事业革新方案》，第二章"交通事业改革大纲"中，"现成事业之应即整理者"第 6 项为"改善职工待遇"。理由是："劳工辛勤，生活至苦。待遇改善，各国已有先例。盖不仅改善其生活，而其生活效率，亦应为之提高。"改善的方法为："先从下列各事著手：甲，实行职工养老储金；乙，规定职工恤金；丙，开办职工补习教育。"其具体实施规程另定之。②

3. 全国交通会议收到的职工社会保障待遇提案

1928 年 8 月 10 日，交通部召开全国交通会议，"为谋交通行政之统一，交通事业之发展、革新制度、廓清积弊、整理债务、实施方案"。③至 18 日会议结束，共收到提案 400 余件，议决 140 余件。④其中职工社会保障待遇是提案的主要内容之一。

在铁路员工方面，南浔铁路局局长林祖渠提出《规定铁路技术员工保障案》，平汉铁路局局长黄士谦提出《规定铁路员工保障法案》，正太铁路局代表王庆莘提出《编订国有铁路职员职工待遇通则详细章程案》、株萍铁路局长刘兢西提出《请规定交通技术职工甄用法管理法保障案》等 13 件。经法规契约组审查讨论认为，"交通四政人员之任免保障待遇，均应有制定之法规，以资遵守。路员技术员职工为四政人员之一，应请交通部交法规委员会将关于人员之任免待遇及保障各种法规，从

---

① 《全国交通会议汇纪》，《津浦铁道公报》1928 年第 9 期，第 108~109 页。
② 《国民政府交通部交通事业革新方案（续）》，《津浦铁道公报》1928 年第 9 期，第 140 页。
③ 《全国交通会议之规程》，《申报》1928 年 7 月 8 日，第 10 版。
④ 《全国交通会议特刊》，《申报》1928 年 8 月 19 日，第 15 版。

速厘定"。①

在电政职工方面，河南省电局王克用提出《改良员生待遇案》，广东省政府代表周钟岐提出《规定养老金及改订身后棺殓费案》、广东张绍文提出《改善职工待遇案》，陈伯阳等各电局 7 人提出《请改良电务员生职工生活案》、河北电局徐庭翼提出《拟请将电局职工待遇分别改订规程以资遵守案》、江苏省电话生协会请愿提出《改善电话生待遇案》等 13 件。经职工事务组审核后认为，以陈伯阳案为主体，请由交通部指定人员组织审核电政职工待遇等提案，其余 12 案均为审核时的参考。②

在交通职工储蓄方面，交通部参事林实提出《筹备交通职工储蓄保险事业案》5 条，经职工事务组审核，认为此案"为交通职工生活上谋保障，理由甚为正当"；并对其进行修改，主要内容有：所有交通职工应按月薪多寡实行强迫储蓄制度，关于储蓄保障一切制度章程暨交通职工薪金储蓄之比例、疾病死亡灾害养老之救济办法，应由交通部组织筹备委员会，参酌各先进国成规及我国特殊情形规定。③

以上审查报告均经大会通过。④

4. 颁布关于交通职工社会保障待遇的法案

1928 年 10 月，交通部指派周继尧、林实、孙承宗等人为审核电政职工待遇章程草案委员，委员们根据电政管理局长陈伯阳等人在全国交通会议上的提案稍加修改，于 11 月修订完毕。1928 年 12 月 31 日由交通部正式颁布职工待遇章程 4 种：《电务技术员章程》《报务员章程》《话务员章程》《技工章程》。其中《技工章程》属劳工法规。⑤《技工章程》包括总则、录用、薪给、考核、奖励、惩戒、告假、川资、恤养、附则 10 章。关于社会保障的内容主要在恤养与告假两章，包含养老保障（退休条件与退休待遇）、疾病保障（病假期限、病假工资、病故抚恤）、工伤保障

---

① 《全国交通会议汇纪》，《津浦铁道公报》1928 年第 9 期，第 107 页。
② 同上刊，第 108~109 页。
③ 同上刊，第 109 页。
④ 《全国交通会议审查报告（一）》，《银行周报》1928 年第 34 期，第 39 页。
⑤ 邢必信等：《第二次中国劳动年鉴》（第三编），北平社会调查所，1931，第 75 页。

（工伤治疗、工伤残废抚恤、工伤死亡抚恤与丧葬费）等待遇。[1]

在伤残和死亡抚恤方面，1928年10月，交通部公布《邮政职工抚恤金章程》甲、乙两种，针对邮政职员和工役。甲种为伤残和死亡抚恤金的相关规定，乙种为丧葬金的相关规定。两种抚恤金数额根据邮政员工职务及服务年限不同而有所差异。[2]

在养老金方面，1929年10月25日，交通部公布《邮政养老抚恤金支给章程》及《邮政养老抚恤金管理章程》。《邮政养老抚恤金支给章程》共16条，并附有两表格。它主要规定邮政员工领取养老金的服务年限条件与年龄条件，领取数额与领取方式，抚恤金的领取对象与领取标准。《邮政养老抚恤金管理章程》共16条，它规定邮政养老抚恤金的资金来源、管理机构的构成与职能、对管理机构的监察等管理制度。[3]

在交通职工教育方面，交通部职工事务委员会订立《交通职工补习教育暂行规程》，1929年4月10日由交通部长核准。该规程规定，职工补习教育视各地职工状况，或专设职工补习学校，于当地相应学校内附设补习班，或于职工所属之交通机关内附设补习所。同年，交通部又颁布《交通职工补习班办法大纲》，通令直辖各机关，一律筹设职工补习班。在交通职工子女教育方面，交通部职工事务委员会拟定《交通职工子女教育暂行规程》，也于1929年4月10日经交通部核准。[4]

（二）铁路劳工社会保障基本法律的草拟

1928年10月，国民政府决定设立铁道部。铁路员工事务转由铁道部管理。

在此之前，1928年7月，国民党中央政治会议广州分会曾颁布《铁路员工服务条例》，其适用范围，限于粤汉、广九、广三、潮汕等铁路局之员工。此条例对铁路工人运动限制极严，如第6条规定"凡员司工人

① 《技工章程》，《交通公报》1929年第5期，法规，第5~19页。
② 实业部劳动年鉴编辑委员会：《民国二十一年中国劳动年鉴》（第五编），文海出版社，1990，第98~99页。
③ 《邮政养老抚恤金支给章程》，《邮政养老抚恤金管理章程》，《交通公报》1929年第87期，第15~24页。
④ 邢必信等：《第二次中国劳动年鉴》（第三编），北平社会调查所，1931，第161~162页。

等，遇有不得已事项，应呈局长核办，静候解决，不准有藉端生事，罢工怠工或同等之举动，倘敢故违，则认为扰乱治安，危害国本，该主动或煽动者，及工会领袖，须完全负责，并受军法处分"。① 因此此条例在颁布后遭到广州各工会的反对。

1929 年 7 月，广州省各铁路工会力陈《铁路员工服务条例》损害工人利益，请饬令停止执行。国民党中央执行委员会推孙科、古应芬、戴传贤、李文范、张道藩 5 委员对此案进行审查。孙科等人审查完毕后，缮具报告，提经中央政治会议。中央政治会议第 26 次常会决议："（1）由铁道部于一个月内以此条例所规定之办法为主要参考条件，拟定一般的铁路员工服务条例，经立法院议决后公布施行。（2）由中央恳切训勉广东铁路员工，俾知现行条例之原则，为救济铁路破产之方法，而为中央所承认者。现在中央正在制定一般铁路员工服务条例，望安静努力服务；（3）再由中央训令广东省党部，并由国民政府电令广东省政府在中央新条例未颁布以前，本条例照旧施行。"②

铁道部遵照中央决议案，即拟具《铁路员工服务条例草案》42 条，并将起草意见详加说明，呈由国民政府交立法院查照审查。草案阐明立法要旨有二：一是待遇从优。"谨按本党政纲对内政策第 11 条载明制定劳工法，改良劳工生活之状况，保障劳工团体，并扶助其发展等语。铁路员工当为劳工团体之一，在劳工法并未由中央颁布以前，铁路员工不可无专法遵守，在本党政策上，对于劳工生活，应有相当保障，故本条例关于待遇方法，主张从优。"二是管理从严。"惟是我国产业落后，不惟远逊欧美，亦并不如日本。年来国有各路，几濒破产，势必保养护持，方足以维原状而图发展。查欧美劳工立法之趋势，胥以工作时间不宜过长，工人薪金不可过薄为原则。此在产业不发达之国家颇难办到，必须设备完全，及提高工作能（效）率，然后能施行无碍。以我国铁路之设备，自不易提高工作能率，而铁路工人之训练未充……，旧染之污，仍未涤荡以前，更不易有自动提高工作能率之希望。为施行条例计，必须严定工场管理细

① 《铁路员工服务条例》，《广东省政府年报》，1928，第 369 页。
② 谢振民：《中华民国立法史》，中国政法大学出版社，2000，第 1144 页。

则，以增大工作之密度，然后路局因加工而增重之负担，方得而补填。……故本条例对于工作管理方面，主张从严。"①

1929 年 9 月 14 日，立法院第 49 次会议议决将草案交由劳工法起草委员会审查。②

五 全国性法规出台前的地方劳工社会保障立法

南京国民政府建立前，在北伐战争的影响和鼓舞下，各地劳工运动迅速发展，劳资矛盾突出。各地政府在处理劳工事务时，深感缺乏相关的法律依据。一些地方政府遂请求中央早日立法。1927 年 2 月 15 日，广东省政府转广东省农工厅呈文，电请南昌国民政府迅予制定《劳动法》《工厂法》《产业合作法》，呈文解释说：

> 窃维职厅之设，原以实现农工政策，使农工皆纳于轨道，不致误入于歧途。惟工人方面，其受现社会经济之压迫为最深，故其要求解放亦倍切。所惜者，农工训练上之时期尚浅，故纠纷随时发现。而职厅因无法规做标准，解决无感困难（原文如此，疑有误）。……现在关于此项法轨，需要最为急切。盖法立则人民有循行之正轨，官厅有根据之定章。先令蹈矩循规，自可驱而之善。且工人生活之状况，亦得依次而改良。……故对于上项法规，亟望克期成立，俾有所遵循。③

1929 年 2 月 2 日，上海市社会局呈请南京国民政府迅予颁布劳工法规："职局鉴于市内工会组织漫无准则，所定之名义又复纷歧，既淆视听，更无系统，殊非整齐划一之道"，并将草拟的《工会组织大纲》和《工会名称暂行规则》草案呈请行政院转交立法院鉴核公布，"俾市内各

---

① 谢振民：《中华民国立法史》，中国政法大学出版社，2000，第 1144~1145 页。
② 《铁路员工服务条例草案审查报告》，《立法院公报》1930 年第 15 期，第 43 页。
③ 《请国民政府制定劳动法工厂法产业合作法》，《广东行政周刊》1927 年第 8 期，第 63 页。

工会均得依据办理，以免纷歧"。①

在全国性劳工法规出台之前，各地为处理劳工事务，纷纷制定在本地区适用的劳工法规。这些法规皆包含有雇主在工人发生工伤、失业、生育等劳动风险时的责任及推行劳工福利方面的规定。地方立法计有广东、上海、武汉、河北等地。

（一）广东

1928 年 6 月，广州政治分会公布了由广东省农工厅拟定的《广东省劳资条件暂行通则》，适用于政府直营事业与散工外的劳资双方。通则共 35 条，包括总则、雇用、雇期、休假、替工、待遇、工作时间，解雇、权限、附则 10 部分。其中"待遇"部分规定了工人工伤与生育时的待遇：工人因执行业务而负伤，由雇主出费医治，医治期间 4 个月内照发工资。因执行业务而残废或死亡，须给抚恤金，其金额不得少于该工人半年之工资。在生育方面，女工产假不得少于 40 天，亦不得多于 60 天，且雇主应照给工资。在救济工人失业方面，在"解雇"部分规定了有条件解雇和无条件解雇两种。有条件解雇，即列举了可以解雇工人的条件。此条件下雇主可解雇工人，解雇前只需要提前通知工人；提前的时间有两种：半个月或 7 天。如无提前通知，则补给半个月或 7 天的工资伙食。无条件解雇，即雇主可于年初二自由解雇工人，只须于半个月前通知工人，并须补给工人半个月的工资伙食。如无此通知，则须补给 1 个月的工资伙食。在工人教育方面，规定对于未满 16 岁之学徒，每日须于工作时间外，抽出两个小时，送其入学。②

1928 年 7 月，广州政治分会公布《广东省铁路员工服务条例》，适用于国营及民营铁路。条例共 41 条，包括总则、管理、工作、待遇、奖励与惩罚、附则 6 部分。其中"待遇"部分规定了铁路工人在疾病、工伤、退休时的待遇。在疾病方面，工人的医药费由路局负担，病假期内，第 1 月给全薪，第 2 个月给半薪，第 3 个月停止给薪。在工伤方面，因公死亡，抚恤金为半年至 1 年工资。因公残废不能工作者，抚恤金为 3 个月工

---

① 《上海特别市政府呈国民政府行政院呈请迅予颁布劳工法规以资遵循由》，《上海特别市市政公报》1929 年第 20 期，第 115 页。
② 《广东省劳资条件暂行通则》，《广东省政府年报》，1928，第 390~394 页。

资，并发给工人半薪至身故日止；仍能工作者，路局予以医治，并酌给抚恤。在退休方面，员工在铁路连续服务 25 年以上而年龄达到 60 岁者，准予退休，每月仍照最后月薪发给半数，至身故日止。在教育福利方面，规定设立工人补习学校，经费由路局按月酌拨。①

同年，广州政治分会颁布《工会法》，在第 7 条工会职务中，规定了工会在会员职业介绍、劳动保险、医院、诊治所、劳动儿童寄托所、合作社、劳工教育等方面的责任。②

（二）上海

1928 年 9 月 12 日，上海特别市为了对劳工事业进行管理，颁布《上海特别市劳工事业暂行规则》，市区内凡工厂、工会或其他宗教慈善团体及私人所办劳工事业，包括职工介绍所、职工补习夜校及工人子弟学校、工友俱乐部、劳工幼儿寄托所、工友诊疗所、工友消费合作社、工友保险和储蓄及其他劳工福利事业，均应遵照规则呈请市政府社会局核准备案方予保护。③

1928 年 11 月 3 日，上海特别市政府公布《上海特别市职工退职待遇暂行办法》，适用于市内工商业雇主与职工解除雇佣关系等情况。此办法规定，工商业雇主在解雇职工时须给予职工退职金。享受退职金者分 3 种：一是连续服务满 3 年以上、年满 60 岁的职员或年满 50 岁的劳工，身体衰弱不堪工作而被解雇或自行告退者。二是因公残废而被解雇者。三是因雇主缩小营业范围或变更营业方针而被解雇者。退职金的计算方法：以该职工最后 1 个月的工资为基数，根据服务年限计算，满 1 年者给 1 个月工资，以此类推。不满 1 年者，按比例定之；10 年以上者，自第 11 年起，减半计算。解雇职工应于 1 个月前通知。④ 此项法规于 1931 年 8 月《工厂法》施行后废止。

1928 年 12 月 8 日，上海特别市政府公布《上海特别市职工待遇暂行

① 《广东省铁路员工服务条例》，《广东省政府年报》，1928，第 368～374 页。
② 《工会法》，《广东省政府年报》，1928，第 349 页。
③ 《上海特别市劳工事业暂行规则》，《上海特别市政府公报》1928 年第 15 期，第 95～97 页。
④ 《上海特别市职工退职待遇暂行办法》，载邢必信等：《第二次中国劳动年鉴》（第三编），北平社会调查所，1931，第 229 页。

规则》，令本市区内工商业雇主均须遵守。该规则规定了职工在遭遇工伤和生育时雇主的责任。职工因公受伤或致病时，雇主应负担其医药费，在医治期间3个月内，不得解雇，并照给工资。职工因伤病而致残废时，雇主应给赡养费：终身残疾者给予其18个月工资；仍能从事轻便工作者，给予12个月工资。职工因公死亡，雇主应给予50元丧葬费，给予遗族两年工资以上的抚恤金。在生育方面，规定女工产前产后共给假6星期，工资照给。① 此项法规于1931年8月《工厂法》施行后废止。

（三）河北

1929年8月27日，河北省政府同时公布《河北省暂行工厂规则》与《河北省工商厅监察工厂规则》，通令各县局一体遵照。在《工厂法》未切施行前，此规则一直有效。

《河北省暂行工厂规则》共24条，适用于河北省管辖境内所设40名工人以上的工厂。规则第8条规定女工生产前后共予以两个月之休息，并须给半数工资。第9~11条规定工人工伤的待遇：因工作受伤，致有疾病者，由厂方医治，照给工资；因公残废，6个月内，照给工资，并须酌给终身养赡费。因公死亡，给予丧葬费，并按其在工厂工作年限给予抚恤。第17条规定了工人福利，童工须有补习教育，每星期至少6小时；工厂应设专员办理工人教育、卫生、娱乐及安全事宜。②

《河北省工商厅监察工厂规则》共21条。其中规定了工厂监察员之监察事项：关于促进各项保工法令事项；关于各工厂之现有组织事项；关于各工厂之安全及处理灾害事项；关于改善劳工待遇事项；关于劳工教育及卫生事项；关于劳工保险及储蓄事项；关于预防失业事项；关于劳工救济及抚恤事项；关于童工及女工之保障事项；等等。③

（四）武汉

武汉于特别市年代，曾公布《武汉市暂行工厂条例》，共8章54条，适用于工人人数在30人以上，或未及30人而使用蒸汽或石油为动力的工

---

① 《上海特别市职工待遇暂行规则》，《上海特别市市政公报》1928年第18期，第56~59页。
② 《河北市暂行工厂规则，监察工厂规则》，《河北省政府公报》1929年第397期，第10~13页。
③ 同上刊，第13~16页。

厂。在失业方面，规定雇主除列举的情形外，不得在契约未满期间辞退工人。如契约未满而无故辞退工人，每开除 1 人得处以 5~20 元之罚金，并恢复工人之工作。在女工生育方面，规定女工在分娩前后 1 个月，不得工作，厂方照给工资。厂方对于有婴儿之女工，须给予哺乳机会：婴儿未满 4 个月者，10 小时内至少 4 次；未满 6 个月者，至少 3 次；未满 9 个月者，至少 2 次；1~2 岁者，至少 1 次。此条例规定在国民政府《工厂法》未颁布前为有效。后该市政府改组为汉口市政府，行政区域仅限于汉口一处。该条例"因时局多故，未能有效施行"。①

在中央政府法规出台前，这些地方法规为解决劳资纠纷、保障劳工在遭受风险后的基本生活提供了法律依据。但各地的法规内容差异较大，覆盖面、待遇项目、待遇水平各有不同。各地行政管理机构管理能力不同，实施力度不同，其影响只能不同程度地限于本地。当中央政府的相关法律如《工厂法》《工会法》《铁路员工服务条例》等法规出台后，这些法规即被依法废止。

第二节　南京国民政府劳工社会保障立法的出台及修正（1929 年 12 月~1937 年 7 月）

1929 年 12 月，随着《工厂法》的颁布，南京国民政府劳工社会保障制度进入初步形成时期。此时期，南京国民政府根据现实需要对《工厂法》进行修订并实施，在失业保障和劳工福利方面，出台了相应的法规，对劳工保险法进行了草拟。在铁路、交通、矿业工人等特殊劳动者方面，相关制度也已开始建立并逐步改进。

一　《工厂法》中工业劳工社会保障内容及社会反应

在社会各方对《工厂法草案》的强烈反应中，经国民党中央政治会议及立法院数度讨论修正的《工厂法》出台了。作为工业劳工权益保障

---

① 《武汉市暂行工厂条例》，载邢必信等：《第二次中国劳动年鉴》（第三编），北平社会调查所，1931，第 230~234 页。

的基本法律，它的出台也意味着工业劳工社会保障制度基本框架的形成。

（一）《工厂法》与《工厂法施行条例》中的社会保障内容

1929 年 12 月 30 日，《工厂法》公布，它共包含 77 条，分 13 节：（1）总则；（2）童工女工；（3）工作时间；（4）休息及休假；（5）工资；（6）工作契约之终止；（7）工人福利；（8）工厂安全与卫生设备；（9）工人津贴及抚恤；（10）工厂会议；（11）学徒；（12）罚则；（13）附则。① 相对于工商部的《工厂法草案》，在劳工社会保障方面，《工厂法》内容有较多的变化。

制度适用的范围有所缩小，草案中的"平时雇用 30 人以上的工厂"改为"凡用汽力、电力、水力发动机器之工厂，平时雇用工人在 30 人以上者"。

失业保障方面，对预告期作了修改。由原来统一的 1 个月，改为根据工人在厂里工作时间长短而有所不同。"其预告之期间，应依下列之规定。但契约另订有较长之预告期间者，从其契约。（1）在厂继续工作 3 个月以上未满 1 年者，于 10 日前预告之；（2）在厂继续工作 1 年以上未满 3 年者，于 20 日前预告之；（3）在厂继续工作 3 年以上者，于 30 日前预告之。"解雇费也有所减少，按规定事先预告者，解雇费由工人 1 个月工资改为所享预告期间的半数工资；未有事先预告者，由工人 2 个月工资改为所享预告期的全部工资，并增加了预告期内工人请假的规定："预告期内，工人可以在工作时请假（每周不超过两日）外出，请假期间的工资照给。"

生育保障方面，产假时间有所变化，由 2 个月改为 8 周，"女工分娩前后，应停止工作共 8 星期，工资照给"。增加罚则："工厂违背此条之规定，处以 50 元以上 300 元以下之罚金"。去除关于工厂应准许女工在工作时间内哺乳婴孩的内容。

工伤保障方面，项目不变，工人因公受伤或死亡，仍有工伤医疗、治疗期工资、残废津贴、丧葬费、抚恤金等待遇，但待遇水平有所降低。首

---

① 《工厂法》，载邢必信等：《第二次中国劳动年鉴》（第三编），北平社会调查所，1931，第 2~8 页。

先，工伤期间的工资，由给予全额工资且不限制期限，改为："对于因伤病暂时不能工作之工人，除担任其医药费外，每日给以平均工资 2/3 之津贴。如经过 6 个月尚未痊愈，其每日津贴得减至平均工资 1/2，但以 1 年为限。"其次，对于残废津贴，由担任医疗费、支付半年工资，而后终身支付半数之工资，改为："以残废部分之轻重为标准，但至多不得超过 3 年之平均工资，至少不得低于 1 年之平均工资"。再次，对于丧葬费，由原来的 100 元，改为 50 元。最后，对于抚恤金，由原来的 400 元及 1 年的工资，改为 300 元及 2 年之平均工资。除待遇水平有所变化外，能够经主管部门批准而核减抚恤金的工厂范围有所增大，由原来的资本在 3 万元以下的工厂，改为资本在 5 万元以下的工厂。在罚则方面的规定相比更为具体，由"拒绝付给医药费及工资者，工人得依法追诉之"改为"工厂违背本条之规定，处以 50 元以上 200 元以下罚金。"

劳工福利方面，有关教育福利的内容，减少了童工与学徒的补习时间，由"每星期至少应在 10 小时以上"改为"每星期至少有 10 小时"。对于其他失学工人不再规定补习时间和内容："亦当酌量补助其教育"。增加规定："前项补习教育之时间，须在工作时间之外。"增加罚则："工厂违背本条之规定，处以 100 元以下罚金。"同时规定工人的生活福利："工厂在可能范围内应协助工人举办工人储蓄及合作社等事宜"；"工厂在可能范围内，应提倡工人正当娱乐"。

行政管理者及工厂责任方面，规定变化不大。劳工保障的行政管理者，"在市为市政府，在县为县政府"。在具体事务的管理中，工厂应承担的责任为："工人应备工人名册、登记关于工人之……事项；工厂每 6 个月应将左列事项呈报主管官署一次：（1）工人名册；（2）工人伤病及其治疗经过；（3）灾变事项及其救济；（4）退职工人及其退职之理由。"工厂遇灾变时，工人如有死亡或重大伤害者，应将经过情形及善后办法，于 5 日内呈报主管官署。对工厂不按时呈报规定之情形，处罚有所减轻，由原来的"罚金 100～400 元并施以相当处分"，改为"处以 100 元以下罚金"。"谋划工人福利事项"的责任人，由原来的工厂委员会，改为工厂会议。

基本法律的实施需要配套更为具体的规则。《工厂法》规定，"本法施行条例另定之"。1930 年 8 月，作为劳工行政主管部门的工商部认为

"施行条例及《工厂检查法》亟应赓续厘定,以期《工厂法》得以早日施行,本部以该项法案与主管之劳工行政关系綦切",因此依据《工厂法》拟定《工厂法施行条例草案》61条,于1930年9月5日呈请行政院转立法院审议。① 立法院即将该草案发交劳工法起草委员会审查。草案经劳工法起草委员会修订后,经立法院第121次会议通过。1930年12月16日,国民政府公布《工厂法施行条例》。《工厂法施行条例》共38条,大致规定了工人年龄、工作时间、休息及年假、工厂停工或歇业、工人福利、工厂安全与卫生设备、工人津贴及抚恤、工厂会议等事项。② 有关劳工社会保障的内容有以下几方面。

关于实施范围:对工人的界定更为具体,工人系指"直接从事生产或辅助其生产工作之工人而言,其雇用员役与生产工作无关者不在此限"。

关于生育保障:女工依《工厂法》享受产假和产假工资时,"因厂方之请求应取具医生诊断书"。

关于医疗保障:"平时雇用工人在300人以上的工厂,应于厂内设置药室、储备救急药品,并聘医生每日到厂负责工人医药及卫生事宜"。

关于工人福利:在教育方面,规定工厂举办工人及学徒之补习教育时,应将办法及设备呈报主管官署,并应每6个月将办理情形呈报一次。在女工福利上,规定,工厂雇用女工者,应于可能范围内设托婴处所,并雇用看护人妥为照料。

关于工伤保障:首先,规定了发生工伤时的处置方式:"伤病者,应延请医生或送医院诊治;死亡者,应即呈报主管官署,并通知其亲属。"其次,详细规定了津贴与丧葬抚恤费的发放时间与发放方式:伤病及残疾津贴至少每半月发放一次;丧葬费于工人死亡之翌日一次给予其家属;抚恤费于工人死后一月内给予《工厂法》规定之受领人。最后,工厂在工伤管理方面,"应置备簿册,载明发给医药、津贴、丧葬、抚恤各费日期、数目及受领人"。③

---

① 《行政院咨据工商部呈拟工厂法施行条例及工厂检查法》,《立法院公报》1930年第25期,公牍,第7~8页。
② 《工厂法施行条例》,《实业公报》1931年第1期,法规,第1~5页。
③ 同上。

（二）地方劳工行政机关对于《工厂法》中劳工社会保障内容的反应

1. 上海市社会局 1930 年 4 月修订意见

《工厂法》出台后，上海市社会局将对《工厂法》的意见通过上海市政府上呈到行政院，1930 年 4 月由行政院转至实业部。上海市社会局对《工厂法》的意见集中在《工厂法》的实施范围、工人名册呈报、八小时工作制、女工夜工、特别休假、工资率、工作契约解除、女工产假与工资、工伤津贴、工人代表资格、学徒人数等方面。在劳工社会保障方面，主要的修订意见有以下几方面。

（1）关于实施范围

《工厂法》第 1 条规定的法律适用范围，上海市社会局修订意见为三处。

首先，拟将本条文中所举发动机及人数两重限制加以明白规定。其所陈理由为：

> 按本文所举发动机及人数之限制，系并举的而非联属的。推其意似任何工厂必同时具备此两条件方可适用本法。但查本市区内各工厂，其无发动机而人数在 30 人以上者，及有发动机而人数略低于 30 人之限度者，为数当亦不少。此两种工业究竟适用本法与否似应有明白规定。①

其次，拟将本条中所举"雇用工人"四字加以明白规定。所陈理由为：

> 按工厂工人除直接生产者外尚有非直接生产者，如门丁、庖工、杂役等是。而原文于"雇用工人"四字之含义并未指明，将来事实上恐易滋争端也。再按本条所称之工人系指长工而言，惟此外尚有一种为临时工者，如蛋粉榨油等业，因其原料之来源，淡旺不一，来源旺则添工赶制，犹恐不及，来源淡则旷辍数月，亦属常事，故工人之永久雇用者绝少，而临时雇用者为数甚大。查工人与工厂之关系，只发生于雇用期间之内，今此种临时工人之雇用时间既短，且时有间歇，似不能一律绳以本法，应有明白之规定也。②

---

① 王莹：《各地修改工厂法意见》，《劳工月刊》1932 年第 1 卷第 1 期，第 25~26 页。
② 同上刊，第 26 页。

最后，拟将本条第一句改为"凡用机器为原动力之工厂"。所陈理由为："按原动力种类甚多，除原条文所称汽力、水力、电力外，尚有瓦斯机关、油机关及水银锅炉等类，故原文所云，似未能包括净尽也。"①

（2）关于女工产假与产假工资

关于《工厂法》第 37 条女工产假 8 周，其间工资照给的规定，上海市社会局修订意见为："本条应依入厂之久暂而定发给工资之多寡"。所陈理由为：

> 按本条谋为保护女工之道，惟如有孕妇入厂未数月，即以分娩而请求 8 星期之休息，于厂方未免受损。本条可否再依入厂之久暂定发给工资之多寡。否则势必至厂方拒绝有娠之妇，而有娠之妇将为生活计，而不复顾其胎儿，有自放弃本条所赋予之权利矣。②

（3）关于工伤保障

对于《工厂法》第 45 条规定"工人因执行职务而致伤病或死亡者，工厂应给其医药补助费及抚恤费"，上海市社会局修订意见为：对于本条所请"执行职务"四字应有切实之规定，至于非执行职务之时，遇有意外灾变而致伤亡者，亦应有明白之规定。所陈理由为：

> 本条所请"执行职务"四字含义甚广，如工作时因药品或机器爆裂而致伤病死亡，固由于执行职务，而某种工厂之工作，可以促成肺痨，则肺痨亦似因执行职务而起，故此 4 字，似应有较为切实之规定。又如工人因工厂有意外灾变而致伤亡，而此项灾变，并不发生于执行职务之时，则此项伤亡工人，是否即无须给以医药抚恤等费。又工人因执行职务而致伤病死亡，其原因或由工厂设备不全，或因工人自身忽略错误，或因其他工人失职而遭波及，是否无分轻重，概由工厂依照本条负给费之责任，亦应有规定。③

---

① 王莹：《各地修改工厂法意见》，《劳工月刊》1932 年第 1 卷第 1 期，第 26 页。
② 王莹：《各地修改工厂法意见（二续）》，《劳工月刊》1932 年第 1 卷第 3 期，第 69 页。
③ 同上刊，第 71 页。

2. 上海市社会局 1931 年 4 月请求解释内容及上海市政府、实业部的审核意见

《工厂法施行条例》颁布后，1931 年 4 月，上海市社会局又上呈上海市政府，"查本市工厂林立，组织极形复杂，对于《工厂法》及实施条例，往往以格于环境，致有窒碍难行之处，纷请解释前来。除派员详加指导外，尚有本局认为未易解决各点"，① 因此拟就"上海市社会局请求解释实施《工厂法》及施行条例意见书"17 项，请上海市政府转呈行政院。上海市政府对上海市社会局之意见详加审核后，也认为有审慎求详之必要，因此根据法理与事实，逐条予以解释，拟就审核意见，并因为事关解释法规，不敢擅专，因而将社会局意见并审核意见一同呈送到行政院，请求行政院鉴核，并转送司法院。行政院将重要各点一方面咨请司法院解释，另一方面请中央核示办法后，交由实业部拟加审核意见。实业部拟具意见后，行政院经第 43 次国务会议决议，除第 18 条、第 45 条请示两点转呈国府核示，余照部议办理。此审核意见于 1931 年 10 月 2 日公布。②

在劳工社会保障方面，上海市社会局的意见、上海市政府及实业部的审核意见的内容主要包括以下几方面。

（1）关于实施范围

上海市社会局请求解释意见有三点。第一，"如工厂所用汽力、电力发动机器之部分极小，而大部分工作均属使用人力，雇用人数则在 30 人以上，是否适用本法。如须适用，则厂方如有取巧，将用发动机器部分之工作与人力部分之工作，分作两厂，使用机器部分之工人不满 30 人，以期避免适用本法之义务，将如何处理。例如织布厂中之织机可用人力，亦有可用电力。在一厂中用电力发动之织布机只有三四架，工人不满 30 人，其余织机均用人力，而工人超过 30 人，此种工厂是否适用本法"。③

对于此条上海市政府审核意见为："依本条之规定，无论工厂用全部

---

① 《函行政院秘书处（劳字第 766 号），准函奉兼院长交下上海市政府为社会局呈拟请求解释工厂法及施行条例意见书，转呈核示一案，谕交实业部审查具复函达查照等由，经详加审查，拟具意见书送请查照转陈由》，《实业公报》1931 年第 43 期，公牍，第 42 页。
② 同上刊，第 38~49 页。
③ 同上刊，第 45~46 页。

或一部汽力、电力、水力发动机器及其部分之大小，凡平时雇用工人在30 人以上者，自应适用本法，如有取巧，将用发动机器部分之工作与人力部分之工作分作两厂，使机器部分之工作人不满 30 人，以期避免适用本法之义务时，应以所分之厂是否并设一处为断。如在同一厂中分开两部或毗连分开，商号相同，均得合计其人数以定其资格。"①

实业部审核意见为："原诠注意见（指上海市政府查审意见）尚属可行。"②

第二，"'雇用工人'四字含义甚广，厂中之门房、庖丁、杂役等是否亦计在内"。③

上海市政府审核意见为："雇用工人四字含义虽广，惟推本条文意，所定 30 人本属最低限度，当系专指生产工人而言，其门房、包工计役不应统计在内"。④

实业部审核意见，呈请行政院转咨司法院解释。

第三，"临时工人、包工制工人、论件工人、论日工人、流动性工人为替工等是否均适用本法"。⑤

上海市政府审核意见为：不应适用于本法。⑥

实业部审核意见，呈请行政院转咨司法院解释。⑦

（2）关于女工生育保障

上海市社会局意见：第一，"8 星期之休息，在女工本身生理方面，似觉过长。资产阶级之女子在分娩前后，最多恐亦不过 6 星期之休息。可否为体恤厂方困难计，改定为 6 星期"。第二，"此项休息期内，工资照给，在厂方亦感觉能力有所不及。因女工大都均在 20 岁至 30 岁间，生育率极旺盛。如工资全数照给，而为厂方力量所不能负担，势必不用妙龄女

---

① 《函行政院秘书处（劳字第 766 号），准函奉兼院长交下上海市政府为社会局呈拟请求解释工厂法及施行条例意见书，转呈核示一案，谕交实业部审查具复函达查照等由，经详加审查，拟具意见书送请查照转陈由》，《实业公报》1931 年第 43 期，公牍，第 43 页。
② 同上刊，第 39 页。
③ 同上刊，第 46 页。
④ 同上刊，第 43 页。
⑤ 同上刊，第 46 页。
⑥ 同上刊，第 43 页。
⑦ 同上刊，第 39 页。

工，以致女子失业。故双方兼顾计，可否改为由厂方酌量津贴该女工工资几分之几。又女工如非因结婚而受孕，厂方是否负此义务。"①

上海市政府审核意见："该局原拟两种意见确有至理，但事关法令，未便擅拟。"②

实业部审核意见："按社会局原呈，意见殊有未当。缘资产阶级女子平时操作不至过劳，分娩前后休息6星期，或于生理无碍。女工系以体力工作，其分娩休息期间，自应较长。规定8星期，似未过当。至休假期内由厂方酌给津贴，于法不合。再本条规定，为保护母体健康，对于女工是否因结婚而受孕，本不应为究结。"③

（3）关于工伤保障

对于《工厂法》第45条工伤保障的内容，上海市社会局有两点意见，第一，解释"执行职务"的界限与"伤病"两字的含义。"盖工人在工作时而受伤，此显见之事。若致病，则若无标准，便使牵强解释。不但工人有所误会，实易引起纠纷。故何种疾病乃因执行职务所致，似有明定之必要。"第二，关于可以法定核减给付的工厂的资格。"抚恤金数目可否准照资本之多寡，分别等级，给予金额。在本条中，虽有规定，资本在5万元以下者，得呈主管官署核减其给与数目。但此项规定似应多分等级，较为便利。若工人在执行职务而死亡者，依工人平均每月工资30元计，则2年之平均工资须720元，加丧葬费50元，遗族抚恤费300元，共计1070元。资本在六七万元者，恐将不胜负担了。如送货之工人，在路中忽被电车或汽车轧死，亦因系执行职务而致死亡者，此种死亡之责任，或系由于驾驶者之疏忽，或以工人本人不留心所致。遇此情形，工厂应如何负责。工厂代工人向法院诉控，而法院判决由工人自不留心所致，或判决之抚恤费少于该工人依《工厂法》所应得之款，则工厂是否应补偿，或不理。"④

上海市政府审核意见为：第一，"伤病两字当连带解说。谓工作时间

①《函行政院秘书处（劳字第766号），准函奉兼院长交下上海市政府为社会局呈拟请求解释工厂法及施行条例意见书，转呈核示一案，谕交实业部审查具复函达查照等由，经详加审查，拟具意见书送请查照转陈由》，《实业公报》1931年第43期，公牍，第47页。

② 同上刊，第44页。

③ 同上刊，第41页。

④ 同上刊，第47～48页。

因伤而致病,如以普通一切疾病,要求补助医药,殊不近情理"。第二,"工厂资额低微者,对于补助抚恤各费,苦难应付,尚属实情。惟可否核减之处,则未便有所拟议"。第三,"执行职务似应就从事生产工作而言。据该局所举送货工人致死之例,事关刑事责任问题,厂方原可不问。但为感情作用,亦未始不可酌予抚恤"。①

实业部审核意见:"第一,伤病两字就法文言,实系平例。惟是因执行职务致病,情形不一:有因在执行职务时期中致患各种疾病者;有因执行职务致生职业病者;有因执行职务致伤而病者。本条关于病学解说,未经明定,所指究属何项疾病,应请行政院转送司法院解释。第二,分级规定补助抚恤标准,社会局原呈意见,不无相当理由。惟事关变更法令,应否予以救济,抑从缓置议,仍请行政院核夺。第三,送货人应否适用本条规定,此点与第一条第二点问题相同,应俟司法院解释。原诠注意见尚有可采处。"②

(三) 资方团体对《工厂法》中劳工社会保障内容的意见

《工厂法》颁布以后,1930年3月,江浙皖丝厂茧业总公所的修改意见即由上海中华工业总联合会呈请到实业部。《工厂法施行条例》颁布后,各劳方团体呈送到实业部的《工厂法》修改意见更加密集。1931年1月上海中华工业总联合会、4月上海永豫和记纺织股份有限公司、5月中国工商联合会、6月上海茂昌股份有限公司及上海市华商卷烟厂业同业公会、7月上海机制国货工厂联合会及河北省大兴纺厂等,其修订意见陆续呈送到实业部。各资方意见涉及面广,《工厂法》77条中,修改意见涉及36条,另涉及《工厂法施行条例》4条。意见较为集中的条款为:工人名册呈报、工作时间、禁止女工夜工、工人休息与休假、女工产假工资、工人津贴与抚恤、工厂会议代表资格等。有关劳工社会保障方面,资方的主要意见为以下几方面。

1. 适用范围

上海中华工业总联合会要求在《工厂法》第1条末尾加"如工人一部用发动机器,一部不用者,其用发动机器之部分雇用工人在30人以上,

---

① 《函行政院秘书处(劳字第766号),准函奉兼院长交下上海市政府为社会局呈拟请求解释工厂法及施行条例意见书,转呈核示一案,谕交实业部审查具复函达查照等由,经详加审查,拟具意见书送请查照转陈由》,《实业公报》1931年第43期,公牍,第44页。

② 同上刊,第41页。

则用发动机器之部分应适用本法"。其所陈理由为："中国手工业近年常有一小部分使用机器助其改良，如因小部分使用机器，而强令适用《工厂法》，势必舍此小部分机械而不用，于手工业之改良进步窒碍殊多也。"①

2. 女工产假及产假工资

上海市华商卷烟厂业同业公会意见为，将产假修改为1个月，在工资方面，要求加上给付条件：以曾在厂工作1年以上者为限。②

上海茂昌股份有限公司也要求在工资给付方面增加条件："进厂继续工作1年以上者，假期内工资照给，进厂工作不足1年者，其所得假期内之工资按进厂月数多寡推算。"③

上海中华工业总联合会意见为，将产假由8个月修改为2个月，并"以曾经工作1年以上者为限"。所陈理由为："纱厂丝厂等轻易工作，雇用女工为数最多，值此两业衰疲之时，猝然增加重大负担，实力有不能也。"④

江浙皖丝厂茧业总公所意见为，请暂缓施行本条或删去。所陈理由为："女工分娩前后，其原有工作必须觅人替代，给予工资，而原工同时亦须照给，是厂方需增一倍之负担。"⑤

3. 工伤保障

对于《工厂法》第45条，上海永豫和记纺织股份有限公司请求"请以部令限制于本条之伤病残废死亡等，须经厂医证明确系因执行职务而发生者，始以依法具领"。所陈理由为：

> 人情恶劳喜逸。就本厂论，每月初一、十五两日为发给工资时期。每至初二、十六两日不能到工者即居十之三四。因之各部不能完全开车者，比比皆是。在此种情形之下，厂方尚属不给工资，而人数已如此众多，若如本条第一项规定而不加之限制，窃恐工人中或有利

---

① 王莹：《各地修改工厂法意见》，《劳工月刊》1932年第1卷第1期，第25页。
② 王莹：《各地修改工厂法意见（二续）》，《劳工月刊》1932年第1卷第3期，第68页。
③ 同上刊，第68页。
④ 同上刊，第68页。
⑤ 同上刊，第69页。

用法文情事，而冒称有病，冀可依法请领工资，则厂方无以救济，而所受之损失实非浅鲜也。再疾病之原因极为复杂，工人如果因执行职务而致伤病者，厂方自应依法给以医药津贴各费。如工人中有患不名誉病，而藉口在厂服务，以致积劳成疾者，则当如何？又因而致死者，更当如何？恐将来必致徒惹纠纷，于劳资双方均有不利也。①

上海茂昌股份有限公司意见为，修改工伤死亡抚恤金的发放数额，由300 元及 2 年之平均工资，改回工商部《工厂法草案》中规定的 400 元。②

（四）劳方团体对《工厂法》中劳工社会保障内容的意见

1932 年 5 月上海工会向南京国民政府提出《修改工厂法草案》。建议修改内容涉及《工厂法》20 条。有关劳工社会保障的建议有如下几点。

关于适用范围，建议将适用《工厂法》的工厂从雇用 30 人修改为 20 人，并增加，"凡在中华民国境内所有合于前条规定之外资工厂亦适用本法"。③

关于失业保障，建议在"工作契约之终止"一章中，增加以下内容："工厂业务之一部停办时应将该部工人移调他部，绝对不得因此辞退之。"增加解雇预告期的时间，在厂工作 1 年以上未满 3 年者于"20 天"前预告之，改为"30 天"前预告。在厂继续工作 3 年以上者于"30 天"前预告之，改为"45 天"前预告。增加退俸金的规定："凡在工厂服务继续满 1 年者，无重大过失，无论自辞或被辞，均应由厂方给予退俸金。其支给数目如下：（1）满足 1 年者照在职时实得薪水总数支付 6%；（2）满足 5 年者照在职时实得薪水支付 7%；（3）满足 10 年者照在职时实得薪水支付 8%；（4）嗣后每满 5 年加 3%。"④

在工人福利方面，增加"工人子女工厂亦当补助其教育"。将"工厂在可能范围内应协助工人举办工人储蓄及合作社事宜"改为"工厂在可能范围内应协助工人举办工人储蓄及合作社等事宜，……劳方得推举代表参与办理及会同保管"。

---

① 王莹：《各地修改工厂法意见（二续）》，《劳工月刊》1932 年第 1 卷第 3 期，第 70 页。
② 同上刊，第 70 页。
③ 王莹：《各地修改工厂法意见（三续）》，《劳工月刊》1932 年第 1 卷第 4 期，第 129 页。
④ 同上刊，第 130～131 页。

在工伤保障方面，增加工伤时的工资、伤残抚恤金、丧葬费的数额，对例外规定限制更多。对于可以核减给付的工厂条件由原来资本 50000 元以下者，改为资本 30000 元以下者；由只需呈请主管官同意，改为主管官署会同工会核准，增加工会在此方面的权利。

对于工伤期间工资按比例发放，修改意见要求工资照给，不予减少。对于残废津贴最高标准为 3 年工资，建议增至 5 年平均工资，最低标准 1 年平均工资，建议增至为 2 年工资。

对于丧葬费 50 元，修改意见建议增至 100 元，遗族抚恤费由 300 元及 2 年之平均工资，增至 500 元及 3 年之平均工资。①

从以上各方的修改意见来看，各方都从利益相关者的角度争取法规向有利于己方的方向进行解释或修改。地方劳工机构希望法规能够切实可行，避免劳资纠纷；资方解释自己的困难，希望缩小《工厂法》的实施范围，减轻有关给付的负担；而劳工则希望扩大保障的范围，增加社会保障的给付，以保障基本生活。

二　《工厂法》中工业劳工社会保障内容的修订与解释

（一）《工厂法》与《工厂法施行条例》中的社会保障内容的修订

《工厂法》于 1930 年 12 月 30 日公布后，由于社会各界争议过多，将近 1 年以后，1930 年 12 月 16 日，《工厂法施行条例》始出台。其实施日期，则规定于 1931 年 2 月 1 日。② 到实施日期来临前一天，国民政府又将实施日期推迟到 8 月 1 日。③

《工厂法》实施后，河北省实业厅为明了各厂实行有无困难，于 1931 年 9 月 8~10 日，分别召集河北省各地纱厂、矿厂及性质不同之大工厂到实业厅开会，又于 14 日召开一次混合会议，将各工厂陈述的施行《工厂法》的困难意见及召集工厂会议经过情形，缮具意见，呈报实业部，④ 实

---

① 王莹：《各地修改工厂法意见（三续）》，《劳工月刊》1932 年第 1 卷第 4 期，第 131~132 页。

② 《定工厂法施行日期令、工厂法施行条例施行日期令》，《法令周刊》1930 年第 26 期，命令，第 1 页。

③ 《延展工厂法施行日期令》，《法令周刊》1931 年第 32 期，命令公牍，第 1 页。

④ 邢必信等：《第二次中国劳动年鉴》（第三编），北平社会调查所，1931，第 82 页。

业部于 1932 年 3 月将其转呈行政院咨司法院与立法院。立法院将此意见
交于劳工法起草委员会与法制委员会核议。两委员会多次召开联席会议，
认为《工厂法》不符合劳资双方实际情况，有修改的必要，因而发函实
业部，让其将各省施行《工厂法》的困难的情况，及该部意见汇集起来，
交予立法院作为参考，便于立法院进行修改。①

实业部遂将各地劳资双方修改《工厂法》的意见分别汇集，并行文
各省市政府及劳资团体咨询关于《工厂法》与《工厂法施行条例》的实
施困难意见。收到各地回复后，实业部劳工司又组织工厂法委员会共同研
究，根据各方的意见及国内实际情况，对《工厂法》逐条审查，分别将
要求修改之意见及理由，附列于《工厂法》之后，最后将审查结果整合，
拟具《修改工厂法草案》及《修正工厂法施行条例草案》，将其函复立法
院劳工法起草委员会及法制委员会。②

实业部《修改工厂法草案》共 13 章，74 条。《修正工厂法施行条例
草案》共 42 条。涉及劳工社会保障的内容有以下几点。

关于实施范围，改为"用发动机器，平时雇用工人在 20 人以上者。但
工厂之全部或一部以特别情形不能适用时，得由实业部核定之"。因为发动
机器，不止用"汽车、电力、水力"，故予删去；又为扩大适用范围，故将
工人人数减为 20 人。此条文在适用工厂人数方面，采纳了上海市工会的意
见，在对机器动力的解释上，采用了上海市社会局 1930 年 4 月的建议。

在女工生育保障方面，女工分娩休息时间改为 6 星期，并确定入厂工
作不足 6 个月者，假期内工资减半发给。其理由为："按各国对于分娩休
息多为 6 星期，且 1919 年第一届国际劳工大会通过之《第三公约草案》
对于分娩休息，亦定为 6 星期，固拟将原定 8 星期改为 6 星期。……如孕
妇入厂工作未久，即以分娩而请求休息，于厂方未免受损……故拟加依入
厂期间久暂，定发给工资多寡之规定。"③ 此条文在分娩休息时间上采纳
了上海市社会局 1931 年 4 月的意见，在工资发放上，采纳了上海市社会

①　《呈国民政府缮具修正工厂法及工厂法施行条例呈请鉴核由》，《立法院公报》1932 年第
　　44 期，公报，第 7 页。
②　谢振民：《中华民国立法史》，中国政法大学出版社，2000，第 1109 页。
③　同上书，第 1123 页。

局与上海茂昌股份有限公司的部分要求。

在劳工福利方面，认为工人住宅建设为世界各国所重视，并成为各国劳工行政的重要内容，因此增加了"工厂应于可能范围内建筑工人住宅"的规定。为了方便所在工厂不能设置托儿所、不能雇用看护保姆的普通工厂女工，增加"工厂雇用女工者，应设哺乳室"的规定。

在工伤保障方面，解释了"《工厂法》第45条所称工人因执行职务而致伤病部分，系指工人因执行职务而发生之职业病而言"，以避免因疾病的界限不明而引起纠纷。

立法院劳工法起草委员会及法制委员会收到实业部呈送的修改意见后，数次召开联席会议，将各方修改意见及实业部的草案一并详细讨论，并函请实业部派员列席陈述意见，在斟酌了各地实际情况后，在实业部草案的基础上，将《工厂法》加以修订，缮具《工厂法草案》及《修正工厂法施行条例第1、5、8、9、20各条》。① 1932年12月19日立法院于第211次会议开二读会，完成各该审查案的二读程序，并省略三读，分别通过全案。② 1932年12月25日呈国民政府批准，12月30日国民政府公布施行。

修正后的《工厂法》仍分13章，77条；《工厂法施行条例》仍为38条。在劳工社会保障方面，修订的内容有以下几点。

在实施范围方面，适用《工厂法》之工厂，仍定为平时雇用工人在30人以上者，但将发动机器的"汽力、电力、水力"六字删去。③《工厂法施行条例》规定《工厂法》所称之工人，系指直接生产或辅助其生产工作之工人而言，其雇用员役与生产工作无关者，不在此限。④

在女工生育保障方面，女工分娩前后休息时间，仍定为8星期。但休息期间的工资，若女工入厂不足6个月，则减半发给。⑤

在工伤保障方面，实业部所拟草案中之"职业病"，被认为无规定的

① 《呈国民政府缮具修正工厂法及工厂法施行条例呈请鉴核由》，《立法院公报》1932年第44期，公报，第7页。

② 谢振民：《中华民国立法史》，中国政法大学出版社，2000，第1124页。

③ 《修正工厂法》，《实业公报》1933年第117、118期合刊，法规，第1页。

④ 《修正工厂法施行条例》，《实业公报》1933年第117、118期合刊，法规，第12页。

⑤ 《修正工厂法》，《实业公报》1933年第117、118期合刊，法规，第6页。

必要，予以删去。①

（二）关于工业劳工社会保障内容的行政与司法解释

地方政府及劳资团体在对《工厂法》的疑问及修改意见，有的没有体现在《工厂法》的修正条文中。对此，行政部门与司法部门采取了法律解释的形式。

1. 关于劳工社会保障的适用范围

（1）工厂中非直接生产之工人及职员不得认定为《工厂法》第1条所适用之工人

《工厂法》颁布后，中国化学工业社就法律适用范围向实业部提出疑义，"《工厂法》实施之原则，系对于工厂中直接生产之工人而言，其非直接生产之工人，如茶役厨司等似不能适用，只以直接生产工人与非直接生产工人同属工厂雇用，《工厂法》是否适用于非直接生产工人，法无明文规定"，请求解释。实业部认为：

> 本法之工人，当为应用汽车电力水力发动机器工作及其关系之工人，原呈所称茶役，厨司，汽车夫，运货车夫，司阍，消防队员，巡丁，更夫，杂役，打扫夫，搬运工人等，自不在内，惟在各国，每以劳工法令重在保护劳工，关于是项法令适用，多主广义解释，原呈列举之茶役厨司等如从广义解释，则未始不可适用本文。

但事关法律，实习部呈请行政院转咨司法院。司法院于1931年年12月12日发布院字第644号文件解释：

> 适用《工厂法》之工人，依该法第1条之规定，系指使用汽力等之发动机器而为直接生产或辅助其生产工作之工人而言。来文所称茶役厨司等，除运货工人外，均与生产工作无关，自不包括在内。

永固造漆有限公司也就"《工厂法》内容多关于工人方面，而对于职

---

① 谢振民：《中华民国立法史》，中国政法大学出版社，2000，第1125页。

员并未言及，究竟职员是否包括在工人之内，其订立契约与待遇方面，应否与工人相同"，向实业部提出疑义。实业部认为"按职员属于被雇地位，亦可视同工人"，并将此疑义同中国化学工业社所呈疑义同时呈请行政院转司法院。司法院于 1931 年年 12 月 12 日发布院字第 644 号文件解释："工厂职员如非代表雇主行使管理权者，依工会法施行法第 6 条之规定，原可加入工会，但其工作无关生产与前项相同，更不能因其与工人同属被雇地位，即认定为《工厂法》第 1 条所列之工人"。①

（2）临时工人、包工制工人、论件工人、论日工人、流动性工人为替工等是否均适用本法

1931 年 4 月，上海市社会局提交"上海市社会局请求解释实施《工厂法》及实施条例意见书"17 项，请上海市政府转呈行政院，在《工厂法》的适用范围上，询问"临时工人、包工制工人、论件工人、论日工人、流动性工人为替工等是否均适用本法"。② 实业部审核后，呈请行政院转咨司法院解释。1933 年 6 月 14 日，司法院院字第 932 号文件解释了《工厂法》第 1 条，关于其适用范围："《工厂法》第 1 条既谓平时雇用工人在 30 人以上者适用本法，则临时工人，包工制工人，论件工人，论日工人，及其他流动性质之工人，自不包含在内；惟替工一项，若其作替之工人本系平时雇用，因事故而暂行请替代者，则仍应就其原替之工人额缺计算在内。"③

而后上海市社会局呈请上海市政府转咨行政院，行政院认为以司法院此项解释，似使《工厂法》适用范围狭小，请核转重行解释。④

行政院转司法院后，1934 年 6 月 16 日，司法院院字第 1071 号文件给予解释：

　　　　《工厂法》第 1 条，乃关于适用《工厂法》之工厂而设之规定，

---

① 顾炳元：《中国劳动法令汇编》，会文堂新记书局，1937，第 184~186 页。

② 《函行政院秘书处（劳字第 766 号），准函奉兼院长交下上海市政府社会局呈拟请求解释工厂法及施行条例意见书，转呈核示一案，谕交实业部审查具复函达查照等由，经详加审查，拟具意见，书送请查照转陈由》，《实业公报》1931 年第 43 期，公牍，第 46 页。

③ 实业部劳动年鉴编辑委员会：《民国二十二年中国劳动年鉴》（第五编），文海出版社，1990，第 178 页。

④ 《奉行政院令准司法院咨复解释工人性质疑义一案令仰知照由》，《实业公报》1934 年第 185、186 期合刊，命令，第 25 页。

该条所谓"平时雇用工人在 30 人以上",系指平时所雇用须有继续的性质之工人,达至 30 人以上者而言,故已达此法定人数之工厂,即具备《工厂法》第 1 条之资格,应适用《工厂法》。此项工厂,既应适用《工厂法》,则该工厂于上述 30 人以外所雇用之包工制及论件论日之工人,无论是否属于流动性质,亦当然受该法之适用。院字第 932 号解释,乃仅就该法第 1 条所谓平时雇用工人在 30 人以上者而为之解释,非谓其非论月工人,虽在上述工厂工作,亦概不在《工厂法》适用之列。至若包工制及论件论日之工人,如其契约内容,非必于每种每件或每日工作完毕,即行终止,仅以之为计算工资之标准者,自与临时雇用不同,应认为具有继续的性质之工人。①

（3）非用发动机器虽规模宏大之工厂仍不得适用《工厂法》之解释

河北省执行委员会呈请中央执行委员会民众运动指导委员会,转函司法院,咨请解释:"凡非用发动机器,然规模宏大,确具备工厂模形,平时雇用工人在 30 人以上至二三百人不等,此项工厂能否引用《工厂法》,或遵循其他法规办理。"②

1934 年 12 月 7 日司法院院字第 1156 号函解释:"凡非用发动机器之工厂,纵令规模宏大,及平时雇用工人在 30 人以上,仍不得适用《工厂法》,应依照普通法例办理。"③

2. 关于工伤保障

（1）关于工伤含义解释

1932 年 3 月 17 日,河北省实业厅将召集各工厂会议经过情形及施行困难意见呈报实业部,由实业部转呈行政院咨司法院、立法院核办。其中对于《工厂法》第 9 章"工人津贴与抚恤"提出意见:

本章内载工人因执行职务而致伤病或死亡者,厂方应按照本章之规定逐一实行。因执行职务而致伤是为有形,因执行职务而致病是属

① 顾炳元:《中国劳动法令汇编》,会文堂新记书局,1937,第 175~176 页。
② 同上书,第 187~188 页。
③ 同上书,第 187~188 页。

无形。工人得病是否因执行职务而致，漫无标准，诚恐工人于厂方致生许多无意识之纷扰。此项因伤因病，拟请明文分别解释或补充规定，以便奉行。①

1932年9月17日，司法院院字第792号文件解释："《工厂法》第45条所谓伤病是否因执行职务而致，可由医师诊断定之。"②

（2）关于"执行职务"的解释

上海市社会局所提"上海市社会局请求解释实施《工厂法》及实施条例意见书"17项，认为《工厂法》第45条中"执行职务"四字界限未明，请上海市政府转呈行政院解释。③ 实业部审核后，转呈行政院请司法院解释。1933年6月14日，司法院解释《工厂法》第45条："所载工人因执行职务而致伤病云云，应其受伤或受病与执行职务有直接因果联络之关系为限。"④

3. 关于失业保障

（1）厂方与工人并未订立工作契约之解雇

湖北省建设厅呈请实业部，转呈行政院咨请司法院，咨请解释："查《工厂法》第27条及第29条规定，厂方与工人订有无定期之工作契约，及预告终止契约者之办法，至为明显，惟对于厂方与工人并未订立工作契约，而因厂方停工，工人要求资助者，无规定之明文。关于此类案情，《工厂法》内既无专条可资援引。凡无工作契约者，可否准照同法第27条'无定期之工作契约'之规定办理。"⑤

司法院于1934年12月7日院字第1155号文件解释："《工厂法》对于工作契约，既无必须以书面订立之规定，自可以口头订立。如口头契约

---

① 《解释工厂法条文疑义咨（附工厂法奉行困难各条意见）》，《司法院公报》1932年第38期，解释，第8页。
② 同上刊，第7页。
③ 《函行政院秘书处（劳字第766号），准函奉兼院长交下上海市政府社会局呈拟请求解释工厂法及施行条例意见书，转呈核示一案，谕交实业部审查具复函达查照等由，经详加审查，拟具意见，书送请查照转陈由》，《实业公报》1931年第43期，公牍，第47~48页。
④ 实业部劳动年鉴编辑委员会：《民国二十二年中国劳动年鉴》（第五编），文海出版社，1990，第178页。
⑤ 顾炳元：《中国劳动法令汇编》，会文堂新记书局，1937，第186页。

未定期间，即当然适用《工厂法》第 27 条之规定，非准用之谓。"①

（2）关于在厂继续工作 3 个月以上仍视为临时工人的解雇

1936 年 4 月 14 日，上海市第十区棉纺业产业工会常务理事杨汝康等呈请上海市社会局："窃属会资方上海申新第一纺织厂，近年雇用工人，给以临时工摺，虽在厂继续工作 3 月以上，仍视为临时工人，任意开除，因之纠纷迭起，查《工厂法》对于临时工人工作期间，并无明文规定"。其认为，按《工厂法》第 27 条第 1 款之规定："工人在厂继续工作 3 月以上，未满 1 年者，解雇时应予 10 日以上之预告期。"及同法第 29 条后半段所载："其不依第 27 条规定，而即时终止契约者，须照给工人以该条所定预告期间之工资。"呈请上海社会局解释临时工人在厂继续工作 3 月以上，解雇时是否亦可适用以上两条。由于上海市社会局一直未能给予答复，6 月 23 日又呈请实业部解释。

实业部发布劳字第 4928 号训令："查该上海申新第一纺织厂所发临时工摺，未定期间，如工人在厂继续工作 3 个月以上时，可依司法院院字第 1155 号解释'如口头契约，未定期间，即当适用《工厂法》第 27 条规定'办理。"②

4. 关于罚金拨充办理工人福利事业

1934 年 2 月 19 日，实业部会同司法行政部咨各省市，决定"补充《工厂法》《工会法》《劳资争议法》等罚金办法三项"：（1）应以法院为处罚机关；（2）以罚金 40% 拨充办理工人福利事业之固定标准；（3）工会接到法院通知后应将该款用途呈请主管官署核准，并将核准文件附送法院以凭领取。③

三　工业劳工失业保障法规的出台

为了解决工业劳工的失业问题，南京国民政府除在《工厂法》中规

---

① 顾炳元：《中国劳动法令汇编》，会文堂新记书局，1937，第 186 页。
② 《实业部训令　劳字第 4928 号　据上海市第十区棉纺业产业工会呈为上海申新第一纺织厂近年雇用工人给以临时工摺，虽在厂继续工作三个月以上仍视为临时工人任意开除纠纷迭起，可否适用工厂法第二十七条及第二十九条之规定，请解释等情，经予解释，令仰转饬遵照由》，《实业部公报》1936 年第 298 期，命令，第 6 页。
③ 实业部劳动年鉴编辑委员会：《民国二十二年中国劳动年鉴》（第五编），文海出版社，1990，第 26 页。

定解雇预告期和解雇费，以保障失业工人的基本生活外，又出台了职业介绍和民生工厂的相关法规，目的在于促进失业工人重新就业。

（一）职业介绍

1.《职业介绍所暂行办法》

职业介绍为救济失业工人的重要办法。1931 年 10 月 24 日，国民党中央训练部致函实业部，转送浙江党部呈据新昌县党部请中央切实救济失业工人并制定永久救济办法一案，实业部认为，"关于失业工人救济事项，其在本部主管范围或相关联者，业经筹划进行或酌量办理……至于制定永久救济办法一节，本部亦经注意，并已着手拟订工人职业介绍暂行规程及劳动保险原则等，一俟呈奉核定，即可公布施行"。①

1931 年 11 月 26 日，实业部所拟《职业介绍所暂行办法》19 条，经行政院作稍许修改，核准备案。1931 年 12 月 3 日，由实业部公布实施。办法规定了职业介绍所的种类及收费办法，及对职业介绍所的管理等内容。②

2.《职业介绍法》

1929 年 7 月，工商部与农矿部曾会同拟具《职业介绍法草案》呈请行政院咨请立法院审议。立法院第 39 次会议议决由经济委员会会同劳工法起草委员会审查。当时劳工立法拟采取法典的形式，分编订立，职业介绍为其中之一。因此，8 月 7 日，两委员会召开联席会议，经共同审查后认为，"劳动法中职业部分已将起草完竣，不久可提出讨论，似不必先定此单项法规，致与劳动法规定有所纷（分）歧"，讨论结果认为此案无再制定之必要，拟请暂从缓议。③

此后国内经济情形变迁，劳动立法方针也随之变化，《工会法》、《工厂法》、《团体协约法》及《劳资争议处理法》等先后公布，劳工法起草委员会决定将《职业介绍法》亦另定单行法规，以使法规统一。劳工法

---

① 《函中央训练部　准函为中央秘书处检送浙江省党部呈据新昌县党部呈请，转呈中央切实救济失业工人并制定永久救济办法一案，抄送原呈嘱查核办理等由，兹将本部关于此项办理经过情形函复查照由》，《实业公报》1931 年第 43 期，公牍，第 50~51 页。
② 《职业介绍所暂行办法》，《实业公报》1931 年第 48 期，法规，第 2~3 页。
③ 《经济委员会会同劳工法起草委员会审查报告：职业介绍案审查报告》，《立法院公报》1929 年第 9 期，第 64 页。

起草委员会于第 3 届第 1 次会议推定委员马超俊起草，于第 3 届第 4 次会议加推委员史尚宽、蔡瑄起草，嗣经第 4 届第 1 次会议改推委员史维焕、史尚宽、郑宏年起草。史维焕等依据国内现状、参酌他国成规，并参考工商部、农矿部旧案及广东省建设厅所拟劳动法典草案，拟具《职业介绍法草案》，交于劳工法起草委员会共同商讨，并函请实业部派代表列席陈述意见。草案经逐条讨论加以修正通过，共 48 条，呈请立法院院会公决。① 立法院院会审议修订后，呈请国民政府鉴核公布。

1935 年 8 月 7 日，国民政府公布《职业介绍法》。此法包括总则、职业介绍机关、职业介绍业者、罚则、附则 5 章 43 条。对比《职业介绍所暂行办法》的规定，此法规定的职业介绍所的种类有所改变，分为公设职业介绍机关、私设介绍机关及职业介绍业者三种。同时详细规定了公设职业介绍机关的体系及职责，私设介绍机关设立的程序，职业介绍业者成立的条件、程序、介绍金率等内容，以及政府对职业介绍机关或职业介绍业者的管理等。②

（二）举办民生工厂

1931 年 1 月，内政部召集内务会议，讨论各地送交的有关取缔游民，开设民生工厂、收纳救济游民案。大会合并议决，由内政部汇订办法，通令各地方积极推进。嗣后，内政部经详加复核后认为，"关于取缔游民各办法，迭经通令各省市饬属办理；惟设立工厂，特予奖励，及给予补助金各项办法，事关提倡工业，抄送议案，咨请实业部"。后两部共同拟定《县市设立民生工厂办法》和《县市政府劝办工厂考成条例》呈送行政院鉴核施行。1932 年 3 月 18 日，行政院审核同意备案，呈交国民政府鉴核。8 月 13 日，行政院在国民政府核准备案后，令内政、实业两部以部令形式公布。③ 9 月 10 日，实业、内政两部公布《县市设立民生工厂办法》和《县市政府劝办工厂考成条例》。

《县市设立民生工厂办法》共 5 条，规定了县市民生工厂的设置、取

---

① 《劳工法委员会报告：起草职业介绍法草案报告》，《立法院公报》1935 年第 71 期，第 76 页。

② 《职业介绍法》，《实业公报》1935 年第 250 期，法规，第 57~64 页。

③ 《转饬广设工厂以济民生》，《广州政府公报》1933 年第 225 期，第 31 页。

名、资金来源、监督管理等内容。① 《县市政府劝办工厂考成条例》共 6
条，规定县长或市长劝办工厂取得成绩的奖励条件与奖励措施、实施不力
的处罚条件与处罚措施。②

四　工业劳工福利制度的建立

（一）劳工储蓄

工人储蓄为工人福利事业之一。实业部以"工人所得工资，往往任
意挥霍，不知储蓄，一旦失业或遭遇意外，即无法维持"。③ 根据《工厂
法》第 7 章"工人福利"第 39 条有关工人储蓄的规定，实业部拟具《工
人储蓄暂行办法》30 条，1931 年 11 月 18 日呈送行政院审核。④ 1932 年 4
月 1 日，行政院予以颁布，⑤ 5 月 26 日，又将第 5 条第 2 项及第 29 条条
文进行修正。⑥ 该办法主要内容包括工厂储蓄会的设立及管理，储蓄的种
类，储金的存取程序、管理及支取条件等内容。⑦

1936 年 12 月 18 日，行政院颁布《工人储蓄暂行规程》，将雇主或工
会办理劳工储蓄的范围扩大到工厂外的公司、商店、矿场。其他内容基本
不变。⑧

（二）劳工教育福利

根据《工厂法》第 7 章"工人福利"第 36 条关于劳工补习教育的规
定，实业部与教育部、铁道部颁布了一系列法规。

1932 年 2 月 4 日，实业部与教育部会同公布《劳工教育实施办法大

---

① 实业部劳动年鉴编辑委员会：《民国二十一年中国劳动年鉴》（第五编），文海出版社，
　　1990，第 138 页。
② 同上书，第 138~139 页。
③ 《行政院工作报告关于实业者（对第五次全国代表大会报告）》，载秦孝仪：《抗战前国
　　家建设史料》，《革命文献》第 75 辑，中央文物供应社，1978，第 367 页。
④ 《呈行政院为拟具工人储蓄暂行办法草案呈请核转国府备案俾便由部令公布由》，《实业
　　公报》1931 年第 46 期，公牍，第 3 页。
⑤ 《行政院令兹制定工人储蓄暂行办法》，《实业公报》1932 年第 76、77 期合刊，命令，
　　第 2 页。
⑥ 《行政院令兹修正工人储蓄暂行办法第五条第二项及第二十九条条文》，《实业公报》
　　1932 年第 76、77 期合刊，命令，第 3 页。
⑦ 《工人储蓄暂行办法》，《实业公报》1932 年第 76、77 期合刊，法规，第 7~11 页。
⑧ 《工人储蓄暂行规程》，《劳工月刊》1936 年第 5 卷第 11 期，法规，第 1~3 页。

纲》。大纲共 24 条，包含劳工教育的举办主体、经费、教育的内容、教育的形式、举办的期限及罚则等内容。[①]

1934 年 5 月 31 日，依据《劳工教育实施办法大纲》的规定，实业部会同教育部公布《劳工教育奖励规则》5 条，规定对劳工教育成绩突出者应予奖励的条件及奖励内容。[②]

1934 年 5 月 25 日，劳工教育设计委员会为推行劳工教育，拟具《劳工教育实验区组织章程》14 条，呈请实业、教育两部筹设劳工教育实验区，于上海、无锡、青岛、天津、汉口等处试办。1934 年 6 月 26 日，两部认为"劳工教育之实验，确为事实所必需，该会所请筹设实验区一节，自属可行。详核所拟组织章程，亦无不合，拟即会令公布施行"。[③] 7 月 20 日，《劳工教育实验区组织章程》由实业、教育两部公布施行。

（三）劳工生活福利制度

1. 劳工住宅

1929 年，工商部劳工司拟具建筑劳工新村计划方案，经由工商设计委员会讨论通过。该方案目的是"建筑简朴而合于卫生之房屋若干，成为劳工新村，使劳动工人聚处其间，得安居之。村内设立公社，附置各种益工事业，以期增进劳工之智能，发达其生产力"。[④] 此方案曾颁布各省市。1931 年 5 月，南京中央工业试验所内设置工人住宅一所，附设劳工学校及职工俱乐部等益工事业。[⑤]

1934 年 1 月 23 日，实业部发布训令，鉴于"我国各地工人住宅，大都卑陋湫隘，不合卫生，不独妨碍工人健康，尤足减少工作能力"，根据《工厂法》内"工厂在可能范围内应建筑工人住宅"的规定，应积极提倡建筑工人住宅，以期改良工人生活。因此对此前工商部制定的《劳工新村设施大纲》重加审查，认为仍可适用，"检发此项大纲五份，令仰该厅

① 《劳工教育实施办法大纲》，《实业公报》1932 年第 57、58 期合刊，法规，第 1~4 页。

② 《劳工教育奖励规则》，《实业公报》1934 年第 179、180 期合刊，法规，第 93 页。

③ 《会呈行政院劳字第 2993 号呈送劳工教育实验区章程请鉴核备案由》，《实业公报》1934 年第 183、184 期合刊，公牍，第 95 页。

④ 《工商部筹建首都劳工新村》，《工商半月刊》1929 年第 1 卷第 6 期，"国内经济事情"，第 2 页。

⑤ 邢必信等：《第二次中国劳动年鉴》（第三编），北平社会调查所，1931，第 72 页。

局公署参照，斟酌地方情形，提倡举办，并将办理情形随时具报"。①

1934 年 8 月 28 日，实业部就本部所设劳工新村的管理问题，制定《实业部劳工新村管理规则》并公布施行。规则明确了劳工新村建设事业的范围及管理员的任务。②

2. 哺乳室及托儿所

根据修正后的《工厂法施行条例》第 20 条关于哺乳室和托儿所设置的规定，1936 年 4 月 22 日，实业部公布《工厂设置哺乳室及托儿所办法大纲》。大纲列举了设置哺乳室与托儿所的工厂条件、招收对象、收费标准、设施要求、人员配备、开放时间等。③

1936 年 11 月，实业部劳工司编印了《工厂设置哺乳室及托儿所须知》，"将兴办之方法，所需要之经费，及劳资双方所得之利益，国家社会之关系等，逐一阐述，分发各工厂参照"，促进各地明确托幼机构设置的意义。④

五 《劳工保险法》的草拟

此时期，建立劳工社会保险制度也是南京国民政府劳工社会保障目标的一个重要方面，但相比其他制度的先后出台，劳工保险立法并不顺利。至 1937 年抗日战争全面爆发前，劳工保险立法仍在草案阶段。

（一）过程

1928 年 5 月工商部设立工商法规讨论委员会，拟修订的工商法规中包括《劳动保险法》。⑤ 9 月 6 日，工商部致函各省市政府，"因草拟劳工保险条例，亟须征集关于劳工储蓄及保险之章程统计等项材料，以备参考"，函请各省市政府转饬所属，速向各地方之工厂及工商团体等广为搜

---

① 《令各省实业厅建设厅，各市社会局，威海卫管理公署，检发劳工新村设施大纲令仰参照提倡举办并将办理情形随时具报由》，《实业公报》1934 年第 161、162 期合刊，命令，第 19 页。

② 《实业部劳工新村管理规则》，《实业公报》1934 年第 193 期，法令，第 43~44 页。

③ 《工厂设置哺乳室及托儿所办法大纲》，《实业部公报》第 277 期，第 47~48 页。

④ 《行政院工作报告关于实业者（对第五届三中全会报告）》，载秦孝仪：《抗战前国家建设史料》，《革命文献》第 75 辑，中央文物供应社，1978，第 409 页。

⑤ 《工商部工商法规讨论委员会成立会》，《申报》1928 年 7 月 30 日，第 13 版。

集，检齐具报，汇送过部。① 9 月 9 日，工商法规讨论委员会第 1 次常会由主席指定《劳动保险法》起草员朱懋澄、王云五等。② 草案计划分为疾病、伤残、死亡、年老、失业五类。③

1929 年 3 月国民党召开第三次代表大会，国民政府进入训政时期。工商部因执掌劳工事务，拟定训政时期工作分配年表，年表中规定在训政第一年度拟具劳工伤害保险法规，第二年度依法试行并续拟疾病、失业等保险法规暨督促各工厂举行劳工储蓄。该项年表报请中央政治会议核准。在中央政治会议第 217 次会议上，政治报告组审查各院部会训政工作年表要点时，提出"年表中关于法规事项应否由主管机关草成送立法院决定，抑迳请立法院制定"，会议决议："按照各项法规性质应属于一般法律者由立法院制定，不必由各院部会拟办。"④

1930 年 3 月，国民党第三届三中全会召开，上海市提出建议案，请中央通令各地颁布劳工保险各项法规。此案转至立法院，立法院答复："劳工保险部分，本院前于造送三中全会报告书中，对于劳工法典之起草有此项规划，此节应交劳工法起草委员会查照。"⑤ 5 月 26 日，行政院咨请立法院从速制定劳工保险法，⑥ 立法院 1930 年 6 月 17 日第 96 次会议议决付劳工法起草委员会。委员会认为《劳动保险法》前经推定劳工法起草委员马超俊起草，现已完竣，俟审查后，即交立法院大会公决。⑦

1931 年 5 月国民党第三届中央第一次临时全会制定《中华民国训政时期约法》，其第 42 条提出："为预防及救济因伤病废老而不能劳动之农

① 《公牍　国民政府工商部函各省市政府本部现因草拟劳工保险条例亟须征集关于劳工储蓄及保险之章程统计等材料以备参考》，《工商公报》1928 年第 1 卷第 5 期，第 10 页。
② 《法规会起草法案消息》，《申报》1928 年 9 月 9 日，第 14 版。
③ 工商部：《工商部工作报告暨计划概略（对第三次全国代表大会报告）》，载秦孝仪：《抗战前国家建设史料》，《革命文献》第 75 辑，中央文物供应社，1978，第 47 页。
④ 《行政院咨请从速制定劳工保险劳工储蓄等法规由（十九年五月二十六日）》，《立法院公报》1930 年第 19 期，公牍，第 11~12 页。
⑤ 《立法院各委员会审查报告：上海市请中央通令各地颁布劳工储蓄劳工保险各项法规案审查报告》，《立法院公报》1930 年第 19 期，第 80 页。
⑥ 《行政院咨请从速制定劳工保险劳工储蓄等法规由（十九年五月二十六日）》，《立法院公报》1930 年第 19 期，第 11 页。
⑦ 《国民政府文官处函关于核议劳工储蓄劳工保险各项法规一案奉批送中央政治会议函达查照由》，《立法院公报》1930 年第 20 期，第 33 页。

民、工人等，国家应施行劳动保险制度。"①

实业部成立后，认为劳工保险"关系工人生活至巨"，鉴于"各地工厂多推诿不办，而工人亦囿于旧习，每多观望不前"，②为切实实行劳工保险，"兹经参照先进各国成法，并按国内经济情形及劳工生活状况，拟就强制劳工保险法草案50条"。草案于1931年3月着手草拟，③1932年10月19日呈送行政院，呈请行政院鉴核并转送立法院审议。④行政院审议后，交内政、交通、军政、铁道、实业五部会同审查。⑤1932年11月14日实业部召集与该草案有关系之内政、交通、铁道、军政四部代表会同对草案进行审查，并拟具询问书咨询全国专家及劳资双方意见。⑥

1935年7月29日，行政院召开内政、财政、教育、军事各部开会，通过草案，并于30日呈院会讨论决定。⑦行政院通过后，送中央政治会议核议。⑧中央政治会议转送立法院审议，"后因抗日战争发生，致未定案"。⑨

（二）内容

《强制劳工保险法草案》共有总则、被保险人、保险人、保险给付、费用担负、审查之请求与诉愿、罚则、附则8章50条。其主要内容为以下几个方面。

第一，关于适用范围。强制劳工保险分伤害保险和疾病保险两种。被保险人为适用《工厂法》之工厂或适用《矿业法》之矿场的受雇人。但

① 荣孟源：《中国国民党历次代表大会及中央全会资料（上）》，光明月报出版社，1985，第948页。
② 实业部劳动年鉴编辑委员会：《民国二十一年中国劳动年鉴》（第三编），文海出版社，1990，1990，第4页。
③ 《民国二十一年度下半期行政计划纲要（六续）》，《实业公报》1933年第129~130期，特载，第2页。
④ 《呈送本部所拟强制劳工保险法草案，请鉴核转送立法院审议转呈公布明令施行由》，《实业公报》1932年第95、96期合刊，公牍，第1页。
⑤ 《行政院工作报告关于实业者（对第五次全国代表大会报告）》，载秦孝仪：《抗战前国家建设史料》，《革命文献》第75辑，中央文物供应社，1978，第369页。
⑥ 《实业部征询劳工保险意见》，《纺织时报》1928年第989期，1933年5月25日，第1版。
⑦ 《行政院审查会通过强制劳工保险法》，《国际劳工通讯》1935年第11期，第65页。
⑧ 《立法院通过劳工保险法》，《国际劳工通讯》1935年第12期，第36页。
⑨ 秦孝仪：《中华民国社会发展史》，近代中国出版社，1985，1843页。

两种人不在此限：不满 1 月之临时雇用人、年薪超过 1200 元之职员。除此之外，凡从事含危险性或有碍卫生工作之受雇人，经主管官署之指定，亦得为被保险人。

保险人为业主与受雇于各该事业之被保险人合组的保险社。实业部、省市官署及县市政府对于适用《工厂法》之工厂及适用《矿业法》之矿场的各业主得限令其组织或联合组织保险社。

第二，关于保险给付。根据险种不同，保险给付分为 3 种情况：工伤给付、疾病给付及分娩给付。

工伤给付分为实际治疗、伤病津贴、残废津贴、丧葬费、遗族抚恤金等项目。

伤病津贴给付的标准为：暂时丧失劳动能力者，自受伤日起至复工日止每日给以工资 3/4；永久丧失工作能力一部分者给以 1 年以上 2 年以下之工资；永久丧失原任工作能力全部者给以 2 年以上 3 年以下之工资；永久丧失各种工作能力全部者按每年所得工资给以终身残废年金。

遗族抚恤金的标准为：有依赖被保险人维持生计之亲属 3 人以上者给以两年之工资，二人者给以 1 年工资，一人者给以 8 个月工资。

工伤给付规定中强调，由职业发生疾病或由职业发生疾病而致死亡者，适用于以上规定。

疾病给付与分娩给付包括实际医疗费或分娩费、疾病津贴或生产津贴，因疾病或分娩致死亡时的丧葬费和遗族恤金。

疾病津贴和生产津贴的给付标准为：自生病之第 4 日起至病愈止，每月给以工资 60%，如经过 6 个月尚未痊愈，则其每月津贴得减至 40%，但以 1 年为限。分娩按《工厂法》第 37 条之规定，在分娩期间内工资照给。

被保险人因疾病或分娩而死亡，其遗族抚恤金的标准为：有依赖被保险人维持生计之亲属 3 人以上者给以 1 年之工资，2 人以上者给以 6 个月工资，1 人者为 4 个月工资。

因工伤、疾病或分娩而死亡，丧葬费应以被保险人在职最后 3 个月中工资最高一个月之工资数为标准，但不及 50 元者，仍给 50 元。

保险人可以收容被保险人于医院或产院以代工伤医疗费、疾病医疗费或分娩费的给付。

第三，关于费用担负。保险人得向被保险人及雇用被保险人的业主缴收保险费。伤害保险费由被保险人每月缴纳工资1%，业主负担4%。疾病保险费由被保险人每月缴纳工资2%，业主负担3%。国库及地方金库对于各保险社得酌量给予补助。被保险人在领受伤病津贴、残废年金、养病津贴、生产津贴期间，免缴保险费。业主应缴之保险费应按月交付保险社，并得就被保险人之工资中扣交应行缴纳之保险费。①

（三）意义

在劳工保险立法方面，最早的尝试是1929年广东省建设厅劳动法起草委员会编成的《劳动保险草案》。《强制劳工保险法草案》从内容方面看对其有所继承，如法规内容的结构、险种与待遇项目的设置等方面都有相同之处。但两者差异还是很大的，首先，《强制劳工保险法草案》内容较为简单。《劳动保险草案》分为伤害保险和疾病保险两章，其中伤害保险9节148条，疾病保险7节116条，整部草案共264条。而《强制劳工保险法草案》只有8章50条，其规定较为简洁，执行时有较大的伸缩余地。其次，由于《工厂法》已经实施，为了与现行法规相衔接，《强制劳工保险草案》实施范围和待遇水平基本上和《工厂法》规定相同，相比之下实施面有所缩小。再次，关于政府责任的规定。在伤害保险方面，在保险社的组成上不再划分区域强制业主参加，政府不再作为一方参与管理；在疾病保险方面，政府不再负担或补贴事业费。这都弱化了政府的责任。最后，在费用负担方面，除费率有所变化外，在伤害保险方面，保险费由原来只由雇主负担改为劳资双方共同缴纳。

六　特殊劳动者劳工社会保障制度的形成

（一）铁路劳工社会保障法规的出台

1930年2月7日，立法院劳工法起草委员会开会对铁道部《铁路员工服务条例草案》进行审查，经过详细讨论，逐条修正通过，缮具修正

---

① 《强制劳工保险法草案》，实业部劳动年鉴编辑委员会：《民国二十一年中国劳动年鉴》（第五编），文海出版社，1990，第133～138页。

案，提交立法院大会公决。1930 年 2 月 15 日，立法院第 76 次会议议决通过该草案。1930 年 2 月 19 日立法院将修正后的《铁路员工服务条例草案》呈请国民政府鉴核。1930 年 3 月 3 日，《铁路员工服务条例》公布。①

《铁路员工服务条例》是面向铁路劳工的基本法律，适用于所有国营及其他公营、民营铁路。条例包括总则、管理、工作、待遇、奖励、惩罚、附则 7 章 35 条。在待遇一章中，条例规定了铁路劳工所享受的疾病、工伤、养老等社会保障方面的待遇。②

关于铁路员工的工伤保障，1930 年 1 月 25 日，铁道部公布《国有铁路员司工警夫役抚恤暂行通则》，适用于除订有合同之洋员外所有服务于国有铁路之员司工警夫役因公受伤或在职积劳病故者。待遇包括工伤医疗、医疗期工资、工伤残废抚恤、工伤死亡抚恤及丧葬费。③《铁路员工服务条例》公布后，铁道部根据服务条例的内容，在《国有铁路员司工警夫役抚恤暂行通则》基础上重新制定了《国有铁路员工抚恤通则》，1930 年 5 月 21 日公布，12 月 29 日作了修正，④ 1933 年又修改了其中的第 7 条。⑤

关于铁路员工医疗保障设施的设置，1932 年 7 月 19 日，铁道部公布《铁路医院及诊疗所组织规程》。⑥ 关于国有铁路卫生医务组织的设置，1933 年 8 月 14 日铁道部公布施行《国有铁路卫生医务组织通则》，1935 年 3 月 5 日修正。⑦ 关于铁路劳工的病假与分娩假，1936 年 7 月 25 日，铁道部公布施行《国营铁道员工请假通则》，其中规定了病假与分娩假的期限。⑧

---

① 《呈国民政府缮具铁路员工服务条例呈请鉴核由》，《立法院公报》1930 年第 15 期，公牍，第 3 页。
② 《铁路员工服务条例》，《立法院公报》1930 年第 16 期，法规，第 3～9 页。
③ 《国有铁路员司工警夫役抚恤暂行通则》，《铁道公报》1930 年第 36 期，法规，第 1～8 页。
④ 《修正国有铁路员工抚恤通则》，《铁道公报》1930 年第 69 期，法规，第 4～11 页。
⑤ 实业部劳动年鉴编辑委员会：《民国二十二年中国劳动年鉴》（第五编），文海出版社，1990，第 91 页。
⑥ 徐白齐：《中华民国法规大全》，商务印书馆，1937，第 5184～5185 页。
⑦ 同上书，第 5180 页。
⑧ 同上书，补第 764～765 页。

在劳工储蓄方面，1931年12月28日，铁道部公布《铁道部直辖国有铁路员工储蓄通则》。通则规定了参加资格与存取储金的工资比例、储金的管理、储金的提取等内容。①

在铁路劳工教育方面，1931年10月17日，铁道部依据国民党第二次全国代表大会"励行工人教育、补助工人文化机关之设置"的决议，按照工作分配年表之规定，公布《铁道部实施铁路职工教育计划纲要》，实施铁路职工教育。1932年10月3日对纲要进行修正。修正后的纲要内容包括总则、学制及课程、职工教育馆、教职员之任免及待遇、校舍馆址及设备、经费概算、奖励、附则8章27条。② 依据《铁道部实施铁路职工教育计划纲要》，1932年间，铁道部公布了《国营铁路职工教育实施人员服务通则》《铁路职工补习教育实施规则》《铁路职工学校教育实施暂行通则》《铁道部职工教育委员会管理职工识字学校规程》《铁路职工识字教育强迫施行办法》等一系列具体的实施办法。③ 1936年7月10日，铁道部对《铁道部实施铁路职工教育计划纲要》进行修正。同日，为配合修正后的《铁道部实施铁路职工教育计划纲要》的施行，铁道部公布了修正后的《国营铁路职工教育实施人员服务通则》《铁路职工补习教育实施规则》《铁路职工学校教育实施暂行通则》《铁路职工识字教育强迫施行办法》等相关法规。④

关于铁路劳工退休保障制度，1935年4月13日，铁道部公布《国营铁道员工退休养老金规则》。规则共5章29条，主要内容包括退休条件、养老金计算方法、养老金申请与领取程序等内容。⑤

（二）交通劳工社会保障制度的补充

1930年8月9日，交通部公布《邮政养老抚恤金管理章程及支给章程施行细则》，作为对邮政劳工工伤与养老保障制度的补充。细则详细规定了邮政养老抚恤金应立账目的构成、邮政养老抚恤金资金各项来源及具

---

① 徐白齐：《中华民国法规大全》，商务印书馆，1937，第5188~5189页。
② 同上书，第5167~5169页。
③ 同上书，第5170~5176页。
④ 同上书，补第765~777页。
⑤ 同上书，第5157~5159页。

体计算方法、养老抚恤金的转账程序和支付程序、总局对分区管理局款项的管理，等等。①

在交通职工子女教育福利方面，1933 年 7 月 14 日公布实施《交通职工子女教育规程》和《交通职工子女小学校教职员任免及薪给规则》，于各地设立交通职工子女小学校。同年 8 月 12 日对两部法规进行修正。前者规定了职工子女小学校的设置、经费、收费等内容。② 后者规定了职工子女小学校教员的任职资格、薪给等内容。③

在交通职工补习教育方面，1936 年 5 月 22 日，交通部公布实施《交通部职工补习班章程》，设立职工补习班。章程规定了补习对象、补习时间、经费等内容。④ 同日，交通部公布施行《交通部职工补习班学生奖惩规则》，规则主要内容为对补习班学生予以奖励与处罚的方式。⑤

在邮政职工补习教育方面，1936 年 4 月 29 日，交通部公布施行《交通部邮电机关职工补习教育实施通则》，通则主要内容为邮电机关职工补习班的设置、补习对象、经费等内容。⑥ 同日，交通部公布实施《交通部邮电机关职工补习班奖惩规则》，规则主要内容为对邮电机关补习班教员与学员的奖励与惩罚措施。⑦

（三）矿业劳动者社会保障制度的形成

关于矿工社会保障，北京政府时期农商部曾制定《矿工待遇规则》。南京国民政府成立后，此规则继续适用。

《工厂法》颁布后，鲁大矿业公司呈请山东实业厅转呈实业部，请求解释矿山工人是否适用《工厂法施行条例》，其适用范围是否包括坑内外全体工人。实业部 1931 年 10 月 16 日给出的解释为："关于矿工待遇，其矿业合于《工厂法》第 1 条规定者除法令另有规定者外，应一体适用

---

① 徐白齐：《中华民国法规大全》，商务印书馆，1937，第 4379~4380 页。
② 《交通职工子女教育规程》，《交通部电政法令汇刊》1933 年第 2 期，"一般关系法令"，第 49~51 页。
③ 《交通职工子女小学校教职员任免及薪给规则》，《交通部电政法令汇刊》1933 年第 2 期，"一般关系法令"，第 51~53 页。
④ 徐白齐：《中华民国法规大全》，商务印书馆，1937，补第 583 页。
⑤ 同上书，补第 583~584 页。
⑥ 同上书，补第 584 页。
⑦ 同上书，补第 584~585 页。

《工厂法》及《工厂法施行条例》之规定。"① 此规定使雇用 30 人以上且使用机器动力的矿场之劳工被纳入法律保障范围。

1932 年，实业部考虑到《矿工待遇规则》"内容简陋，不适于保护矿工之用，且矿工人数较工厂工人为多，矿工生活较工厂工人尤苦，亟应根据中国矿业情形及矿工生活状况起草矿工法，呈由国府公布以资保护"，②因而计划起草矿工法，于年底起草完毕，进行审议。③ 但此法迟迟未能完成。1935 年 11 月国民党第五次代表大会上，行政院工作报告中仍将拟定矿工法作为一项有关劳工的重要事务："矿工生活困苦万状，各矿场中安全卫生之设备，多不完善，时有发生灾变情事，实业部正在起草矿工待遇规则，以资保障，并经立法院劳工委员会函请该部草拟矿工法规，现该部正在积极拟订中。"④ 至抗战全面爆发前，关于矿工待遇的专门法律仍未出台。

1936 年 6 月 25 日，国民政府颁布《矿场法》，这是一项包含矿工待遇的综合性的矿业法规，"关于矿工之工作待遇、矿场之安全及卫生，除本法规定外，适用《工厂法》及其施行条例之规定"。《矿场法》共 35 条，适用于同时雇用在坑工作之矿工 50 人以上之矿场。在矿工劳动风险的保障方面，规定了矿业权者在矿工工伤急救、医疗机构设置、职业病的预防、传染病的防治等方面的责任。⑤ 这部法规使矿工在修正后的《工厂法》外，多了一层保障。由于矿工面临的劳动风险不同于普通工业工人，这种规定是非常必要的。

---

① 《劳字第 803 号　呈一件为据鲁大矿业公司呈矿山工人是否适用工厂法施行条例，其适用范围是否包罗坑内坑外全体工人，请核示等情具文呈请鉴核示遵由》，《实业公报》1931 年第 42 期，指令，第 19 页。

② 《实业部民国二十一年七八九三个月行政计划纲要（四续）》，《实业公报》1932 年第 89、90 期合刊，特载，第 3~4 页。

③ 《实业部民国二十一年度下半期行政计划纲要（六续）》，《实业公报》1933 年第 129、130 期合刊，特载，第 2 页。

④ 《行政院工作报告关于实业者（对第五次全国代表大会报告）》，载秦孝仪：《抗战前国家建设史料》，《革命文献》第 75 辑，中央文物供应社，1978，第 369 页。

⑤ 《矿场法》，《实业公报》1936 年第 289 期，法规，第 14~16 页。

第三章 南京国民政府时期劳工 社会保障制度的内容

南京国民政府时期的劳工社会保障制度建立在行业的基础上，包括工矿业劳工、铁路劳工、交通劳工、传统工业劳工及店员的社会保障制度。此时期劳工社会保障的模式属于雇主责任制模式。雇主责任制模式是指"国家通过立法，通常是劳动法，强制雇主在其雇员遭受某些特殊事故如工伤事故时，提供专门的补助金，向被解雇的雇员支付赔偿金，对老年职工提供一次性退职金"。① 此模式具有以下特点：第一，劳工社会保障立法仍在劳工立法范畴内，并未完全独立出来。第二，雇主独自承担责任，风险不能分摊。第三，它是一种工业化初期的社会保障制度，有朝向社会保险模式转变的发展趋势。②

---

① 中国大百科全书总编辑委员会《社会学》编辑委员会：《中国大百科全书（社会学）》，中国大百科全书出版社，1991，第 276 页。

② 陈良瑾在《中国大百科全书（社会学）》（中国大百科全书出版社，1991，第 276 页）中，将世界各国实行的社会保障模式分为就业保障制、普遍保障制、社会救助制、储蓄基金制、雇主责任制 5 种类型。笔者认为南京国民政府时期的劳工社会保障制度属于其中的雇主责任制。学界一般认为社会保险的建立才是现代社会保障制度形成的标志，对此前的雇主责任制的模式重视不够。社会保险制可以归类为上面提到的就业保障制。它采用商业保险的方式筹集资金，具有风险共担的特点，被许多国家采用。但现代社会也的确存在陈良瑾所提到的通过其他方式筹集资金的社会保障制度，如西方福利国家的普遍保障制、非洲一些不发达国家的社会救助制、新加坡等国家的储蓄基金制等，这些制度在不同的历史时期中、不同的国情下在公民的权益保障方面也起着重要的作用，或者和社会保险制同时存在，同时起着作用。雇主责任制在工业化初期的许多资本主义国家都曾存在过，所以可以将其视为现代社会保障模式的一种，这对于深入了解现代社会保障制度的起源与发展有着重要意义。

第一节　工业及矿业劳工社会保障制度

工矿业劳工的社会保障制度以《修正工厂法》为框架，包括《修正工厂法施行条例》、司法院与行政院的相关解释等内容，以及有关具体保障项目的法规与文件，如《矿场法》《工厂安全及卫生检查细则》《主要工业品及职业病简表》《职业介绍所暂行办法》《县市设立民生工厂办法》《县市政府劝办工厂考成条例》《职业介绍法》《工厂设置卫生室办法》《工厂医疗设备费标准预算》《劳工教育实施办法大纲》《工商职工俱乐部计划大纲》《工厂设置哺乳室及托儿所办法大纲》《工人储蓄暂行办法》《工人储蓄暂行规程》《劳工新村设施大纲》等。

关于工业劳工社会保障制度的实施范围，《修正工厂法》作了规定，而《修正工厂法施行条例》及司法院和行政院对相关内容作了解释。其主要内容为以下几方面。

一是对适用工厂的限定。《修正工厂法》规定，适用制度的工厂需同时符合两个条件，一为使用发动机器的工厂。二为平时雇用工人在30人以上。[1] 也即，不使用发动机器的工厂，即使工人数再多，也不适用工厂法，而使用发动机器的工厂，其雇用工人数必须在30人以上才适用工厂法。

二是对工人定义的规定。《修正工厂法施行条例》规定，适用制度的工人须为参与生产的工人，也即直接生产或辅助生产工作的工人。[2] 司法院第644号文件解释，工厂所雇用的员役等与生产无关的人，不在此限，如茶役、厨司、汽车夫、运货车夫、司阍、消防队员、巡丁、更夫、杂役、打扫夫等。另外，职员的工作亦因与生产无关被排除在外。[3] 司法院第932号文件解释，工人须为常雇工人，流动性质工人，即临时工人、包

---

[1]　《修正工厂法》，《实业公报》1933年第117、118期合刊，法规，第6页。

[2]　《修正工厂法施行条例》，《实业公报》1933年第117、118期合刊，法规，第12页。

[3]　顾炳元：《中国劳动法令汇编》，会文堂新注书局，1937，第184~186页。

工制工人、论件工人、论日工人、流动性工人等不适用制度。[①] 但是，司法院 1071 号文件又解释，如果包工制工人、论件工人、论日工人所定契约和常雇工人无异，仅在计算工资的方法上有所不同，则视为常雇工人。[②]

关于矿工的实施范围，1931 年 10 月实业部劳字第 803 号指令规定和工业工人相同，也即使用发动机器，且雇用矿工 30 人以上的矿场，适用制度。[③] 而《矿场法》则适用于同时雇用在坑工作之矿工 50 人以上之矿场。[④]

从上面的规定来看，工业及矿业劳工社会保障制度所覆盖的是现代工矿业的劳动者。在工业化初期，存在着使用机器的现代工厂和矿场，但更多地是传统的手工工场及土法开采的矿场。两者之劳工所面临的劳动风险是不同的，所以制度有适用范围的规定。《修正工厂法》中关于使用机器的规定，使传统的手工场、土法采矿的矿场被排除在外。这表明制度是为应对现代劳动风险而设立的。而对工人人数的规定，使一些经济实力弱小、承担能力不足的小型工厂矿场排除在外，这更有利于制度的实施。

在《修正工厂法》颁布以前，北京政府时期劳工社会保障法规及南京国民政府建立后的一些地方法规，都有对工厂法适用范围的限定，具体见表 3-1-1。这些限制一般包含工厂性质与工人人数。在有关工厂性质的限定中，《修正工厂法》外的 5 部法规中，有 3 部谈到工厂的"危险性质"或"有害卫生"。虽然法律制定的目的是预防劳动风险，但"危险性质"或"有害卫生"等此类字眼，含义抽象，不利于操作，所以《修正工厂法》中并没有此种规定。另有 1 部法规中有关于"使用蒸汽或石油为动力"规定，因为现代动力方式还有其他种类，这样的规定远不如《修正工厂法》中"使用发动机器"更为简洁准确。

[①] 实业部劳动年鉴编辑委员会：《民国二十二年中国劳动年鉴》（第五编），文海出版社，1990，第 178 页。

[②] 顾炳元：《中国劳动法令汇编》，会文堂新注书局，1937，第 175～176 页。

[③] 《劳字第 803 号　呈一件为据鲁大矿业公司呈矿山工人是否适用工厂法施行条例，其适用范围是否包罗坑内坑外全体工人，请核示等情具文呈请鉴核示遵由》，《实业公报》1931 年第 42 期，指令，第 19 页。

[④] 《矿场法》，《实业公报》1936 年第 289 期，法规，第 14～16 页。

表 3-1-1　有关工业劳工社会保障制度适用范围的法律法规比较

法规名称	颁布时间	实施范围
南京国民政府《修正工厂法》	1932 年 12 月	凡用发动机器之工厂，平时雇用工人在 30 人以上者
北京政府农商部《暂行工厂通则》	1923 年 3 月	平时使用工人在 100 人以上和含有危险性质或有害卫生的工厂
北京政府农工部《工厂条例》	1927 年 10 月	平时使用工人在 15 人以上和工人不及 15 人而含有危险性质或有害卫生的工厂；设在中华民国领域内之外国工厂
武汉政务委员会《湖北临时工厂条例》	1926 月 12 月	湖北境内使用职工在 20 人以上，或其事业有危险性质，且有关于卫生之工厂
武汉特别市时期《武汉市暂行工厂条例》	1927 年 4 月~1929 年 7 月	工人人数在 30 人以上，或未及 30 人而使用蒸汽或石油为动力的工厂
《河北省暂行工厂规则》	1929 年 8 月	40 名工人以上的工厂

资料来源：《修正工厂法》，《实业公报》，1933 年第 117、118 期合刊，法规，第 1~12 页。《暂行工厂通则》，《农商公报》1923 年第 9 卷第 9 期，第 105 期，政事门法规，第 67~69 页。《工厂条例》，载王清彬等《第一次中国劳动年鉴》（第三编），北平社会调查部，1928，第 198~203 页。《湖北临时工厂条例》，载王清彬等《第一次中国劳动年鉴》（第三编），北平社会调查部，1928，第 186~187 页。《武汉市暂行工厂条例》，载邢必信等《第二次中国劳动年鉴》（第三编），北平社会调查所，1931，第 230~234 页。《河北市暂行工厂规则》，《河北省政府公报》1929 年第 397 期，第 10~13 页。

关于适用制度工厂的工人人数，上述几部法规均有规定。人数的多少直接关系着有多少工厂、多少工人被纳入制度。在劳工社会保障制度建立的过程中，适用对象的数量是争议最大的问题。资方一般认为劳工社会保障制度会加重工厂负担，所以希望制度能提高工厂人数规定下限。而工会则希望更多工人得到制度的保障，所以希望制度也能适用于人数较少的工厂，这从上章中对制度出台过程的论述可以看出。在表 3-1-1 内的 6 部法规中，人数下限最大的是《暂行工厂通则》，为 100 人，最小的是《工厂条例》，为 15 人，其他则有 20 人、30 人、40 人等各种规定。若社会保障只限于雇用工人在 100 人以上的工厂，则会使大多数工厂劳工被排除在保护行列之外，因为达到这个数量的工厂很少。若是不对工厂人数进行限定或规定的工厂人数数目过少，则会将力量薄弱的传统手工业及家庭手工业纳入其中，实施起来会有很多障碍。相比之下，《修正工厂法》规定的范围较为合适。

在国际劳工立法中，1919 年第一次国际劳工大会通过的几个重要的公约，对工人劳动保障的范围进行了界定，这几个公约包括《工界每日八小

时工作公约》《女工生产前后雇用限制公约》《雇用女工夜间工作公约》
《工业雇用儿童限制其最低年龄公约》《工业雇用幼年工人从事夜工公约》。
并规定公约所称"工业、企业"系指"甲、矿业；乙、制造、修改、变换
各种物品之工业，制船业，及发生传达电气，或其他原动力等业；丙、建
筑业；丁、交通运输业。但以手搬运者除外"。① （《雇用女工夜间工作公
约》中缺少丁项规定。②） 另外有专门的公约对海员、农业工人等从业者
予以保障。此后，有关公约对普通劳工的保障范围一般都沿用这种界定，
只偶尔有用词方面的不同。可见国际劳工立法中，对劳工社会保障范围的
限定其核心是现代的工矿交通业，但由于在动力使用方面并没有严格限制
为现代动力，且还涉及建筑业，因此其范围比《修正工厂法》要广。

关于工矿业劳工社会保障制度的项目，从劳动风险角度可分为工伤、
失业、生育、疾病和福利保障几种。

一　工伤保障

（一）工伤保障的内容

工伤保障的内容见于《修正工厂法》、《修正工厂法施行条例》、《工
厂安全及卫生检查细则》与《矿场法》③ 等法律法规及一些司法解释。它
主要包括雇主对于受伤工人的各项待遇及对预防工伤方面的责任两方面。

1. 工伤预防

制度规定工厂和矿场在置备安全设备、安全训练、安全检查方面所承
担的责任，以预防厂矿工伤事故的发生。

在安全设备方面，《修正工厂法》第 41 条规定工厂应置安全设备包
括：工人身体上的安全设备、工厂建筑上的安全设备、机器装置之安全设
备、工厂火灾水患等之安全设备。《修正工厂法施行条例》第 23 条规定，
工厂建筑物及其附属场所应设相当数目之太平门或太平梯。《矿场法》第
19 条规定，矿业权者为防止水患、火灾、沼气或煤尘之爆发，土石、煤

---

① 实业部劳动年鉴编辑委员会：《民国二十一年中国劳动年鉴》（第四编），文海出版社，
1990，第 24 页。
② 同上书，第 28 页。
③ 《矿场法》，《实业公报》1936 年第 289 期，法规，第 14~16 页。

块之崩坠及其他灾变，应有各种安全设备并有其他适当处置。《矿场法》第26条规定，矿业权者须置备防止职业病发生的设备。

在增进工人安全意识与安全知识方面，《修正工厂法》第43条规定工厂应对工人进行预防灾变之训练。《矿场法》第28条规定矿业权者要以卫生常识、防险知识及安全方法训练矿工，第26条规定应将预防职业病的方法指示矿工并限其遵行。

在安全检查方面，《修正工厂法施行条例》第22条规定工厂一切机器及锅炉在使用前或使用一定时间后，应由专家进行安全检查。如发生危险，应立即停止使用，并进行修理或更换机件。《修正工厂法》第44条规定："主管官署如查得工厂之安全或卫生设备有不完善时，得限期令其改善，于必要时并得停止其一部之使用。"[①] 同时，还通过设立工厂检查制度对工厂的具体安全设施作了详细规定。

2. 工伤待遇

在工伤待遇方面，首先规定了工厂与矿场主承担所有医疗、抚恤等的责任。《修正工厂法施行条例》第28条规定，工厂遇有工人在工作时间伤病者，应延医生或送医院诊治；工厂遇有工人在工作时间死亡者，应即呈报主管官署，并通知其亲属。《修正工厂法》第45条规定，因执行职务而死亡者，工厂应给其抚恤费与丧葬费。

其次，制度详细地规定了工伤待遇的项目类型及待遇的具体标准。

（1）工伤医疗与伤病津贴。《修正工厂法》第45条规定，工人因执行职务而受伤，工厂应给其医药补助费。治疗期间，每日津贴为受伤工人本人平均工资的2/3，期限为6个月。如6个月未能痊愈，则每日津贴减至平均工资的1/2，期限为1年。司法院院令第792号解释：伤病是否因执行职务所致，可由医师诊断确定。

（2）残废津贴。《修正工厂法》第45条规定，工人若因工伤而残废，永久丧失全部工作能力或部分丧失劳动能力，工厂须给予其残废津贴。残废津贴的标准以残废的程度而定，但最多不得超过残废工人3年的平均工资，最低不能低于1年的平均工资。

---

① 《修正工厂法》，《实业公报》，1933年第117、118期合刊，法则，第7页。

（3）丧葬费与死亡抚恤金。《修正工厂法》第 45 条规定，丧葬费为 50 元，遗族抚恤金为 300 元及死亡工人 2 年的平均工资。第 46 条规定，受领抚恤金的人为工人的妻子或丈夫，无妻或无夫者，受领人按优先顺序依次为：子女、父母、孙、同胞兄弟姐妹。工人有遗嘱时则依遗嘱。《修正工厂法施行条例》第 31 条规定，工厂对于工人丧葬费或抚恤费之法定受领人有疑义时，应由受领人觅保证明。

再次，关于平均工资的计算与各项津贴的给予方式。《修正工厂法》第 45 条规定，关于伤病津贴、残废津贴及死亡抚恤金中所提到的平均工资，是指该工人在工厂最后 3 个月之平均工资。丧葬费、抚恤费应一次性给予，但伤病津贴、残废津贴得按期给予。《修正工厂法施行条例》第 29 条规定，伤病及残疾津贴至少每半月发放一次；丧葬费于工人死亡之翌日一次性给予其家属；抚恤费于工人死后 1 月内给予上述之受领人。

复次，对于工伤事故的管理。《修正工厂法施行条例》第 30 条规定，工厂应置备簿册，载明发给医药、津贴、丧葬、抚恤各费日期及受领人。《修正工厂法》第 48 条规定，工厂遇灾变时，工人如有死亡或重大伤害者，应将经过情形及善后办法，于 5 日内呈报主管官署。

最后是罚则。《修正工厂法》第 70 条规定，对违背关于工伤待遇各项规定的工厂，都要处 50 元以上 200 元以下之罚金。但工厂资本在 5 万元以下者，根据《修正工厂法》第 45 条，可以呈请主管官署核减其数目。

3. 职业病的范围

1934 年中央检查处制定《主要工业毒品及职业病简表》，其中列举的工业毒品有 34 种，以及各种毒品所发生的症状及涉及工人名称，具体见表 3-1-2。它涉及了当时主要的工业门类：化学、饮食、纺织、机械、服用、窑业等。

表 3-1-2　主要工业毒品及职业病简况（1934 年）

工业毒品	症状	工业名称
辣毒醛	结膜炎；喉头炎	肥皂工人；熬油工人
铤	急性气管炎；肺水肿等	人造冰工人；人造丝工人；炼糖工人

续表

工业毒品	症状	工业名称
五烷醇	头涨；呼吸难；晕厥	制造五烷醇工人；染色工人等
亚尼林	食欲减退；贫血；肌肉痛等	洋漆匠；橡皮厂工人；染色工人等
锑	口腔咽喉发炎；消化力减弱；肾脏炎；肠痉痛等	锑矿工人；火药工人；橡皮厂工人等
砒	末梢神经炎；麻痹；肾脏炎；黏膜炎；失眠；头疼等	制皮帽者；制毛皮者；制陶器者；橡皮厂工人等
木炭菌	头痛；呕吐；贫血；肝脏肾脏及油质退化	橡皮厂工人；漆匠；干洗工人等
二氧化碳	贫血；头疼；呕吐；精神不振	铁匠；烧砖瓦工人；烧窑工人；烧锅炉工人；炼糖工人
一氧化碳	头疼；神志不清；呕吐；软弱；赤血球增多	烘面包工人；铁匠；烧锅炉工人；制炭工人；扫烟囱工人；烧窑工人；烧砖瓦工人；冶铁工人；开矿工人；银匠等
二硫化碳	头痛；四肢痛；耳聋；心跳；呕吐；消化力减退；消瘦；视神经纷乱；性情燥急；性欲过度；意志消失	人造丝工人；橡皮厂工人；干洗工人；制造火柴工人；漆匠；炼石油工人；制无烟火药工人；开硫矿者等
漂白粉	呼吸困难；气管炎；吐血；结膜炎；汗分泌增多；眼分泌增多	漂白粉制造者；消毒员；染色工人；洗衣者；鞣皮工人等
一烷醇	头痛；呕吐；腹痛；耳聋；虚弱；失眠；谵妄；呼吸困难；喉头气管黏膜炎；结膜炎；眼底及眼神经损坏；眼盲；肝脏油化	人造丝工人；装订书本者；橡皮厂工人；干洗工人；染色工人；制皮帽工人；制电丝工人；制橡具工人；制墨水工人；漆匠；人造皮工人；制香水工人；制铜板工人；制肥皂工人；清洁铅字工人等
石油精	头痛；呕吐；呼吸困难；心跳；失眠；希司忒利亚	汽车夫；揩金属者；漆匠；炼石油者；橡皮厂工人；制油布者；制雨衣者等
硝基碳菌	皮肤发青黄色；身体软弱，贫血；血尿；淡白尿；视神经错乱；呼吸困难；口有杏仁气味	香水工人；无烟火药工人；制肥皂工人；颜料工人等

续表

工业毒品	症状	工业名称
硝酸甘油	剧烈头痛；头部眼部及四肢肌肉麻痹；脸发青红；咽喉及胃灼痛；呼吸及心跳缓慢；腹疼；脚底干燥破裂	应用炸药工人；及制造炸药工人
硝酸	气管刺激；呼吸困难；牙齿剥蚀；鼻隔穿孔；结膜炎	制造人造皮者；漂白者；制皮帽者；制无烟火药者；制珐琅磁（瓷）工人；火药工人；制人造肥料者；制毛皮者；制假珠者；制电灯泡者；制铜版者；冶金者制造硫酸工人
石油	皮肤发炎；脓化溃疡；头痛；知觉失常；呼吸器失常；乳头状瘤	石油厂工人；石油井工人；炼石油工人；制羽毛工人；揩家具工人
石碳酸	皮屑侵蚀；湿疹；消化阻碍；呼吸器刺激；肾脏炎；黄疸消瘦	染色者；橡皮厂工人；无烟火药工人；制造外科敷料工人；应用柏油工人
光气	肺气肿；肺水肿；气管炎；支气管扩张；呼吸困难	制光气者；制颜料者
氯	颜色灰白；消瘦；牙齿剥蚀；气管刺激；气喘；消化阻碍	漂白粉制造者；消毒员；洗衣工人等
铬	皮肤剥蚀性溃疡；鼻隔穿空；结膜炎；弱虚局部肺炎；肾脏炎；慢性胃病；贫血	制电池工人；制各色洋烛工人；橡皮厂工人；染色工人；制墨水工人；制火柴工人；制颜色铅笔工人；照相者；鞣皮工人等
氰	头痛；呕吐；站立不定；消化减退；蛋白尿	铁匠；染色工人；电镀工人；冶金冶银者；熏烟消毒员等
二一烷硫	腐蚀皮肤；黏膜炎；眼泪增多；嗓哑；水肿；畏光	二一烷硫制造工人；染色工人；制香水工人
氟酸	剧烈之结膜炎；喉头气管炎；鼻孔牙龈口腔粘膜腐烂等	染色者；人造肥料者；制造花玻璃者
氯酸	结膜炎；喉头气管黏膜炎；龋齿	染色工人；烧珐琅磁（瓷）工人；制人造肥料者；制窑器者；橡皮厂工人；鞣皮工人等

续表

工业毒品	症状	工业名称
铅	口有金属味；呕吐；食欲缺乏；便秘头痛；关节疼；手足无力并震颤；末梢神经萎缩；手足麻痹	制水电池者；烧窑者；制电线者；制罐头者；橡皮厂工人；电镀者；造珐琅磁（瓷）者；玻璃厂工人；冶金者；制电灯泡者；漆匠；冶铅者；制铅笔者；制铅管者；铅矿工人；制火柴工人；制反光镜者；制铅字者；制人造皮者；炼石油者；制砂皮者；染皮者；制锡纸者等
水银	牙龈肿胀流血发炎，并有蓝色线；消化阻碍；四肢无力并震颤；牙齿剥蚀；口臭；精神萎疲；神志不清；失眠等	制干电池工人；制皮帽者；染色者；制毛皮者；冶金者；制电灯泡者；制人造太阳灯者；开水银矿者；制反照镜者；漆匠；制寒暑表者等
磷	下颌骨与骨膜发炎及败坏；牙齿摇动或脱落；消化阻碍；消瘦	人造肥皂；火柴制造工人；炼磷者；开掘化石工人等
二氧化硫	刺激气管黏膜；气管发炎；结膜炎；消化不良	烧砖瓦者；染色者；制人工肥料者；熏烟消毒员；冶铅冶水银者；制硫酸工人；鞣革者；烧陶器者
硫酸	肺管发炎；牙齿瓷面损坏	制人造皮者；制石炭（碳）酸者；制颜料者；制炸药者；制皮帽者；制人造肥者；制火药棉花者；制氯酸者；制硝酸甘油者；炼石油者；橡皮厂工人；制水电池者；鞣革者等
松黑油	呕吐；腹泻；头痛；头晕；蛋炎白尿；水肿；结膜炎；肺管炎	造干电池者；造刷子者；扫烟筒者；制炭者；漆匠；炼石油者；炼松黑油者
松节油	鼻眼气管黏膜发炎；头痛；表皮硬化；肾脏刺激	橡皮厂工人；印字者；干洗者；制珐琅磁（瓷）者；制羽毛者；漆匠；制松节油者
炭疽杆菌	面部红肿疼痛脓化；体温增高；神志不清	制羊毛者；制猪毛者；制马鬃毛刷者；制地毯者
石屑	咳嗽；吐血；消瘦（与肺病同）	石匠；洋灰匠；建筑匠等

资料来源：转引自《主要工业毒品及职业病简表》，《察哈尔政府公报日刊》1934年第457期，特载，第4~7页。

（二）关于工伤待遇的比较

在《修正工厂法》颁布之前，1923 年 3 月《暂行工厂通则》、1923 年 5 月《矿工待遇规则》、1926 月 12 月《湖北临时工厂条例》、1927 年 4 月《上海劳资调节条例》、1928 年 6 月《广东省劳资条件暂行通则》、1928 年 12 月《上海特别市职工待遇暂行规则》、1929 年 8 月《河北省暂行工厂规则》7 项法规中均有工伤保障方面的内容。《修正工厂法》与这些法规相比，在保障待遇方面，有所继承，也有变化。在国际上，1925 年第七次国际劳工大会通过的《工业工人灾害赔偿公约》和《工业工人因工作致病应得赔偿之公约》，对工伤保障也作了明确的规定。具体内容见表 3-1-3。

关于工伤医疗方面，《修正工厂法》颁布前国内的 7 项法规都规定了工厂或雇主在工伤治疗方面的责任。在工人因公负伤时，工厂或雇主或者给予治疗，或者负担医疗费。这方面，《修正工厂法》完全相同。《工业工人灾害赔偿公约》确认了工人应有免付诊费及医药费之权利。而在费用方面，"由雇主、灾害保险公司或疾病残废保险公司支给"。[①]

在伤病津贴方面，《修正工厂法》颁布前，有《暂行工厂通则》《矿工待遇规则》《湖北临时工厂条例》《河北省暂行工厂规则》4 部法规规定在工伤治疗期间不扣工资，发放全额工资作为伤病津贴，并且没有规定领取的期限。此外，《广东省劳资条件暂行通则》与《上海特别市职工待遇暂行规则》也规定了照发工资，但有期限限制，分别为 4 个月和 3 个月。《上海劳资调节条例》规定为发放半数工资，没有期限。在这方面，《修正工厂法》则既规定了工伤期间工资的领取比例，又规定了领取期限。即工伤治疗 6 个月内，工资为 2/3，6 个月至 1 年内，工资为 1/2。待遇标准适中，而且易于操作。相对的，国际劳工法规对于伤病津贴，并无规定。

在残废津贴方面，《暂行工厂通则》与《上海劳资调节条例》2 部法规没有此项内容。只规定了一种津贴标准，没有对残废情况进行分类抚恤

---

① 《工业工人灾害赔偿公约》，实业部劳动年鉴编辑委员会：《民国二十一年中国劳动年鉴》（第四编），文海出版社，1990，第 38 页。

表3-1-3 工业矿业劳工工伤待遇比较

法规名称	颁布时间	适用范围	内容				
			工伤医疗	伤病津贴	残废津贴	死亡抚恤	丧葬费
南京国民政府《修正工厂法》	1932年12月	凡用发动机器之工厂，平时雇用工人在30人以上者	对于因伤病暂时不能工作之工人……（工厂）担任其医药费	（工厂）每日给以平均工资2/3之津贴。如经过6个月尚未痊愈，其每日津贴得减至平均工资1/2，但以1年为限	对于因伤病成为残疾之工人，永久失去其全部或一部之工作能力者，（工厂）给以残废津贴，其津贴部分之轻重为标准，但至多不得超过3年之平均工资，至少不得低于1年之平均工资	对于死亡之工人……（工厂）给予其遗族抚恤费300元及2年之平均工资	对于死亡之工人……（工厂）给50元之丧葬费
国际劳工组织《工业劳工人灾害赔偿公约》、《工业工人因工作致病应得赔偿之公约》	1925年第七次国际劳工大会	法律及法令规定工人灾害赔偿，应适用于公私企业之工人、雇员及学徒	工人如因工作而受伤，结果认为严重时，该工人应享免付诊费及医药费权利。此种药费用将由雇主、灾害保险公司或疾病残废保险公司支给		若有害工人认为有重新换手足，或恢复原状之必要时，该工人有享受换手足之权利，及医药用品费之权利，此费用须由雇主或保险人负责……	国家法令应依据该国情形设法保障，国情形若雇主无力付给赔偿金时，亦应使受伤命工人家属获得其保险金	
北京政府农商部《暂行工厂通则》	1923年3月	平时使用工人在100人以上和含有危险性质或有害卫生的工厂	因工作致伤病者，（雇主）应负担其医药费	（雇主）不得扣除工人伤病期内工资			

续表

法规名称	颁布时间	适用范围	内容				
			工伤医疗	伤病津贴	残废津贴	死亡抚恤	丧葬费
北京政府农商部《矿工待遇规则》	1923年5月		矿工因工作受伤时，矿业权者应代为治疗，负担医费用，但皮肤轻伤，仍能工作者，不在此限	（矿业权者）不得扣除伤病期内应得之工资	一、终身失去其全体之工作能力者，（矿业权者）须给予2年以上之工资；二、终身失去其一部分之工作能力者，须给予1年以上之工资	（矿业权者）给予其遗族2年以上之工资	因工作死亡者，（矿业权者）须给予50元以上丧葬费
湖北政务委员会《湖北临时工厂条例》	1926年12月	湖北境内使用职工在20人以上，或其事业有危险性质，且有关于卫生之工场	凡工人在工作时间受伤者，工场主……给与医药费	凡工人在工作时间受伤者，工场主须照给工资	受伤成残废者，工场主须给终身工资；但工场消灭时，由政府负责	死亡者，……按照年龄之老少，（工场主）须给予5年至10年之抚恤金	死亡者，……（由工场主）给予丧葬费
国民革命军总司令《上海劳资调节条例》	1927年4月		厂主须负责医治	厂主……须给半数以上之工资		厂主须负责……规定因工作而死的抚恤金	

续表

法规名称	颁布时间	适用范围	内容				
			工伤医疗	伤病津贴	残废津贴	死亡抚恤	丧葬费
《广东省劳资条件暂行通则》	1928年6月	政府直营事业与散工外的劳资双方	由雇主出费医治	4个月内（由雇主）照发工资	残废……抚恤金金额不得少于该工人半年之工资	死亡……抚恤金金额不得少于该工人半年之工资	
《上海特别市职工待遇暂行规则》	1928年12月	上海市区内工商业	雇主负担其医药费	在医治期间3个月内，（雇主）照给工资	残废时（雇主）应给赡养费：终身养费给与其18个月工资，仍能从事轻便工作者，给予12个月工资	职工因公死亡，（雇主）给予遗族2年工资以上的抚恤金	职工因公死亡，雇主应给与50元丧葬费
《河北省暂行工厂规则》	1929年8月	40名工人以上的工厂	由厂方医治	（厂方）照给工资	因公残废，6个月内，（由厂方）照给工资，终身养费……并须酌给终身养赡费	因公死亡，……按其在工工作年限，（由厂方）给予抚恤	因公死亡，（由厂方）给予丧葬费

资料来源：《修正工厂法》，《实业公报》，1933年第117、118期合刊，法规，第1~12页。《工业人灾害赔偿公约》，载实业部劳动年鉴编辑委员会《民国二十一年中国劳动年鉴》（第四编），文海出版社，1990，第1~12页。《工业工人因工作致病应得赔偿公约》，载实业部劳动年鉴编辑委员会《民国二十一年中国劳动年鉴》（第四编），文海出版社，1990，第37~38页。《暂行工厂通则》，《农商公报》1923年第9卷第9期，政事门法规，第105期，第67~69页。《矿工待遇规则》，《农商公报》1923年第9卷第10期，政事门法规，第41~44页。《湖北临时工厂条例》，载王清彬等《第一次中国劳动年鉴》，第106期，第186~187页。《上海劳资调节条例》，载王清彬等《第一次中国劳动年鉴》（第三编），北平社会调查部，1928，第190~191页。《广东省劳资条件暂行通则》，1928年，《广东省政府公报》第390~394页。《上海特别市职工待遇暂行规则》，《河北省政府公报》1929年第397期，第10~13页。报》1928年第18期，第56~59页。《河北省暂行工厂规则》，《监察工厂规则》，

的有 3 项法规，其中《湖北临时工厂条例》规定由工场主"给终身工资；但工场消灭时，由政府负责"。①《广东省劳资条件暂行通则》规定抚恤金额不得少于该工人半年之工资。《河北省暂行工厂规则》规定因公残废，6 个月内照给工资，并须酌给终身养赡费。有 2 项法规对残废情况进行了分类，规定了按照残废程度进行抚恤。其中，《矿工待遇规则》规定，终身失去其全体之工作能力者，矿业权者须给予 2 年以上之工资；终身失去其部分之工作能力者，须给予 1 年以上之工资。《上海特别市职工待遇暂行规则》规定，残废时雇主应给赡养费；终身残疾者给予其 18 个月工资，仍能从事轻便工作者，给予 12 个月工资。《修正工厂法》明确了残疾津贴的数额应与残废程度挂钩，但在抚恤标准上只给了一个范围，即 1~3 年的工资。由于对残废程度进行分级是专业性较强的工作，需要国家出台专门法律指导施行，在此种法律没有出台之前，制度实际上给予工厂很大的决定权。国际劳工法规对于残废津贴并无明文规定，但规定了矫形器具的供给责任："若伤害工人认为有重新换手足，或恢复原状之必要时，该工人有享受换手足，及医药用品费之权利，此种费用须由雇主或保险人负责……"②

在死亡抚恤方面，《修正工厂法》颁布前，除《暂行工厂通则》外其他 6 部法规都有相关规定。其中没有明文规定抚恤金数额的有 2 部，分别是《上海劳资调节条例》和《河北省暂行工厂规则》。其余 4 部法规所规定的死亡抚恤金的标准，都是以死亡工人的工资为基数的。其中标准最低的为《广东省劳资条件暂行通则》，"不得少于该工人半年之工资"；最高的为《湖北临时工厂条例》，为 5~10 年工资。标准居中的为《矿工待遇规则》和《上海特别市职工待遇暂行规则》，为 2 年以上工资。《修正工厂法》死亡抚恤金的标准界于最高与最低两种标准之间，分为两部分，一部分和工资挂钩，为 2 年工资，一部分为固定数目，为 300 元。相比之下这种计算方法更合理，与工资挂钩的部分代表工人劳动力价值补偿的差异，固定数目的部分能保障其遗族一时的生活，有利于工资低下的工人家庭。国际劳工

---

① 《湖北临时工厂条例》，载王清彬等：《第一次中国劳动年鉴》（第三编），北平社会调查部，1928，第 187 页。

② 《工业工人灾害赔偿公约》，载实业部劳动年鉴编辑委员会：《民国二十一年中国劳动年鉴》（第四编），文海出版社，1990，第 38 页。

法规对死亡抚恤金的标准并没有明确规定，只是提及抚恤金发放方面国家的责任："国家法令应依据该国情形设法保障，若雇主与保险公司无力付给赔偿保险金时，亦应使……因受伤毙命工人家属获得其保险金。"[1]

在丧葬费方面，有3部法规并没有这方面的规定。有2部法规只有原则性规定，并没有具体数额。《矿工待遇规则》与《上海特别市职工待遇暂行规则》则规定丧葬费为50元。《修正工厂法》沿用这种规定，也规定丧葬费为50元。国际劳工法规并无此项内容。

从以上分析可以看出，《修正工厂法》对于工伤待遇的规定与此前已经出台的一些法规相比，有继承，也有变化。在待遇的项目上，《修正工厂法》是最全面的，各种抚恤数额也是规定得最具体的。在标准方面，在工伤医疗和丧葬费上，待遇和以前的规定相同；在伤病津贴、残废抚恤与死亡抚恤上，标准介于以前各种法规所定的待遇水平之间。和国际劳工法规相比，《修正工厂法》基本是按照国际立法的原则设定的，在某些项目方面，如伤病津贴，还超出了国际规定的上限。但对于国际立法所担心的"若雇主与保险公司无力付给赔偿保险金"之情形，制度并没有对此作明文规定，在雇主没有经济实力承担赔偿责任时，工伤工人便没有保障。

（三）工伤保障的特点

根据以上内容分析，《修正工厂法》中有关工伤的内容属于现代工伤保障制度，它有以下特点。

第一是符合现代工伤保障的项目设置。它既包括对工伤风险的预防，又包含发生风险后对劳工的救济。在风险的预防方面，有对安全设备的规定、安全训练的强调、安全检查的强制执行；在工伤救济方面，待遇项目齐全，考虑到工人受工伤后的各种可能性：如受伤治愈、治疗后残废或不治死亡。也考虑到因工伤而丧失收入后的生活保障，因而对医疗费、伤病津贴、残废津贴、丧葬费与死亡抚恤金作了规定。并考虑到最大限度保障工人生活的津贴发放方式：或按期发放，或一次性发放。

第二是符合现代工伤保障的一些原则。如无责任补偿原则，即补偿不

---

[1] 《工业工人灾害赔偿公约》，载实业部劳动年鉴编辑委员会：《民国二十一年中国劳动年鉴》（第四编），文海出版社，1990，第38页。

究过失原则。工伤事故发生后，不论工人有无过失，企业或雇主都要依法给予劳动者经济补偿。如雇主责任原则，所有费用都由雇主承担。又如强制补偿原则，即国家立法强制雇主对工伤工人进行补偿，工人的待遇水平不受雇主承担能力的影响。

但由于它是工业化初期的制度，因而也有一些历史局限。首先，雇主责任制的工伤保障，表明雇主的财力将决定其承担责任的实力。当雇主财力不足甚至破产时，工人实际上得不到相应的补偿。国际劳工组织1925年《工业工人灾害赔偿公约》认为国家应设法提供最后的保障，但制度在这方面并没有进一步的规定。

其次，缺少职业病应视作工伤由雇主进行赔偿的强制规定。职业病是工伤的一个重要种类。国际劳工组织1925年《工业工人因工作致病应得赔偿之公约》规定："国际劳工组织各会员国批准此公约后，应依其关于工业灾害赔偿法律，使工人因所操职业而得疾病致缺乏工作能力者获得赔偿，或因此疾病而至毙命使其家属获得赔偿。此赔偿定率不得少于国家法律所规定之工业灾害赔偿应得之数。"[1]《工厂法》颁布后接受修正的过程中，实业部的《修正工厂法施行条例草案》曾拟对"职业病"进行解释，"系指工人因执行职务而发生之职业病而言"。但立法院因认为没有必要而删去。[2] 1934年中央工厂检查处制定了《主要工业毒品及职业病简表》，但这只是给各工厂提供参考并提醒进行防范，并不能作为工伤赔偿的依据。

最后是违法成本低。工厂若违背关于工伤待遇的各项规定，罚金为50~200元。而工伤待遇中，仅一项死亡待遇便为遗族抚恤费300元及死亡工人生前2年的平均工资，丧葬费更有50元。仅从这一条来看，显然守法成本高，违法成本低，罚金难以起到惩罚违法行为的效果。

二　失业保障

(一) 失业保障的内容

有关失业保障的内容见于《修正工厂法》《职业介绍所暂行办法》

---

[1] 《工业工人灾害赔偿公约》，载实业部劳动年鉴编辑委员会：《民国二十一年中国劳动年鉴》（第四编），文海出版社，1990，第38页。

[2] 谢振民：《中华民国立法史》，中国政法大学出版社，2000，第1125页。

《县市设立民生工厂办法》《县市政府劝办工厂考成条例》《职业介绍法》等法规中。其内容包括失业救济金、职业介绍、就业安置等内容。

1. 失业救济金（解雇费）

失业救济金是为了保障工人失业后的生活而设立的。制度规定了雇主在解雇工人时须提前告之工人，并给工人发放一次性失业救济金，即解雇费。《修正工厂法》第27条规定，凡无定期之工作契约的工厂欲终止契约者，应于事前预告工人。预告期的天数与工人在厂时的工作时间有关。在厂连续工作3个月以上未满1年者，预告期为10日以上；在厂连续工作1年以上未满3年者，预告期为20日以上；在厂连续工作3年以上者，预告期为30天以上。若契约另订有较长之预告期者，从其契约。工人在预告期内，可以于工作时间请假外出寻找工作，请假期间内工资照给，但请假时间每周不得超过2日。工厂解雇工人，除发给工人应得工资外，还须给工人预告期间工资的半数，作为解雇费。如不按规定提前预告工人而解雇，须给工人预告期间全数工资作为解雇费。[①]

2. 职业介绍

职业介绍制度设立的目的是帮助失业工人重新就业。由于职业介绍所在提供就业信息、调剂劳动的供给与需要等方面的作用十分重要，1931年12月3日实业部公布《职业介绍所暂行办法》对职业介绍所进行规范。《职业介绍所暂行办法》规定，职业介绍所介绍的职业范围为：农工商矿牧渔各业之雇工或雇员；各公私机关团体或家庭之雇工或雇员。职业介绍所分为国营、公营和私营三种，公营为工会、同业公会及其他公益团体所设；私营为商人所设。公营职业介绍所不以营业为目的，不得收介绍费。商营职业介绍所以营业为目的，可以收取介绍费，但介绍费须由主管官署按当地情形核定之，并不得违背下列之规定：介绍费须订立工作契约后，由雇劳两方平均负担；介绍费须于介绍所明白揭示之。职业介绍所的主管官署，在市为市政府，在县为县政府。职业介绍所之设立，应向所在地主管官署呈请登记，其歇业时亦同。职业介绍所应将劳动之需要、供给及其介绍之实况，

---

① 《修正工厂法》，《实业公报》1933年第117、118期合刊，法规，第6页。

随时报告主管官署。商营职业介绍所每月须将介绍事业状况报告主管官署。①

1935 年 8 月 7 日，国民政府公布《职业介绍法》。此法将从事职业介绍的机关或人分为三类，并规定了各类的职责及政府对其的管理事项。

第一类为公设职业介绍机关，包括：乡镇区职业介绍机关、县职业介绍机关、市职业介绍机关、省职业介绍机关。其职务共同点为：接受及征集雇方或佣方之请求，并为分类；其管辖区域内之求职者有过剩或不足时，通知上级职业介绍机关。另外，县、市、省级职业介绍机关的职务还有：接受及征集下一级职业介绍机关转达请求，并为分类；劳动需要及供给之调剂；监督及指挥管辖区域内之职业介绍机关；劳动需要及供给状况调查；关于劳动不足或过剩预防及救济方案之形成；本区域内求职者有过剩或不足时，通知上级职业介绍机关。并规定同级介绍机关的相互配合，即邻近的职业介绍机关得互相请求，不分地域，调剂其管辖内之劳动需要及供给。中央劳动机关为促进职业介绍事务，其应办理的事项为：总集全国职业介绍机关所报告劳动之需要及供给，而研究其调剂方法；考核全国职业介绍机关之成绩，调查劳动需要及供给状况，并提议改良全国职业介绍事项。

第二类为私设职业介绍机关，为工会、农会、商会、渔会、海员工会、同业工会、合作社或其他合法组织之团体设立。此类职业介绍机关设立时，应呈报县市政府批准。私设职业介绍所应将其所登记求职者之过剩或不足及其介绍事业之状况，向该管市县政府每月报告一次。私设职业介绍所如有对求职者收受介绍费，或违反法律上其他义务，情节重大者，该管市县政府得封闭之。

第三类为介绍业者，指以营利为目的而经营职业介绍事业者。职业介绍者应具申请书，并取具殷实商店保结，向该管市县政府呈请许可。介绍业者应设有店铺。介绍业者可收取介绍酬金。介绍酬金率，由市县政府参酌介绍业者及雇佣双方代表之意见判定之。介绍业者除前项公定介绍酬金外，不得以任何名义请求报酬。介绍业者每 3 个月应将其业务状况于 1 个月内填表报告该管市县政府。市县政府接收报告后，应汇齐并分别填表报告省职业介绍机关或中央劳动机关。市县政府对于介绍业者之业务，得施

---

① 《职业介绍所暂行办法》，《实业公报》1931 年第 48 期，法规，第 2~3 页。

行检查，为监督上必要之指导及纠正。①

3. 就业安置

为了安置游民并促进就业，内政部与实业部出台《县市设立民生工厂办法》和《县市政府劝办工厂考成条例》，规定由县市设民生工厂，并根据办理民生工厂成绩对县市长进行奖励或惩戒。

《县市设立民生工厂办法》规定，由县市政府设立之工厂应冠以县市名称。工厂未设立前应先调查土产原料及失业人数，以定工厂之种类及组织。如境内已有平民工厂者，县市政府得调查内容，加以扩充或整理，改为民生工厂。资本自千元至若干万元，视工厂大小及地方情形定之。其款由县市政府设法筹集，或拨公款或由人民集资经营。如境内原料丰富，亟须开办，而一县财力不逮者，可联络邻县合资举办。县市民生工厂无论为官办为民办，均得按照工厂之性质，根据所适用的特种工业奖励法或小工业及手工艺奖励规则或其他法令予以奖励及维持。民生工厂之监督指导由县市政府主管厅行之。②

《县市政府劝办工厂考成条例》规定县长或市长劝办工厂之成绩由本条例考核。条例规定应给予奖励的五种情况：举办工厂收容工人300以上者；筹集工厂资本在5000元以上或募集在10000元以上者；倡行本区内新手工艺三种以上者；设法改良工厂出品能推销国外者；保护工厂有特殊成绩者。奖励的措施有升级、加俸与记功三种。有下列情况的以废弛职务论，依公务员惩戒法行之：在职1年以上，对于工厂之筹设或整理或创新手工艺毫无成绩者；挪用公款致妨工厂进行者；工人失业在500人以上不设法救济者；原有资本5000元以下之工厂停顿不设法恢复者。③

（二）失业保障的特点

从以上内容来看，此时期的制度属于现代失业保障制度，其在应对失业风险等方面，项目较为齐全。首先，对解雇时预告期的规定，在法律上

① 《职业介绍法》，《实业公报》1935年第250期，法规，第57~64页。
② 《县市设立民生工厂办法》，载实业部劳动年鉴编辑委员会：《民国二十一年中国劳动年鉴》（第五编），文海出版社，1990，第138页。
③ 《县市政府劝办工厂考成条例》，载实业部劳动年鉴编辑委员会：《民国二十一年中国劳动年鉴》（第五编），文海出版社，1990，第138~139页。

保障了工人在失业前有一定的时间去寻找工作，解雇费即一次性的失业救济金则保障了工人在失业后的基本生活，这种规定也显示了对雇主失业责任的认定，使雇主在解雇工人时付出一定的代价，防止不必要的解雇现象。

其次，设立职业介绍制度为失业工人提供就业信息与职业介绍。制度规定，公设和私设职业介绍机关完全不收费，而介绍业者的收费费率受到政府的管理控制，这都减轻了失业工人就业的成本。其中，上至省一级，下到乡镇级的层级式的公设职业介绍机关不仅有利于收集本区域的工作岗位信息，而且在调查区域劳动供需状况、协调区域间的劳动需要与供给、提供给上级及中央机关劳动供需信息、研究与制定全国性的劳动政策等方面都有重要的作用。工会、农会、商会、渔会、海员工会、同业工会、合作社或其他合法组织之团体设立的私立职业介绍机关免费为本行业或本团体的失业工人服务，起到了公设职业机关所不能替代的作用。而对介绍业者的管理，既适应了市场对此行业的需要，又能控制失业工人就业的成本。

1919 年第一次国际劳工大会通过的《失业公约》规定："凡批准本公约之会员国，应立免费公共职业介绍所制度，受中央机关之管辖，并须组织包括雇主代表，及工人代表之委员会以供实行该种制度之咨询，如公私职业介绍所并存，则应为全国计划，使其工作融合进行。"[1] 可见，职业介绍制度和国际劳工立法的内容是相符的。

再次是设立民生工厂，作为促进就业的一种措施。民生工厂在北京政府时期已经在一些县市举办。南京国民政府将其作为一项重要的制度在全国各县市推广，并将举办成绩作为考核县市长的依据。这促使各县市重视就业问题，并以此作为解决失业问题的一种重要手段。

然而作为工业化初期的失业保障制度，《修正工厂法》也存在着问题。失业保障的设立，最重要的内容是保障失业工人的生活，而制度中这方面的内容并不完善。解雇预告期与解雇费的规定延续了早期的立法习惯。最早对此内容有所规定的法规，是 1927 年 10 月的《工厂条例》，其第 32 条规定："在契约未满期以前，厂主欲行解雇时，除有特别事故外，

---

[1] 《失业公约》，载实业部劳动年鉴编辑委员会：《民国二十一年中国劳动年鉴》（第四编），文海出版社，1990，第 26 页。

应于 2 星期以前通知本人，并酌给相当酬金，惟不得少于 1 月之工资。"①
1928 年 11 月的《上海特别市职工退职待遇暂行办法》第 6 条也有此种规
定："雇主缩小营业范围或为变更营业方针，呈经社会局核准者，对于解
雇之职工须于 1 个月前通知，并须给与退职金。其金额依照本办法第 2 项
办理。"第 2 项关于退职金："其金额以该职工最后一月所得之工资，按
照其服务年数计算。满 1 年者给 1 月，余类推；不满 1 年者，以比例定
之；10 年以上者，自第 11 年起，减半计算。"② 相比之下，《修正工厂
法》规定的解雇预告期变化不大，最短为 10 天，最长为 30 天以上。而解
雇费则大为减少，仅为预告期时工资的半数。而对于雇主不进行预告而解
雇的情形，解雇费也仅为预告期的全数工资。也就是说，失业工人最少的
解雇费只为 10 天工资的一半即 5 天工资。这种数额对于失业工人的生活
保障来说，仅具有象征性的补偿意义。

三　生育保障

（一）生育保障的内容

生育保障制度的内容见于《修正工厂法》与《修正工厂法施行条
例》。它包括女工生育时的产假与产假工资。《修正工厂法》第 37 条规
定，女工分娩前后，应停止工作共 8 星期。其入厂工作 6 个月以上者，假
期内工资照给，不足 6 个月者减半发给。第 69 条罚则规定，违反本条规
定处以 50 元以上 300 元以下罚金。《修正工厂法施行条例》第 14 条规定，
女工依工厂法第 37 条之规定停工者，因厂方之请求应取具医生诊断书。

（二）关于生育待遇的比较

在《修正工厂法》颁布前的劳工立法中，大都有生育保障的规定，包
括北京政府时期中央政府农商部的《暂行工厂通则》、农工部的《工厂条
例》及地方政府的《湖北临时工厂条例》、陕甘区域的《临时劳动法》。南
京国民政府成立后，地方政府的立法如《上海劳资调节条例》《武汉市暂行

① 《工厂条例》，载王清彬等：《第一次中国劳动年鉴》（第三编），北平社会调查部，
1928，第 201 页。
② 《上海特别市职工退职待遇暂行办法》，载邢必信等：《第二次中国劳动年鉴》（第三
编），北平社会调查所，1931，第 229 页。

工厂条例》《广东省劳资条件暂行通则》《上海特别市职工待遇暂行规则》
《河北省暂行工厂规则》等也有此种规定，具体见表3-1-4。在各种劳动法
规所包含的劳工社会保障项目中，对生育保障的重视仅次于工伤保障。这
些法规大都包含关于产假时间与产假工资的内容。《修正工厂法》延续了这
些特点，但在待遇水平上又有所不同。在以上法规中，待遇水平最高的为
陕甘区域《临时劳动法》，它规定产假为产前产后各8星期，即16周。在
此期间发原薪，并且有生育补贴，为"生育时应一次性付给1月之工资，
以后9个月每月应增给其工资之2/10"。其他法规所规定产假，期限较短的
有《武汉市暂行工厂条例》，为1个月；其余的给假6周的有《上海特别市
职工待遇暂行规则》《上海劳资调节条例》《湖北临时工厂条例》；给假8周
的有《工厂条例》；给假2个月的有《河北省暂行工厂规则》；给假10周的
有《暂行工厂通则》；《广东省劳资条件暂行通则》规定产假为40~60天。
《修正工厂法》给假为8周，和上项法规中的3种相同，是最常见的待遇水
平，在所有的法规中水平居中。关于产假待遇，《暂行工厂通则》没有明确
规定数目，《工厂条例》给1个月工资为扶助金，《河北省暂行工厂规则》
产假期间给半数工资，其他5种法规皆为产假期间全数工资。《修正工厂
法》其水平和众多的法规基本相同又有些变通，规定入厂工作6个月以上
的女工，假期内工资照给，入厂不足6个月者减半发给。

表 3-1-4　工矿业劳工生育保障待遇比较

法规	颁布时间	待遇水平
《修正工厂法》	1932年12月	女工分娩前后，应停止工作共8星期。其入厂工作6个月以上者，假期内工资照给，不足6个月者减半发给
国际劳工组织《女工生产前后雇用限制公约》	1919年第一次国际劳工大会	在任何公营或私营之工商业、企业或其部分，除该企业全体工人系属同一家庭者外，其雇用之妇女，不得在分娩前后6星期内工作。若具有医生证明书证明其将于6星期内分娩者，得停止工作。缺工期内，应充分给予津贴以维持其本身与产儿之健康。该项津贴，或由公款拨给，或由一种保险制度支付之。至津贴数目，由主管官署规定之。此外，产妇应享有医生或接生婆免费诊治之权利，妇女自领得前项医生证明书之日起，至分娩之日止，其间之津贴费不得因医生，或接生婆对于分娩时期之预测错误而受影响
农商部《暂行工厂通则》	1923年3月	厂主对于女工之产前产后，应各停止其工作5星期，并酌给相当之扶助金

续表

法规	颁布时间	待遇水平
农工部《工厂条例》	1927年10月	女工产前产后，厂主应酌量情形，各给假4星期，并照给1个月工资，作为扶助金
《湖北临时工厂条例》	1926年12月	女子产前产后，须与以6星期之休息，但工资照付
《上海劳资调节条例》	1927年4月	女工在生产前后休息6星期，工资照给
陕甘区域《临时劳动法》	1927年3~4月	产前后各8星期，保留其位置，并按时发原薪。生育时应一次性付给1月之工资，以后9个月每月应增给其工资之2/10
《广东省劳资条件暂行通则》	1928年6月	产假40天至60天，照给工资
《上海特别市职工待遇暂行规则》	1928年12月	给假6星期，工资照给
《河北省暂行工厂规则》	1929年8月	产假2个月，给半数工资
《武汉市暂行工厂条例》	1927年4月~1929年7月	产假1个月，照给工资。给予哺乳机会

资料来源：《修正工厂法》，《实业公报》，1933年第117、118期合刊，法规，第1~12页。《女工生产前后雇用限制公约》，载实业部劳动年鉴编辑委员会《民国二十一年中国劳动年鉴》（第四编），文海出版社，1990，第26~27页。《暂行工厂通则》，《农商公报》1923年第9卷第9期，第105期，政事门法规，第67~69页。《工厂条例》，载王清彬等《第一次中国劳动年鉴》（第三编），北平社会调查部，1928，第198~203页。《湖北临时工厂条例》，载王清彬等《第一次中国劳动年鉴》（第三编），北平社会调查部，1928，第186~187页。《上海劳资调节条例》，载王清彬等《第一次中国劳动年鉴》（第三编），北平社会调查部，1928，第190~191页。陕甘区域《临时劳动法》，载王清彬等《第一次中国劳动年鉴》（第三编），北平社会调查部，1928，第191~195页。《广东省劳资条件暂行通则》，《广东省政府年报》，1928，第390~394页。《上海特别市职工待遇暂行规则》，《上海特别市市政公报》1928年第18期，第56~59页。《河北省暂行工厂规则》，《监察工厂规则》，《河北省政府公报》1929年第397期，第10~13页。《武汉市暂行工厂条例》，载邢必信等《第二次中国劳动年鉴》（第三编），北平社会调查所，1931，第230~234页。

在国际劳工立法中，1919年第一次国际劳工大会通过的《女工生产前后雇用限制公约》第3条规定，"在任何公营或私营之工商业、企业或其部分，除该企业全体工人系属同一家庭者外，其雇用之妇女须：甲、不得在分娩前后6星期内工作。乙、若具有医生证明书证明其将于6星期内分娩者，得停止工作。丙、前二项缺工期内，应充分给予津贴以维持其本身与产儿之健康。该项津贴，或由公款拨给，或由一种保险制度支付之。至津贴数目，由主管官署规定之。此外，产妇应享有医生或接生婆免费诊治之权利，妇女自领得前项医生证明书之日起，至分娩之日止，其间之津贴费不得因医生，或接生婆对于分娩时期之预测错误而受影响。"① 它包含的生育保障待遇包括：6星期的产假、由主管官署规定数目的生育津贴、免费的诊治。相比之下，《修正工厂法》的产假长于国际规定，但生育津贴由雇主而不是公款或保险制度付给。产妇也有免费诊治的权利。在制度覆盖范围上，只涉及平时雇用30人以上、使用发动机器的工厂，小于国际劳工组织规定的"在任何公营或私营之工商业、企业或其部分"的范围。

由于雇主承担所有费用，因此制度需要在保障生育女工的权利和减轻雇主负担两方面进行平衡。国际劳工组织所规定的较广的范围和免费诊治等较优的待遇是在费用由公款或保险制度支付的前提下提出的，雇用女工与男工的所有雇主能通过缴费共同承担生育风险。而在雇主责任制的情况下，雇用女工的工厂会因负担过重而难以承担。在《工厂法》的制定和修订的过程中，生育保障内容曾遭到资方强烈反对。制度最后的出台是妥协的结果：产假较国际劳工组织规定时间长，这受到了此前出台的各种法规的影响，它显示了中国传统观念中对女性生育期健康的重视；而生育期诊疗费用自付，生育期的津贴由《工厂法》的"工资照给"到《修正工厂法》的"其入厂工作6个月以上者，假期内工资照给，不足6个月者减半发给"，这显示了制度对于工厂实际支付能力的考虑。

四　疾病保障

（一）关于医疗设施的规定

关于疾病保障，《修正工厂法》并没有相应规定。《修正工厂法施行

---

① 《女工生产前后雇用限制公约》，载实业部劳动年鉴编辑委员会：《民国二十一年中国劳动年鉴》（第四编），文海出版社，1990，第27页。

条例》第17条对工厂在这方面的责任规定为："工厂平时雇用工人在300人以上者，应于厂内设置药室、储备救急药品并聘医生每日到厂担任工人医药及卫生事宜。"[1]

1935年，实业部中央工厂检查处制定《工厂医疗设备费标准预算》，令各省市政府转饬所属工厂遵照。预算有甲、乙两种，分别针对两种类型的工厂。甲种适用于1500人以上工厂。其预算表有两种，一种为支出临时门，全年预算1600元，为工厂医疗设备标准临时费，主要包括开办费中购置药品、器械、手术台、消毒器、玻璃器、天秤、床及木器、手术衣、被褥、单衣裤、枕芯、枕套、被套、被单的费用，备考中含对上述物品的数量、标准的要求。另一种为支出经常门，工厂医疗设备标准经常费月预算数为420元，包括供给费（主任兼医师、助产士的薪水，仆人的工资）、药品等特别费的数目，备考中含有对医务人员及仆人数量及资格的要求。乙种适用于300人以上的工厂，其预算表也有两种，一种为支出临时门，全年预算费为500元。另一种为支出临时门，月预算数为150元，其科目与甲种表基本相同。[2]

1936年12月，实业部中央工厂检查处为了统一各地工厂医药卫生设施名称，规范医疗卫生设施标准，制定《工厂设置卫生室办法》，令各省市政府转饬所属工厂切实遵照办理。办法规定，凡《工厂法施行条例》及《工厂安全卫生检查细则》规定的医药室举办事宜均由工厂卫生室办理。

关于工厂卫生室的职责。工厂卫生室受厂主之命，办理如下事项：关于工作场所卫生技术之研究及改进事项；关于工人伤害疾病之诊治及急救事项；关于环境卫生之研究及改进事项；关于传染病及职业病之研究及预防事项；关于工人卫生教育之指导及训练事项；关于工人之保健事项；关于医药用品及用具之购置及保管事项；关于工人伤病统计事项；其他有关工厂卫生事项。

关于机构与人员设置。工厂卫生室之规模较大者为工作便利起见得分设卫生事务组、诊疗组、药品组。工厂卫生室设置人员之多寡得斟酌厂内

---

① 《修正工厂法施行条例》，《实业公报》1933年第117、118期合刊，法规，第13页。

② 《准函检送工厂医疗设备费标准预算请转饬所属工厂等由令仰转饬遵照》，《湖北省政府公报》1935年第86期，训令，第8～12页。

实际情形办理，但至少须设主任兼医师一人，护士兼药剂师一人，卫生稽查一人。工厂卫生室主任应就富有卫生及医药学识经验者聘任。工厂卫生室于可能范围内应设置临时病室与隔离病室。

关于卫生室的办公事项。工厂卫生室于办公时间以外，应派员轮流值班。厂中职工学徒患病除特别急症得由医师出诊外，余悉按照规定时间来厂诊治。

卫生室有关规则的制定。工厂卫生室应酌定下列各种规则并于适当场所提示之：工作场所卫生规则、工人诊病规则、工人宿舍卫生规则、工人食堂卫生规则、工人厨房卫生规则、工人盥洗沐浴卫生规则、工人体格检查及缺点矫治规则、各种职业病及传染病预防规则、工人临时及隔离室住诊规则、其他与工厂卫生有关之规则。

有关卫生统计工作。工厂卫生室应编制下列统计：伤病统计、职业病统计、预防注射统计、死亡统计、健康检查统计、伤病分类统计、传染病统计、环境卫生改善统计。[①]

（二）关于疾病保障的待遇

对于疾病保障的其他项目，只有一些国营工厂有相关规定。

1. 军政部所属工厂的疾病保障

1929 年 11 月 14 日军政部公布的《军政部军需工厂工场管理规则》第 27 条规定，厂内应设医务室。如职工发生疾病即时予以治疗或准给假医治。同日公布的《军政部军需工厂职工雇佣规则》第 10 条规定，长期职工因伤瘸疾病……请假期内，仍照支工资。但一年内曾请假逾 30 日者，于其假期内按半额支给。两规则适用于军需工厂之被服、粮秣、制呢、皮革各厂。这些内容已包含病假与病假工资等项目。[②]

1931 年 12 月 31 日，军政部公布的《军政部兵工署直辖各工厂工人待遇暂行规章》较为详细地规定了兵工署各工厂工人的各种社会保障待遇，其中第 6 条涉及疾病时的工资待遇：工人患病，经医务课验明给假休养者，其工资照下列二项给予：（1）服务 1 年以上至未满 10 年之工人，

---

① 《工厂设置卫生室办法》，《北京市市政公报》1936 年第 384 期，法规，第 3~4 页。

② 《军政部军需工厂工场管理规则》，载徐白齐：《中华民国法规大全》，商务印书馆，1937，第 2367 页。

其 1 年间病假或休养期在 10 日以内者，给正工工资；在 10 日至 20 日以内者，从 10 日起给半工工资；自 21 日起停给；逾 2 月得暂行除名。（2）继续服务 10 年以上之工人，其 1 年间病假或休养期在 20 日以内者，照给正工工资；在 20 日以上 30 日以内者自第 21 日起给半工工资；在 30 日以上者，自 31 日起停给；逾 3 月者得暂行除名。

第 7 条为疾病死亡待遇：工人在服务或请假期间因积劳成疾，经医务课证明呈厂长核准，给丧葬费 100 元外，按其继续服务年数给予一次性抚恤金如下：满 15 年者，正工工资 3 个月；满 20 年者，正工工资 4 个月；满 25 年者，正工工资 5 个月；满 30 年者，正工工资 6 个月。以上所称正工工资均指该工人在厂最后 3 个月之平均工资而言。①

从以上条文来看，工人享受病假的工资待遇的资格条件是服务 1 年以上。给予工资的假期时长与服务时间相关，最长为 30 天。病假假期也与服务时间有关，最长为 3 个月。病故抚恤的资格条件是服务 15 年以上，抚恤金最多为 6 个月的正工工资。

2. 建设委员会所属职工的疾病保障

1934 年 6 月 19 日建设委员会公布《建设委员会职工就诊规则》，就疾病诊治方面作了规定。建设委员会为方便职工诊病，除聘任医官外，还与中央医院商订就诊办法。职工家属遇有疾病可随时请医官诊治，不收诊金。职工欲赴中央医院就诊者，须至事务股填取就医证及药费证，前往中央医院，按照提前号待遇随到随诊。其药费证则于取药后由医院登记价目，仍带回交还事务股存查。住院费如每日在 6 角以下者，由建设委员会付给中央医院，超过 6 角之数应由诊病职工自行清付。注射、电疗或其他手续等费，如每月合计在 5 元以下者，由建设委员会付给医院，其超过 5 元者，由诊病职工自行清付。② 也就是说，疾病门诊诊费、药费全免，住院诊疗、药费职工只需要负担超过规定的部分。

1934 年 5 月 3 日建设委员会公布的《建设委员会模范灌溉局及所属

---

① 《军政部兵工署直辖各工厂工人待遇暂行规章》，载实业部劳动年鉴编辑委员会：《民国二十一年中国劳动年鉴》（第五编），文海出版社，1990，第 71～73 页。

② 《建设委员会职工就诊规则》，载徐白齐：《中华民国法规大全》，商务印书馆，1937，第 3239～3240 页。

机关工人管理规则》第 7 条规定了为灌溉局"服务测夫及所属机关服务之机匠、农夫、渔夫及牧夫以及其他工人"的疾病保障内容："工人因病不能工作，须领取就诊单，经指定医生之证明，凭诊断书所定调治日期给予病假。其医药费经主管职员之认可者，由该机关给付。病假中工资照给，以 30 日为限。如期满未愈，得由该管机关酌量情形办理之。但患花柳症或有其他特别情形者不在此限。"① 此待遇包含医药费项目，医药费由机关负担；病假工资项目，30 天以内的病假，其间工资照给。

建设委员会下属的一些工厂所制定的工人管理规定，包含有同《建设委员会模范灌溉局及所属机关工人管理规则》几近完全相同的疾病保障待遇内容，如《建设委员会首都电厂工人管理规则》第 6 条、② 《建设委员会戚墅堰电厂工人管理规则》第 6 条。③ 有些厂则规定医疗费由工人自己负担，而 30 天病假内工资照给，如《建设委员会电机制造厂工人管理规则》第 7 条。④

（三）关于疾病保障项目与待遇的比较

源于劳动者本人生理异常的疾病，其发病的概率要远远大于工伤，所以防止这种风险的代价也非常高。在现代社会保障制度发展的初期，在雇主责任制模式下，社会往往考虑到雇主的承受能力而将这种风险的抵御主体定为家庭。所以在此时期的社会保障制度中，对疾病保障的规定较少。《修正工厂法》公布前，地方政府的劳工法规及北京政府时期的法规中，只有两种法规有此方面内容。一是 1923 年 5 月农商部的《矿工待遇规则》，其第 12 条第 7 款规定："100 人以上之矿场，须设置收容矿工之病室；1000 人以上之矿场，须设相当之医院及隔离所。"⑤ 二是 1926 年 12 月 21 日《湖北临时工厂条例》，其第 11 条规定："工人生疾病时，经医

① 《建设委员会模范灌溉局及所属机关工人管理规则》，载徐白齐：《中华民国法规大全》，第 3227 页。
② 《建设委员会首都电厂工人管理规则》，《建设委员会公报》1930 年第 4 期，沈云龙：《近代中国史料丛刊续编》第 57 辑，第 93 页。
③ 《建设委员会戚墅堰电厂工人管理规则》，《建设委员会公报》1930 年第 4 期，沈云龙：《近代中国史料丛刊续编》第 57 辑，第 95 页。
④ 《建设委员会电机制造厂工人管理规则》，《建设委员会公报》1930 年第 4 期，沈云龙：《近代中国史料丛刊续编》第 57 辑，第 98 页。
⑤ 《矿工待遇规则》，《农商公报》1923 年第 9 卷第 10 期，106 期，政事门法规，第 43 页。

生之诊断后，须给与半薪及医药费；但染花柳病者，不在此限。因病死亡者，应按其在工厂工作年限，给与抚恤金，其数目由工场主及工会协定之。"① 相比之下，国民政府时期疾病保障制度中，立法只强制规定了各工厂在医疗设施建设方面的责任。医疗设施的主要作用体现在应对工厂突发的灾害方面，而对工人来说，有关治疗疾病的具体待遇规定更为重要。在财力雄厚的大工厂，主要是国营的工厂中，雇主承担了对工人疾病治疗的责任，如上文提到的军政部、资源委员会下属的一些工厂。这些工厂的待遇水平不同，保障项目有病假、病假工资、医药费、病故抚恤等，基本上涉及了现代疾病保障所包括的所有项目。但由于国家对于这些项目并没有强制性规定，因此工厂对工人并没有疾病保障的法定义务。

此时期国际上关于疾病保障的规定，有1927年第十次劳工大会通过的《工商业工人及佣仆之劳动疾病保险公约》，其中有关疾病保险待遇的规定为："受保险之工人若因身体或健康上有特殊之情形而缺乏工作能力者，得享有第1日起最初26星期获得现金之权利。"② "受保险人，由疾病之日起，最少至规定停止发给保险费之日止，享有诊费、医药用品费之一切权利。"③ 也就是说，国际劳工立法中的强迫疾病保险，其疾病津贴享受的期限为26周，远远高于此时期中国国营工厂普遍实施的30日的待遇。在规定诊费、医药用品费的权利方面，只有建设委员会的一些职工有同样的待遇水平。国际劳工立法规定了如此优厚的疾病待遇，是因为这种疾病保障是以保险形式实施的，风险由受保险人、雇主与国家分担，"受保险人与雇主应担任疾病保险之基金捐出，同时主管官署应否为财政上之帮助，由国内法定之"，④ 所以施行的范围可以很广，即"强迫疾病保险制度适用于手工业及非手工业工人，内包括工业、商业之学徒，及户外工人、家庭仆役"。⑤ 国家只负有监督管理职责："疾病保险，应无利益观

---

① 《湖北临时工厂条例》，载刘明逵：《中国工人阶级历史状况》（第一卷，第一册），中共中央党校出版社，1985，第699页。

② 《工商业工人及佣仆之劳动疾病保险公约》，载实业部劳动年鉴编辑委员会：《民国二十一年中国劳动年鉴》（第四编），文海出版社，1990，第44页。

③ 同上书，第45页。

④ 同上书，第46页。

⑤ 同上书，第44页。

念，且由当局监督之自治团体办理，若私人团体办理此事，且其未成立前，须经当局审查批准后方为有效。在国家法律条例规定下，受保险人有参加管理自治保险团体之权。对于疾病保险之行政，设有若何困难，或因国家环境，抑因劳资双方团体发展之不当，而发生困难时，无论如何，此种行政，应由国家直接收回办理。"① 这些都是雇主责任制下的南京国民政府劳工疾病保障制度无法达到的水平。

五　劳工福利

（一）劳工教育福利

1. 雇主在劳工教育福利方面的责任

《工厂法》第七章"工人福利"第 36 条规定："工厂对于童工及学徒应使受补习教育并担负其费用之全部，其补习教育之时间，每星期至少有 10 小时。对于其他失学工人亦当酌量补助其教育。"② 为了具体实施劳工教育，1932 年 2 月 4 日，实业部与教育部会同公布《劳工教育实施办法大纲》。大纲主要规定了雇主办理劳工教育方面的责任。

大纲规定，劳工教育制度的管理机关为地方教育行政机关，实施主体为各地的农工商及其他各业之厂场公司商店。劳工教育的实施方式为设立劳工学校或劳工班。各厂场公司商店等雇用工人在 50 人以上 200 人以下者，应设劳工学校或劳工班。工人每增 200 人应即加增一班。其不满 50 人者，得与附近各厂场公司商店联合办理之。每班学生额数以 30～50 人为准。

关于劳工教育的内容。劳工教育分识字训练、公民训练、职业补习三种。劳工学校之教学科目有：关于识字训练者，包括三民主义千字课、常识、珠算或笔算、乐歌，此外得兼授历史、地理、自然及其他浅近科学读物；关于公民训练者，包括三民主义、地方自治浅说、本国大势、公民道德，以上所列科目得用演讲及浅近读物教授，还需增加课外指导，学生组

---

① 《工商业工人及佣仆之劳动疾病保险公约》，载实业部劳动年鉴编辑委员会：《民国二十一年中国劳动年鉴》（第四编），文海出版社，1990，第 45～46 页。
② 《工厂法》，载邢必信等：《第二次中国劳动年鉴》（第三编），北平社会调查所，1931，第 4～5 页。

织各种集会实际训练；关于职业补习者，包括服务道德、农工或商业常识、专业职业技能之科目（视各业工之需要酌设之）。

关于教学时间。大纲规定，劳工学校或劳工班之教学，须在工作时间以外，每班每周至少 8 小时。至于各训练之完成时期，识字及公民训练，限于 1 年；职业补习，应视需要及地方形式，由各校拟定，呈经市县教育行政机关核定后施行之，但最长不得超过 2 年。

关于劳工教育经费。劳工学校、劳工班之经费，由原设立机关负担，其联合办理者，应共负担之。劳工学校或劳工班不收学费及其他费用，所有书籍、文具等，均由学校供给之。

关于罚则。各厂场公司商店等于大纲公布后 6 个月内不遵照设立劳工学校或劳工班者，除依工厂法第 71 条之规定处以 100 元以下罚金外，仍须限令其于 2 个月内筹设成立。[①]

为了促进劳工福利制度的实施，1934 年 5 月 31 日，实业部会同教育部公布《劳工教育奖励规则》5 条。规则规定：凡厂场、公司、商店、公私团体所办之劳工教育，一律依照下列规定分别授予奖励：（1）每年训练工人满 200 人以上，经费在 1000 元以上著有成绩者，授予五等奖状。（2）每年训练工人满 300 人以上，经费在 1500 元以上著有成绩者，授予四等奖状。（3）每年训练工人满 400 人以上，经费在 2000 元以上著有成绩者，授予三等奖状。（4）每年训练工人满 500 人以上，经费在 2500 元以上著有成绩者，授予二等奖状。（5）每年训练工人满 600 人以上，经费在 3000 元以上著有成绩者，授予一等奖状。（6）每年训练工人满 1000 人以上，经费在 5000 元以上著有成绩者，除授予一等奖状外，并颁给奖匾。奖状及奖匾由实业、教育两部会同发给。[②]

2. 政府在劳工教育福利方面的责任

除规定雇主在劳工教育方面的责任外，教育部还于 1933 年 9 月 6 日公布《职业补习学校规程》，规定了各省市政府办理劳工职业补习教育方面的责任。

---

① 《劳工教育实施办法大纲》，《实业公报》1932 年第 57、58 期合刊，法规，第 1~4 页。
② 《劳工教育奖励规则》，《实业公报》1934 年第 179、180 期合刊，法规，第 93 页。

规程规定，省市县应根据地方需要，设立职业补习学校或补习班（以下简称职业补习学校），并奖励农工商团体及私人设立补习学校者。职业补习学校附设于各级学校。

职业补习学校的管理。职业补习学校之设立、变更及停办，在省行政区域内者，应呈经主管县市教育行政机关核准，转呈教育厅备案；在直隶于行政院之市区域者，应呈请市教育行政机关核准备案；其由省及直隶于行政院之市或县市教育机关直接办理者，应呈报其主管上级教育行政机关备案。设立补习学校时，应将设科、修业期限、设备、经费等详细计划及理由，呈请主管教育行政机关核准备案。职业补习学校，每学期内或每学科结束时，应将教职员一览、学生名册、学生成绩、经费收支及实施概况呈请主管教育行政机关备案。

职业补习学校的分类。补习学校分为：（1）关于农业及农艺者：如改良种子、病虫害防治、制种、养蜂、养鸡、畜牧、园艺、普通农作等。（2）关于工业及工艺者：如电镀、汽车驾驶、汽车修理、印刷、制图、摄影、印花、染织、编织、制革等。（3）关于商业者：如打字、速记、簿记、汇兑、保险、广告图案设计等。（4）关于家事者：如烹饪、造花、刺绣、缝纫、看护、保姆、理发、佣工等。（5）其他职业者：视地方需要而定。

职业补习学校的学制与课程。职业补习学校之编制，分为两种，一为学期制，以学期为单位，以修完若干学期为终了；二为学科制，以学科为单位，以修完若干学科为终了。职业补习学校之学科，分普通与职业两种。普通学科，以公民体育为必修科；职业学科，包含职业知识技能与职业事务。

关于收费。公立职业补习学校不收学费。私立职业补习学校，经主管教育行政机关核准，得酌量征收学费。私立办理之职业补习学校，其成绩优异者，省市县教育行政机关得酌予补助。①

（二）劳工娱乐福利

在劳工娱乐福利方面，1929 年 2 月工商部制定《工商职工俱乐部计划大纲》，规定了雇主在举办职工俱乐部方面的责任。凡雇用职工在 30

---

① 《职业补习学校规程》，载王宗洲：《中国劳动法规全书》，黄河出版社，1989，第 238～241 页。

人以上的工厂、矿厂、公司、商店或工厂、矿厂、公司、商店工会均应设立职工俱乐部（工厂、矿厂、公司、商店职工不满 30 人者，其职工得分别入特别市普通市职工俱乐部），应于厂内或厂外、店内或店外另辟房屋一所为各该职工办理俱乐部之用。

关于经费。工厂、矿厂、公司、商店所办俱乐部其所需经费由厂方等负担。工厂、矿厂、公司、商店工会所办俱乐部经费由工会自筹。

关于俱乐部的组织管理。俱乐部由厂方或店方、职员、工友三方合组委员会管理。其委员会人数，工友应占 2/3，均为无薪职。工厂、矿厂、公司、商店工会俱乐部由工会管理。视事务之繁简，俱乐部干事、职员由委员会或工会聘任。

关于成员组成与加入条件。俱乐部成员分三种：（1）工厂、矿厂、公司、商店男女工友或工厂、矿厂、公司、商店工会会员；（2）工厂、矿厂、公司、商店等职员或工厂、矿厂、公司、商店工会男女职员；（3）工厂、矿厂、公司、商店职工之妇孺或工会职员会员之妇孺。凡加入者不限年龄，只须办理加入手续，填具志愿书，即可成为俱乐部成员，享受俱乐部中各项权利。

关于俱乐部的设施。特别市普通市职工俱乐部设有：办公室、演讲厅或大礼堂、图书阅报室、学校教室、游艺室、运动场或健身房、沐浴室、更衣室、谈话室、寄宿舍、餐馆茶社、理发室、勤务室、厨房、厕所等。

关于俱乐部举办的事业。体育方面有各种球术、器械运动、田径赛、军事训练、沐浴、游泳赛船；生活保健方面有理发、卫生演讲、检查身体、种痘、急救法、旅行会等；智育方面有图书阅报、职工补习学校、职工子女学校、识字牌、幻灯识字、演讲、党义或学术研究会、国事或其他讨论会、学艺或工艺展览会、职业指导、参观会、发行刊物等；娱乐方面有琴、棋、唱歌、乒乓、溜台、打靶射猎、钓鱼、留声机、国乐锣技、戏剧、电影、同乐会等；服务方面有社会服务团、协助工商职工俱乐部调查工友生活及其家庭状况、家庭改良研究社、访问工友、失业残废储金救济会、寿险互助会、消费合作社、婴儿看护所、代为写信处等。

关于开放时间。职工子女学校为每日自午前 8 时至午后 5 时。职工娱乐时间为午后 1 时至 9 时。职工补习教育时间在工作以内或其他时间，依照俱乐部规定。

关于俱乐部的联合举办。工厂、矿厂、公司、商店或限于人力、财力，不能单独设立职工俱乐部，或欲图扩大服务事业起见，可以联合其他性质相同之工厂、矿厂、公司、商店，共同组织俱乐部。①

（三）劳工生活福利

1. 住宿

1928 年，工商部制定《劳工新村设施大纲》并颁布各省市。1934 年 1 月，实业部重新颁布命令，令各地参照举办。实业部依此大纲举办了劳工新村，并于 1934 年 8 月 28 日就其管理问题公布施行《实业部劳工新村管理规则》。规则规定，劳工新村之事业范围为关于村户的教育、卫生、自治事、娱乐、职业指导、警卫等事项。劳工新村设管理员 1 人，助理 2 人，于实业部部员中遴派。管理员之任务为：（1）关于新村设施之计划事项；（2）关于新村之预算决算及经费出纳事项；（3）关于新村房屋园塘租赁事项；（4）关于新村财产之保管事项；（5）关于新村规约之拟订及执行事项；（6）关于新村事业之举办及推进事项；（7）其他关于新村之事项。管理员每月应将村务情形及收支概况，呈部查核。②

2. 哺乳室及托儿所

关于哺乳室及托儿所的举办，1936 年 4 月 22 日，实业部公布《工厂设置哺乳室及托儿所办法大纲》。其主要内容包括如下几方面。

责任主体：工厂平时雇用已婚女工达 100 人以上者，应设置哺乳室。不满 100 人之工厂，得联合附近工厂设置。工厂平时雇用已婚女工达 300 人以上者，除设置哺乳室外，并应设置托儿所。不满 300 人者，得联合附近工厂设置。

招收对象：女工亲生之子女，其年龄在 6 周以上 18 个月以下者，得寄托于哺乳室。18 个月以上 6 岁以下者，得寄托于托儿所。

收费：工人请求哺乳室或托儿所代办供给其子女衣食时，得收取其实际费用。

---

① 《职工俱乐部计划大纲缘起（续）》，《河北工商月报》1929 年第 1 卷第 6 期，第 74～81 页。
② 《实业部劳工新村管理规则》，《实业公报》1934 年第 193 期，法令，第 43～44 页。

设施要求：哺乳室或托儿所应保持空气清洁，温度适宜，光线柔和。于可能范围内在室外种植草木，并酌留空地，以便儿童运动。哺乳室由工厂酌量经济能力设置下列设施：（1）儿童之卧床、被褥、枕席、浴盆、便具、座椅、摇篮；（2）哺乳用之座椅、衣橱、盥洗处；（3）办公用之桌椅、文具、登记簿、寒暑表、衡度体重及身长器具、医药用品；（4）其他。托儿所由工厂酌量经济能力设置下列设施：（1）儿童之卧床、被褥、枕席、浴盆、便具、座椅、摇篮；（2）办公用之桌椅、文具、登记簿、寒暑表、衡度体重及身长器具、医药用品、教材；（3）其他。

人员配备：哺乳室及托儿所应视事实需要雇用有抚育儿童经验及卫生常识之保姆，必要时应酌雇看护。雇用保姆或看护人数达 2 人以上时，应指定 1 人为主任。

开放时间：哺乳室或托儿所寄托时间，每班自开工前 10 分钟起至放工后 10 分钟止。经保姆或看护同意时得延长之。

哺乳时间：寄托哺乳室之儿童，其年龄未满 6 个月者，每 3 个小时哺乳一次；6 个月以上者，每 4 小时一次。每次最多不得过 20 分钟。

管理：工厂设置哺乳室或托儿所时，应呈报当地主管署备案。①

（四）劳工储蓄

《工厂法》第 38 条规定，"工厂在可能范围内，应协助工人举办工人储蓄及合作社等事宜"。②《工会法》第 15 条规定了工会在建立储蓄机关方面的职责。③ 以上述两种法律为依据，1932 年 4 月 1 日，行政院公布《工人储蓄暂行办法》，1936 年 12 月 18 日修订为《工人储蓄暂行规程》。其主要内容有以下几方面。

举办储蓄事项的责任主体：工人储蓄事项，由工厂或工会附设工人储蓄会办理之，但无论何方已成立工人储蓄会时，他方不得再设。工人储蓄会所需经费应由工厂负担。公司、商店、矿场工人储蓄事项，适用本规程之规定。

---

① 《工厂设置哺乳室及托儿所办法大纲》，《实业部公报》1936 年第 277 期，第 47~48 页。
② 《工厂法》，载邢必信等：《第二次中国劳动年鉴》（第三编），北平社会调查所，1931，第 5 页。
③ 《工会法》，载邢必信等：《第二次中国劳动年鉴》（第三编），北平社会调查所，1931，第 42 页。

储蓄会的性质：工人储蓄会不得以营利为目的。

储蓄会的成立程序与管理机关：工人储蓄会之设立，应由发起之工厂或工会连同发起之工人 10 人以上拟具章程，申请主管官署核准，并转呈实业部备案，主管官署在市为市政府，在县为县政府，在直隶行政院市为社会局。但工会法第 3 条所列举各事业所组织之工人储蓄会，其主管官署为该事业之主管官署。

储蓄会的成员：凡工厂之工人，均应加入工人储蓄会。加入工人储蓄会之工人，均为工人储蓄会会员。

储蓄会的管理：储蓄会会员大会每年举行一次，遇必要时得开临时会员大会。工人储蓄会设管理委员会及监察委员，进行具体事务的管理与监察。

储蓄的种类：储蓄分两种，一是强制储蓄，将工人的工资分为若干等级，依其等级在不妨害最低生活之范围内酌定储金数额，凡入会之工人，均应如数储蓄；二是自由储蓄，由工人自主储蓄，凡满 1 元者均可存储，并可自行指定用途。

储金的存储程序与保障：强制储金，由工厂于每月发给工资时会同管理委员会核扣之。工人储蓄会应备存折，发给工人，于储入或支出时凭折登记。储金全部应由管理委员会送交中央信托局或邮政储金局存储。存储工厂者，应由该工厂取具确实之担保品，工厂破产时，应将工人储金本利全数先行发还，不受破产之拘束。

支出条件：强制储金非遇下列情事之一不得支取：（1）本人婚嫁或子女婚嫁；（2）直系亲属之丧葬费；（3）家遭重大之灾变；（4）本人或妻室生产；（5）本人伤病甚重；（6）本人失业或身故；（7）本人身老不能工作。因前项各款支取储金时，须有相当证明。①

从上述劳工福利的举办者来看，制度可分为国家福利与企业福利两类。国家福利由政府举办，惠及法规所规定的公民，内容包括各省市县举办的职业补习学校，特别市、普通市举办的职工俱乐部，实业部举办的具有示范作用的劳工新村。企业福利由企业出资，惠及本企业职工，包括各

---

① 《工人储蓄暂行规程》，《劳工月刊》1936 年第 5 卷第 11 期，法规，第 1~3 页。

厂场公司商店举办的劳工班、劳工学校、俱乐部、哺乳室、托儿所、工人住宅、储蓄会等。制度包含了劳工教育、生活、娱乐等方面，项目较齐全。这是中国近现代史上第一次大规模的劳工福利制度规划。在此之前，1923 年 3 月农商部颁布的《暂行工厂通则》曾规定了工厂承担幼年工和失学职工的教育福利："厂主对于幼年工及失学职工，应于本厂内予以补习相当教育，并担负其费用。前项补习教育时间，幼年工每星期至少应在 10 小时以上，失学职工每星期至少应在 6 小时以上。"① 1923 年 5 月农商部《矿工待遇规则》规定了矿场对矿工在教育、住宅、储金方面的福利："使用矿工 1000 人以上时，应设国民学校。使用矿工 5000 人以上时，应增设高等小学校……使用矿工万人以上时，应增设中学校。……对于远来矿工，应酌设公共或分居住宅，并须有相当卫生之设备。……矿业权者如经矿工同意，得设置矿工储金处，以矿工所得每月工资 3% 以下，为矿工储金，但其利息须较普通储金为优。"② 这些内容只是原则性规定，直到南京国民政府时期才真正形成一种制度，内容具体详细，责任明确，覆盖各种劳工群体。

劳工福利制度的出台，一方面体现了国家对于劳工生活的控制，如劳工教育具有强制性特点，教育内容意识形态色彩浓厚，在劳工学校科目设置上，无论是识字训练还是公民训练，都具有国民党用三民主义党义"训育"公民的特点。在俱乐部举办的各项事务中，在智育方面的一些项目中，也同样有这方面的内容。即使是在劳工娱乐方面的引导中，也有国家意志在发挥作用。在强制储蓄的设置上，国家对工人收入支配的干预意图明显。

另一方面，劳工福利制度对于劳工福利水平的提高有一定的作用。免费的劳工教育提高了工人的文化水平；劳工住宅、哺乳室、托儿所等设施方便了工人的生活，减少了相应的花费；俱乐部的设立丰富了工人的工余时间，提高了其闲暇生活质量；强制储蓄的设置使工人提高了对于特殊风险的防御能力。

在现代社会保障制度中，公民福利水平的提高是制度追求的最高目

---

① 《暂行工厂通则》，《农商公报》1923 年第 9 卷第 9 期，第 105 期，政事门法规，第 68 页。

② 《矿工待遇规则》，《农商公报》1923 年第 9 卷第 10 期，第 106 期，政事门法规，第 43~44 页。

标。由于对福利的感受是主观的，难以用数据测量，因此在国际社会保障立法中，往往没有对福利标准的具体规定。在现代社会保障制度建立初期，国际劳工组织的各种社会保障立法更侧重于对工伤、疾病、生育、失业、养老等风险的预防和控制，并没有提及劳工福利，这是与工业化初期的经济水平相符的。而南京国民政府时期，如此系统的福利制度的出台，超出了关于风险保障的规定。在基本的保障制度还没有完善，雇主的整体经济实力不高的情况下，有多少工人能够享受这些福利，是值得质疑的。或许可说，这些措施的颁布更多的是显示了一个新建立的政府通过举办福利争取劳工、训育劳工的政治意图。

第二节　铁路劳工社会保障制度

南京国民政府时期，铁道劳工社会保障事务由铁道部掌管，以铁道部所颁布的一系列部门规章为制度的法律基础。《铁路员工服务条例》是最基本的法规，其中待遇一章，规定了铁路劳工的工伤、疾病、养老等社会保障待遇，适用于所有国营及其他公营、民营铁路。依据此条例，铁道部又颁布了有关铁路劳工的工伤、疾病、养老、福利等单项内容的法规，包括《国有铁路员工抚恤通则》《铁路医院及诊疗所组织规程》《国有铁路卫生医务组织通则》《国营铁道员工请假通则》《国营铁道员工退休养老金规则》《铁道部直辖国有铁路员工储蓄通则》《铁道部实施铁路职工教育计划纲要》《国营铁路职工教育实施人员服务通则》《铁路职工补习教育实施规则》《铁路职工学校教育实施暂行通则》《铁路职工识字教育强迫施行办法》等。

一　工伤保障

1930 年 1 月 25 日，铁道部公布《国有铁路员司工警夫役抚恤暂行通则》，适用于除订有合同之洋员外所有服务于国有铁路之员司工警夫役因公受伤或在职积劳病故者。① 1930 年 3 月 3 日，《铁路员工服务条例》公

---

① 《国有铁路员司工警夫役抚恤暂行通则》，《铁道公报》1930 年第 3 期，法规，第 1~8 页。

布后，铁道部根据服务条例的内容，在《国有铁路员司工警夫役抚恤暂行通则》的基础上重新制定了国有铁路员工抚恤的法规《国有铁路员工抚恤通则》，于1930年5月21日公布，1930年12月29日修正，1933年又对其中第7条作了修正。其适用范围为"在国有铁路服务之职员、雇员及长期雇用之职工夫役等，凡因执行职务以致死伤或在职积劳病故者"。[①] 工伤保障的内容包括以下几方面。

（一）工伤治疗和伤病津贴

《铁路员工服务条例》第19条第3款规定，员工因执行职务而致伤病，一时不能工作者，由路局或路公司负担医药费。在治疗期间，应给全薪资作为津贴。如经3个月尚未痊愈者，其津贴得减至平均薪资1/2，但以1年为限。[②]

《修正国有铁路员工抚恤通则》第6条将工伤的发生情形进行了分类，不同类别发放不同数额的伤病津贴：因蹈险奋进而发生者，得于1年内给予全薪作为津贴；因不可抗力而发生者，得于半年内给予全薪作为津贴；因过失而发生者，得于3个月内给予全薪作为津贴。[③]

（二）残废津贴

《铁路员工服务条例》第19条第2款规定，员工因执行职务而致残废不能工作者，应给予3个月之薪资数额之给养费，并发给半薪，至身故日止。[④]

《修正国有铁路员工抚恤通则》第5条，附加规定，知险奋进而导致残废不能工作者，除上述待遇外，另由路局呈请铁道部酌予给恤；因过失而导致者，得按其出事情节暨路局所调查结果，核减其给养薪津数额。[⑤] 1933年铁道部公布《修正国有铁路员工抚恤通则第七条》，在原来的《国有铁路员工抚恤通则》中增加一条："因执行职务而致残废，尚能从事轻便工作者，除给予一次性恤金3个月平均薪资外，仍准支给

---

① 《修正国有铁路员工抚恤通则各条条文》，《铁路月刊》1933年第3卷第1~2期，法规，第8页。
② 《铁路员工服务条例》，《立法院公报》1930年第16期，法规，第3页。
③ 《修正国有铁路员工抚恤通则》，《铁道公报》1931年第133期，法规，第6页。
④ 《铁路员工服务条例》，《立法院公报》1930年第16期，第5页。
⑤ 《修正国有铁路员工抚恤通则》，《铁道公报》1931年第133期，法规，第6页。

原有薪资。"①

（三）死亡抚恤及丧葬费

《铁路员工服务条例》第 19 条第 1 款规定，员工因执行职务而致死亡，由路局长官或公司总经理派员查验属实者，给予 50 元之丧葬费，并给予其遗族 1 年至 2 年之平均薪资作为抚恤费。②

《修正国有铁路员工抚恤通则》第 3 条，依据服务年限规定了抚恤费的具体数额，具体见表 3-2-1。

表 3-2-1　铁路员工工伤死亡抚恤金

服务年限（年）	2 年以下	2	3	4	5	6	7	8	9
抚恤金（月平均薪资，月）	12	12.5	13	13.5	14	14.5	15	15.5	16
服务年限（年）	10	11	12	13	14	15	16	17	18
抚恤金（月平均薪资，月）	16.5	17	17.5	18	18.5	19	19.5	20	20.5
服务年限（年）	19	20	21	22	23	24	25		
抚恤金（月平均薪资，月）	21	21.5	22	22.5	23	23.5	24		

资料来源：《修正国有铁路员工抚恤通则》，《铁道公报》1931 年第 133 期，法规，第 5 页。

表 3-2-1 中"月平均薪资"以最后在职时之前 1 年计算。通则第 11 条还规定了服务年限和抚恤费的计算法。继续在同一路局服务者正常计算服务年限；路局之间或路局与铁道部之间调动者，合并计算各段服务的年限。计算抚恤费时，以抚恤事故发生时之月薪为起算额，正额薪资以外之各项给费概不合算。按日给薪者以日薪之 30 倍为一个月月薪。自事故发生之月起，将此前 1 年实领薪资累积总数递推至抚恤通则规定抚恤费之月数为止，再以此月数先除后乘，即为应给之月平均薪资。

另外，路局可根据发生工伤事故的原因而对抚恤金予以调整：为保存本路利益，明知危险奋勇救护以致发生事故死亡者，除依上述规定给予其遗族抚恤费外，并得由路局呈请铁道部另行给恤；因过失以致事故死亡者，应按其出事情节暨路局所蒙结果，核给抚恤费，最高不过上述规定的半数。

此外，通则第 11 条还规定了抚恤费受领人的范围和顺序：死亡者为

---

① 《修正国有铁路员工抚恤通则各条条文》，《铁路月刊粤汉段》1933 年第 3 卷第 1、2 期合刊，法规，第 8 页。

② 《铁路员工服务条例》，《立法院公报》1930 年第 16 期，第 5 页。

男性者，受领人依次为其妻、子、子之妻女、孙、孙之妻、孙女、父母、祖父母、兄弟姊妹（其妻、母、祖母、子之妻、孙之妻均限于未再醮者；其女、孙女、姊妹均限于未出嫁者；其子女、孙及孙女、兄弟姊妹均先长后幼）；死亡者为女性者，受领人依次为其夫、子、子之妻、女、孙、孙之妻、孙女、夫之父母、夫之祖父母、本身之父母、本身之祖父母（再醮、出嫁、长幼之限制同前）。①

同此时期工矿劳工的工伤保障内容相比，铁路劳工工伤保障的待遇项目同样是很全面的，条例包括工伤医疗待遇、残废待遇和死亡待遇，在待遇水平上也相差不多。工伤发生时，都由雇主负担医疗费。在疾病津贴上，发放的最高期限都为1年。疾病津贴的具体数额有所差异，工矿劳工的待遇为，1年治疗期内第一个半年发给2/3的工资，后半年为1/2的工资；铁路劳工则按工伤时发生的情况给予3～12个月的全薪，1年治疗期内，全薪期满外再付给半薪。而残废待遇发放形式差异较大，工矿劳工为一次性发放，按残废程度，为劳工1～3年的工资。铁路劳工则是除一次性的3个月原薪的给养费外，发放半数工资，至死亡为止。轻度残废，还能继续工作者，照给原薪。铁路劳工的这种规定有利于残废劳工的长期生活保障。因为铁路具国有性质，长期存在的可能性较高，所以这种规定是现实可行的。而普通的工矿企业不可能有这种预期，因而津贴都为一次性发放。在死亡待遇上，工矿与铁路劳工的丧葬费皆为50元，但在死亡抚恤上，铁路劳工方面为死者1～2年平均薪资，而工矿劳工为300元遗族抚恤金及死者2年工资，待遇水平明显高于铁路劳工。遗族抚恤金的发放顺序也有所不同。铁路劳工更注重以男性为主的传统家族观念。

和国际劳工组织规定的工业工人工伤保障水平相比，铁路劳工的工伤待遇水平是较好的。1925年国际劳工大会通过《工业工人灾害赔偿公约》《工业工人因工作致病应得赔偿之公约》，针对有工伤和职业病工人享受免费医疗等做出原则性规定。②铁路劳工的保障水平符合这些原则，且水

---

① 《修正国有铁路员工抚恤通则》，《铁道公报》1931年第133期，法规，第4～11页。
② 《工业工人灾害赔偿公约》，《工业工人因工作致病应得赔偿之公约》，载实业部劳动年鉴编辑委员会：《民国二十一年中国劳动年鉴》（第四编），文海出版社，1990，第37～38页。

平并不低，而且还多了一项医疗期间工资待遇即疾病津贴的内容。

铁路劳工的工伤保障制度发展史对南京国民政府的铁路劳工保障制度内容的制定有直接影响。北京政府时期，许多路局都有职工工伤待遇的规定，如上章提到津浦铁路、京绥铁路、京汉铁路、四洮铁路、胶济铁路、东省铁路、道清铁路等。这些铁路的工伤待遇相差很大，有的铁路只有死亡待遇，如京绥、京汉与道清；有的铁路待遇较好，项目较全，如四洮铁路与东省铁路。北京政府交通部曾制定了一系列社会保障法案，试图统一国有铁路的各项社会保障待遇，有关工伤保障的有《国有铁路抚恤金规则草案》《国有铁路职工疗养规则草案》。可惜因为时局动荡，这些法案没有正式出台。这两种草案的待遇在某些方面是很高的，如死亡待遇为3年原薪，此外服务1年以内者，加3个月原薪，服务3年以上者，每1年递加半个月原薪。[①] 草案反映了铁路立法者的愿望，而各铁路的规定反映了现实情形。南京国民政府时期的铁路劳工的工伤保障制度制定，在项目涵盖范围和待遇水平上是两者的结合，既使受工伤的劳工享受到各项待遇，又和现实衔接以利于实施。

二　疾病保障

铁路劳工疾病保障的待遇包括以下几方面。

（一）疾病医疗与疾病津贴

《铁路员工服务条例》第17条规定，员工于服务期间发生疾病，经医生证明者，由路局或路公司送入医院治疗，医药费由路局或路公司负担；在医治期间，第一月应给全薪，第二月应给半薪，第三月停给薪资。员工患花柳病者，不得享受此项待遇。[②]

《修正国有铁路员工抚恤通则》第9条规定，因病在铁路医院治疗者，其医药费由路局负担，以3个月为限，其给薪办法依照《铁路员工服务条例》之规定。[③]

---

① 农商部：《中国政府关于交通四政劳工事务设施之状况》，农商部，1925。
② 《铁路员工服务条例》，《立法院公报》1930年第16期，第5页。
③ 《修正国有铁路员工抚恤通则》，《铁道公报》1931年第133期，法规，第7页。

（二）病假

1936 年 7 月 25 日，铁道部公布施行《国营铁道员工请假通则》。通则适用于除临时雇用者外所有国营铁道员工。第 9 条关于病假的规定为：员工请病假每年积计以 1 个月为限。逾 1 个月者，按逾限日数扣发薪工半数；逾两个月者停给薪工，但得保留原资，以不超过 3 个月为限。病假在 1 日以上者应呈验本路医师证明书，如无本路医师，得请当地领有政府检定合格证书之医师出具证明书。[①]

（三）病故抚恤

1931 年颁布的《修正国有铁路员工抚恤通则》第 8 条规定，在职已满 3 年暨 3 年以上，积劳病故者，得由路局按其服务年数分别酌量给恤一次，数额见表 3-2-2。第 10 条规定，在铁路医院治疗期限满 6 个月治疗未愈，因而病故者，得按第 8 条给恤，但须自治疗期间届满日起，按月取具西医（无西医处则中医）诊断书一份呈由原主管人员转呈路局备案，中断者以病愈论，不得补送。前项 6 个月期限之规定，在服务 10 年以上者得展为 1 年，20 年以上者得展为 2 年。[②] 关于平均薪资、服务年限与抚恤费的计算方法与工伤保障相同。

表 3-2-2　铁路员工病故抚恤金

服务年限（年）	3 年以上未满 4 年	4	5	6	7	8	9	10
抚恤金（月平均薪资，月）	1	1.5	2	2.5	3	3.5	4	4.5
服务年限（年）	11	12	13	14	15	16	17	18
抚恤金（月平均薪资，月）	5	5.5	6	6.5	7	7.5	8	8.5
服务年限（年）	19	20	21	22	23	24	25 年及以上	
抚恤金（月平均薪资，月）	9	9.5	10	10.5	11	11.5	12	

资料来源：《修正国有铁路员工抚恤通则》，《铁道公报》1931 年第 133 期，法规，第 7 页。

为了使铁路劳工在发生疾病与工伤时得到较为方便的治疗，铁道部发布了关于组建医疗卫生组织的一些规定。1932 年 7 月 19 日，铁道部公布

---

① 《国营铁道员工请假通则》，载徐白齐：《中华民国法规大全》，商务印书馆，1937，补第 764~765 页。

② 《修正国有铁路员工抚恤通则》，《铁道公报》1931 年第 133 期，法规，第 4~5 页。

《铁路医院及诊疗所组织规程》，规定铁路管理局得于该路适当地点呈请铁道部核准设置医院及诊疗所。铁路医院及诊疗所专司本路员工警察及其家属暨乘客之治疗救护事项，并督察协助卫生各事宜。铁道医院设院主任1人，诊疗所设主任1人，由该路高级医务卫生机关遴选资历适合、堪以充任者，由局会转呈铁道部核准任用。铁路医院得分设内科、外科、眼耳喉鼻科、皮肤科、妇孺科；诊疗所得设内科、外科（附皮肤科）、眼耳喉鼻科。铁路医院得设立化验室。①

1933年8月14日铁道部公布施行《国有铁路卫生医务组织通则》，又于1935年3月5日修正。通则规定，一等路暨准一等路设置卫生科，二等路暨准二等路设置医务长，三等路设置医院长或主任医师。上述医务组织的人员配备需按通则规定实行。各铁路各分段得酌设医院或诊疗所直隶于卫生科或医务长。②

在同时期的劳工中，铁路劳工的疾病保障待遇水平是很高的。工矿劳工的疾病保障制度只限于军政部、建设委员会等下属的国营工厂，一般的劳工并没有此项保障。而铁路劳工的疾病待遇规定则很详细，虽然其水平无法与国际劳工立法《工商业工人及佣仆之劳动疾病保险公约》中26周的免费医疗与疾病津贴相比，③ 但在工业化水平低下的背景下，在雇主责任制的保障形式下，这是当时劳工所能享有的最高的保障水平了。

和北京政府时期交通部未曾实施的《国有铁路抚恤金规则草案》、《国有铁路职工疗养规则草案》相比较，两者在3个月免费医疗方面的待遇是相同的，但前者规定的病故抚恤相对较低。《国有铁路抚恤金规则草案》规定的病故抚恤为，服务在1年以内者，为3个月原薪；在3年以上者，每1年递加半个月原薪之抚恤金。④ 《修正国有铁路员工抚恤通则》

---

① 《铁路医院及诊疗所组织规程》，载徐白齐：《中华民国法规大全》，商务印书馆，1937，第5184~5185页。

② 《国有铁路卫生医务组织通则》，《铁路月刊奥汉线南段》1933年第3卷第7~9期，法规，第1页。

③ 《工商业工人及佣仆之劳动疾病保险公约》，载实业部劳动年鉴编辑委员会：《民国二十一年中国劳动年鉴》（第四编），文海出版社，1990，第46页。

④ 《国有铁路抚恤金规则草案》，载北京农商部：《中国政府关于交通四政劳工事务设施之状况》，农商部，1925。

则规定，服务 3 年以上才有资格享受，最低为 1 个月薪资，最高为服务 25 年以上者，为 12 个月薪资。[1] 但其相对于北京政府时期各路局的待遇水平正有所提升：京绥路为 1~6 个月，京汉路 2~10 个月，四洮路 3~12 个月，道清 3 个月。[2] 因此这时期的待遇同工伤保障待遇一样，是在行政机关立法者的愿望与各路局现状下的一种平衡。

三　养老保障

在养老保障方面，《铁路员工服务条例》第 26 条规定，员工继续服务至 25 年以上，而年龄已达 60 岁者，准予退休，每月照最后之月薪资，发给半数，至身故日止。也就是说，铁路员工领取退休金的条件是，年满 60 岁，连续服务 25 年以上。待遇是，以最后之月薪半数为基数，按月发放退休金，直至本人死亡止。[3]

1935 年 4 月 13 日，铁道部公布《国营铁道员工退休养老金规则》，在《铁路员工服务条例》的基础上更详细地规定了国有铁路员工的养老保障。[4] 主要内容有以下几方面。

（一）退休条件

养老金规则规定了退休条件为四种，一为《铁路员工服务条例》所规定的服务满 25 年，年龄达到 60 周岁，自申请退休或由局令其退休；二为服务年限为 15 年以上，年满 60 周岁，自申请退休或由局令其退休；三为服务满 25 年，年龄满 55 周岁，自申请退休或由局令其退休；四为服务满 15 年，年龄满 55 周岁，因身体衰弱，经派医师检验证明，确系不胜职务，经呈铁道部核准退休。后三种可予退休，但退休金按具体条件减发。

（二）退休养老金待遇

（1）符合第一种退休条件者，即服务满 25 年，年龄满 60 周岁者，

---

① 《修正国有铁路员工抚恤通则》，《铁道公报》1931 年第 133 期，法规，第 4~6 页。

② 《京绥铁路司工匠抚恤暂行规则》，《京汉铁路修正员工抚恤暂行章程》，《四洮铁路员役暂行章程》，载北京农商部：《中国政府关于交通四政劳工事务设施之状况》，农商部，1925。道清铁路管理局：《道清铁路卅周纪念》，道清铁路管理局，1933，第 65 页。

③ 《铁路员工服务条例》，《立法院公报》1930 年第 16 期，第 7 页。

④ 《国营铁道员工退休养老金规则》，载徐白齐：《中华民国法规大全》，商务印书馆，1937，第 5157~5159 页。

养老金照最后之月薪半数给予，发至身故日止。

（2）符合第二种退休条件者，即服务满 15 年，年满 60 周岁者，按其服务年数计算发给养老金，计算方法如表 3-2-3。

表 3-2-3 铁路员工退休养老金待遇（一）

服务年限（年）	15	16	17	18	19	20	21	22	23	24	25
养老金占最后月薪的比例（%）	30	32	34	36	38	40	42	44	46	48	50

资料来源：《国营铁道员工退休养老金规则》，载徐白齐《中华民国法规大全》，商务印书馆，1937，第 5157 页。

（3）符合第三种条件的退休者，即服务满 25 年，年满 55 周岁者，按其年龄计算退休金，计算方法如表 3-2-4。

表 3-2-4 铁路员工退休养老金待遇（二）

年龄	55	56	57	58	59	60
养老金占最后月薪的比例（%）	40	42	44	46	48	50

资料来源：《国营铁道员工退休养老金规则》，载徐白齐《中华民国法规大全》，商务印书馆，1937，第 5157 页。

（4）符合第四种退休条件者，即服务满 15 年，年龄满 55 周岁，因身体衰弱，经派医师检验证明，确系不胜职务，经呈铁道部核准退休者，其养老金的比例按服务年限计算，为按第二种退休条件所计算金额的 2/3。

规则所称薪资系指正额薪资。按日给薪者以日薪之 20 倍为其 1 个月之薪资。计算服务年限应自到路任职之月起，于退休之月止。其转任迁调或中断后再度任职者可合并计算，养老金为最后服务之路局核定，按期发放。

退休养老金自退休次月起算，于每年 3 月、6 月、9 月、12 月分 4 期发给，其日期由路局确定。

（三）遗族抚恤金

受领退休养老金未满 10 年而亡者，可依《铁路员工抚恤通则》关于病故抚恤金的规定，依照退休至死亡时领取养老金的年限递减计算抚恤金额，发给遗族作为一次性抚恤金。其递减比例见表 3-2-5。

表 3-2-5　铁路员工遗族抚恤金占病故抚恤金的比例

退休后至亡故时间	1 年以内	2 年以内	3 年以内	4 年以内	5 年以内	6 年以内	7 年以内	8 年以内	9 年以内	10 年以内	10 年以上
发放比例（%）	100	90	80	70	60	50	40	30	20	10	0

资料来源：《国营铁道员工退休养老金规则》，载徐白齐《中华民国法规大全》，商务印书馆，1937，第5158页。

（四）养老金的申请及发放程序

养老金申请程序：申请者应于退休后 3 个月内备具申请书，并备 4 寸半身像片、印鉴及签名或右手大指印纹各 5 张，连同在职履历书暨各种证明文件及原籍或现住地之户籍册抄本，并取具保证书，呈经主管人员负责证明，转呈局长核准。路局查核退休养老金申请书及一切附件，认为合于《国营铁道员工退休养老金规则》之规定，并对保无误后，应发给退休养老金受领证书，以凭按期领款。受领证书每 5 年换发一次。换发时准备材料同前次相同。

退休养老金的领款办法分为三种：亲自领取、托人代领、请准汇寄。各项均需准备相应材料。

铁路劳工养老保障制度可以说是我国劳工社会保障制度现代化建设中的一个典型案例。在传统社会里，农业是主要的产业，土地为主要生产资料，老年人主要依靠家庭养老。工业化使大批劳动力从农业转入制造业和服务业，使劳动者从自给自足的小农转变为工薪劳动者。对于一般工薪劳动者来说，他们所拥有的只是自己的劳动力。所以当他们年老丧失劳动能力后，老年风险就出现了。退休养老制度就是为了规避这种风险而设立的，它确定劳动者可以在一定的年龄和一定的条件下退出劳动力队伍并获得相应的收入保障。在西方发达国家，养老保障制度建立的时间与其他保障制度几近相同，如德国是在 1890 年代先后建立了疾病、工伤、养老与残疾保险；美国 1935 年颁布的《社会保障法》其主要内容是养老保障和失业保障。这与基督教文化中父母与子女相对独立平等的观念有关：子女并不具有养老的法定义务，父母年老处于困境时也耻于向子女伸手，因而养老由政府、社会与自己负担，因此建立养老保障制度来预防养老风险与设立其他保障制度同样必要。但中国的情况有所不同。中国有几千年农业社会的历史与儒家文化的影响，孝文化高度发展，家庭养老已成为一个不容质疑的模式。因此，在工业化初期，老年风险并没有受到重视。关于《工厂法》等一系列劳工待遇保障的法律法规中，也并没有提及养老金问题。当然这也与当时工业刚刚发展，工业工人普遍年轻有关。

但铁路劳工的养老保障制度则是一个特例。它对铁路劳工退休养老制度的规定十分详细，内容也很完善。它的退休条件规定非常灵活，年龄方面，正常退休年龄为60岁，但在一定条件下也可以在年满55岁时退休。服务年限方面，正常是服务满25年，但在一定条件下也可以在服务15年以上后退休。在待遇上，则根据退休年龄和服务年限两方面的条件计算养老金，使年龄大、服务年限长的职工在老年可以享受较好的待遇，同时也可以使身体衰弱、不胜职务的人及时拿到退休金，使其晚年生活得到保障，待遇的计算方面也可以说相对公平。尤其是养老金为按期发放，直至职工亡故止，这样寿命较长的职工也不用担心晚年的生活没有保障。

和工业、矿业劳工养老保障制度的缺失相对比，铁路劳工的养老保障制度能够建立起来，有以下几个原因：一是传统的影响。在南京国民政府铁道部出台这些法规之前，铁路劳工的养老保障已经很受当局的重视。1925年北京政府农商部出台《国有铁路职工养老规则草案》，较为详细地规定了国有铁路职工退休养老金的领取条件和待遇。1928年7月，广州政治分会公布《广东省铁路员工服务条例》，适用于国营及民营铁路。这些立法为南京国民政府铁道部养老保障制度的出台提供了借鉴。二是现实的需要。中国铁路从19世纪末开始修筑至南京国民政府建立，已有30余年，"各路员工，不下十数万人，其中年龄达五六十岁，在差服役满二三十年者，虽无精确统计，要皆所在多有"。"各路员工，当无不渴望早日公布（养老金规则草案），俾退职之后，有所保障"。[①] 铁路员工的职业稳定性使其对养老保障有所预期，同时铁路为职工提供保障也是留住人才、鼓励员工尽职服务的一种手段。三是具有物质基础。各路职工的养老金由路局发放，"依照铁路会计则例规定，均系列

---

① 马廷燮：《铁路员工退休养老制度之研究》，《铁道公报》1934年第908期，第7~8页。

入铁路营业用款分款则例第 1 项第 15 目第 4 节（用 1-15-4）养老金项下"，① 而各铁路的营业状况决定了制度的可实施性。铁路，尤其是国有铁路在经济实力方面比普通的工厂强大，具备实施养老保障制度的能力，这也是铁道部制定制度的一个前提。

与同时期国际劳工立法中的养老保障相比较，此时期的铁路劳工养老保障的水平如何呢？1933 年第 17 次国际劳工大会通过《设立工商等业工人及佣仆之强制老年保险公约草案》和《关于残废年老媚孤保险通则之建议书》。公约草案规定，凡批准本公约之国际劳工组织会员国，须设立或维持一种最低限度为与本公约所规定相同之强制老年保险制度。强制老年保险制度的适用范围为"工商业及自由职业之体力或非体力工人及学徒，并应适用于在家工作之工人及家中佣仆"。② 1934 年 12 月 22 日，中国代表团驻国联办事处处长函知国际劳工局，称"中国政府原则上赞同各公约"，该函又称，"中国政府正在拟订保险法，主管官署对以上各公约均甚注意"。③ 由于《强制劳工保险法草案》在抗日战争前一直没有被立法院通过，且《强制劳工保险法草案》中只含有工伤、疾病、生育三种保险制度，因此我们认为，这时期以社会保险的方式保障老年风险并未得到南京国民政府重视，普通工业及矿业劳动者并没有被涵盖在养老保障制度的实行范围内。

然而，铁路劳工虽也没有社会保险，却仍建立了雇主责任制模式的养老保障。在这种保障制度下，退休养老金领取人并不存在社会保险制度下的被保险人的义务，即国际劳工法规规定的："领取抚恤金权之获取，得以经过一定之时期，且已缴付最低额之捐金为条件；该时期得自被保险人加入保险之日起，或在其所保险之意外发生以前之规定期内。"④ 铁路劳工的养老金的领取条件只涉及年龄和服务期限。在上述国际劳工法规中，养老抚恤金也有领取年龄的规定。公约草案为："被保险人达到国家法律

---

① 《核定京沪沪杭甬路养老金退职金补助赠养金等列账办法》，《铁路杂志》1936 第 2 卷第 2 期，第 83 页。

② 《设立工商等业工人及佣仆之强制老年保险公约草案》，载实业部劳动年鉴编辑委员会：《民国二十二年中国劳动年鉴》（第四编），文海出版社，1990，第 36 页。

③ 《中国与国际劳工公约》，《国际劳工通讯》1938 年第 1 期，第 8 页。

④ 《设立工商等业工人及佣仆之强制老年保险公约草案》，载实业部劳动年鉴编辑委员会：《民国二十二年中国劳动年鉴》（第四编），文海出版社，1990，第 36 页。

或条例所规定之年龄时，得领取老年抚恤金；惟对于雇工保险制度，该年限不得超过 65 岁。"① 《关于残废年老孀孤保险通则之建议书》中关于领取年龄的规定："如为国家社会及经济情形所许，其保险制度规定领取恤金年龄在 60 岁以上者，可减低至 60 岁，或分期减低，藉示慈老念苦之意。凡曾经多年从事于一种特殊劳苦或不卫生职业之受保人，应使其有要求较他业工人提前年龄领取恤金之权利。"② 《铁路员工服务条例》的退休年龄规定为 60 岁，《国营铁道员工退休养老金规则》的退休年龄规定为 55 岁或 60 岁，这都在国际立法规定的范围内。

关于退休金水平，公约草案规定："抚恤金额无论其按照或不按照保险时期之长短计算，应为一确定数目，或依报酬之百分比或依已缴捐金之数量多寡而定。""抚恤金连同请求抚恤者（被免估计之进款外）之任何进款，应能充分维持被抚恤者主要之生活需要。"③ 《关于残废年老孀孤保险通则之建议书》建议，"欲保年老工人不致为穷乏之困，当使其所得恤金足供其需求。对于曾经完足某种资格期间之一切领取恤金人，其所规定应予之恤金，须按照生活费情形配定之。如保险制度规定按照工资逐渐缴纳保险费，其因工作生活照例悠久依此办理之受保人，应给予其在工作生活期间经济情形相等之恤金，对于曾经缴足 30 年之受保人，其所规定应予之恤金，不得少于其初入保险时所报工资之半数，或少于其在领取恤金前规定期间所报工资之半数。"④ 《国营铁道员工退休养老金规则》规定退休时年满 60 岁，在职满 25 年，退休养老金为在职期间平均工资的一半，这是退休养老金的最高水平，且并不低于国际规定。又因铁路劳工在职期间并没有缴费的义务，所以实际待遇相对国际规定还要更高。具体见表 3-2-6。

① 《设立工商等业工人及佣仆之强制老年保险公约草案》，载实业部劳动年鉴编辑委员会：《民国二十二年中国劳动年鉴》（第四编），文海出版社，1990，第 36 页。

② 《关于残废年老孀孤保险通则之建议书》，载实业部劳动年鉴编辑委员会：《民国二十二年中国劳动年鉴》（第四编），文海出版社，1990，第 91 页。

③ 《设立工商等业工人及佣仆之强制老年保险公约草案》，载实业部劳动年鉴编辑委员会：《民国二十二年中国劳动年鉴》（第四编），文海出版社，1990，第 38、41 页。

④ 《关于残废年老孀孤保险通则之建议书》，载实业部劳动年鉴编辑委员会：《民国二十二年中国劳动年鉴》（第四编），文海出版社，1990，第 91~92 页。

表 3-2-6　铁路劳工退休养老金制度比较

法规/内容	退休条件		退休待遇
	年龄	服务期限或其他	
北京政府交通部《国有铁路职工养老规则草案》，1925年	55岁，或身体衰弱不胜职务由医员证明者，或因公受伤，身体残废者	20年，曾缴纳储金	比照职工历年储金之数额给予之。可一次性发给，可自愿分期领取
广东政治分会《广东省铁路员工服务条例》，1928年	60岁	25年	每月照最后之月薪资，发给半数，至身故日止
南京国民政府铁道部《铁路员工服务条例》，1931年	60岁	25年	每月照最后之月薪资，发给半数，至身故日止
南京国民政府铁道部《国营铁道员工退休养老金规则》，1935年	55岁	15年	养老金照最后之月薪给予20%~50%
国际劳工组织《设立工商等业工人及佣仆之强制老年保险公约草案》，1933年	被保险人达到国家法律或条例所规定之年龄时，得领取老年抚恤金；惟对于雇工保险制度，该年限不得超过65岁	领取抚恤金权之获取，得以经过一定之时期，且已缴付最低额之捐金为条件	抚恤金额无论其按照或不按照保险时期之长短计算，应为一确定数目，或依报酬之百分比或依已缴捐金之数量多寡而定
国际劳工组织《关于残废年老孀孤保险通则之建议书》，1933年	如为国家社会及经济情形所许，其保险制度规定领取恤金年龄在60岁以上者，可减低至60岁，或分期减低，藉示慈老念苦之意。凡曾经多年从事一种特殊劳苦或不卫生之受保人，应使其有要求较他业工人提前年龄领取恤金之权利	—	如保险制度规定按照工资逐渐缴纳保险费，……应给予其在工作生活期间经济情形相等之恤金，对于曾经缴足30年之受保人，其所规定应予之恤金，不得少于其初入保险时所报工资之半数，或少于其在领取恤金前规定期间所报工资之半数

资料来源：《国有铁路职工养老规则草案》，载北京农商部《中国政府关于交通四政劳工事务设施之状况》，农商部，1925。《广东省铁路员工服务条例》，《广东省政府年报》，1928，第368~374页。《铁路员工服务条例》，《立法院公报》1930年第16期，第3~9页。《国营铁道员工退休养老金规则》，载徐白齐《中华民国法规大全》，商务印书馆，1937，第5157~5159页。《设立工商等业工人及佣仆之强制老年保险公约草案》，载实业部劳动年鉴编辑委员会：《民国二十二年中国劳动年鉴》（第四编），文海出版社，1990，《民国二十二年中国劳动年鉴》，第36~42页。《关于残废年老孀孤保险通则之建议书》，载实业部劳动年鉴编辑委员会《民国二十二年中国劳动年鉴》（第四编），文海出版社，1990，第91~92页。

从以上内容可以看出，此时期铁路劳工的养老保障，无论是和国内其他劳工群体相比，还是和国际劳工法规的规定相比，其待遇水平都是相对较好的。

四　劳工福利

（一）劳工教育福利

铁道部十分重视铁路职工教育。1931 年 10 月 17 日，铁道部依据国民党第二次全国代表大会"励行工人教育、补助工人文化机关之设置"的决议，公布《铁道部实施铁路职工教育计划纲要》以推行铁路职工教育，后经 1932 年 10 月 3 日与 1936 年 7 月 10 日两次修正。[①] 为了实施《铁路职工教育计划纲要》，铁道部先后颁布一系列法规，包括《铁路职工教育实施人员服务通则》《铁路职工教育实施人员任用规则》《铁道工补习教育实施规则》《铁路职工学校教育实施暂行通则》《铁路职工学校规程》《铁路职工学校学生奖惩暂行规则》《铁路职工教育馆规程》《铁路职工教育馆成绩考查规则》《铁路职工识字教育强迫施行办法》等。主要内容有以下几方面。

1. 关于职工教育的形式

《铁道部实施铁路职工教育计划纲要》规定，铁路职工教育分学校教育、补助教育两种。学校教育方面设立职工学校，补习教育方面设立职工教育馆。

2. 关于职工学校

根据《铁道部实施铁路职工教育计划纲要》、《铁路职工学校教育实施暂行通则》[②]、《铁路职工学校规程》[③]、《铁路职工识字教育强迫施行办法》[④] 等规定，依据铁路职工教育程度，职工学校分识字班、公民班、技

---

① 《铁道部实施铁路职工教育计划纲要》，载徐白齐：《中华民国法规大全》，商务印书馆，1937，第 765~768 页。
② 《铁路职工学校教育实施暂行通则》，载徐白齐：《中华民国法规大全》，商务印书馆，1937，第 769~771 页。
③ 《铁路职工学校规程》，载徐白齐：《中华民国法规大全》，商务印书馆，1937，第 771~773 页。
④ 《铁路职工识字教育强迫施行办法》，载徐白齐：《中华民国法规大全》，商务印书馆，1937，第 777 页。

术班三种。职工学校的毕业年限为：识字班暂定为 1 年，公民班暂定为 1 年半，技术班暂定为 2 年。识字班的课程暂定为识字、写字、注音符号、算术；公民班的课程暂定为三民主义、国语、算术、社会自然科学常识、外国语、铁路常识。职工学校的教学时间：以利用工余时间为原则，有特殊情形时得由学校当局呈请本部核准，由部转知路局于工作时间内酌予通融。星期日照常授课，不得休假。在规定的纪念日可准予休假。关于教育对象：凡不满 40 岁之职工应一律毕业于职工学校识字班；凡不满 35 岁之职工应一律毕业于职工学校公民班。凡在规定期限内未能毕业于职工识字教育机关者，得由主管路局查明并开除其职务。职工入学受课不得无故缺席暨有迟到早退情况。职工入学在一学季中旷课时数在受课总时数 2/3 以上者留级。因旷课留级之职工得由学校函请主管路局停发其年终奖金。连续留级二级之职工，其学籍与职务同时革除。一学季永未迟到早退并未缺席者，除由学校颁给奖状外，并酌予奖金或奖品。凡各学科毕业测试成绩特别优良者，除由学校颁给优生证外，并酌给奖金或奖品。

　　3. 关于职工教育馆

　　根据《铁路职工教育计划纲要》、《铁道职工补习教育实施规则》[①]、《铁路职工教育馆规程》[②]、《铁路职工教育馆成绩考查规则》[③] 的规定，补助教育机关分为职工教育馆、职工教育分馆、职工游息所。职工教育馆设立的条件为：凡全路职工人数在 4000 人以上者得设立职工教育馆一处，8000 人以上者，得设立职工教育馆两处，余类推。凡全路职工人数在 2000 人以上者均得设立教育分馆一处，但全路职工不满 2000 人时得联合临近铁路合设职工教育馆或分馆。各路如有经费困难，可于职工学校内附设职工教育馆，所有教育馆职员暂由职工学校教职员兼充之。职工教育馆设置的社会教育活动为：休闲、讲演、书报、组织、健康、生计。

---

① 《铁道职工补习教育实施规则》，载徐白齐：《中华民国法规大全》，商务印书馆，1937，第 768~769 页。

② 《铁路职工教育馆规程》，载徐白齐：《中华民国法规大全》，商务印书馆，1937，第 774~776 页。

③ 《铁路职工教育馆成绩考查规则》，载徐白齐：《中华民国法规大全》，商务印书馆，1937，第 776~777 页。

4. 关于职教员之任免及待遇

根据《铁路职工教育计划纲要》、《国营铁路职工教育实施人员服务通则》[1]、《铁路职工教育实施人员任用规则》[2]，职工学校职工、职工教育馆之教职员均由铁道部总务司聘任，任期为半年。教职员需要具备学历及教育经验方面资格。待遇由铁道部援用《铁路员工服务条例》中相关条例斟酌情形办理。

5. 关于校舍地址与设备

根据《铁路职工教育计划纲要》，职工教育馆职工学校均以建筑专用馆舍为原则。在未建筑校舍以前，暂借用扶轮学校或其他公共处所。凡实施职工教育之处，应分期设立体育场、公园、游息所等以作职工身体之保育场所。

6. 关于经费

根据《铁路职工教育计划纲要》《铁道职工补习教育实施规则》《铁路职工学校教育实施暂行通则》规定，职工学校、职工教育馆等处经费由铁道部总务司编制预算，呈请部长审核，令饬各路局拨充之。

7. 关于奖惩

根据《铁路职工教育计划纲要》[3]，对路局的奖励有三种情况：全路职工实施职工识字教育两年内，完全毕业于职工学校识字班者；实施职工识字教育时期内兼办职工公民教育及技术教育确有成绩者；职工学校校舍及职工教育馆之建筑及设备优良者。对个人的奖励有两种情况：办理或推行职工教育异常出力者；毕业于职工学校品学优良者。对路局的惩戒有两种情况：对于职工教育推行不力者；对于职工学校校舍、职工教育馆之建筑及设备有意玩忽者。对个人惩戒有三种情况：违反三民主义者；办学不力者；凡不满 40 岁之职工，在实施职工教育两年期间内尚不能毕业于职工学校识字班者。《铁路职工学校学生奖惩暂行规则》规定，对于铁路职

---

① 《国营铁路职工教育实施人员服务通则》，载徐白齐：《中华民国法规大全》，商务印书馆，1937，第 766~768 页。

② 《铁路职工教育实施人员任用规则》，载徐白齐：《中华民国法规大全》，商务印书馆，1937，第 768~769 页。

③ 《铁路职工教育计划纲要》，载徐白齐：《中华民国法规大全》，商务印书馆，1937，第 774 页。

工学校学生的奖励有三种方式：奖金、奖章、奖品。对于其惩罚有三种方式：记过、留级、除名。[①]

推行劳工教育是国民党与南京国民政府重要的政策之一。铁路劳工教育是其中一个方面。相比于工业矿业劳工教育，铁路劳工教育制度更加具体，有关法规有十多部，内容详细，奖罚分明，易于操作。在内容方面，铁路劳工教育的立法者为铁道部，举办主体为各路局，这种按行政命令施行的方式，使制度能够统一制定与实施。如办学经费由铁道部总务司编制预算，各路局拨付，能保证劳工教育投入的标准化。职工学校、职工教育馆之职教员需要符合相应资格，由铁道部总务司聘任和管理，这能保证教学的质量。奖惩针对多种对象，既有路局，又有具体实施人员，同时还有劳工教育的对象——铁路劳工，使制度相关者的努力与其得失密切相关：对于实施者的奖惩，可促进其办劳工教育的努力；对于教育对象的奖惩，可促进其配合。如规定"凡不满40岁之职工，在规定实施教育期限内不毕业于职工识字教育机关者，得由各主管路局查明，开除其职务"，[②] 这种处罚具有很强的约束力。因此，劳工教育作为一种强制性的制度，关系着劳工个体的职业稳定，这又不同于单纯的福利了。

铁路劳工教育与工业矿业劳工教育不同。工业矿业劳工教育福利立法者为实业部与教育部，实施者有两个主体，一为地方政府机关，一为雇主。对于地方政府机关，中央行政机关只是提倡其办理职工补习教育，对此并没有强制的要求。对于雇主，只是制定了劳工福利的简单标准。因为经费由雇主自筹，各工厂、矿场办理态度、经济承受能力的不同都会导致办理效果有所差异。因此主管机关对于劳工教育的控制很难实现。虽然也制定了奖惩规则，但奖惩方式较为单一，只有奖状、奖匾和100元以下的罚金，通过奖惩控制劳工教育的目标难以达到。

虽然出于职业特点的差异，劳工教育在工业、矿业与铁路之间的制度

---

① 《铁路职工学校学生奖惩暂行规则》，载徐白齐：《中华民国法规大全》，商务印书馆，1937，第765~766页。

② 《铁路职工识字教育强迫施行办法》，载徐白齐：《中华民国法规大全》，商务印书馆，1937，第777页。

内容有所不同，但其相同点还是有的。比如在办学方式上，均需成立劳工学校，识字班；在教育内容方面，都有识字训练、公民训练与技术（职业）训练等；在教育时间方面，都以工余时间为主；经费都由雇主（办理者）负担。尤其在教育内容方面，三民主义都是必修内容，体现了在福利的外衣下，政府控制劳工思想的意图。

铁路劳工教育制度相对较为完善，源于铁路劳工的特殊性。他们不同于工业矿业劳动者，被认为具有以下特征："一，有专门的技术，二，工作重要，富于流动性质。三，职业稳定。四，工作危险，不易预防。"①在早期工人运动中，铁路劳工就显示出了其强大的组织力量；而铁路在经济政治生活中十分重要，因此政府对铁路劳工很重视，推行劳工教育则是政府对其施加影响的重要手段。

（二）国有铁路员工储蓄

1931 年 12 月 28 日，铁道部公布《铁道部直辖国有铁路员工储蓄通则》②，其主要内容有以下几方面。

1. 参加资格

全体职员以及工匠警役薪资数目（公费津贴房金一律除外）月达 20元者参加储蓄，但各路所用外籍人员不适用此通则。

2. 储蓄金的扣存比例与补助金的提存比例

储蓄金根据员工薪资的一定比例按月扣储，铁路局按员工薪资数目的一定比例每月提存补助金，同职工储金一同存储。比例见表 3-2-7。

表 3-2-7　铁路员工储蓄金的扣存比例与补助金的提存比例

薪资	20 元以下	20~50 元	51~100 元	101~200 元	201~300 元	300 元以上
储蓄金扣存比例（%）	0	2	2	3	4	5
补助金提存比例（%）	5	5	4	3	2	2

资料来源：《铁道部直辖国有铁路员工储蓄通则》，载徐白齐《中华民国法规大全》，商务印书馆，1937，第 5188~5189 页。

---

① 徐协华：《铁路劳工问题》，东方书局，1931，第 16~17 页。
② 《铁道部直辖国有铁路员工储蓄通则》，载徐白齐：《中华民国法规大全》，商务印书馆，1937，第 5188~5189 页。

3. 储金的管理

路局设立储蓄管理委员会管理储蓄金及补助金之保管、存放、生利等事项。

4. 储金的提取

储蓄金的提取条件。员工与路局脱离关系时，除有亏欠公款情事应行扣抵外，其名下储蓄金本息一概发还。员工储蓄每届满 10 年得发还其名下储蓄金本息 1/2。

补助金的提取条件。员工有以下事项之一者得发给补助金：系法定年龄退休者；自行辞职者；因故辞职者；因故离职者；在职身故者。凡因重大过失而停职或撤职者，仅发还储蓄金本息，不给补助金。

补助金的发给比例。补助金按照服务年限按比例发给。具体见表 3-2-8。

表 3-2-8　铁路员工补助金的发给比例

服务年限	1 年以上	2 年以上	4 年以上	6 年以上	8 年以上	10 年以上
补助金的发给比例（%）	10	30	50	70	90	100

资料来源：《铁道部直辖国有铁路员工储蓄通则》，载徐白齐《中华民国法规大全》，商务印书馆，1937，第 5188~5189 页。

5. 其他

关于在职身故员工储金的安排：员工除曾经以书面形式声明储金预定之承受人之外，其储蓄金本息及应得补助金本息均交其遗族具领。关于调路服务员工的储金安排：如所调之路办理储蓄者，其储蓄金及补助金本息一并转移，其年资得连续计算，如所调之路未办储蓄，其储蓄金及补助金本息一并发给。由未办储蓄之路调至已办储蓄之路，至差之日起依通则照扣储蓄金暨照提补助金，但以前年资不得计算。

劳工储蓄制度是在劳动者有劳动收入时，将其中一部分收入储存起来，在未来遇到老年、失业等风险时予以支取以抵御风险的制度。它是社会保障的主要内容之一，体现了劳动者作为社会保障主体之一所需承担的责任。铁路劳工储蓄制度正是体现了这种特点。第一，制度是强制职工参加的，劳工必须为自己未来的风险负责。劳工只要其月薪达到一定数目，就必须参加储蓄，储金在发薪时根据工资比例按月扣除。第二，它是为应对风险而设立的。其发放条件有失业（离职、辞职、停职）、退休、死亡等几种。铁路劳工遇到这些风险时，发放的储金可以保障劳工本人或其遗族的生活。第三，铁路劳工储蓄可以看作铁路作为雇主给予劳工的福利，补助金的设立即体现了这一点。补助金并不来自劳工本人的工资，而是铁路局在劳工储蓄时发放的配套资金。它也需按照劳工工资的一定比例提取，同来自劳工工资的储蓄金一同储存。而且其提存比例是累退的，即劳工的工资愈低，提存比例越高。因此它对低收入的劳工价值更大。《工人储蓄暂行规程》中，将储金分为强制与自愿两种类别，都来自工人的工资，雇主只有举办储蓄会并承担举办经费的责任,[①] 法规并没有强制要求工厂配备补助金。所以作为福利待遇，铁路劳工储蓄制度的水平比普通工业矿业劳工要高一些。

第三节　交通劳工、传统工业劳工及店员的社会保障制度

交通劳工社会保障制度由交通部按其劳工的职业类别分设，包括电政劳工和邮政劳工的制度。在劳工教育福利方面，制度则是统一的。

一　电政劳工的社会保障

电政职工的社会保障包含在一系列职工待遇章程中。1928 年 12 月 31 日交通部颁布的《技工章程》专门针对电政中的劳工——技工作了相关规定，内容包括技工的养老、医疗及工伤等内容。[②] 其适用范围为技工，"从事于交通部电政机关机械线路之工作者"，包括：线工，建筑修理及巡查线路者；机工，装置修缮及添除机械；工头，率领机工或线工 3 人以上从事独立工作者。其社会保障内容主要有以下几方面。

在养老保障方面，章程第 54 条规定了技工的退休养老条件："年满50 岁以上者，精力衰弱，得给予养老金。令其退工时，认为身体健全，

---

① 《工人储蓄暂行规程》，《劳工月刊》1936 年第 5 卷第 11 期，法规，第 1 页。

② 《技工章程》，《交通公报》1929 年第 5 期，法规，第 5~19 页。

尚可工作者，仍延长其服务年期，至 60 岁为止"。第 55 条规定了退休养老待遇："技工年满 50 岁以上退工时，按其服务年数及所支薪给，每满 1 年给予半个月薪给为养老金，至多以 15 个月为度。于退工后分期发给。"

在疾病保障方面，章程第 39 条和第 45 条规定了病假期限与工资，"病假期限按报告病由及医生诊断书核准之。……其病假在一月以内者，不扣薪给，逾期照扣。凡遇患病危笃或传染症者，得由主管人员先准离工，并呈报交通部电政司核准"。"续假期限不得逾 1 个月。如因病经证明属实者，得酌量情形核准，继续展期，至多以 4 个月为限。"关于病故抚恤，第 59 条规定："技工在职积劳病故，或因病离职 6 个月内身故者，得按其服务年数及病故时所支薪给，每满 1 年，给予半个月薪给之抚恤金，至多以 15 个月为度，一次给予该工之直系亲属具领。"

在工伤保障方面，章程第 56 条规定，关于工伤治疗："技工因公受伤，由公家给费医治"；关于残废抚恤，"其受重伤致成残废，确系不能别谋生计者，除依第 55 条之规定给予养老金外，另给 4 个月至 12 个月薪额之慰恤金"。关于工伤死亡抚恤，第 60 条规定："技工因公死于非命者，除照第 59 条之规定抚恤外，并得酌量情形特给 100 元至 300 元之额外抚恤金。关于丧葬费，第 61 条规定："技工在工或在病假期内身故者，得给予殡殓费 60 元，但非因病离工，有受养老金或慰恤金者，不给。"

电政劳工是民国时期较早享受到社会保障的劳动者。北京政府时期，交通部 1915 年出台的《电话局雇用工匠暂行章程》（1923 年修订为《修正电话局工匠雇用规则》），1920 年出台的《一等电报线路工人雇用规则》《电报线路工匠雇用规则》等都有关于电政劳工社会保障的内容。具体内容见表 3-3-1。南京国民政府交通部的立法，是对此的继承和发展。在保障对象上，都主要针对有一定技术的工人。《技工章程》中的技工包括电报机关、电话机关、无线电机关技工，涵盖了北京政府时期两种法规的保障对象；在保障项目上，都包含养老、疾病、工伤等项目。

表 3-3-1　电政员工的社会保障待遇水平比较

待遇项目/法规内容		南京国民政府交通部《技工章程》，1929年	北京政府交通部《修正电话局工匠雇用规则》1923年	北京政府交通部《电报线路工匠雇用规则》，1920年
工伤保障	工伤治疗及工资	技工因公受伤，由公家给费医治	工匠确因工作致疾或受伤者，准给假休养，不扣工食，但至多不得逾两个月。工匠因公受伤者，证实后得由该管长官酌给医药费，但数逾10元以上者，须检同医生诊断书，酌量轻重呈请核给	工人确系因工作致疾或受伤者，准给假休养，不扣工食，但至多不得逾两个月。工匠因工致疾或受伤者，由本管工务长证实后，得由工务长酌给医药费，但数逾10元以上者，须检同医生诊断书酌量轻重，呈部核准
	工伤残废抚恤	其受重伤致成残废，确系不能别谋生计者，除依第55条之规定给予给予养老金外，另给4～12个月薪额之慰恤金	工匠因公受伤致成残废者，得由该管长官酌量其服务年数、残废程度，呈部核给，现支工食5～10个月之一次性抚恤金，其愿回原籍者，并核给川资	工匠因工受伤致成残废者，得给以5～10月工食之一次性恤金。其愿回原籍者，并核给川资
	工伤死亡抚恤与丧葬费	技工因公死于非命者，除照第59之规定抚恤外（即病故抚恤），并得酌量情形特给100～300元之额外抚恤金。技工在工或在病假期内身故者，给予殡殓费60元，但非因病离工，有受养老金或慰恤金者，不给	工匠因公惨死者，得由该管局长酌量其服务年限呈部核准，给现支工食8～16个月之抚恤金。前项之抚恤金，由该故工人直系亲属具领，取具领据，呈部备查。工匠在差身故一律给以棺殓费洋30元	其因工受伤立时毙命者，给以半年至1年工食之抚恤金。前项之抚恤金由该工人直系亲属具领，取具领据呈部备查。工人在差身故，一律给以棺殓费洋30元
疾病保障	病假及工资	病假期限按报告病由及医生诊断书核准之。……其病假在1月以内者，不扣薪给，逾期照扣	工匠因事请假，每年统计以20日为限。过期应按日扣给工食。但因婚丧剧病得延长至1个月	工人因病不能服务时，准给病假，在半月以内，免扣工食，半月以外，按日扣算
	病故抚恤及丧葬费	技工在职积劳病故，或因病离职6个月以内身故者，得按其服务年数及病故时所支薪给，每满1年，给予半月薪给之抚恤金，至多以15个月为度，一次给予该技工之直系亲属具领。技工在工或在病假期内身故者，给予殡殓费60元，但非因病离工，有受养老金或慰恤金者，不给	服务满3年以上积劳病故者，得按其服务年数，给予每3年应得现支工食1月之恤金。工匠在差身故一律给以棺殓费洋30元	工人在差积劳病故，服务满3年者，照现支工食数，发给抚恤金1个月，满5年者2个月，满10年者4个月，嗣后每满5年递加1个月。前项之抚恤金由该工人直系亲属具领，取具领据呈部备查。工人在差身故，一律给以棺殓费洋30元

续表

待遇项目/ 法规内容		南京国民政府交通部 《技工章程》，1929 年	北京政府交通部《修正 电话局工匠雇用规则》， 1923 年	北京政府交通部《电报 线路工匠雇用规则》， 1920 年
养老 保障	退休条件	年满 50 岁以上者，若精力衰弱，得给予养老金。令其退工时，认为身体健全，尚可工作者，得延长其服务年限，至 60 岁为止	工匠服务满 10 年以上，年龄过 50 岁，确因精力衰弱不堪服务而令退职者	工匠服务在 10 年以上，年龄过 50 岁确因精力衰弱不堪服务而令退职者
	退休待遇	技工年满 50 岁以上退工时，按其服务年数及所支薪给，每满 1 年给予半个月薪给之养老金，至多以 15 个月为度。于退工后分期发给	按其服务年数，给予每 3 年应得现支工食 1 月之恤金	服务 10 年以上 15 年以下者 2 个月，服务 16 年以上 20 年以下者 3 个月，服务 20 年以上者 4 个月

资源来源：《技工章程》，《交通公报》1929 年第 5 期，法规，第 5～19 页。《修正电话局工匠雇用规则》，载交通、铁道部交通史编纂委员会《交通史电政编》，交通部总务司，1936，第 399～402 页。《电报线路工匠雇用规则》，载交通、铁道部交通史编纂委员会《交通史电政编》，交通部总务司，1936，第 314～317 页。

在保障待遇方面，南京国民政府时期技工的待遇水平要高于北京政府时期。如在技工工伤治疗方面，南京国民政府规定由公家给费治疗，并没有北京政府时期的治疗期与医疗费数额方面的限定。在工伤残废抚恤方面，数额为 4～12 个月薪额之慰恤金，再加每服务 1 年半个月薪给，最高 15 个月的养老金，一般情况下高于北京政府时期的 5～12 月薪额的抚恤金。在工伤死亡抚恤方面，南京国民政府时期，技工每服务 1 年给半个月，最高为 15 个月的抚恤金，再加上酌量情形特给的 100～300 元之额外抚恤金。当时技工最低一级月薪为 12 元，最高为 60 元。如无特殊情形，技工一般从最低级给薪。① 因此算来，一般情况下也高于北京时期的 8～16 个月薪额的抚恤金。在差身故，丧葬费为 60 元，是北京政府时期 30 元丧葬费的 2 倍。在退休待遇上，虽然计算方式不同，但也能推算出，其待遇比北京政府时期的制度水平高，如按南京国民政府的制度计算，假定一个人 50 岁退休，服务 30 年，其退休金为 15 个月月薪。而同样条件，北京政府电话局工匠的退休金为 10 个月月薪，电报局工匠为 4 个月月薪。

---

① 《技工章程》，《交通公报》1929 年第 5 期，法规，第 6～7 页。

并且南京国民政府时期技工退休只有年龄条件，而没有似北京政府时期的服务年限条件。

但相比此时期的铁路劳工的待遇，交通电政的保障制度却有所不及。如在工伤残废抚恤方面，《铁路员工服务条例》规定为"3个月之薪资额之给养费，并发给半薪资，至身故日止"，[①] 这种终身保障是电政劳工所不能享有的。在疾病治疗方面，铁路劳工发生疾病，由路局或路公司送入医院治疗，医药费由路局或路公司负担，在医治期间，第一月应给全薪，第二月应给半薪，第三月停给薪资。而电政劳工的疾病医疗费只能自付，1个月内不扣薪，1个月后则扣发薪资。在养老方面，铁路劳工"继续服务至25年以上，而年龄已达60岁者，准予退休，每月照最后之月薪资，发给半数，至身故日止"。[②] 而电政劳工的退休金为分期发放，最高为15个月月薪，寿命较长的劳工其晚年生活无法同铁路劳工一样得到保障。究其原因，电政职工人数较铁路劳工人数少，较为分散，各电话局、电报局经济实力也无法同铁路相比，所以不具备铁路设立附属医院等大型社会保障设施，建立较为具体、长远之制度的条件。

二　邮政劳工的社会保障

邮政劳工的社会保障待遇包括疾病、养老、工伤等几个方面。

（一）病假及薪水

1928年10月颁布的《邮务职工请假章程》规定，邮务员役不分等级，凭医生证明，根据服务年限可享有表3-3-2中病假及薪水待遇。但患花柳病、传染病应酌量情形办理，不适用此项规定。[③]

（二）养老金

在养老金方面，1929年10月25日，交通部公布的《邮政养老抚恤金支给章程》规定邮政员工领取养老金的条件为：（1）服务满25年以上呈准退休者；（2）服务满15年以上，年龄满50以上（邮差年龄

---

①　《铁路员工服务条例》，《立法院公报》1930年第16期，第5页。

②　同上刊，第7页。

③　《邮务职工请假章程》，载徐白齐：《中华民国法规大全》，商务印书馆，1937，第4375页。

满 45 岁以上）呈准退休者；（3）服务满 40 年或年龄满 60 岁（邮差年龄满 55 岁）强令退休者。退休金数额按其服务年限及退休时之薪额支给。具体见表 3-3-3。此外，服务年限超过 25 年的，依表列金额支给半数。员工养老金一次性支给。①

表 3-3-2　邮务职工病假及薪水待遇

服务年限	未满 1 年			未满 3 年			3 年至 6 年			6 年至 10 年			10 年及以上		
病假	2 周	2 周	2 周	4 周	4 周	4 周	2 个月	2 个月	2 个月	3 个月	3 个月	3 个月	4 个月	4 个月	4 个月
薪水	全薪	半薪	无薪	全薪	半薪	无薪	全薪	半薪	无薪	全薪	半薪	无薪	全薪	半薪	无薪

资料来源：《邮务职工请假章程》，载徐白齐《中华民国法规大全》，商务印书馆，1937，第 4375 页。

表 3-3-3　《邮政养老抚恤金支给章程》第一号附表

退休及退职时之月薪额	按每服务 1 年支给之养老金额
超过 500 元者	1 个月月薪之 90%
270~500 元者	1 个月月薪之 75%
270 元以下者	1 个月月薪之全额

资料来源：《邮政养老抚恤金支给章程》，《交通公报》1929 年第 87 期，第 21 页。

（三）工伤残废与死亡抚恤金

在工伤保障方面，1928 年 10 月交通部公布的《邮政职工抚恤金章程》与 1929 年 10 月公布的《邮政养老抚恤金支给章程》对此作了具体的规定。

《邮政养老抚恤金支给章程》规定受工伤劳工有两种情况可接受抚恤金，一为因处理公务致死亡者；二为因处理公务受伤致残废者。工伤残废员工或工伤死亡员工的遗族可申请支给抚恤金，但工伤以非出于自己过失者为限。②

---

① 《邮政养老抚恤金支给章程》，《交通公报》1929 年第 87 期，第 18 页。
② 同上刊，第 19 页。

工伤死亡抚恤金与工伤残废抚恤金的数额分为两部分，一部分根据受伤或死亡时的月薪及服务年限计算，其比例与表 3-3-3 中养老金的计算方法相同。第二部分根据表 3-3-4 所示的定额发给。其中作为劳工的信差、邮差和杂役服务在 10 年或以上者银元 500 元，未及 10 年者银元 400 元。[①]

（四）病故抚恤金

《邮政职工抚恤金章程》规定："华洋员役于服务邮政期间之内亡故者，纵其亡故系在长期假之内，均应于亡故之日停给薪水，得按左列发给抚恤金于死者之妻或子或其家属代表。准此项抚恤金完全为死者治丧之用，不得加并于死者之遗产。"其中信差、邮差与杂役"服务未及 3 年者等于 3 个月实薪之数目，服务 3~6 年者等于 4 个月实薪之数目，服务在 6 年以上者等于 5 个月实薪之数目"。如按上项规定计算，其数目不及最低额，可按最低额发给，其中，信差、杂役等为 80 元。[②]《邮政养老抚恤金章程》关于病故抚恤的规定内容与此相同。

表 3-3-4　《邮政养老抚恤金支给章程》第二号附表

		服务年限/职别	邮务长	副邮务长	甲等邮务员	乙等邮务员	邮务佐	信差、邮差、杂役等
甲种	因公受伤致成残废或死亡者	—	5000 元	4000 元	—	—	—	—
		满 10 年或 10 年以上者	—	—	3000 元	1500 元	1000 元	500 元
		未满 10 年者	—	—	2000 元	1000 元	750 元	400 元
乙种	在职死亡者	超过 6 年者	—	—	—	月薪5 个月	月薪5 个月	月薪5 个月
		满 3~6 年者	—	—	—	月薪4 个月	月薪4 个月	月薪4 个月
		未满 3 年者	—	—	—	月薪3 个月	月薪3 个月	月薪3 个月
		—	月薪2 个月	月薪2 个月	月薪2 个月	—	—	—
附注	乙种抚恤金之最高额以 1000 元为限，其最低额为：（1）乙等邮务员为 150 元；（2）邮务佐为 100 元；（3）信差、邮差、杂役等为 80 元。							

资料来源：《邮政养老抚恤金支给章程》，《交通公报》1929 年第 87 期，第 21 页。

---

① 《邮政养老抚恤金支给章程》，《交通公报》1929 年第 87 期，第 22 页。
② 《邮政职工抚恤金章程》，载实业部劳动年鉴编辑委员会：《民国二十一年中国劳动年鉴》（第五编），文海出版社，1990，第 98~99 页。

受领工伤死亡抚恤金与病故抚恤金的遗族为：配偶人、子女、孙男女、曾孙男女、父母、祖父母、曾祖父母。顺序由前及后，同列为两人以上时交给年长者。[①]

（五）退职金

《邮政员工养老抚恤金支给章程》规定，因病休致者、被裁退者可以申请抚恤金。其数额比照表3-3-3（《邮政养老抚恤金支给章程》第一号附表）即退休金的比例支给。

（六）养老抚恤金的管理

1929年10月25日，交通部公布的《邮政养老抚恤金管理章程》规定，邮政养老抚恤金以下列款项充之："（1）原有保证防后金及资助金余款之金额及所生利息3/5；（2）每月由邮政收入项下提出等于全体员工薪水7%之款（此项提出之款归营业支出项下出账）；（3）每年由邮政盈余项下提拨1/10；（4）第2、3项之利息及每年支付养老抚恤金所余之款并不便分配之畸零。上述2、3项之款俟基金积累至其每年所生利息足够支付该年度养老抚恤金之用时，即行停拨。"[②]

每年应支付之养老金以100万元为限，所余之款悉数充作基金。每年应支付的数额如超过100万元，按照《邮政养老抚恤金支给章程》第4条，即年老者、资深者的养老抚恤金优先核准，其余递推至次期办理发放。但如在该年度养老抚恤金业经支配后，发生因公致伤或致死员工，则必须于该年度内支出抚恤金，以致超过此限时，暂由基金内拨付，以次年度按月提拨之款尽先拨还。[③]

邮政养老抚恤金由7~9人组成的邮政养老抚恤金管理委员会管理，另设监查委员2人对养老抚恤金之支配及投资营运情况进行监查。[④]

1930年8月9日，交通部公布了《邮政养老抚恤金管理章程及支给章程施行细则》。细则规定了邮政养老抚恤金账目应分为基金账、基金利

---

① 《邮政养老抚恤金支给章程》，《交通公报》1929年第87期，第20页。
② 同上刊，第22~23页。
③ 同上刊，第23页。
④ 同上刊，第23~24页。

息账、养老抚恤金流动账、养老抚恤金基金投资账、投资损益账、汇兑盈亏账、银行来往账、邮局往来账、特别金账9种，并规定了各种账目记载的内容，入账资金各项来源及具体计算方法，养老抚恤金的转账程序和支付程序，总局对分区管理局款项的管理，等等。①

同此时期其他劳工的社会保障相比，邮政劳工的社会保障制度最大的一个特点，是建立了较为完善的基金管理制度。基金是通过各种渠道建立起来的、法定的、专款专用的经费，是保障制度得以正常运转的基本保证。《邮政养老抚恤金管理章程》规定了基金的来源为四个渠道，保障了制度所需要的资金供给，并严格规定基金除非遇特殊情形不得运用，且每年所需要的养老抚恤金仅用基金利息支付，保障了资金的专款专用。同时基金的管理者与监察者分开，既保障了对基金的日常运营管理，又保障了对基金运营与使用情况的监督。《邮政养老抚恤金管理章程及支给章程施行细则》则详细规定了邮政养老抚恤金的管理及支给的具体方法，易于操作。其中9种账目的分类，借鉴了较为完善的会计制度，在此时期社会保障资金管理方面是绝无仅有的创新。

另外一个特点是，制度规定比较详细，各种待遇数额较为具体。在如病假期限与薪水和服务期限挂钩，全薪期限从2周到4个月不等。养老金、工伤残废和死亡抚恤金、病故抚恤金、退职金都与服务年限和薪水相关，各有自己的计算方法或具体数据，各项待遇核算方式都很清晰。

从待遇水平来说，邮政劳工的社会保障待遇要高于电政劳工。如退休金方面，电政劳工每服务1年给半月薪水的养老金，最高额为15个月。而邮政劳工为服务25年内1年给1个月的薪水，超过25年每年给半月薪水。工伤死亡抚恤、病故抚恤等待遇计算方面有类似之处，但邮政劳工的相关待遇水平也都高于电政劳工。邮政劳工还有因病或因被辞退而得的退职金，这是电政劳工无法享有的。

但在邮政职工中，职员尤其是高级职员与普通劳工的待遇相差悬殊。如在表3-3-4中，工伤死亡抚恤与残废抚恤方面，甲等邮务员最高为

---

① 《邮政养老抚恤金管理章程及支给章程施行细则》，载徐白齐：《中华民国法规大全》，商务印书馆，1937，第4379~4380页。

3000 元，而普通邮差、信差、杂役最低为 400 元。养老金、病故抚恤金、退职金等与服务年限和薪水挂钩，而薪水的差别使这些待遇差别很大。根据《民国二十二年中国劳动年鉴》记载，邮务员最高级别月薪为 500 元，最低为 40 元。邮差杂役以各地生活情形为标准各不相同，在统计中，最低为 12 元，普通约在 20 元。[①] 这就使级别高的职员与普通劳工的社会保障待遇差了几十倍。

三 交通职工的教育福利

交通职工的教育福利包括针对职工举办的补习教育与针对职工子女举办的学校教育。

（一）普通交通职工补习教育

关于职工补习教育方面，1929 年 4 月 10 日交通部公布了《交通职工补习教育暂行规程》、《交通职工补习班办法大纲》，用以推行职工补习教育。1936 年 5 月 22 日，又公布实施了《交通部职工补习班章程》和《交通部职工补习班学生奖惩规则》。

补习教育的举办主体：《交通职工补习教育暂行规程》规定，各地视职工状况，或专设职工补习学校，或于当地相当学校内附设补习班，或于职工所属之交通机关内附设补习所。[②]《交通职工补习班办法大纲》则通令直辖各机关，一律筹设职工补习班。[③]

补习教育的对象：《交通职工补习教育暂行规程》规定，先从低级职工着手，依级别逐渐推广。

补习班的设置：《交通部职工补习班章程》规定，职工补习班分 3 组，书记、打字生、勤务生为甲组，卫士为乙组，工役为丙组。各组按职工程度高低设初、高 2 级。

补习时间：各组各级补习期均为 1 年。补习时间为工作时间外每周受课至少 6 小时。

---

① 实业部劳动年鉴编辑委员会：《民国二十二年中国劳动年鉴》（第三编），文海出版社，1990，第 297 页。
② 同上书，第 161 页。
③ 邢必信等：《第二次中国劳动年鉴》（第三编），北平社会调查所，1931，第 161 页。

补习班课程：课程根据分组情况及职工程度设置。甲组初级课程为总理遗教、国文、英文、算术、中外历史地理、书法；高级课程为总理遗教、国文、英文、法制概要、经济概论、公文程式、书法。乙组初级与高级课程相同，但程度深浅不同，为总理遗教、国文、典范令、操练、拳术。丙组也是初级与高级课程相同而程度深浅不同，为总理遗教、国语、算术、常识。

经费：补习职工免收学杂费，并由班供给必需之书籍、讲义、文具。补习班经费由班编制预算书，呈请部长次长核发。①

奖惩：根据《交通部职工补习班学生奖惩规则》，职工补习班的奖励办法有4种，包括奖品、奖状、奖金与加薪，针对成绩优异与未迟到早退旷课者。惩戒办法分为4种，包括警告、记过、扣薪、革职，针对迟到、早退、旷课、不专心补习致成绩低劣者。②

（二）邮电机关职工补习教育

1936年4月29日，交通部公布实施《交通部邮电机关职工补习教育实施通则》和《交通部邮电机关职工补习班奖惩规则》，在邮政机关中推行职工补习教育。

补习教育的对象：邮电机关职工除邮务员、技术员及一二等报务员外的所有职工。职务特繁或程度较高者经主管长官之核准得免补习。

补习班的设置：各邮电机关设立职工补习班。职工补习班分为初级及高级两种。职工视其程度分别编入初级班或高级班。凡在初级班补习期满及格者得升入高级班。每班人数至少20人，至多50人。

补习时间：职工补习班之职工每日于工作时间外上课两小时。

经费：各机关职工补习班经费应列入各该机关年度概算呈核。凡在各机关职工补习班之职工，免收学杂费，并由各该机关供给必需之书籍、文具。③

---

① 《交通部职工补习班章程》，载徐白齐：《中华民国法规大全》，商务印书馆，1937，第583页。
② 《交通部职工补习班学生奖惩规则》，载徐白齐：《中华民国法规大全》，商务印书馆，1937，第583~584页。
③ 《交通部邮电机关职工补习教育实施通则》，载徐白齐：《中华民国法规大全》，商务印书馆，1937，第584页。

奖惩：每学期终结后举行各邮电机关职工补习班教职员、学生的成绩考核。针对教职员的奖励办法有记功、奖状、奖章，服务不力者或学生成绩太差者解除聘约。针对学生的奖励办法同样为记功、奖状、奖章，惩戒办法有警告和记过。①

（三）职工子女教育

1933年7月14日，交通部公布实施《交通职工子女教育规程》，于各地设立交通职工子女学校。法规于同年8月12日修正。其主要内容有以下几方面。

职工子女学校的设立：学校由交通部职工事务委员会审查各地情形，呈交通部核定设立，由所在地主管教育行政机关及交通部事务委员会监督指导。

学校经费：经费由交通部职工事务委员会编订预算，呈交通部核定指拨。

收费：交通职工子女学校一般不收费，但学生家长月薪在100元以上者酌量收取学费。交通职工子女学校各学校有余额时，得收受非交通职工子女之学生，并酌量收取学费。②

在公布施行《交通职工子女教育规程》的同日，交通部又公布了《交通职工子女小学校教职员任免及薪给规则》，并于同年8月12日修正。规则规定，交通职工子女小学校校长由职工事务委员会遴选合格人员，连同资历证明书，呈请部长派充。小学校教员由校长参照有关规定进行聘任，呈报交通部职工事务委员会备案。根据规则所列的职别和级别，校长薪给由职工教育委员会核定，教职员薪给由校长呈职工委员会核定。③

四 工场劳工的社会保障

1929年颁布的《工厂法》适用于"凡用发动机器之工厂，平时雇用

---

① 《交通部邮电机关职工补习班奖惩规则》，载徐白齐：《中华民国法规大全》，商务印书馆，1937，第584~585页。

② 《交通职工子女教育规程》，《交通部电政法令汇刊》1933年第2期，一般关系法令，第49~51页。

③ 《交通职工子女小学校教职员任免及薪给规则》，《交通部电政法令汇刊》1933年第2期，一般关系法令，第51~53页。

工人在 30 人以上者"，制度针对的是现代工矿业。对于不适用于《工厂法》的工厂或工场，其工人的社会保障待遇，南京国民政府并没有相关规定。在传统工业较为发达的地区，地方政府为规范劳资关系，颁布了一些涉及这些工人的社会保障的法规。这些地区主要有上海和青岛。

（一）上海

1930 年 12 月 29 日，上海市政府公布《上海市工人待遇通则》，其中规定，"凡本市区域内不适用于《工厂法》之工场，其雇主待遇工人均应遵守本通则"。其内容主要包括工场工人的失业、生育、工伤等方面的待遇。[①] 这些待遇大致和《工厂法》的相关规定相同，少数条文有所差异。1936 年 8 月 8 日，上海市政府对其进行了修正。[②]

1. 失业保障

在失业保障中，通则规定了解雇预告期和解雇费。"凡无定期之工作契约，如工人无过失而雇主欲终止契约者，应于事前预告工人并准其请假出外另谋工作，照给工资，但每星期不得过 2 日。"预告期根据服务期限不同而不同，"继续工作 3 个月以上未满 1 年者，于 10 日前预告之；继续工作 1 年以上未满 3 年者于 20 日前预告之；继续工作 3 年以上者于 30 日前预告之"。关于解雇费的规定为："雇主依前条之规定预告终止契约者，除给工人以应得工资外，须给以该条所定预告期间工资之半数。其不依前条之规定而即时终止契约者，须照给工人以该条所定预告期间的工资。"[③]

上述规定，在项目上和《工厂法》相同，都设有解雇预告期和解雇费；在待遇水平上也相同，如解雇预告期的时间和解雇费的标准。唯一不同的是，在解除契约、支付解雇费的条件上，《工厂法》第 31 条规定了工厂可以不经预告而终止契约的情形："（1）工人违反工厂规则且情节重大时；（2）工人无故继续旷工至 3 日以上或 1 个月内无故旷工至 6 日以上时。"[④] 在上海通则的规定中，则只有"如工人无过失而雇主欲终止契约

者，应于事前预告工人"的规定，对于工人在什么情况下是有过失的，并没有详细的规定。这一方面是由于手工工场的用工情况较为复杂，立法难以概括，但另一方面也给了雇主在实施方面很大的自由权。

2. 生育保障

生育保障方面，通则规定："雇主对于女工分娩前后，应酌给假4至6周，工资照给。"① 《工厂法》还没有修订时，其规定女工的产假为8周，其间工资照给，所以上海通则的规定待遇相对较低。《工厂法》修订后，产假工资改为"其入厂工作6个月以上者，假期内工资照给，不足6个月者减半发给"。② 相比之下，上海通则规定的待遇水平仍然不高。

3. 关于工伤保障

通则中，工伤保障包括工伤医疗："在劳动保险法施行前，工人在厂因执行职务而致伤病，确有理据者，雇主应承担其医药费。在医治期间3个月内不得解雇，并须每日酌给工资1/3至2/3之津贴。"工伤死亡抚恤："前条伤病工人死亡时，雇主应给予30元之丧葬费及平均1年至2年之遗族抚恤费。"工伤残废抚恤："前条伤病工人治愈后，如仍有左列情形之一者，雇主分别给残废津贴。但工厂资本在5000元以下者得呈请社会局核减其数目。（1）终身丧失工作能力者应给平均工资1年至2年的津贴；（2）身体受伤从事轻便工作者，应至少给予平均半年之津贴。前项丧葬费、抚恤费一次性给予，但伤病津贴得按期给予。"③

从上面的规定看，通则中工伤保障的项目和《工厂法》的相关规定基本相同。差异之处在于：第一，关于不适用制度的特殊情况的规定。《工厂法》第45条规定"工厂资本在50000元以下者得呈请官署核减其给与数目"。上海通则的规定则是"工厂资本在5000元以下者得呈请社会局核减其数目"。第二，关于工伤医疗期间的工资。《工厂法》规定为每日给予平均工资2/3之津贴，时间为6个月。超过6个月未愈，津贴减至1/2，以1年为限。上海通则规定的待遇水平相对较低，每日津贴为工

---

① 《修正上海市工人待遇规则》，《国际劳工通讯》1936年第3卷第12期，第75页。
② 《工厂法》，载邢必信等：《第二次中国劳动年鉴》（第三编），北平社会调查所，1931，第5页。
③ 《修正上海市工人待遇规则》，《国际劳工通讯》1936年第3卷第12期，第75页。

资的 1/3，时间为 3 个月。第三，关于丧葬费和遗族抚恤费，《工厂法》规定丧葬费为 50 元，遗族抚恤费为 300 元及 2 年之平均工资。上海通则规定的待遇也相对较低，为 30 元之丧葬费及平均工资 1 年至 2 年之遗族抚恤费。第四，关于残废抚恤，《工厂法》规定为 1~3 年的平均工资。[①]上海通则则根据残废程度进行分类，全部丧失劳动能力者给予 1~2 年平均工资，部分丧失劳动能力者最低为半年工资。在残废抚恤上，上海通则的待遇水平也较低。

从上面的内容来看，上海对于工场工人的社会保障待遇的规定，在项目上与《工厂法》所规定的相同，但各项目具体规定的待遇水平相对较低，并且缺少对补习教育、娱乐、储蓄等福利方面的规定。这应该与立法者考虑到传统工业的经济实力较差、抗风险能力弱有关。

（二）青岛

"鉴于不适用工厂法之工场，待遇工人，漫无标准"，[②] 1933 年 1 月 25 日，青岛市政府公布实施《青岛市工人待遇暂行通则》，"凡本市区域内不适用《工厂法》之民营工厂或工场，其雇主对职工待遇办理均应遵守本规则"。规则中有关于工人的失业、生育、工伤、福利等内容。[③]

在失业保障方面，其条文基本和《工厂法》相同。但在契约终止方面，其并没有规定因工人过失而免除解雇预告期的内容，比《工厂法》及《上海市工人待遇通则》更有利于工人。

在生育保障方面，其规定和《上海市工人待遇通则》相同，产假为 4~6 周，工资照给，低于《工厂法》中规定的待遇。

工伤保障中，在工伤医疗方面，同上海通则一样，医疗期发放工资的期限为 3 个月，但医疗期间的伤病津贴和上海通则及《工厂法》规定的都不同，水平在两者之间，为平均工资的 1/3 至 2/3。在残废津贴上，其数额上下限与上海通则相同，为半年至 2 年的平均工资，但没有对残废程

---

① 《工厂法》，邢必信等：《第二次中国劳动年鉴》（第三编），北平社会调查所，1931，第 5 页。

② 实业部劳动年鉴编辑委员会：《民国二十二年中国劳动年鉴》（第三编），文海出版社，1990，第 37~38 页。

③ 《青岛市工人待遇暂行通则》，实业部劳动年鉴编辑委员会：《民国二十二年中国劳动年鉴》（第五编），文海出版社，1990，第 30 页。

度进行分类规定。在丧葬费和遗族抚恤费方面也与上海通则相同，分别是30 元和 1 至 2 年的平均工资。

在福利方面，有关工人教育的规定为："雇主对于童工及学徒，应予工作时间外酌予受教育之机会，并负担其费用。对于失学职工亦应遵照《劳工教育实施办法大纲》办理。"关于储蓄等的规定为："雇主应协助职工举办工人储蓄及关于工人福利事项。"① 在福利方面的内容，青岛通则比《工厂法》的内容要少，如缺少对补习教育时间的要求，以及对娱乐、生活等福利的规定，但仍比上海通则的内容要丰富。

从以上内容分析，青岛对于工场工人的社会保障，除福利方面外，其他项目基本与上海相同。在待遇水平上，二者有的相同，如产假和产假工资、残废津贴、丧葬费和遗族抚恤费；有的青岛方面要更高，如伤病津贴。但总体上，二者的规定均比《工厂法》中规定的工业工人的待遇水平要低。

五　工商业店员的社会保障

关于工商业店员的社会保障，只有上海有相关的规定。1931 年 12 月29 日，上海市公布了《上海市工商业店员待遇通则》，包括店员的失业、生育、福利等内容，② 并于 1936 年 8 月 8 日进行了修订。③

关于失业保障，其内容和《工厂法》有相同之处，都规定了解雇预告期和解雇费，但具体数额不同。店员的解雇预告期统一为 1 个月，而不似《工厂法》中和服务期限挂钩："凡雇用契约中未定雇用期限者，如店员并无过失而雇主欲终止契约，应于 1 个月前预告之，并准其请假外出另谋工作，照给工资。但每星期不得过 2 日。"关于解雇费的规定为："雇主依前条之规定预告终止契约者，除给店员以应得工资外，并须给予该条所定预告期间工资之半数。其不依前条规定而即时终止契约者，须照给店

---

① 《青岛市工人待遇暂行通则》，实业部劳动年鉴编辑委员会：《民国二十二年中国劳动年鉴》（第五编），文海出版社，1990，第 31～32 页。
② 实业部劳动年鉴编辑委员会：《民国二十一年中国劳动年鉴》（第五编），文海出版社，1990，第 46～48 页。
③ 《修正上海市工商业店员待遇通则》，《国际劳工通讯》1936 年第 3 卷第 12 期，第 78～80 页。

员以该条所定预告期间之工资。"①

关于生育保障，其内容和上海通则规定的工场工人的待遇水平相同，"雇主对于女店员之分娩前后，应酌给假4星期至6星期，工资照给"。其待遇水平低于《工厂法》针对工业工人的规定。②

关于福利，其规定"雇主对于幼年店员或学徒每日应于工作时间外酌予受教育之机会"，"雇主为店员储蓄保险或其他各种利益，得提存之一部分，应征得店员同意，并详拟办法呈候社会局核准"。③

从以上条文分析，店员的失业保障、生育保障、福利待遇基本符合《工厂法》规定的一些原则，但待遇水平有所不同：店员可享受的失业保障水平略高，生育保障水平略低，福利项目相对较少。和《工厂法》有较大差异之处在于针对店员的保障制度中没有工伤保障方面的规定。这应与店员的工作性质有关。相比工业工人，店员较少有工伤的风险，但这并不表示店员就永不受工伤。制度规定的缺失，使店员一旦遭遇工伤伤害，便没有了具体法规条文予以保障。

---

① 《修正上海市工商业店员待遇通则》，《国际劳工通讯》1936年第3卷第12期，第78～79页。
② 同上刊，第79页。
③ 同上刊，第79～80页。

第四章　南京国民政府时期劳工社会保障行政管理机构的设置及制度的推行

第一节　劳工社会保障行政管理机构的设置及演变

南京国民政府时期，劳工事务根据劳工所属行业的不同由不同职能部门管理。工业与矿业劳工先由劳工局管理，后归入工商部、实业部管理范围。铁路劳工由铁道部管理，交通劳工由交通部管理。各部门设有司或处专门管理包括劳工社会保障在内的各类劳工待遇事宜。此外，各部还设有一些专门的委员会管理劳工社会保障的某些具体事务。劳工社会保障行政管理体制属于分类管理模式。

一　工矿劳工社会保障行政机构

（一）劳工局

南京国民政府成立后，于1927年8月设立劳工局，直属国民政府委员会，掌理劳工行政事务，任命马俊超为局长。8月9日，马俊超在国民政府大礼堂举行就职典礼，在演讲词中讲到劳工局成立后："第一件要办的事情是要使全国工友享受适当的人生生活……；第二件要办的事就是要厉行农工教育……；第三件是救济失业工人……；第四件是要设法整理各地工会的组织……"，并希望工人团体自行举办为他们自身谋切实利益的事情，如合作、储蓄、保险，建立工人补习学校、工人子弟学校、劳工医院等，政府方面愿意提供帮助。① 1927 年 8 月 22 日，公布组织法，直隶于国民政府，设总务、行政、统计三处。其中行政处掌理：（1）关于劳资争议之调解仲裁事项；（2）关于劳工团体组织之指导事项；（3）关于劳工教育事项；（4）关于劳工卫生及劳工保险事项；（5）关于劳工失业及意外事件之救济事项；（7）关于国外劳工团体及国际劳工组织之各种事项。统计处掌理事务：（1）关于劳工状况之调查事项；（2）关于失业、罢工及劳工团体状况之统计事项；（3）关于劳工法规之调查及整理事项；（4）关于劳工书报之编译出版事项；（5）关于劳工团体之登记事项。劳工局对于各省农工厅及各地方之农工行政机关，就其主管事务有监察指示之责任。② 周湘、王光辉、萧同兹分别为总务、行政、统计三处处长。各省农工厅、各市社会局所掌劳工行政事宜，皆由劳工局监督指挥。③ 1928 年 3 月 2 日，国民政府裁撤劳工局。

（二）工商部

1. 劳工司

1928 年 3 月，工商部成立，直属于南京国民政府。1928 年 10 月直隶行政院。同年 12 月 8 日公布《工商部组织法》，其中规定工商部掌理全国工商行政事务。下设总务、工业、商业、劳工 4 司。劳工司主管劳工行政事务，具体有以下 10 项："（1）关于劳工团体之指导监督事项；（2）关于劳工生活之改良及保障事项；（3）关于工人教育事项；（4）关于工人失业及意外事件之救济事项；（5）关于工人保险及劳工银行合作社之筹设事项；（6）关于工人与雇主间纠纷之调解仲裁与劳资协作之指导；（7）关于工人或工会相互间之纠纷事项；（8）关于工人工作能率及服务状况之考查事项；（9）关于劳工移植及国外侨工保护事项；（10）关于其他劳工事项。"④ 工商部部长为孔祥熙（于 1928 年 2 月 28 日上任），劳工司司长为朱懋澄（于 1928 年 4 月 10 日上任）。⑤ 工商部主管除交通、铁路以外的劳工社会保障事

①　《杂纂：国民政府劳工局成立记》，《银行周报》1927 年第 11 卷第 31 期，第 4~6 页。

②　王清彬等：《第一次中国劳动年鉴》（第三），北平社会调查部，1928，第 96 页。

③　郭廷以、王聿均、刘凤翰：《马超俊先生访问纪录》，中央研究院近代史研究所，1992，第 112 页。

④　《国民政府工商部组织法》，《行政院公报》1928 年第 7 期，法规，第 7 页。

⑤　郭卿友：《中华民国时期军政职官志》，甘肃人民出版社，1990，第 559 页。

宜，对象包括工业工人、矿业工人、手工业工人等。1930 年 12 月，国民政府撤销该部，将其同农矿部合并建立实业部。

2. 工商卫生部劳工卫生委员会

在劳工卫生方面，1929 年冬，为促进工厂卫生并增进劳工健康，工商部会同卫生部设立劳工卫生委员会，颁布《工商部卫生部劳工卫生委员会规程》及《工商部卫生部劳工卫生委员会会议细则》。劳工卫生委员会暂定为 9～11 人，由工商部、卫生部各派 4 人，由工商卫生两部会同聘任赞助劳工卫生事业或具有专门学识者 1～3 人。委员会所承担的事务包括：关于工厂卫生之建议事项；关于筹划劳工卫生状况之调查事项；关于拟订各项劳工卫生章则标准事项；关于劳工健康保险之设计事项。[①]

（三）实业部

1930 年 12 月，国民政府撤销工商、农矿二部，合并建立实业部，管理全国实业行政事务，下设林垦署及总务、农业、工业、商业、渔牧、矿业、劳工 7 司。实业部成立后，部长先后为：孔祥熙（1930 年 12 月 4 日上任）、陈公博（1931 年 12 月 30 日上任）、吴鼎昌（1935 年 12 月 12 日上任）。劳工司司长先后为：严庄（1931 年 5 月 2 日上任）、李平衡（1932 年 3 月 2 日上任）、唐健飞（1935 年 8 月 12 日试署；1936 年 10 月 9 日上任）。[②] 1938 年 1 月 1 日国民政府裁撤该部，改设经济部。

1. 劳工司

实业部劳工司主管劳工行政事务。其主要职责如下：（1）关于劳工团体之监督事项；（2）关于劳工生活之改良及保障事项；（3）关于工厂矿厂卫生设备之指导监督及检查事项；（4）关于工人智识之增进事项；（5）关于工人失业及伤害之救济事项；（6）关于劳动保险及工人合作之促进事项；（7）关于工人与雇主间纠纷之调解及劳资合作之指导事项；（8）关于工人或工会相互间之纠纷事项；（9）关于工人工作效率及服务状况之考查事项；（10）关于劳工移植及国外侨工保护事项；（11）关于

[①] 《工商卫生部劳工卫生委员会规程》，《卫生公报》1930 年第 2 卷第 4 期，法规，第 111～112 页。

[②] 郭卿友：《中华民国时期军政职官志》，甘肃人民出版社，1990，第 559～560 页。

国际劳工事项；（12）关于劳工统计事项。①

1931 年 5 月 2 日，实业部发布《实业部各司分科规则》，劳工司置监理、保工、益工三科。监理科职责为：（1）关于劳工团体之监督事项；（2）关于工人与雇主间纠纷之调解或仲裁事项；（3）关于工人或工会相互间纠纷之处理事项；（4）关于劳资协作之指导事项；（5）关于劳资关系之调查及改善事项；（6）关于农佃纠纷之处理事项；（7）关于劳工统计事项；（8）关于其他劳工事项。保工科的职责为：（1）关于工厂矿场安全或卫生设备之指导及检查事项；（2）关于工厂矿场劳工待遇之考核及监督事项；（3）关于工人工作效率及服务状况之考查事项；（4）关于侨外华工之调查及保护事项；（5）关于国际劳工事项。益工科的职责为：（1）关于工人生活之改良及保障事项；（2）关于工人保险及养老抚恤事项；（3）关于工人卫生及教育事项；（4）关于工人合作社事项；（5）关于劳工之移植及工人职业介绍事项；（6）关于工人失业及伤害之救济事项。②

1932 年 2 月，实业部以监理、保工、益工三科"名义不甚清晰，职权容易混淆"，改为指导、保工、调查、国际四科。③ 1932 年 12 月 23 日，《修正实业部各司分科规则》将其改名为第一、二、三、四科。第一科职责主要为原监理科职责，第二科职责主要为原益工科职责，但增加关于劳工保险方面的事项。第三科职责主要为原保工科职责，但去除关于国际劳工事项。第四科主要职掌国际劳工事务，具体为：（1）关于侨外华工之调查及保护事项；（2）关于国际劳工会议事项；（3）关于各国劳工刊物之编译事项；（4）关于各国劳工事务之调查事项；（5）关于侨华各国工人之调查事项。④

1934 年 3 月 20 日，实业部令劳工司第三科裁撤，第四科改为第三科。⑤ 1934 年 4 月 11 日，实业部公布《修正实业部各司分科规则第二十

---

① 《实业部组织法》，《立法院公报》1931 年第 26 期，136~143 页。
② 《实业部各司分科规则》，《行政院公报》1931 年第 252 期，部令，第 40~48 页。
③ 实业部劳动年鉴编辑委员会：《民国二十一年中国劳动年鉴》（第三编），文海出版社，1990，第 1 页。
④ 《实业部各司分科规则》，《实业公报》1932 年第 103、104 期合刊，法规，第 44~45 页。
⑤ 《实业部令：裁撤本部劳工司第三科改第四科为第三科令》，《实业公报》1934 年第 169、170 期合刊，命令，第 4 页。

八条等条文》，对劳工司各科执掌事项做了重新规定，原第一科掌管事务不变，第四科改为第三科，掌管内容不变。第二科由原来的第二科与第三科合并而成，相对于原来的职责，取消了"关于工厂矿场劳工待遇之考核及监督事项"、"关于劳工之调查及统计事宜"两项内容，将"关于劳动保险及工人合作社之促进事项"改为"关于工人合作社之促进事项"，取消其处理劳动保险事务方面的职责。① 1934 年 8 月 21 日，实业部公布《修正实业部各司分科规则》，其规定劳工司仍分三科，各科掌管事务不变。②

1935 年 6 月 1 日，国民政府公布《修正实业部组织法》，其规定实业部设置从原来的七司一署增为八司一署，增加了合作司。劳工司关于工人合作之促进事项的职责转移到合作司。③ 同年 12 月 13 日，实业部公布《修正实业部各司分科规则》，将劳工司第二科掌管职务中"关于工人合作社之促进事项"一项内容取消，其他各司职掌内容不变。④

1936 年 11 月 2 日，国民政府对《实业部组织法》进行修正，令实业部设统计处，设统计长 1 人，会计主任 1 人，办理统计、岁计、会计事项，受实业部部长之指挥监督并依国民政府《主计处组织法》之规定，直接对主计处负责。劳工司不再掌管劳工统计事项。⑤

2. 实业部专门委员会劳工委员及劳工委员小组

1931 年 5 月 7 日，根据《实业部组织法》第 22 条 "实业部因事务上之必要，得聘用顾问及专门委员"，实业部公布实施《实业部专门委员会规则》，设立实业部专门委员会，委员会成员包括劳工委员，由部长指定。专门委员会职责为：全国实业及国民经济状况之调查事项；实业设计事项；实业法规及商约草案之研究事项；部长交议事项。专门委员会由下列人士选派：国内外专家；办理实业或建设事项卓有成绩者；现任或曾任实业或

---

① 《修正实业部各司分科规则第二十八条等条文》，《实业公报》1934 年第 173、174 期合刊，法规，第 62~63 页。
② 《修正实业部各司分科规则》，《实业公报》1934 年第 191、192 期合刊，法规，第 81 页。
③ 《修正实业部组织法》，《实业公报》1935 年第 236 期，法规，第 72 页。
④ 《修正实业部各司分科规则》，《实业公报》1935 年第 261、262 期合刊，第 134~135 页。
⑤ 《修正实业部组织法第七条第八条第九条第十条第十二条第十三条第十四条第二十三条条文》，《实业公报》1936 年第 307 期，法规，第 18~22 页。

学术团体重要职员负有声望者；本部各署司厅及部辖各机关之重要职员。①

1936 年 5 月 12 日实业部公布《修正实业部专门委员会规则》，将专门委员会的任务修改为"承办委托事项；解答咨询事项；其他建议事项"，委员会不再担负属于劳工行政事务的调查设计事项，而专门承担咨询建议职责。根据专门委员所应承担的任务，委员会分为 13 组，其中劳工专门委员会为 1 组，以 5 人为限，委员任期为 2 年。在专门委员的选派和聘任方面，去除了"本部各署司厅及部辖各机关之重要职员"一条，削弱了委员会的官方背景，使其更多地以专家身份出现；委员资格由原来的部长指定改为"由部长临时聘任或指定人员组织专门委员资格审查委员会审查之"。②

3. 劳工教育设计委员会

为促进劳工教育，1931 年 5 月 12 日，实业部与教育部会同颁布《劳工教育设计委员会章程》，成立劳工教育设计委员会。委员会暂定人数为 5~7 人，由实业教育两部各派主管人员 2 人，由实业教育两部会同聘任热心赞助劳工教育或具有专门学识或经验者 1~3 人。委员会事务为：关于劳工教育之建议事项；关于规划调查劳工教育状况及改进事项；关于拟订各项劳工教育章程及标准事项；关于筹议各项劳工教育之推行提倡事项；关于实业教育两部交议之劳工教育事项。③

4. 劳工卫生委员会

1932 年 3 月 4 日，实业部和内政部为提倡工厂卫生并增进劳工之健康，共同设立劳工卫生委员会，并公布实施《实业部内政部劳工卫生委员会规程》。委员会暂定人数为 9~11 人，由实业内政两部就主管人员中各派 4 人，由实业内政两部会同聘任热心赞助劳工卫生事业或具有专门学识者 1~3 人组成。委员会事务为：关于工厂卫生之建议事项；关于筹划劳工卫生状况之调查及改善事项；关于拟订各项劳工卫生章则标准事项；关于劳工健康保险之设计事项。④

---

① 《实业部专门委员会规则》，载徐白齐：《中华民国法规大全》，商务印书馆，1937，第3155 页。

② 《修正实业部专门委员会规则》，《实业部公报》1936 年第 280 期，法规，第 23~25 页。

③ 《劳工教育设计委员会章程》，《实业公报》1931 年第 19 期，法规，第 5~6 页。

④ 《实业内政部劳工卫生委员会规程》，《实业公报》1932 年第 62、63 期合刊，法规，第1~2 页。

二　交通劳工社会保障行政机构

（一）交通部各司

交通部主管交通工人的社会保障事宜。1926 年 11 月 13 日，国民政府公布了《交通组织法》，设交通部，直属国民政府。1927 年 7 月 4 日，国民政府修正《交通组织法》，下设总务厅及路政、电政、邮政 3 司，另设电政总局。1928 年 10 月，交通部改隶行政院直属，路政事务归铁道部。同年 12 月 8 日，公布《交通部组织法》，令交通部掌理并经营全国电政、邮政及监督民办航业，其下设置总务、电政、邮政、航政 4 司。电政、邮政、航政各司分管电务职工、邮务职工、船员的待遇事项。① 此后《交通部组织法》数次修订，但此方面的职责基本没有变化。1929 年 9 月 12 日公布的《交通部各司分科职掌规则》规定，总务司第一科主管"交通教育事项"。电政司第二科掌管"关于电报工务人员及工匠之调派考核奖惩抚恤事项"，第三科职掌"关于报务人员之训育调派考核奖惩抚恤事项"，第四科职掌"关于电话技术员、话务员及技工之训育调派考核奖惩抚恤事项"；邮政司第一科职掌"关于邮务职员工人待遇事项"；航政司第一科职掌"关于航务员工待遇事项"。②

1933 年 12 月 16 日，交通部修正《交通部各司分科职掌规则》，令电政司设人事科，掌管"关于电务技术员、报务员、话务员、业务员及技工之任免、调派、考核及抚恤事项"。邮政司设邮务科，掌管邮政员工之人事事项、训育及考试事项。航政司设航政科，掌管航政机关员工之人事事项；设海事科，掌管航政人员之训育事项。③

（二）交通职工事务委员会

1927 年交通部成立不久，即组织成立交通职工事务委员会，委员会组织条例规定了委员会的宗旨"为改良交通职工待遇，提高职工智识，处理职工纠纷"。④ 交通部任命刘成志为主任，钱春祺、谌小岑、熊遂、

---

① 《国民政府交通部组织法》，《行政院公报》1928 年第 8 期，法规，第 4~6 页。
② 《交通部各司分科职掌规则》，《交通公报》1929 年第 74 期，法规，第 29~41 页。
③ 《交通部各司分科职掌规则》，《交通公报》1933 年第 517 期，法规，第 13~26 页。
④ 《交部职工与电政管理之例规》，《申报》1927 年 7 月 19 日，第 9 版。

张一留、夏邦济、何清华、张祖训、周辛、吴益铭为委员。① 1928 年 3 月 22 日，交通部发布《修正职工委员会会章程》，规定委员会管理关于路、电、邮、航四政职工的事务。委员会分为三股，第一股掌管：（1）关于指导改善交通职工会之组织事项；（2）关于审拟属于职工之各种规章事项；（3）关于编制职工之统计事项；（4）关于办理本会文书及保管案卷事项；（5）关于本会会计庶务事项；（6）关于其他不属于各股事项。第二股掌管：（1）关于调查职工之生活及工作状况事项；（2）关于改良职工待遇事项；（2）关于规定工资及工作时间事项；（3）关于筹办职工储蓄保险及消费组合事项；（4）关于处理职工与管理方面之纠纷事项；（5）关于职工意外事件之救济事项。第三股掌管：（1）关于养成交通职工事项；（2）关于职工补习教育事项；（3）关于职工习惯及心理训练事项；（4）关于改善职工子弟之教育事项。该会设主任 1 人，委员会若干人，各股股长各 1 人，事务员 3 人，书记 2 人。②

1932 年 4 月，交通部为"工作便利及节省公款起见"，将职工事务委员会改为职工事务处，设主任 1 人，干事 8 人，书记 2 人，所掌管事务与职工事务委员会相同，但采取混合制，不另分组。同年 12 月，又因职工事务处日渐繁忙，乃复改职工事务处为职工事务委员会，设主任委员 1 人，委员 3 人，干事 8~12 人，书记若干人。内部分为 3 组，每组各设总干事 1 人，由委员兼任，各组职掌事务与前职工委员会所规定大致相同。③

交通部成立后，其部长先后为：王伯群（1927 年 5 月 4 日代任；10 月 12 日上任，1931 年 12 月 30 日免职）、陈铭枢（1931 年 12 月 30 日上任）、黄绍竑（1932 年 7 月 1 日代任）、朱家骅（1932 年 10 月 28 日上任）、顾孟余（1935 年 12 月 12 日上任）、俞飞鹏（1937 年 3 月 4 日上任）。④

三　铁路劳工社会保障行政机构

（一）铁道部管理司、业务司

铁道部主管铁路工人的社会保障事宜。1928 年 10 月 23 日，国民政

---

① 《新都要讯》，《申报》1927 年 7 月 22 日，第 5 版。
② 《交部修正职工委员会章程》，《申报》1928 年 3 月 27 日，第 9 版。
③ 实业部劳动年鉴编辑委员会：《民国二十一年中国劳动年鉴》（第三编），文海出版社，1990，第 10~11 页。
④ 郭卿友：《中华民国时期军政职官志》，甘肃人民出版社，1990，第 511 页，第 562 页。

府明令设置铁道部，同年 11 月 7 日公布组织法，令铁道部负责管理并监督全国国有铁道系统及监督商办铁道，下设总务、理财、管理、建设 4 司。其中管理司掌管"铁道职工待遇之改良保障及教育事项"。① 管理司第四科负责铁路劳工事务，具体如下：（1）关于铁路工人教育事项；（2）关于铁路工会组织之调查事项；（3）关于铁路工人一切利弊之调查事项；（4）关于铁路工人争执纠纷之裁决事项；（5）关于铁路工资之增减事项；（6）关于铁路工人生活之改良事项。②

1929 年 11 月 18 日，国民政府修正该组织法，其中规定铁道部仍设 4 司，除总务司不变外，将理财、管理、建设 3 司改为财务、业务、工务 3 司。业务司掌管"铁道职工之待遇及保障及事项"，总务司掌管"铁路职工教育及附属学校事项"。③

（二）铁道部卫生处

1929 年 12 月 2 日，为"统筹各路卫生改进事项，以期公共卫生及医务之整理完善"，铁道部公布《铁道部卫生处职掌规则》，特设卫生处。卫生处职掌事务有：（1）关于各路卫生医务状况之调查视察报告事项；（2）关于各路卫生医务设备及管理之指导改良事项；（3）关于各路卫生医务人才之调度训练事项；（4）关于各路卫生医务改进方法之研究推行事项；（5）关于各路卫生医务成绩之征集比较事项；（6）关于各路员工与乘客卫生知识之灌输并卫生习惯之改良事项；（7）其他关于本部及所属各机关之卫生医务事项。卫生处因事实上之需要，得由本部指派卫生专员若干人、佐理员若干人分驻各路，并受上级之指导负责办理各本部卫生医务事务。前项驻路卫生专员每路定为 1 人，各路每处或每部分派佐理员 1 人，直接承驻路卫生专员之指挥监督。④

同日，铁道部公布了《铁道部卫生处管理各路卫生医务细则》，规定各路卫生事宜由铁道部卫生处秉承部长直接指导，各路卫生员司办理。各

---

① 《铁道部组织法》，《行政院公报》，1928 年特刊号，法规，第 2~6 页。
② 《铁道部总务司、财务司、管理司分科办事规程》，《铁道公报》1929 年第 1 期，法规，13~21 页。
③ 《修正铁道部组织法》，《行政院公报》1929 年第 102 期，法规，第 18~21 页。
④ 《铁道部卫生处职掌规则》，载徐白齐：《中华民国法规大全》，商务印书馆，1937，第 5178~5179 页。

路卫生科受卫生处所派专员之指导、各该路局长之节制，办理各该路医务卫生事宜。卫生科应处理事宜有：（1）关于全路流行病之预防及制止事项；（2）关于全路员工之保健事项；（3）关于全路员工之疾病治疗事项；（4）关于全路员工乘客之急救事项；（5）关于全路药品之审核及分配事项；（6）关于全路医院诊所之设置及改良事项；（7）关于全路医务之报告事项；（8）关于新员工之体格检验事项；（9）关于员工病假之核准及统计事项；（10）关于车站车辆工场宿舍之消毒事项；（11）关于其他医务卫生事项。①

根据《铁道部卫生处职掌规则》，1930年1月16日，铁道部公布《铁道部卫生处办理细则》，规定卫生处事务由处长分配于各专员、佐理员与事务员处理，明确了专员、佐理员和事务员具体承担的职责。②

（三）铁道部职工教育委员会及各铁路职工教育委员会

1932年5月6日，铁道部公布《铁道部职工教育委员会组织大纲》，设立职工教育委员会，主管铁路职工教育。委员会设立总务、教育、调查、编辑4股。总务股职掌文书、开会、会计、庶务及不属于其他各股事项。教育股掌管关于学校之设计、筹备、指导、考核事项；关于师资、教授、训育事项；关于图书馆、影戏、话剧、讲演等事项。调查股职掌调查、统计等事项。编辑股职掌教材、出版物及宣传品等设计事项。③

1933年5月1日，铁道部为方便指导各路职工教育，公布了《铁道部直辖各路职工教育委员会组织规程》，据此组织各铁路职工教育委员会。暂定设置委员会的有津浦、平汉、京沪沪杭甬、陇海四铁路。委员会的组成为：各路局局长或委员长为当然委员，除此外由铁道部派1人，路局铁路特别党部及工会各派1人。各路职工委员会隶属于铁道部，秉承铁道部之意旨，执行下列职务：执行铁道部颁行关于职工教育之一切法令；凡与铁道部职工教育行政计划有关系之一切行政事项；委派各校教职员，

① 《铁道部卫生处管理各路卫生医务细则》，载徐白齐：《中华民国法规大全》，商务印书馆，1937，第5179~5180页。
② 《铁道部卫生处办理细则》，载徐白齐：《中华民国法规大全》，商务印书馆，1937，第5179页。
③ 《铁道部职工教育委员会组织大纲》，载徐白齐：《中华民国法规大全》，商务印书馆，1937，第5166~5167页。

监督其学校行政事项；规划并考核关于职工教育之实施事项；筹集分配并审核所属各校经费事宜；其他关于职工教育进行之一切事项。①

1934 年 2 月，铁道部对《铁道部直辖各路职工教育委员会组织规程》进行修正，设置委员会的铁路增加了胶济路。②

为了执行国民党中央决议，1936 年 11 月 6 日，铁道部又对规程进行了修正。各路职工教育委员会组成有所变化，除原来人员不变外，增加了中央民众训练部人员 1 人。在职务方面，增加秉承中央民众训练部之意旨，执行中央民众训练部所颁行关于职工教育法令的内容。除各路职工学校校长的任命外，增加中央民众训练部审查备案的权利。职工教育委员会的机构设置方面也有变化。主持日常事务者由主任委员改称为常务委员，委员会下新设教务、训育、总务 3 股，每股设主任一名，其中教务股主任由铁道部派委员兼任，训育股主任由党部职工科主任兼任，总务股主任由路局公益科长或人事科长兼任。各路职工委员会编造工作报告呈送铁道部考核，并由铁道部转送中央民众训练部审查，经费预算由中央民众训练部铁道部会同商定后，由铁道部分令各路局照拨。其办事细则由各该分会拟订，由中央民众训练部备案施行。③ 在各铁路职工委员会的组织方面，赋予了中央民众训练部管理和监督的权利。

（四）铁道部职工教育咨询委员会

1936 年 1 月 6 日，铁道部废止《铁道部职工教育委员会组织大纲》，④同日，公布《铁道部职工教育咨询委员会规程》，设铁道部职工咨询委员会。⑤ "所有职工教育委员会以前所主管之一切行政事项暨所统属之各项学校及各种补充教育机关，均移交总务司劳工科接管办理。该会原有人

---

① 《铁道部直辖各铁路职工教育委员会组织规程》，《铁道公报》1933 年第 546 期，法规，第 1~2 页。

② 《修正铁道部直辖各铁路职工教育委员会组织规程》，《铁道公报》1934 年第 797 期，法规，第 1 页。

③ 《修正各铁路职工教育委员会组织规程》，《平汉铁路月刊》1937 年第 80 期，法制，第 14~15 页。

④ 《铁道部训令参字第 231 号》，《铁道公报》1936 年第 1369 期，命令，第 3 页。

⑤ 《铁道部令参字第 101 号兹制定铁路职工教育咨询委员会组织规程公布之》，《铁道公报》1936 年第 1369 期，命令，第 3 页。

员，由职工教育咨询委员会主任委员重新支配，呈请任用。"①

《铁道部职工教育咨询委员会规程》规定，职工教育咨询委员会应研究讨论事项有：（1）关于各路职工学校之设立及改善计划事项；（2）关于各路职工教育一切章制法规之改进事项；（3）关于各路职工学校教授方法及选择教材事项；（4）关于部长特交事项。职工教育咨询委员会设主任委员1人，委员4人，主任委员由部长指派劳工科科长兼任，委员由部长派充。②

铁道部成立后，部长先后为：孙科（1928年10月24日上任）、连声海（1931年5月29日代任，1931年6月19日署理）、叶恭绰（1931年12月30日上任）、汪兆铭（1932年2月8日兼任）、顾孟余（1932年3月8日上任）、张嘉璈（1935年12月12日上任）。③ 1938年1月1日，国民政府调整中央行政机构，将铁道部并入交通部。

从南京国民政府劳工社会保障行政管理体制上看，其采用的分类管理模式较为简单，只是在劳工管理部门的原有业务的基础上增加社会保障方面的业务，这种管理模式在劳工管理部门初设、劳工社会保障制度初建时期较为适用，其设置与运行都较为容易，管理成本较低。这种管理体制有利于各部门在现实情况有变时及时调整保障制度的内容。但它也有不足之处，各行业劳工的保障内容主要由所属行政部门制定，无一致的标准，这不利于全体劳工社会保障水平的统一，不利于社会公平。

第二节　工矿劳工社会保障制度的推行
——工厂检查制度的实施

普通工矿劳工社会保障制度的主要内容体现在《修正工厂法》《修正工厂法施行条例》《矿场法》《职业介绍所暂行办法》《县市设立民生工厂办法》《县市政府劝办工厂考成条例》《职业介绍法》《劳工教育实施

---

① 《铁道部训令参字第233号》，《铁道公报》1936年第1369期，命令，第4页。

② 《铁道部职工教育委员会组织规程》，《铁道公报》1936年第1369期，法规，第1~2页。

③ 中国第二历史档案馆：《中华民国史档案资料汇编》，第五辑第一编政治（一），江苏古籍出版社，1991，第67、69、72、75、77页。

办法大纲》《工商职工俱乐部计划大纲》《工厂设置哺乳室及托儿所办法大纲》《工人储蓄暂行规程》等一系列法规文件中。其中《修正工厂法》是最主要的法规。为了推动《修正工厂法》的实施，南京国民政府借鉴西方发达国家的经验，决定实施工厂检查制度。

工厂检查是推行《工厂法》的重要手段。西方发达国家，较早如英、德、法、意、西、日等，在颁布劳工法的同时大都配套实施了工厂检查制度。英国于1833年重新修订了《保护学徒之健康与道德法》，规定由中央政府特委派4人，掌理全国工厂检查事宜。德国普鲁士于1939年颁布了《童工雇用法》，令警察机关负责执行工厂检查；法国于1841年颁布《保护劳工法》后，又制定了《工厂检查法》；意大利于1886年颁布了《保护劳工法》，规定由矿务工程师、工业及工业教育检查员执行检查工作；西班牙于1873年颁布了《儿童雇用法》，令各地厂主、工人、校长及医生选出代表，组织工厂检查科，实行工厂检查；日本于1911年颁布了《工场法》，于农商省之工商局特设工厂检查科，筹备施行工厂检查。[①]

国际劳工组织的成立推进了各国工厂检查制度的设立。1919年以劳工组织创设为主旨的《凡尔赛合约》第13章，认为各缔约国亟须实行9条改善劳动状况的方法和原则，其中第9条为："各国应设立检查制度，并酌用妇女参加检查，俾劳工法令得以实行。"[②] 1922年日内瓦第四次国际劳工大会通过"实行工厂检查"建议案。[③]

中国于1920年代开始推行劳工立法，通过工厂检查制度来落实劳工立法也受到了重视。1927年春，湖北政务委员会在制定《临时工厂条例》之后又出台了《湖北产业监察委员会条例》，此条例以监督工厂为主要内容，已略含工厂检查的意义。同年11月，北京政府农工部修改《暂行工厂通则》为《工厂条例》后，公布《监察工厂规则》，但因为时局未稳，缺乏专才，未能实施。

---

① 王莹：《从正泰永和两惨案谈到我国工厂检查（续）》，《劳工月刊》1933年第2卷第7期，第45~46页。
② 实业部劳动年鉴编辑委员会：《民国二十一年中国劳动年鉴》（第四编），文海出版社，1990，第2页。
③ 《历届国际劳工大会之成绩》，《国际劳工消息》1931年第1卷第1期，第8页。

一　工厂检查立法的制定

1930 年工商部在拟定《工厂法施行条例》的同时，拟就《工厂检查法草案》23 条，一同呈请行政院转交立法院审查。立法院交付劳工法起草委员会审查，委员长审查报告认为：

> ……至于工厂检查法，固为劳工法中之重要法规，对于工厂之安全设备，及其他劳工保健、劳工福利等事项，是否依照《工厂法》实行，须赖工厂之检查。其检查方法与其程序须赖《工厂检查法》有详密之规定。兹按照我国产业情况，参考各国立法例，折中于党义党纲，详慎审查，迭经开会讨论，修正通过。[①]

劳工法起草委员会将《工厂检查法》审议修正后呈交立法院，立法院于 1930 年 12 月 4 日第 121 次会议表决，将其再付劳工法起草委员会审查。劳工法起草委员会于 1931 年 1 月 20 日复将《工厂检查法草案》修正，修正条目包括全部 20 条。[②] 经立法院第 129 次会议开二读会通过，并省略三读，将《工厂检查法》呈交国民政府于 1931 年 2 月 10 日公布，10 月 1 日起施行。

《工厂检查法》共 20 条。首先，规定了工厂检查员的任用，包括：工厂检查事务，由中央劳工行政机关派工厂检查员办理；工厂检查员应是国内外工业专门以上学校毕业或曾在工厂工作 10 年以上有相当学术技能者，经中央劳工行政机关训练合格后委任；工厂检查员应依中央劳工行政机关之规定，赴该管区内之工厂及其附属工作场所进行定期或不定期之检查。

其次，规定了工厂检查的事项共 9 种，其中有关劳工社会保障的有：关于女工分娩假期事项；关于工厂安全及卫生设备事项；关于工厂灾变、

---

① 《劳工法起草委员会审查报告：工厂法施行条例草案审查报告》，《立法院公报》1930 年第 25 期，第 51~52 页。

② 《劳工法起草委员会报告：工厂检查法草案审查报告》，《立法院公报》1930 年第 26 期，第 42 页。

工人死亡伤害事项。工厂检查员每3个月应将其所检查区域内之下列事项详报主管官署：各业工厂统计；各业工人统计；各业童工状况；各厂工人流动状况；各厂灾变统计；各厂工作时间实况；各厂工人伤病统计；各厂安全状况；各厂工人请假状况；各厂卫生状况。

再次，规定了工厂的安全与卫生检查中检查员和工厂的职责。在工厂中，工厂检查员如发现工厂有安全卫生设备不完善时，应即报告主管官署核办。关于工厂的安全或卫生事项有须立时纠正者，工厂检查员应加纠正。工厂或工人团体不服从前项纠正时，工厂检查员就即报由主管官署核办。关于增进安全杜防危险，工厂检查员得向厂方及工人提出意见，并应设法促成两方合作，以改进工厂之卫生与安全状况。工厂无故拒绝工厂检查员进厂检查者，处200元以下之罚金。①

1935年4月16日，国民政府对《工厂检查法》第3条、第5条、第10条条文进行修订。第3条原文为"工厂检查事务，由中央劳工行政机关派工厂检查员办理之"。修正时增加"但必要时，省市主管厅局亦得派员检查。前项省市所派工厂检查员，并受中央劳工行政机关之指导监督"。修订后的此条增加了地方主管部门在选派工厂检查员方面的权限。第5条关于工厂检查员任职资格的规定中，增加"国内外工业专门以上学校毕业，领有技师证书者"一种，扩大了招收工厂检查员的资格范围。第10条关于对工厂检查员工作监督的规定中，修订后的原文为"工厂检查员有违法或失职情事，厂方或工人得根据事实，向各该主管官署举发之"，相比修订前增加了"各该"二字，语义更为清晰，执法机关更为明确。②

二　工厂检查机构的设立

（一）成立中央工厂检查处

1931年10月1日《工厂检查法》实施后，除上海、威海卫、浙江开始实施以外，青岛、北平、江苏、山东、河北、湖北、福建、云南等处实施后旋即停顿，其他省市则并没有开始。实业部认为，"工厂检查之成绩

---

① 《工厂检查法》，《实业公报》1931年第6期，法规，第2~5页。
② 《修正工厂检查法第三条第五条第十条条文》，《实业公报》1935第228期，法规，第60页。

尚鲜可观。盖政府过去对于工厂检查之设施，事权未能集中，以致政令推行，每多弛缓"，① 认为"检政之推进，中央必须设专管机关，担负指导监督责任，然后工厂检查行政，方可收统一之效"，② 因此拟议筹设中央检查机关。后关于上海租界工厂检查权问题交涉无果，更使实业部认识到中央工厂检查机关设立的必要。1933 年 6 月 5 日，实业部向行政院提议从速组织中央工厂检查处，并拟组织章程及经费预算，呈奉行政院核准。行政院于 107 次会议通过该项提案决议，并决定在原组织章程草案拟设的事务、检查两科基础上，增设卫生科。③

《中央工厂检查处组织章程》规定，中央工厂检查处应依照工厂检查法之规定办理全国工厂检查事项，并指导监督全国各省市政府所属之工厂检查员。中央工厂检查处直隶于实业部，依《工厂法》之规定得随时酌派检查员考核督促及指导各地工厂检查工作。中央工厂检查处设下列各科：（1）事务科掌本处文书、会计、庶务、统计、编辑及不属于他科之事项；（2）检查科掌研究指导推行全国工厂卫生检查及其他有关检查之事项；（3）卫生科掌研究指导推行全国工厂卫生及其他与工人健康有关之一切事项。中央工厂检查处得划分全国为若干工厂检查区，并派员常驻办理各该区内之工厂检查事项。中央工厂检查处得因必要函请各省市政府设立地方检查所，称为某省市或某县工厂检查所。④ 该章程于 1933年 9 月 29 日由实业部公布。

根据《中央工厂检查处组织章程》的规定，1933 年 7 月 8 日，实业部派劳工司司长李平衡兼任中央工厂检查处处长，韩钧衡为秘书，李武乔为事务科科长，程海峰为检查科科长，王莹、刘巨璧为中央工厂检查员，卫生科科长由卫生署调派该署技士王世伟充任，择定秣陵路 202 号前农矿部旧址为处址。1933 年 8 月 6 日，中央工厂检查处宣布成立。⑤

---

① 实业部劳动年鉴编辑委员会：《民国二十二年中国劳动年鉴》（第三编），文海出版社，1990，第 3~4 页。
② 实业部中央工厂检查处：《中国工厂检查年报》，1934，第二章，第 1 页。
③ 同上书，第 2 页。
④ 《中央工厂检查处组织章程》，《实业公报》1933 年第 144 期，法规，第 13~15 页。
⑤ 实业部中央工厂检查处：《中国工厂检查年报》，1934，第二章，第 3 页。

（二）设立工厂检查委员会与工厂检查协作委员会，作为工厂检查研究及辅助机构

1931年10月28日，实业部为切实推行工厂检查，颁布《实业部工厂检查委员会章程》，成立工厂检查委员会。《实业部工厂检查委员会章程》规定，工厂检查委员会设立的目的是辅助推行工厂检查。委员会设委员若干人，由实业部遴选专家委任之。委员会研究推行成果所得并据此向实业部提出相应建议。① 为寻求劳资团体及有关劳工各机关意见，同日，实业部公布《工厂检查协作委员会章程》，设立工厂检查协作委员会。委员会委员由实业部就上述团体机关或有关机关行政人员及专家聘任或选派。工厂检查协作委员会的任务有：阐发《工厂法》之精蕴，解除劳资之误会；赞助政府办理工厂检查；调查劳资两方实际之困难，建议于实业部；辅导劳资各方改善工作方法，增进工作效率；联络各机关团体，通力合作，以减少行政实施困难。②

（三）督促各地建立工厂检查机关

关于地方工厂检查的管理机关，1933年9月29日公布的《中央工厂检查处组织章程》第2条规定，"中央工厂检查处，于必要时，得咨商各省市政府设立地方检查处"。③ 根据此条规定，在中央工厂检查处的协助下，1936年10月30日，南京市公布《南京市工厂检查所组织规则》，设立工厂检查所，④ 由南京市度量衡检定所所长刘世煌兼任主任检查员，常年经费预算核定为7000元。⑤ 同年11月，中央工厂检查处派检查科科长王莹赴上海，协助筹设工厂检查所事宜。⑥ 此后上海市公布《上海市工厂检查所组织规则》，成立上海市工厂检查所。

1937年7月29日，实业部公布《地方工厂检查所组织办法大纲》，规定凡工业发达之省市或县，得由中央工厂检查处依照《中央工厂检查处组织章程》第2条之规定函请地方政府设立地方政府检查所，称为"某省某

① 《实业部工厂检查委员会章程》，《实业公报》1931年第43期，法规，第1页。
② 《工厂检查协作委员会章程》，《工商半月刊》1931年第3卷第23~24期，法令规章，第3页。
③ 《中央工厂检查处组织章程》，《实业公报》1933年第144期，法规，第13页。
④ 《南京市工厂检查所组织规则》，《南京市政府公报》1936年第170期，法规，第27页。
⑤ 《南京工检查所成立》，《国际劳工通讯》1936年第3卷第12期，第83页。
⑥ 《上海筹设工厂检查所近迅》，《国际劳工通讯》1936年第3卷第12期，第83页。

市或某县工厂检查所"。地方工厂检查所直辖于各该省市主管厅局并受中央工厂检查处的指导监督，掌理各该市或县之工厂检查事项。地方工厂检查所置所长或主任检查员 1 人、检查员及事务员各若干人。所长以一等检查员充任，主任检查员以二等检查员充任。地方工厂检查所每 6 个月应将工作计划及工作报告由各该省主管厅局转送中央工厂检查处核查备案。①

（四）落实地方工厂检查经费

工厂检查制度实施后，各地由于没有专款经费，"用人、行政俱受限制"，因此中央工厂检查处呈请实业部转呈行政院，于 1935 年 5 月 4 日通令各省市政府"嗣后于年度概算内必须列入工厂检查经费，以利检政"。②1935 年 12 月 7 日，中央工厂检查处又呈请实业部转呈行政院，令饬各省市政府未将工厂检查经费列入 1935 年度概算之省市，在 1936 年年度概算中必须列入工厂检查经费，并转呈国民政府令饬主计处于审查各省市年度预算时，凡未列入者，一律饬令追补，否则不予核定。行政院核准后，于 1935 年 12 月 31 日通饬各省市遵办，并呈请国民政府令饬主计处查照办理。③

三　工厂检查人员的培养

（一）设立工厂检查人员养成所

1931 年 3 月 30 日，实业部就培养工厂检查人员，实施工厂检查，呈文请行政院鉴核。实业部认为，依据《工厂检查法》，工厂检查人员之训练应由实业部办理，而《工厂法》及《工厂法施行条例》已改定为同年 8 月 1 日为施行日期，因此，实业部对工厂检查人员的训练自宜及早筹办。"盖以工厂检查为施行工厂法必具之手续，工厂法实施时如无训练有素人员以执行检查，殊难推行尽利权。是费用方面，如训练委派完全同中央办理，值此国库支绌之时，或恐为数过巨，筹拨维艰。兹拟暂由本部设

---

① 《地方工厂检查处组织办法大纲》，《实业部公报》1937 年第 344 期，法规，第 21 页。
② 《训令社会局奉行政院令饬实业部呈据中央工厂检查处呈请令饬各省市政府公署于年度概算内列入工厂检查经费应准照办令仰遵照由》，《北平市市政公报》1935 年第 304 期，训令，第 9 页。
③ 《训令社会局财政局奉行政院令据实业部呈请令饬未将工厂检查经费列入二十四年度概算之省市于二十五年度概算必须列入并转呈令饬主计处于审查各省市概算时注意是否列入各节仰遵照办理令仰遵照办理由》，《北平市市政公报》，第 337 期，命令，第 6 页。

立工厂检查人员养成所，分为两期训练，每期 3 个月毕业。第一期尽于 8 月 1 日以前毕业。所有学员及名额由各省市政府斟酌需要依次定资格，考取保送来所。训练毕业后，发还原省市服务。其一切膳宿及任用后之薪水等项，概由原省市政府担负。如此则所费无多，而能养成相当人才。"① 在得到行政院批示后，4 月 24 日，实业部公布《工厂检查人员养成所规则》，规定依照《工厂检查法》第 5 条 "工厂检查事务，由中央劳工行政机关派工厂检查员办理"，② 设工厂检查人员养成所，训练工厂检查员。工厂检查人员应行训练之事项有：关于工厂工人各项统计之训练事项；关于工厂安全及卫生之检查之训练事项；关于工人待遇及福利检查之训练事项。入所训练之人员依《工厂检查法》第 5 条第 1 项规定之资格，由各省市政府考送之。训练期定为 3 个月，合格者由所发给毕业证书。③ 工厂检查人员养成所课程包括：党义、劳工问题、劳动法规、中国工业概况、比较工厂检查法、工厂安全、工厂卫生、公文程式、工业会计、工厂管理、工业伦理、工业统计、工厂参观、名义演讲等。④

同月，实业部公布《工厂检查人员训练办法》，规定养成课程分为两期，各 3 个月，第一养成期自 1931 年 5 月 1 日起，第二养成期自同年 8 月 1 日起。学员名额暂定 150 名，分两期训练，各省市咨送名额由各该省市政府依照所属工厂之多寡酌定，并需经过规定的考试程序。

《工厂检查人员养成所规则》公布后，即由实业部咨请各省市政府，督促相关职员依法定之资格考取，保送入所训练。1931 年 4 月，工厂检查人员养成所在上海正式组织成立，先后举办两期训练，训练合格者，第一期为 24 人，其所属地为：江苏 2 名、浙江 2 名、河北 4 名、上海 10 名、北平 2 名、天津 1 名、青岛 2 名、威海卫特别区 1 名。第二期为 35 人，其所属地为：中央 13 名、安徽 1 名、江西 2 名、湖北 2

---

① 《为本部依据工厂检查法第三条及第五条之规定设立工厂检查人员养成所赍同十九年二十年度该所预算书各三份请鉴核示遵由》，《实业公报》1931 年第 13 期，公牍，第 1~2 页。
② 《工厂检查法》，《实业公报》1931 年第 6 期，法规，第 3 页。
③ 《工厂检查人员养成所规则》，《实业公报》1931 年第 16 期，法规，第 17~18 页。
④ 《工厂检查人员养成所课程》，《国际劳工消息》1932 年第 2 卷第 6 期，第 122~123 页。

名、山西 2 名、山东 4 名、上海 9 名、汉口 1 名、察哈尔 1 名。① 毕业合格者，分别送回原机关服务。

（二）制定工厂检查员任用及奖惩规则

由于工厂检查员回到本地区以后，"非但不能完全任用，且时有被裁撤者"，② 实业部为保障已养成的人才起见，于 1932 年 8 月 17 日将拟定的《工厂检查员暂行规程草案》呈请行政院鉴核备案。③ 9 月 2 日，草案名称改为《工厂检查员任用及奖惩暂行规程》，由实业部正式公布。规程规定，工厂检查员由实业部或省市主管厅局依《工厂检查法》规定委任，但厅局所委任之检查员须呈请实业部加以委任。工厂检查员非依本规程不得免职、停职、降级、减俸。工厂检查员之俸给依规程标准给予。工厂检查员任用后有下列情形之一时即丧失资格：因惩戒受免职处分者；呈准辞职者；改就他项职务者。除受免职处分者外丧失资格之工厂检查员可申请恢复原资格。工厂检查员之惩戒依《工厂检查法》及《公务员惩戒法》各规定并依《公务员惩戒法》所定之程序。厅局委任之工厂检查员除申诫外应将惩戒处分呈报实业部。工厂检查员因公受伤致残废或死亡者应照官吏恤金条例分别办理。④

1936 年 12 月 14 日，根据修正后的《工厂检查法》，实业部对工厂检查员的任用及奖惩办法进行修正。规定的修正主要体现在三个方面，一是在检查员的任职资格上，厅局任用检查员"应函中央工厂检查处审查合格后，呈请实业部备案"。强调在工厂检查员的任用中，中央工厂检查处的监督作用。二是对工厂检查员惩戒的规范："工厂检查员之惩戒依《工厂检查法》第 14、第 15 条及《公务员惩戒法》各规定"，"工厂检查员非经惩戒不得免职、停职、降级、减俸"，保障工厂检查员的权利。三是对工厂检查员待遇的修订，其俸给由原来的 12 级改为 2 等 20 级，提高了高级别工厂检查员的待遇，并赋予地方在调整俸给方面的权利，"凡财政支绌及生活程度较低地方，得由该省市主管厅局依第一项表内所定等级酌

---

① 实业部中央工厂检查处：《中国工厂检查年报》，1934，第一章，第 11 页。
② 李平衡：《一年来之劳工行政》，《劳工月刊》1933 年第 2 卷第 1 期，第 6 页。
③ 《呈行政院为拟具工厂检查员暂行规程草案呈请鉴核备案指令祗遵由》，《实业公报》1932 年第 85、86 期合刊，公牍，第 1 页。
④ 《工厂检查员任用及奖惩暂行规程》，《实业公报》1932 年第 87、88 期合刊，法规，第 26~27 页。

拟俸级数目，呈报实业部核准备案"。①

四 工厂检查实施程序的制定

（一）制定工厂检查五期程序

为了顺利实施工厂检查并解决上海租界的工厂检查推行困难的问题，1931 年 2 月 26 日，实业部致函国际劳工局请派专家来华襄助办理工厂检查。9 月，国际劳工局专家波恩及安德生先后来华。他们在考察了上海的工厂后认为，《工厂法》虽然为进步的法律，但工厂中的实际情形不适合《工厂法》所规定的标准。他们担心实施后，多数工厂在组织和管理上将发生巨大的变更，不利于工厂和工人。因此建议借鉴西方发达国家经验，分段或分区实施《工厂法》，使《工厂法》之实施"不致引起实业组织最大及过速之改变，同时工厂检查上亦可获得平衡之进展"。② 中央工厂检查处采纳了波恩及安德生建议，认为"我国工业生产，非仅落后，且复衰敝，欲冀全部《修正工厂法》同时完全实施，实甚困难"。因此，"爰经详审劳资双方之环境与需要，制定《工厂检查实施程序》，秉循序渐进之原则，将《修正工厂法》各条款按其缓急而厘定实施之先后"。③

《工厂检查实施程序》共分五期："第一期之条款，在第二期仍应继续检查，余以类推，毋得间断。至每期所规定应检查之事项，必须于后一期实施前办理完竣，以利整个程序之推进。"④

在五期检查程序中，第一期内容为 7 项，分别是关于工厂纪录事项、童工女工及学徒之工作事项、工人津贴及抚恤之事项、关于灾变死亡伤害之事项、学徒契约及待遇之事项、实施与检查事项有关之法令、本程序后四期之准备工作。其中关于社会保障方面的有：（1）关于工人津贴及抚恤事项：工人因执行职务而致伤病或死亡者，工厂应依《修正工厂法》第 45 条之规定办理（工厂检查员执行此条时，仅负调查工人因执行职务而致伤

---

① 《修正工厂检查员任用及奖惩暂行规程》，《实业部公报》1936 年第 311 期，法规，第 27~28 页。
② 《波安两氏对于以工厂检查实行工厂法之备忘录》，《劳工月刊》1932 年第 2 卷第 10 期，第 90 页。
③ 《工厂检查实施程序》，《劳工月刊》1934 年第 3 卷第 4 期，第 1 页。
④ 同上刊，第 1 页。

病或死亡情事之责）。（2）关于灾变死亡伤害事项：工厂发生灾变或致工人于死亡伤害等情形，必须据《修正工厂法》第 48 条之规定办理。

第二期内容为 5 项，分别是关于安全与卫生设备之事项、学徒人数之事项、实施与检查事项有关之法令、本程序后三期之准备工作、关于继续实施本程序第一期所规定之事项。其中与社会保障有关的是关于安全卫生设备之事项：（1）工厂关于安全与卫生设备，应依《修正工厂法》第 41 条及第 42 条办理；（2）工厂对于工人预防灾变之训练，应依《修正工厂法》第 43 条之规定办理；（3）工厂之安全或卫生设备不完善时，工厂检查员应依《修正工厂法》第 44 条之规定，呈报主管官署办理。

第三期内容为 6 项，分别是关于工作时间之事项、工人休息之事项、童工学徒及工人之补习教育之事项、实施与检查事项有关之法令、本程序后两期之准备工作、继续实施本程序前二期所规定之事项。其中与社会保障有关的是关于童工学徒及工人之补习教育之事项：童工学徒及工人之补习教育，应依《修正工厂法》第 36 条之规定办理。

第四期内容为 6 项，分别为关于童工年龄之事项、工作时间之事项、女工分娩假期之事项、实施与检查事项有关之法令、本程序第五期之准备工作、继续实施本程序前三期所规定之事项。其中有关社会保障的内容有女工分娩假期之事项：工厂对于女工分娩之假期及给资，应依《修正工厂法》第 37 条之规定办理。

第五期内容为 4 项，分别为关于工作时间之事项、工人休息之事项、实施与检查事项有关之法令、继续实施本程序前四期所规定之事项。[1]

中央工厂检查处制定《工厂检查实施程序》呈实业部备案后，分函各省市政府，转饬主管厅局及函威海卫管理公署，参酌当地实际情形，详拟实施计划，送处查核。

在制定了《工厂检查实施程序》后，为使各地方主管官署实施工厂检查便于参考，中央工厂检查处依据《修正工厂法》及《工厂检查实施程序》，又制定了《工厂检查实施程序简明表》，经实业部备案后，分函

---

[1]　《工厂检查实施程序》，《劳工月刊》1934 年第 3 卷第 4 期，第 1~4 页。

各省市政府转饬所属机构查照办理。①

（二）督促各地按照程序实施

《工厂检查实施程序》颁布后，多数省市均按照程序拟定第一期检查计划，在 1934 年内转送到中央工厂检查处。唯湖北、安徽、广东 3 省，经中央工厂检查处几次函催，于 1935 年 9 月先后将第一期计划转送到处。各省市第一期检查计划均经中央工厂检查处审核修正，并函复各省市依照该项计划切实办理。各省市第一期实施计划的完成期限，除察哈尔及安徽省外，都是 1935 年底。这些省市包括河南、山东、浙江、河北、江苏、湖北、湖南、山西、广东、陕西、云南、青岛、汉口、天津、南京、北平、上海及威海卫 18 处。察哈尔省因地处边陲，工业幼稚，仅参酌《工厂法》各规定，督促各手工工场逐渐改善，无规定期限。安徽省原规定第一期计划的实施期为 1936 年 1 月至 12 月。但至 1936 年 6 月止，未将第一期计划办理完竣者有江苏、湖北、浙江、广东、陕西、云南等省。其中，陕西因为工业幼稚，曾呈准中央工厂检查处缓办。山西、广东省因特殊情况，均未派工厂检查员。浙江省因前任工厂检查员他就，在一时期间，无人负责。江苏、湖北、云南三省均因检查员兼任他种职务，未能专责办理，而第一期工作未能按期完成。其他省份在 1936 年 6 月前将第一期工作办理完竣后，都将工厂检查第二期实施计划先后送到中央工厂检查处。②

（三）制定工厂检查员执行检查的具体步骤

为使各地工厂检查员执行职务时能够遵循既定目标，逐步推进，杜绝草率躁进的弊病，中央工厂检查处制定《工厂检查员执行检查步骤》，规定工厂检查员执行职务时要按照以下步骤进行："（1）解释。检查员执行职务时，关于劳工法令，劳工双方如有未明了处，应详予解释。（2）劝告。经解释后，如厂内一切措施仍有不合法令者，则劝告依法改正之。（3）警戒。如劳资双方不接受劝告，应分别严于警戒。（4）惩罚。经过解释、劝告、警戒三种步骤，而仍不依法改善者，即依法惩罚之。"③。中央工厂检查处将此分函各地主管官署转饬所属检查员遵照办理。

---

① 实业部中央工厂检查处：《中国工厂检查年报》，1934，第三章，第 8~12 页。
② 实业部中央工厂检查处：《中国工厂检查年报》，1936，第 1~2 页。
③ 实业部中央工厂检查处：《中国工厂检查年报》，1934，第三章，第 3 页。

为使工厂检查员便于记忆劳工法规，中央工厂检查处依据《修正工厂法》、《修正工厂法施行条例》、《工厂检查法》和《工厂检查员任用及奖惩暂行规定》，提契纲要，编订《工厂检查员须知》40条，呈报实业部核准后，由中央工厂检查处印发各省市政府，转发所属检查员应用。《工厂检查员须知》简明扼要地列举了工厂检查员需检查的工厂范围、检查的程序、检查的内容、工厂检查员的惩戒方式、工厂检查员的工作待遇和保障等。其检查内容有关社会保障方面的有女工分娩假期、工厂安全卫生设备、工厂灾害工人死亡伤害等事项。①

五　对地方工厂检查工作的指导

（一）派员分赴各工业区考核督促或指导推行各该区工厂检查事宜

1933年11月，中央工厂检查处派检查科科长程海峰赴上海、浙江视察工厂检查办理情况；1934年3月，复派程海峰赴江苏视察；1934年5月派代理检查科科长王莹赴山东及青岛视察；② 1935年3月派检查科科长王莹前往江苏、浙江、上海等处；1936年5月派检查员秦宏济前往山东、河北、天津、北平、山西、河南等处视察，派检查员刘鉁前往江苏、上海、南京、江西、安徽、汉口、湖北、湖南等处视察，"其间指导督促，颇多成效"。③ 检查人员在各地视察后，皆拟具视察报告，这些报告为后人了解各地工厂检查实施情况及工厂社会保障实施情况提供了重要的一手资料。

（二）调查各地工厂劳动风险及社会保障设施情况

为了解工厂劳工工伤风险情况，中央工厂检查处成立后，制定《工厂工人伤病调查表》一种，表含伤害（伤害原因、伤害时期、伤害部位、停工日期、诊治日数、治病结果）和疾病（患病原因、患病时间、患病种类、停工日数、诊治日数、诊治结果）两部分。又制定《工业灾变调查表》，内分灾害发生日期、原因、结果（有无死亡、死亡人数、有无伤

---

① 实业部中央工厂检查处：《中国工厂检查年报》，1934，第三章，第24~27页。

② 同上书，第14~15页。

③ 实业部中央工厂检查处：《中国工厂检查年报》，1936，第3页。

害、伤害人数、损失估计）等项，① 而后将两表分函各省市政府饬属查报。先后有南京市政府、威海卫管理公署、青岛市政府、北平市政府将此调查表送到中央工厂检查处。② 各地实施工厂检查以后，按照《工厂检查法》的规定，工厂检查员每 3 个月将检查结果报告转送中央工厂检查处审核，检查内容包括工厂灾变及工人伤病情况。各地检查员在作报告时，报告格式多不一致，致使中央工厂检查处在审核时颇感困难，因此依据《工厂检查法》第 11 条规定，制定工厂检查员每 3 个月检查报告表式一种，分工厂、矿场两类，函请各省市政府转饬所属工厂检查员，自 1936 年起，一律依照表格格式，按期填报。③ 表格分为 10 种，其中《各厂灾变统计表》统计内容包括：厂名、灾变（种类、场所、原因、日期）、死伤人数（伤害人数、死亡人数、合计）、财产损失估计、救济经过等。④《各厂工人伤病统计表》统计内容包括：厂名、伤害（人数、原因）、患病情况（人数、种类）、治疗经过（痊愈、残废、死亡）等。⑤

为了解职业病的患病情况，中央工厂检查处在制定《主要工业毒品及职业病简表》并函送各省政府转饬各工厂参考后，要求各地将职业病发生的情况转报。1934 年呈送报告的有广西、北平、江西等省市。其中广西省的报告较为详细，共调查广西印刷厂、宾阳瓷器厂及南宁制革厂 3 处。中央工厂检查处为实地研究职业病发生的情况，于 1934 年 10 月派员到无锡调查，经先后抽查者有庆丰第二纱厂、申新第三纱厂、干牲纱厂、民丰纱厂、永盛纱厂、茂新面粉厂、九丰面粉厂、利用造纸厂、恒德油厂、工艺机器厂、丽新染织厂 11 厂，共检查工人 578 名。⑥

医疗设备是施行工伤保障和疾病保障的必要设施。中央工厂检查处为调查各地工厂医疗设备状况，制定《工厂医疗设备调查表》，内含资本、

---

① 《准中央工厂检查处函送工厂灾变调查表及工人伤病调查表请饬属填报等由令仰转饬遵办》，《江西政府公报》1935 年第 222 期，建设，第 18~21 页。
② 实业部劳动年鉴编辑委员会：《民国二十二年中国劳动年鉴》（第三编），文海出版社，1990，第 228 页。
③ 实业部中央工厂检查处：《中国工厂检查年报》，1936，第 81 页。
④ 同上书，第 87 页。
⑤ 同上书，第 89 页。
⑥ 实业部中央工厂检查处：《中国工厂检查年报》，1934，第三章，第 55 页。

工人人数、每年平均医药费、医疗护士、助产士、配药员、诊病室、疾病种类等项。而后分函各省市政府饬属查报。1934 年内送达者有威海卫管理公署、青岛市政府、察哈尔省政府、江苏省政府、湖南省建设厅、南京市政府等处。除规模较大之工厂有医疗设备外，小规模之工厂大都仅由厂方委托附近医院办理工人医疗事宜。中央工厂检查处为了解委托医院的医疗设备及工人就诊情况，特制就《工厂委托医院表》一种，分函各省市政府饬属调查具报。①

（三）督促各地进行工厂安全卫生检查，在南京试办工厂卫生事务

在工厂检查实施程序第一期工作即将完成时，为准备第二期的安全卫生检查工作、督促各地工厂改善安全卫生设备，中央工厂检查处制定《各省市工业安全卫生安全委员会组织大纲》，呈请实业部核准后，于1935 年 2 月 7 日函请各省市政府就地集合专家，组织各该省工业安全委员会。② 大纲规定，凡工业发达之省或隶属于行政院之市厅应组织工业安全卫生委员会，其宗旨为防止工业灾害疾病，改善工厂安全卫生。其任务为：工业安全及工业卫生技术之研究指导事项、关于工业安全及工业卫生法令之推行事项、工业灾害及工业疾病之调查统计事项、工厂安全及工厂卫生设备之改善事项等。同年进行大纲修订后，取消工业安全卫生委员会调查统计方面的任务。③ 在中央工厂检查处的督促下，至 1936 年上半年，遵照修订后之大纲拟定章程，组织成立工业安全卫生委员会的省份有：北平、青岛、浙江、云南 4 省市。其组织章程已送至中央工厂检查处备案、尚未成立者，计有河南、湖北、山东、天津 4 省市。④

1935 年内，多数省份开始筹办工厂检查第二期实施计划，由于"各地工厂对于工厂卫生方面，究应如何办理方为妥善，素无标准"，中央工厂检查处为指导各地工作，特拟具工厂卫生实施计划，先在南京市试办，

---

① 实业部劳动年鉴编辑委员会：《民国二十二年中国劳动年鉴》（第三编），文海出版社，1990，第 227~228 页。

② 《令建设厅准中央工厂检查处函送各省市工业安全卫生委员会大纲嘱从速组织仰遵照》，《陕西省政府公报》1935 年第 2433 期，训令，第 4~5 页。

③ 《各省市工业安全卫生委员会组织大纲》，《河南省政府公报》1935 年第 1453 期，法规，第 1 页。

④ 实业部中央工厂检查处：《中国工厂检查年报》，1936，第 93 页。

"俟有成效后，再制定正式方案推行全国"。[①] 1935 年 7 月 5 日，中央工厂检查处派员会同南京卫生事务所及社会局工厂检查员召集各工厂代表，组织南京市工厂实施指导委员会，指导该市各工厂改进工厂卫生等事项。[②] 该委员会成立后，即派员前往各工厂，详加视察，就各厂实际情形，拟定《改善工厂卫生计划大纲草案》。草案分为健康教育、保健工作、预防工作、诊病工作、环境卫生、职员工作、事务工作 7 部分。其中和工伤与疾病保障有关的有以下几个方面。

（1）保健工作。包括健康检查：新进厂工友健康检查、定期健康检查；缺陷矫治，在厂内予以矫治的有：沙眼、皮肤、耳病、心病等，转诊的为：牙齿、扁桃腺、鼻、肺病等；缺陷复查：沙眼复查、牙齿复查等。

（2）预防工作。包括预防检验（肥达氏检验、铅中毒检验及其他）；预防接种（种牛痘、霍乱疫苗注射、白喉类毒素注射、伤寒疫苗注射及其他）；职业病预防（口罩之设备、手套之设备、工作衣之设备、眼镜之设备及其他）；传染病管理（传染病视察、传染病隔离、防疫检验）

（3）诊病工作。包括急诊、疾病诊治、转诊、疗养室设立。

委员会会议考察工厂后，认为南京市工厂分散各处，距离甚远，必须分区指导方可有所成效，因此经第一次委员会会议决定，将全市分为城内、和平、西善桥、下关 4 区，工人总数 4000 余名。在 4 区内分设工厂卫生所，各所聘用卫生护士 1 人或 2 人，常驻所内，任巡回视察各厂卫生设施及简易诊疗事宜。该委员会并于每周内指定医师，分赴各工厂主持一切。

关于经费方面，除医生为义务职，不另支薪外，其余经费皆由该区工厂按资本及雇用人数多寡自行筹集。各区总费用为：城内区为 230 元，和平区为 150 元，下关区为 320 元，西善桥区金城、京华两厂，其诊疗卫生事宜由南京市卫生事务所及西善桥分所代为办理。自 7 月 15 日起，各区卫生所按照改善工厂卫生计划大纲开始工作，取得了一定的效果。1935 年 7～12月，各区工厂卫生所诊病人数为 24709 人，健康检查人数为 1308 人。[③]

---

① 实业部中央工厂检查处：《中国工厂检查年报》，1936，第 43 页。
② 《成立工厂卫生实施指导委员会案》，《南京市政府公报》，公牍，1935 年第 155 期，第72 页。
③ 实业部中央工厂检查处：《中国工厂检查年报》，1936，第 45～48 页。

为使工厂安全卫生有统一的技术标准，方便工厂检查员工作，实业部制定《工厂安全及卫生检查细则》73 条，于 1935 年 10 月 12 日公布实施。细则除规定工人身体上的安全设备、机器装备的安全设备、工厂预防火灾水灾等所需安全设备外，还规定了工厂的卫生设备，如空气流通、饮料清洁、盥洗及厕所等设备，此规定对于工伤、职业病、流行病及一般疾病的预防有重要的意义。如在职业病预防方面，规定"工厂对于带有传染病菌之原料，应于使用前施以适当之消毒"；"处理有毒物或高热物体之工作，有尘埃、粉末，或有毒气体散布场所，暴露于有害光线中之工作等，须著有防护服装或器具者，应由工厂按其性质制备之"；"工厂对于处理有毒物或从事有尘埃、粉末或有毒气体散布场所中工作之工人，应设置盥洗器具及更衣室"；"工厂应设置适当食堂，不得令工人于处理有毒物或有尘埃、粉末或有毒气散布之场所中进膳"。在防治流行病上，"工厂对于当地流行之传染病，应于可能范围内为工人施行预防针注射"。在应对工伤方面，"工厂应有急救设备，平时对于工人并应有急救训练"。在疾病治疗方面，"300 人以下之工厂，不能单独设置医药室并聘请专任医生者，应特约就近医院或医师办理"。①

六　矿场与铁路工厂检查的实施

（一）实施矿场检查

在工厂检查制度开始推进实施后，针对矿场检查，一开始并无专门机关办理相关事宜。中央工厂检查处成立后，认为根据《修正工厂法》及《修正工厂法施行条例》的相关规定，矿场检查应由中央工厂检查处一并检查。因此，在 1934 年 10 月，中央工厂检查处呈请实业部分咨各省市政府，专饬主管厅局会，饬所属工厂检查员于检查工厂时，所有该区域内合于《修正工厂法》第 1 条之矿场，一并检查。实业部核准后，以部令通饬各省市主管厅局遵办。②

部令下发后，中央工厂检查处迭次函催举办。但因各省工厂检查员人

---

① 《工厂安全及卫生检查细则》，《实业公报》1935 年第 251、252 期合刊，法规，第 112~122 页。

② 实业部中央工厂检查处：《中国工厂检查年报》，1936，第 655 页。

数太少，难以兼顾，故至1936年，在应举办工厂检查之各省中，尚有数省未能举办。而矿场检查报告送至中央工厂检查处的省份，仅有河南、湖北、河北3省。①

1934年12月，在实施矿场检查前，中央工厂检查处为了解全国各省市合于《修正工厂法》第1条规定之矿场数及工人数，函请各省建设厅及各市社会局，将所辖区域内的此项矿场及矿工人数查明转处，并切实执行检查。各省市多已遵照办理，并先后将区域内合于《修正工厂法》第1条规定之矿场列表送处。② 据此统计，各省合于，《修正工厂法》第1条规定的矿场有110个，工人总数有137643人。③

（二）实施铁路工厂检查

铁路工厂隶属铁路局主办工厂检查，而汉口市政府在实施第一期工厂检查时遭到了铁路局的阻碍。汉口市政府依据《工厂检查法》第8条"国营工厂之检查，应会同该厂之主办机关行之"的规定，函请平汉铁路管理局会同办理工厂检查。嗣后，该局回复，认为工厂纪录表册是民营工厂呈报当地主管官署所用，该局系国营企业机关，由铁道部直辖，所有全路一切编制及用人行政均照铁道部颁布的章程办理，各项表件，自不适用。汉口市政府则认为该局所属修正机车厂，系国营企业机关，但对于其主管官署，是否适用于《修正工厂法》及《工厂检查法》第2条"本法所称主管官署，除特别规定外，在市为市政府，在县为县政府"中之"特别规定"，转请中央工厂检查处解释。中央工厂检查处认为法律并无明文规定，转请实业部解释。实业部认为，《修正工厂法》所称主管官署，已于同法所解释，为当地之县市政府。该厂为国营企业，即《工厂检查法》第8条所称的国营工厂，路局为主办机关，其所隶属的铁道部也是主办机关，而非《修正工厂法》及《工厂检查法》所称的主管机关。因此铁路局所属工厂自应受工厂检查机关之检查。中央工厂检查处依照实业部命令转函汉口市政府遵照办理。但汉口市政府在实施时仍受到阻碍，

---

① 实业部中央工厂检查处：《中国工厂检查年报》，1936，第662页。
② 同上书，第655页。
③ 同上书，第662页。

只能再请中央工厂检查处呈实业部核示。①

实业部与铁道部几次会商，决定：（1）铁路工厂如有检查之必要时，由实业部函知铁道部派员会同前往检查；（2）检查所得意见，照实业部劳字第 3801 号咨，依照工厂检查法第 16 条之规定，仅得提供参考。1935年 11 月，铁道部训令各铁路局转饬所属工厂知照办理。②

商定铁路工厂检查两项办法后，实业部为了解国营铁路工厂的情况，方便中央工厂检查处实施检查，咨请铁道部将合于《修正工厂法》第 1条规定的铁路工厂名称及地址列表开示。铁道部即通令各路局迅于查明，将表呈送铁道部进行汇编。③ 1936 年 11 月，铁路工厂名称地址一鉴表送至中央工厂检查处。据统计，总数为 14 路 49 厂。④

各铁路工厂调查完竣后，中央工厂检查处决定派员赴各铁路作初步之检查，于 1936 年 4 月呈请实业部转咨铁道部派员会同前往。5 月，实业部指令中央工厂检查处，铁道部已转饬各关系路局，届时派员会同检查。同时令中央工厂检查处派检查员直接向各关系铁路局接洽，会同各该局所派人员前往办理。6 月，中央工厂检查处派定 2 名检查员依序前往全国各地，会同各地铁路局所派人员检查各铁路附设工厂。其中，检查员刘铨赴南京、镇江、上海、杭州、闸口、西兴、宁波、九江、汉口、武昌、岳阳、长沙及安源等处；检查员秦宏济赴浦口、浦镇、济南、天津、南口、康庄、张家口、大同、归绥、长辛店、保定、石家庄、阳泉、榆次、太原、彰德、焦作、郑州、洛阳、潼关、开封及徐州等处。⑤ 两名检查员检查完竣，撰写检查报告呈交中央工厂检查处。

1937 年 5 月，实业部咨请铁道部派员会同前往各铁路进行第二次工厂检查，铁道部派定人员有：津浦路姚光裕、北宁路张銮、平绥路尤乙照、平汉路侯士绾、正太路唐瑞华、陇海路林翊春、奥汉路程文熙、浙赣

---

① 实业部中央工厂检查处：《中国工厂检查年报》，1936，第 109~110 页。
② 《令各铁路局关于铁路工厂检查一案与实业部议决办法两项仰知照由》，《铁道公报》1935 年第 1325 期，训令，第 4 页。
③ 《令铁路管理局等，准实业部咨请将合于修正工厂法第一条规定之铁路工厂名称地址列表开送仰即查明列表呈部备转由》，《铁道公报》1935 年第 1324 期，训令，第 3 页。
④ 实业部中央工厂检查处：《中国工厂检查年报》，1936，第 740~742 页。
⑤ 同上书，第 743 页。

路陈广沅、京沪沪杭甬孙嘉禄、南浔路倪骥德。实业部转饬中央工厂检查处，直接与铁道部派定人员商洽。中央工厂检查处人员计划于6月间分途出发进行检查。①

七　争取租界工厂检查权的活动

中国推行劳工社会保障制度，同推行其他劳工法规一样，最大的困难是行政权的缺失。外国租界以不平等条约为借口，拒绝中国政府进行工厂检查。

（一）上海租界工厂检查权第一次交涉

《工厂法》颁布后，上海公共租界工部局召开董事会进行讨论，于1931年8月12日正式发表宣言，赞成《工厂法》中的工厂检查原则，但认为"就其性质而言，关系极为重大，必须经过长久时期，然后始能达该法之标准"，并认为实施《工厂法》的初步办法应为9项，包括"日夜工之工作时间、幼年工之入厂年龄、休息日与放假日、关于因工受伤及经证明为特种工业疾病之抚恤、红利、纪录、劳资讨论机关、艺徒规则、卫生及安全要点"。②

1931年2月26日，实业部致函国际劳工局，请派专家来华襄助办理工厂检查："吾国工厂法及工厂检查法，业已公布，关于此事，谅贵局已接有报告。只以治外法权问题，尚未解决，欲立即对于各地一致实施，不无困难之处；故政府将实施日期，延至本年8月1日，同时努力预备工作，包括设立工厂检查在内。工厂检查举办伊始，规模虽不大，然在进行之时，问题即已发生，欲求解决，尚有待专家之意见与援助……如贵局能派一工厂检查专家调查团到华相助，俾困难之处，得以解决，工厂检查进行顺利，则鄙人所极希望也。"③

国际劳工局遂派外交股主任波恩及前英国工厂检查长安德生女士于1931年9月先后来华。经两人向租界当局接洽，实业部于1931年11月邀请租界当局及国际劳工局代表举行会议，三次商讨租界内工厂检查问题。在讨论中，各方都同意以下两项原则：（1）上海各工业区域，只应有一种劳工法规；（2）该项劳工法规，应由工厂检查人员在同一方法下实施

---

① 《全国铁路工厂第二次检查》，《国际劳工通讯》1937年第4卷第6期，第30页。
② 上海公共租界工部局：《上海公共租界工部局年报》，1931，第374页。
③ 实业部中央工厂检查处：《中国工厂检查年报》，1934，第一章，第14页。

之。但对于如何由工厂检查员实施，各方有不同的看法。波恩与安德生提议："中国政府所委派之工厂检查员，得视察上海市各区域内之工厂，凡检查公共租界及法租界之工厂时，由各该当局派员协助之。"公共租界代表麦克诺登及费信惇提议："公共租界内之工厂检查，由中国政府交付公共租界当局支配之，检查员执行之，并须受公共租界当局之管理，检查报告同时须送交中国政府。"法租界柯煦令与凡尔第提议："法租界内之工厂检查，由现有法租界工部局所组织之工商业委员会办理，但中国政府之中央检查员得随时监督之。"① 1931 年 11 月 3 日，经协商，各方一致同意以下三项检查原则："（1）公共租界与法租界当局，愿意接受中国政府所训练及推举之工厂检查员，检查租界内之工厂；前项工厂检查员，随时受中央检查员之监督。（2）租界内之检查员，应按期向中国政府及租界当局报告检查之经过及困难。（3）凡市政府公共租界及法租界内之工厂检查员，应每月集会一次，以便交换意见，并协筹改进之道。"②

租界内工厂检查原则通过后，波恩与安德生返回日内瓦。关于上海租界工厂检查具体办法的交涉由实业部转请上海市政府办理。上海市政府定于 1931 年 12 月 11 日邀请租界当局会商，但此时日本领事向市政府提出"取缔抗日运动"之抗议，局势紧张，上海市政府无暇兼顾。此后，上海"一·二八"事变发生，租界工厂交涉完全停顿。

"一·二八"事变后，中国元气大伤。上海公共租界工部局趁此时机，在召开纳税人年会之际，于 1932 年 4 月 19 日召开特别会议，商议修正《洋泾浜章程》第 34 条附则，并得到上海有约国领事团批准，取得公使团同意，企图以此作为掌握租界工厂检查权的根据。《洋泾浜章程》第 34 条附则即所谓领取执照附则，其原文为："租界以内，如有人开设市场，小菜场，旅馆，俱乐部，寄宿舍，唱曲所，戏馆，马戏场……各项生意，均须取得工部局所给执照，方可开设……工部局可任便定立执照条例，向捐执照人索取正式保单，亦有时酌量情形，无须执照保单者，所有各执照捐银之数，由纳税人会，议定而行……"纳税人会所通过之修正

---

① 周子亚，《上海租界内工厂检查权问题》，《外交评论》1933 年第 1 卷第 1 期，第 63 页。
② 同上刊，第 64 页。

案，则于上文列举事项内加入"置有或开设工厂或工场或从事于工业"一句，这样，凡是租界内开设工厂，均须领取执照，工部局便可于执照上订立保护厂内工人、检查厂内事务的内容，以此获得检查工厂的权力。[①]外交部获得报告后，函上海市政府向领事团抗议，并请英国总领事设法制止，同时由外交部次长在北平与英使进行非正式接洽。但因对方并无诚意，这些外交活动均无结果。时任上海市市长吴铁城于4月18日发表谈话，驳斥修正《洋泾浜章程》附则的合法性。同时，上海各法团如上海租界纳税华人会及市商会等团体也以文电表示反对。[②]

（二）上海租界工厂检查权第二次交涉

租界当局为了缓和情形，派人向上海市政府解释，并愿意继续谈判。因此第二次交涉于1933年4月开始。双方在原则上意见一致，分歧在具体实施办法上。磋商至7月，由市政府秘书长俞鸿钧与工部局总裁费信惇议定草案7条："（1）设检查员7人，由中国政府委派4人，由工部局委派3人。（2）该检查处在上海市政府与上海公共租界工部局秘书长所组织之特别委员会下，执行职务。（3）检查员须具有以之资格：中英文之智识；中国劳工法及其运用之智识；以下所列任何一门之智识及经验：工业化学、建筑学、卫生工程学、电器工程学、机械工程学。（4）各该检查员在实行委派之前，须经过6个月之试用期间，报酬当根据资格与经验而定。（5）该检查人员之薪金，由中国政府与工部局负同等责任。（6）检查处根据中国工厂法规执行职务，对于租界内任何国人所设之工厂，皆可前往检查。（注：此句为中国提议。费信惇则主张在'对于租界内任何国人……'前加上'在原则上'几个字，'可前往检查'改为'前往视察'。）（7）任何工厂法规，在中国各部实施有效时，得同等实施于租界。如有违反工厂法规者，由上海特区法院执行工厂法规之处分权。"[③]

草案议定后，8月初，工部局董事会开会，对于俞费草案表示反对，草案未能通过。费信惇根据董事会决议案，再与上海市政府交涉，提出4点修改意见：（1）检查员改为两方各派4个人。（2）外商之工厂不受单

---

① 实业部中央工厂检查处：《中国工厂检查年报》，1934，第五章，第2～3页。
② 包华国：《上海租界工厂检查交涉之经过》，《劳动月刊》1934年第3卷第1期，第176页。
③ 同上刊，第177页。

纯华人检查员检查。（3）在试办 1 年间，应将工厂法中卫生安全措施部分，先行实施。（4）检查员受工部局秘书处指挥，但遇发生争议时，由双方秘书长调处决定。中国仍坚持主张租界工厂检查机关应由双方合办，即除对第 1 条表示同意、第 3 条允许以换文规定外，其他皆表示不能赞同。而租界当局则坚持工厂检查机关应由其主持，双方谈判陷入僵局。[①]

（三）上海租界工厂检查权第三次交涉

1933 年上海租界就工厂检查问题交涉间，修正的《洋泾浜章程》附则并没有真正实施。同一时期，上海工部局开始对公共租界内工业上及职业上的意外事件进行详细调查并按期报告，对小工厂的房屋安全状况进行调查，对新建造的工厂房屋进行规范并审查。[②] 1934 年，上海租界开始对区域内工厂进行检查，主要检查内容为工厂的安全与卫生。[③] 1935 年，中央检查处检查科科长王莹视察苏浙工厂检查事宜期间，顺道到上海，会晤了租界当局，但交涉仍未有进展。[④]

1936 年，上海市政府秘书长俞鸿钧与工部局总裁费信惇会商重新开始，6 月 15 日重新拟定《上海公共租界内施行工厂法之协定草案》9 条。内容为："（1）中国当局，授权于上海公共租界工部局，将工厂法与其施行细则，以及其他有关工厂检查法令之业经在华界实行，并经双方谈判同意之部分，在公共租界内施行。（2）在工部局内，设一工厂检查处。检查员由中国当局及工部局各派半数。（3）检查员应具备下列资格：甲，熟谙中英文字；乙、谙习中国工厂法及施行细则；丙、具备下列任何一项之学识或经验：工业化学、建筑学、卫生工程、电器工程、机械工程、统计学或其他适用于工厂检查之经验。（4）各检查员在正式任用之前，应先试用 6 个月。（5）检查员之薪给，视其资格与经验核定之。（6）上述检查处，应遵照中国工厂检查法执行其职务。（7）遇有违背法令案件，须执行中国工厂法时，应向法院提起控诉。（8）工部局应依照随后另行商定之办法，向中国政府缮具报告。（9）本协定有效期为 3 年。任何一方，得于 6 个月之

---

① 包华国：《上海租界工厂检查交涉之经过》1934 年第 3 卷第 1 期，第 178 页。
② 上海公共租界工部局：《上海公共租界工部局年报》，1933，第 26~34 页。
③ 上海公共租界工部局：《上海公共租界工部局年报》，1934，第 11 页。
④ 《上海租界工厂检查交涉停顿》，《国际劳工通讯》1935 年第 2 卷第 8 期，第 35 页。

前通知对方，于期满时废止。"① 此原则南京国民政府作了让步，同意由工部局主办工厂检查，南京国民政府方面仅派半数的检查员。

6月24日，草案经工部局董事会议通过，协议全文于25日经上海市政府情报处及工部局情报处分别用中英文发表。但由于日本方面的反对，草案需要经领事会议通过。② 7月，领事会议召开，会议认为草案"不啻将享有领事裁判权各国之条约特权，予以局部废除"，主张将草案修正为，"明白规定中国工厂法，只能够适用于界内归中国法律管辖之工厂"。7月13日，首席领事将此决议致函中国政府。俞鸿钧致信工部局，表达上海市政府意见，认为领事团意见于法理与事实两方面均无根据，希望工部局转致领事团，重新考虑。③ 费信惇接到信函，继续与俞谈判。

费信惇向俞鸿钧建议，希望缓和华方的领土主权与各国之领事裁判权的异见。费建议，"根据中国工厂法，由工部局自拟实施检查之法则，并由工部局列为章程之一，对区内各工厂，不问其厂主之国籍何属，一律实施。如此，工部局自可于其自有权限范围之内，实施实业机关方面之管理"。④ 除此种技术方面之变更外，其他各项内容并无变更。该项新办法，事前已由实业部交外交部及行政院先后予以考虑。但1937年6月领事团仍对草案不予赞同。此后抗日战争爆发，谈判终无结果。⑤

（四）南京国民政府在国际劳工大会中争取租界工厂检查权的活动

中国作为国际劳工组织原始会员国之一，在北京政府时期，就参与了国际劳工组织的活动，但其态度并不积极，与国际劳工局的关系并不密切。南京国民政府自建立后逐渐认识国际劳工组织的重要性，希望借助这个平台扩大中国的国际影响，以期摆脱落后的国际地位，因此积极参加国际劳工大会事务。借助国际劳工组织的帮助争取租界内工厂检查权正是此一理念之体现。

1929年5月，第12届国际劳工大会召开，中国首次派完全代表出

---

① 《上海公共租界工厂检查协定草案》，《国际劳工通讯》1936年第3卷第7期，第30~31页。
② 《上海公共租界工厂检查协定草案》，《国际劳工通讯》1936年第3卷第7期，第30页。
③ 《上海租界工检交涉续志》，《国际劳工通讯》1936年第3卷第10期，第47页。
④ 《上海租界工厂检查新办法》，《国际劳工通讯》1936年第3卷第12期，第83页。
⑤ 《国际劳工组织与中国》，《国际劳工通讯》1939年第4期，第37页。

席。中国政府代表提出"外人在华工厂，应服从中国政府执行劳工法案"，从为保护劳工利益，政府需要完整的劳工行政权的基本原则出发，建议"本届大会，应设法使各会员国，凡其人民在他国享受领带裁判权，或同样之权利，以致侵害该国之行政统一者，放弃是项特权，无论其取得是项特权时系依据条约，或依据非法之成例，各会员国并须训令其在外侨民及其工商业，服从与遵守侨居国之劳工法，并受侨居国劳工行政之节制，同时大会并请国际劳工局理事院采取相当步骤，使有关系之各会员国，改善其相互关系，俾本议决案得以完全发生效力。"此议案因为赞成者不足法定人数未能通过。①

1933 年 6 月第 17 届国际劳工大会召开，中国政府在与上海租界进行工厂检查权交涉的同时，在此次大会上也积极争取国际组织的帮助。在大会宣言中，中国代表萧继荣介绍了中国在劳工立法上取得的进步，并谈到了工厂检查的困难："惟事将经年，困难仍在，将使我国数十万劳工因其在外籍工厂或租界工作，遂不能享受检查工厂法赋予之利益。"并请求国际劳工组织的帮助："所盼望者，此种困难不久即可消减，而国际劳工局方面，仍盼着本其合作精神，始终赞助，俾功亏一篑之事业，终底于成……"②

此次大会，中国代表重新提出"在华外国工厂应服从中国劳工法令案"，"请求国际劳工局理事院考虑应取之步骤，以保证中国之租界，租借地，或其他存有特别制度之区域内所设立之商业或工业机关，无论中外，应遵守中国劳动法规；并请理事院本此目的，酌量向有关系各国接洽"。③ 此法案提出后，即遭到日本代表的公开反对，以及英、法、意等国的消极抵制。他们并无正当理由公开反对提案，因此暗中勾结，或代表不出席，或出席而不投票，致使投票不足法定人数，提案未予通过。而中国代表团"财力薄弱、不能尽量活动，又以国势不振，及历届代表时常

---

① 实业部劳动年鉴编辑委员会：《民国二十一年中国劳动年鉴》（第四编），文海出版社，1990，第 8~9 页。
② 实业部劳动年鉴编辑委员会：《民国二十二年中国劳动年鉴》（第四编），文海出版社，1990，第 13 页。
③ 同上书，第 13~14 页。

更换，致与各方缺乏友谊之联络"，虽有一些国家代表的同情，"终不敌破坏者之势力，致罹惨败也"。①

1934年5月，第18届国际大会召开时，上海租界工厂检查权交涉正陷入僵局。中国政府代表李平衡在其演讲中，除介绍中国保护劳工方面的情况外，主要关注点在工厂检查问题上。在此次讲演中，他情绪激昂，慷慨陈词："在过去一年中，中国政府与上海公共租界之交涉，虽尽力让步而竟归无效。余不愿在此详述交涉之经过，余愿引起诸君之注意者，中国政府过去对租界当局之苦心，竟不获谅解。上海租界内之工厂工人现有20万以上。此数约占全国合于工厂法之工厂工人总数1/3，如此巨数工人，中国政府岂以坐视而不加保护？"他提出为解决此问题，"社会公正实应加于政治考虑之上"，要"履行和约第8章所规定人道之原则"，并代表中国政府对国际劳工局提出明确要求："对此问题立即采取有效之步骤"，"向有关各国交涉，使目前之紊乱早日结束，而使工厂检查执行中国劳工法规于租界之问题得以解决"。中国劳工代表安辅廷亦登台致辞："今上海租界不肯实施工厂检查，是使我国政府已批准之劳工公约无法在租界内实施，同时在其他中国地方亦因之而无法推行。谨代表上海租界内20万工人，及其他各埠租界内之数十万工人，请求大会早日设法排除上述障碍。"②

中国代表演讲后，国际劳工局局长巴特列作答词表示同情和理解："中国政府代表李平衡君所指出目前该国实行工厂检查之种种困难，余完全承认。余可告中国代表者，凡与劳工局有关，劳工局必设法尽其职责，以谋此项问题之解决。余与李君完全同意，相信此问题不用政治而用社会之观点加以考虑，必能获得一美满之解决。"③

巴特列会后分别致函有关各国政府代表接洽。美、意两国答复愿意提供帮助，英国称将劳工局长此信函转令驻沪领事加以注意。日本与法国则无回答。④

---

① 实业部劳动年鉴编辑委员会：《民国二十二年中国劳动年鉴》（第四编），文海出版社，1990，第15页。
② 同上书，第22~24页。
③ 同上书，第24页。
④ 《出席第十九届国际劳工大会政府代表团报告》，《劳工月刊》1935年第4卷第9期，第13页。

1935 年 6 月第 19 届国际劳工大会上，中国政府代表李平衡受实业部令再与巴特列讨论，巴特列表示愿意继续协助。在大会讨论局长报告时，李平衡又将此事提出，局长在答复致辞时称仍愿意尽力以谋此案得到早日解决。李平衡据此即与局长商谈，促使劳工局趁开会之机，召集有关国家代表商谈，以获得解决问题的途径。劳工局对此提议表示赞同。劳工局秘书长波思先后与有关各国代表相商，均示赞成。6 月 25 日，国际劳工局局长召集非正式谈话会，出席者有英国、美国、意大利与日本代表。中国由政府代表李平衡、包华国出席。会上，劳工局长巴特列表示，希望出席代表各向本国政府疏通。各国代表因事前未得训令，均未表示意见。最后决定由劳工局向有关各国接洽。①

1937 年 5 月国际劳工理事会第 79 届常会开会时，中国政府代表李平衡发表演讲，建议理事会，"命令劳工局长迅出而干涉，并与各关系列强接洽"租界工厂检查问题。②

1937 年 6 月第 23 届国际劳工大会上，中国代表又就租界工厂检查问题，屡次在国际劳工大会呼吁。同时在国际劳工局中国分局局长的协助下，上海市政府与上海公共租界当局数度直接谈判。1937 年 6 月，领事团以领事裁判权为由，对于双方议妥之协定草案，不予赞同，以致谈判未有结果，而卒归停顿。③

基于国际劳工组织的宗旨与人道主义原则，国际劳工组织在帮助中国争取租界内的工厂检查权方面已尽其努力，但这种努力更多是道义方面的支持，虽唤起了国际的同情，但终因中国国力落后，各种调解措施都归于无效，租界工厂检查权交涉完全失败。

争取租界工厂检查权的活动是南京国民政府行使行政管辖权的一种体现。它的失败导致包括社会保障在内的中国劳工立法无法在租界内推行，影响了立法的权威性和可实施性。

---

①　《出席第十九届国际劳工大会政府代表团报告》，《劳工月刊》1935 年第 4 卷第 9 期，第 13 页。

②　《国际劳工局理事会议李平衡演说租界工检问题》，《纺织时报》1937 年第 1383 期，1937 年 5 月 13 日，第 1 版。

③　《国际劳工组织与中国》，《国际劳工通讯》1939 年第 4 期，第 37 页。

第五章　南京国民政府时期劳工社会保障制度的实施

南京国民政府时期的劳工社会保障制度覆盖工矿、铁路、交通劳工等行业的工人。经考察，被纳入制度中的劳工数量及分布情况大致如下。

工业劳工：工伤、疾病、生育、失业保障等具有强制性规定的劳工社会保障制度内容部分见于《修正工厂法》中。工厂检查制度开始实施后，各地在推行第一期工厂检查计划时都对合于《修正工厂法》的工厂数和工人数进行了调查。由于第二期工厂检查计划只在部分省市中实施，所以只有第一期调查的数据较为完整。根据1934年《中国工厂检查年报》记载，合于《修正工厂法》的工厂数为6344个，工人人数为521175人。[1] 提供报告的省份有18个。此时期的相关数据还有《民国二十二年中国劳动年鉴》中的记载，22省市共有合于《修正工厂法》的工厂数为2787个，工人人数为786716人。中国工厂检查报告来自各省的工厂检查结果，数字应该更权威，但因省份不全，所以，工人总人数应超过52万人。再看此时期的全部工业工人的数字，由于调查的地域和对工业工人的界定不同，各调查结果中的数字也有所不同，比较可靠的有《民国二十一年中国劳动年鉴》的记录，13省区91城市共有产业工人1038665人，[2] 还有《民国二十二年中国劳动年鉴》的记载，"中国之纯工业工人"，20省市

---

[1]　实业部中央工厂检查处：《中国工厂检查年报》，1934，附录，第41~44页。
[2]　实业部劳动年鉴编辑委员会：《民国二十一年中国劳动年鉴》（第一编），文海出版社，1990，第4页。

共有 1120215 人。① 所以中国全部工业工人人数应在百万以上。可见中国合于《修正工厂法》、应受到劳工社会保障制度保障的工人数应该占全部工业工人人数的一半左右。

从合于《修正工厂法》的工厂和工人数的全国分布来看，各地数据差异很大（见表 5-1-1）。这是经济发展不均衡，现代工业主要分布在沿海、沿江和各铁路线附近的缘故。从工人人数来看，上海市合于《修正工厂法》的工人人数占全国总数的一半以上，其次为江苏、青岛、天津、汉口、浙江，这几地的工人人数占总人数近 9 成。从工厂数来看，上海市合于《修正工厂法》的工厂数占全国总数的 8 成以上，其次是青岛、江苏、天津、汉口、浙江，这几地工厂数占全国工厂数的 9 成以上。因此这些省份的工厂法推行情况决定了劳工社会保障制度的实施情况。

表 5-1-1　劳工社会保障制度所覆盖的工厂和工人数

地区	工厂数（个）	工人数（人）
南京市	25	3554
上海市	5418	299585
青岛市	231	32236
北平市	31	2920
天津市	92	20100
江苏省	206	74638
浙江省	53	15579
安徽省	42	3656
山东省	37	6526
河北省	28	14382
汉口市	69	17398
湖南省	39	8940
山西省	27	7923
陕西省	2	82
云南省	16	4011
江西省	2	772
河南省	24	8810
威海卫	2	63
总计	6344	521175

资料来源：实业部中央工厂检查处《中国工厂检查年报》，1934，附录，第 41～44 页，根据"各省市合于《修正工厂法》第一条规定之工厂数及工人数按业别统计表"整理而成。

① 实业部劳动年鉴编辑委员会：《民国二十二年中国劳动年鉴》（第一编），文海出版社，1990，第 4 页。

矿业劳工：各地的矿场检查从 1934 年开始，较工厂检查稍迟。1936 年《中国工厂检查年报》汇总了各省市合于《修正工厂法》第 1 条规定的矿场，共计 110 个，矿工数 137643 人。关于此时期的全部矿业工人的数字，各种材料有所不同，《民国二十一年中国劳动年鉴》记载煤矿工人有 251762 人，金属矿工人有 19003 人，[①]《民国二十二年中国劳动年鉴》搜集了除日本人占领的东北 4 省外，其余 13 省区有 200743 人，[②] 但这些数字"远不如外人估计的这样大"。[③] 陶镕成通过各种资料研究，将东北 4 省矿工、各地手工开采小矿、季节性矿工、规模较小的矿场和偏僻区域的矿工排除在外，认为矿工人数为 427940 人。[④] 这个数字似较为可信。据此估计，合于《修正工厂法》第 1 条的矿场工人数约占全部矿工数的 1/4~1/3。

从表 5-1-2 显示的矿场地区分布可以看出，矿工主要集中在河北、河南、山东、湖北、安徽、山西几个省份，这几个省份的矿工数占全体矿工数的 8 成以上。在各矿中，矿工人数相差很大，少者只有几十人，多者达上万人。规模较大的几家有：中福煤矿公司 10282 人，中兴煤矿公司 7143 人，鲁大煤矿公司 5008 人，开滦矿务局五处矿场共 34060 人，井陉矿务局 4230 人，六河沟煤矿公司 4586 人。这几家大公司所雇用的矿工共计 65309 人，占全体合于《修正工厂法》矿工数的近一半。[⑤] 分析这几家大矿场的情况能让我们了解矿工社会保障待遇的基本情况。

表 5-1-2　劳工社会保障制度所覆盖的矿场和矿工数

地区	矿场数（个）	矿工数（人）
河北省	17	50759
察哈尔	3	523
陕西	1	130

---

① 实业部劳动年鉴编辑委员会：《民国二十一年中国劳动年鉴》（第一编），文海出版社，1990，第 89~90 页。
② 实业部劳动年鉴编辑委员会：《民国二十二年中国劳动年鉴》（第一编），文海出版社，1990，第262 页。
③ 同上书，第 262 页。
④ 陶镕成：《中国矿业劳动者的一研究》，《劳工月刊》1936 年第 5 卷第 2~3 期，第 40 页。
⑤ 实业部中央工厂检查处：《中国工厂检查年报》，1936，第 655~663 页，数字为笔者计算得出。

续表

地区	矿场数（个）	矿工数（人）
山西	10	7756
河南	25	20231
山东	10	17764
安徽	9	8348
江苏	2	1710
浙江	1	1870
江西	3	3207
湖北	9	8390
湖南	3	4920
广东	2	1550
广西	9	3770
云南	2	4040
四川	4	2675
总计	110	137643

资料来源：实业部中央工厂检查处《中国工厂检查年报》，1936，第 655~663 页，根据"各省合于工厂法第一条规定之矿场一览表"计算得出。

铁路劳工：根据《铁路员工服务条例》，铁路劳工的社会保障适用于所有国营及其他公营、民营铁路。在各种铁路中，国营铁路是主体，[①] 铁道部对于国营铁路的社会保障有更为详细的规定。国有铁路原有 20 路，但在东北被日本占领的就有 7 路。其余京沪沪杭甬、津浦、平汉、北宁、平绥、陇海、胶济、湘鄂、正太、道清、南浔、奥汉南段、广九 13 路，其劳工人数经铁道部 1933 年、1935 年两次统计，各为 81448 人和 84923 人（不包括北宁北段）。具体数据见表 5-1-3。在这些铁路中，劳工数量较多的有平汉路、津浦路、北宁路、平绥、京沪沪杭甬。这几条铁路的劳工人数占全体劳工人数的近 7 成。

交通劳工：据交通部报告，截至 1933 年 12 月底，全国邮务职工共计

①　自 1911 年实行铁路国有化以后，中国的铁路除外国资本直接修筑和经营者外，基本上都属于官僚资本或国家资本主义性质。许涤新、吴承明《中国资本主义发展史》（第三卷）（人民出版社，2003，第 89 页）研究认为，南京国民政府建立后至抗战前，国有铁路占中国所有铁路里程的 80%。

26032 人。其中信差、邮差和杂项差役等劳工为 17075 人。电务工人中，电报局差役为 2734 人，各无线电台技工差役 679 人，共 3413 人。①

从以上数据可以看出，劳工社会保障制度覆盖的工业工人数为 52 万余人，矿工 14 万余人，国有铁路工人为 8 万余人，邮务与电务工人 2 万余人，总数约为 76 万人。

表 5-1-3　劳工社会保障所覆盖的国有铁路劳工人数

路别	人数（人）	占总数比例（%）
京沪沪杭甬	9229	10.87
津浦	14428	16.99
平汉	15471	18.22
北宁	10855	12.78
平绥	9238	10.88
陇海	6971	8.21
胶济	6536	7.70
湘鄂	4068	4.79
正太	2244	2.64
道清	1355	1.59
南浔	1149	1.35
奥汉南段	1147	1.35
广九	2232	2.63
共计	84923	100

资料来源：转引自《中华民国廿四年国有铁路统计》（第二种），《国有铁路劳工统计》1935 年第 2 期，第 1 页。

第一节　工伤、生育与失业保障制度的实施

一　工伤保障制度的实施

（一）在工厂矿场实施的基本情况

工业工人的工伤保障制度开始实施于推行第一期工厂检查计划期间。

---

① 实业部劳动年鉴编辑委员会：《民国二十二年中国劳动年鉴》（第一编），文海出版社，1990，第 289~295 页。

各地检查员按照规定，"每次入厂检查，询问有无灾变及工人伤病情形，并劝令各厂对于工人伤病死亡之津贴抚恤，遵照《工厂法》第 45 条及《工厂法施行条例》第 29 条之规定办理"。① 至 1936 年 6 月，第一期检查计划大部分省份已经完成。各地的工厂检查报告中，涉及工伤保障的实施情况的有南京、青岛、汉口、北京、天津等地的报告，具体如下。

《南京市第一期工厂检查报告书》（1934 年 1 月~1935 年 6 月）显示，南京市合于《修正工厂法》第 1 条之工厂共 18 家，"本市各工厂对于工人伤病死亡之津贴抚恤，大抵无明文规定，临时酌量情形办理，间有少数工厂已有规定者，如首都电厂及美丰祥印书馆是"。②

《青岛市工厂检查第一期实施计划办理经过》（1934 年 9 月 1 日~1935 年 8 月底）报告，青岛市工厂中，以资本和工人数而论，外商工厂实占十之七八。外商工厂因历史原因未能正式检查。合于《修正工厂法》的华商工厂为 40 家上下。③ 青岛市社会局在 1934 年 7~9 月的工厂检查报告中列出了 32 家华商工厂的工伤保障待遇。因工伤病，由厂负担费用者或给予医疗费者有 26 家，未定者 6 家。治疗期间发给工资并无期限者 16 家，有期限者 2 家。因公残废，给予抚恤者 7 家，临时酌办或商酌者 10 家。因公死亡，酌给予抚恤费者 7 家，固定给费者 6 家。32 家中仅有 1 家各待遇均参照《修正工厂法》执行。④

《汉口工厂检查报告书》（1934 年 10 月~1935 年 3 月）显示，汉口市合于《修正工厂法》之工厂计 60 家，"在本市规模较大之工厂如颐中烟厂、既济水电厂、福新面粉厂、南洋烟厂等对于因伤病暂时不能工作之工人，轻微者均由厂中附设之医药室治疗，较重者则由厂送特约之医院诊治担任其医疗费。申新工人宿舍内附有疗养室，工人重伤病亦住内疗治。至于伤病津贴，如系月工，则给全资（不扣因病停工期内之工资，亦有仅给病中工资之一部分者），据云并无限期，以伤病痊愈为止，如系件工，则仅担任（负）医疗费，不另给津贴。其次等工厂，多仅给因工受伤之

---

① 实业部中央工厂检查处：《中国工厂检查年报》，1936，第 336 页。
② 同上书，第 118 页。
③ 同上书，第 283 页。
④ 实业部中央工厂检查处：《中国工厂检查年报》，1934，第 4 章，第 33 页。

医药费及津贴，患病者则不管（如汉口，美最时二电灯厂、武汉印书馆、东华福兴二染厂及冠昌机器厂等）。武汉印书馆则规定每工人年给事病假15天，照给工资，如病者超过此限度，其超过日数仍扣工资。此外小工厂件工日工居多者，则除供给学徒轻微伤病之医药费外，余均不管……关于残废津贴及死亡抚恤各厂多未遵行，惟既济及颐中两公司之各厂，尚能相当实行，然办法各殊……"①

《北京市第一期工厂检查报告书》（1934年8月16日~11月15日）显示，北京合于《修正工厂法》第1条之工厂共32家，"关于工人津贴及抚恤之规定，以京华印书馆较为完善。其丹华火柴工厂、电灯工厂，亦订入规则之内。其余各厂，多无此项规定"。②

《天津市第一期工厂检查报告书》（1934年10月1日~12月31日）显示，天津市合于《修正工厂法》第1条之工厂共98家，"本市较大之工厂，均自定有津贴抚恤办法，如各纺织公司，各面粉公司关于津贴抚恤之规则，尚称合法可行。其余规模较小各厂，均未有此项规定，倘遇有伤病死亡等情事，当令其依照《工厂法》第9章之规定办理之。但资本过小之工厂，因厂方实际力量关系，不得不临时酌为核减"。③

《天津市工厂检查第一期实施计划办理经过报告》（1934年7月~1935年年底），"查本市各大工厂，对于抚恤等事项，虽有办理者，然无一定之规定。至小工厂方面，规模较小，即无此项之准备。即使遇有事故发生，不过情人斡旋了事"。④

以上地区都是当时的主要工业区。这些材料显示，此时期在多数的小工厂中，工人发生工伤事故后，并无具体的处理办法，大多经协商解决，因事而异。而一些大的工厂则有相应的规定，但这些规定也并未严格遵照《修正工厂法》相关条文设置。

这种情形也反映在各大矿场中。1933年，《矿业周报》及实业部劳动年鉴编缉委员会对全国百余矿场工伤灾害的规定进行搜集，共得中兴煤矿

---

① 实业部中央工厂检查处：《中国工厂检查年报》，1936，第336~337页。
② 同上书，第136页。
③ 同上书，第169~170页。
④ 同上书，第246页。

公司、烈山煤矿、富源煤矿公司、博东矿业公司、湖南常德水口山铅锌矿局、开滦矿务局6件。"此外各矿虽未必皆无此项规定，然在全国矿厂中无此种规定办法者，实居大多数，则可断言"。在当年发生的各种矿难中，各矿虽都有抚恤措施，但抚恤金数额皆不同。①

（二）在铁路、交通及大型工厂矿场中的实施情况

虽然政府制定的工伤保障制度在全国范围内落实程度有限，但在铁路、交通与大型的工厂及矿场中，劳工的工伤保障还是得到了一定的重视，较为正式的规则都曾设置并执行。这从吴至信1937年调查的资料《中国惠工事业》中可略窥一斑。

1937年，吴至信受资源委员会资遣，赴国内各大厂矿视察惠工事业的举办情况，"以便为该会设计惠工事业之参考"。②此次调查从3月10日开始，至同年6月30日完竣，历时4个月，经苏、鄂、豫、晋、鲁等10省市，21处工业区及矿区，调查了5铁路、9矿场、35工厂，"各地之重要厂矿，大都包括在内"。③笔者据此从铁路、交通、矿业、工业各方面来分析当时劳工的工伤保障实施情况。

1. 铁路工人

这次调查覆盖的5铁路共有工人51434人，④占当时所有铁路工人的一半以上。铁路工人因工受伤后，医药住院费"全部由雇主负担"，但限于在该路所自设的医院中治疗。治疗期间的工资，"养伤在3个月内给全资，第4个月至12个月内给半资"。⑤

铁路工人因工残废，"能作轻工作者，除给恤金3个月工资外，改任轻省工作，照支原薪；不能工作者，除给3个月工资作恤金外，并每月发给半资，至身故日止。受恤未满5年即身死者，仍按公亡恤例领受一次恤金"。⑥

---

① 实业部劳动年鉴编辑委员会：《民国二十二年中国劳动年鉴》（第三编），文海出版社，1990，第285~286页。

② 吴至信：《中国惠工事业》，载李文海：《民国时期社会调查丛编》（社会保障卷），福建教育出版社，2004，第112页。

③ 同上书，第117页。

④ 同上书，根据第112页表计算。

⑤ 同上书，第163页。

⑥ 同上书，第164页。

铁路工人因工死亡，"除结丧葬费50元外，并一次发给恤金，按服务年数递加。凡2年以下者，给等于1年工资之恤金，每多服务1年，加给半个月工资；服务25年以上，概给等于2年工资之恤金"。①

从以上调查可以看出，铁路工人的工伤医疗待遇、伤病津贴、残废抚恤、死亡抚恤、丧葬费等各种待遇，皆遵照了铁道部的相关规定，铁路工人的工伤保障制度得到了较好的执行。据《铁路杂志》记载，1936年2月，铁道部共核定各路工人伤亡抚恤18案，计18人。②

2. 交通工人

关于交通工人的调查数量未见《中国惠工事业》，仅部分章节对其保障内容有所叙述。

关于工伤医疗方面，电政技工受工伤时，医药住院费全部由雇主负担，工资无条件照给，并无给付期限。

受伤残废，邮务工人"除得抚恤金服务10年以下者400元及10年以上者500元外，并按服务年数发给养老金一次。每服务1年给1个月工资；惟服务在25年以上者，自第25年，改作1年增给半月工资计算"。电业技工"按每服务1年给资半月计，至多以15个月工资为限，此外另给4个月至12个月慰恤金"。报差"若残废不能别谋生计者，一次给付2个月至6个月之慰恤金"。③

从以上可以看出，交通工人的工伤各项待遇标准也是遵循交通部的各项制度设定的。

3. 矿工

在这次调查的9个矿场中，8个矿场为民营，1个矿场为省营，共有矿工71983人，④占符合《修正工厂法》第1条的矿场矿工总数的一半以上。调查中也提及了建设委员会直辖矿场工人的待遇。9矿场的工伤保障待遇具体见表5-1-4。

---

① 吴至信：《中国惠工事业》，载李文海：《民国时期社会调查丛编》（社会保障卷），福建教育出版社，2004，第167页。

② 《各路养老退休及伤亡抚恤之核定》，《铁路杂志》1936年第2卷第2期，第89页。

③ 吴至信：《中国惠工事业》，载李文海：《民国时期社会调查丛编》（社会保障卷），福建教育出版社，2004，第164页。

④ 同上书，根据第112页表计算。

（1）工伤医疗与伤病津贴

矿工因工受伤，9 矿中有 7 矿医药住院费全部由雇主给付，但以在矿场自设或指定医院中治疗为限。有 1 矿对轻伤者酌给费用令自行就医，对重伤者送往特约医院治疗，费用由矿方给付。和《修正工厂法》所规定"凡因伤病暂时不能工作之工人，……担任其医疗费"相比，矿工因工受伤，除 1 矿不符合标准，其他或完全符合规定，或相差不大。

治疗期间有工资待遇规定者 9 矿中有 7 矿，但有些矿中里工与外工待遇不同。这 7 矿中里工在治疗期有全部或部分工资，而外工仅有 4 矿治疗期间有工资或津贴。和《修正工厂法》所规定"每日给以平均工资 2/3 之津贴，如经过 6 个月尚未痊愈，其每日津贴得减至平均工资的 1/2，但以 1 年为际"的待遇相比，里工的待遇中 4 矿超过了规定标准，1 矿完全符合标准，2 矿低于标准。对于外工的待遇，2 矿超过了标准，2 矿远远低于标准。

（2）残废津贴

因工残废的待遇，各矿差距最大。在国营矿场，如建设委员会直辖矿场，矿工"因公而致一部分永久残废者，愈后酌予相当工作或一次恤金 50 元。永久不能工作者，一次给予 150 元"。[①]

9 个民营或省营矿场中，里工有残废待遇者为 7 矿，外工有残废待遇者 5 矿。

和《修正工厂法》中残废抚恤"至多等于 3 年工资，至少等于 1 年工资"的标准相比，无论是国营矿场还是民营矿场，没有一个矿场待遇水平达到标准。而且里工与外工的待遇差别较大，里工中除 1 矿对残废工人无条件解雇、1 矿无规定外，其余矿场皆有一定的残废待遇。有的给予恤金，恤金数额或根据残废程度，或根据服务年限；有的酌给无定额；有的给予安排相当工作。对于外工，则 4 矿并无抚恤，有 2 矿其待遇低于里工，仅有 3 矿与里工待遇相同，其中 1 矿（丙矿）在实施中甚少依规定严格照办。[②]

（3）丧葬费与死亡抚恤金

因工死亡，建设委员会所属国营矿场工人，"矿方除发给棺木外，并给予家属一次性抚恤金 150 元。或死亡不能寻获尸体者，增恤 50 元。若

---

① 吴至信：《中国惠工事业》，载李文海：《民国时期社会调查丛编》（社会保障卷），福建教育出版社，2004，第 164 页。

② 同上书，第 165 页。

无家属者，则除给棺木外，以 20 元为治丧费，不另给恤金"。①

9 所民营和省营矿场中，里工外工均有工伤死亡待遇。里工死亡后都有恤金，或定额发放，或按工资发放，外工有 8 矿给予固定数额恤金。有 3 矿给予里工和外工丧葬费，有 2 矿给予棺木。9 个矿场中，有 3 矿里外工待遇相同，有 6 矿待遇不同。凡待遇不同者，外工的待遇都低于里工。

与《修正工厂法》规定的"丧葬费为 50 元，遗族抚恤金为 300 元及死亡工人 2 年的平均工资"相比，工伤死亡待遇中，国营和民营各矿待遇水平没有一个达到标准，而且矿场间差距很大。

表 5-1-4　吴至信所调查的 9 矿场工人工伤保障待遇（1937 年）

矿场代名	所在地	人数（人）	工伤治疗	残废抚恤	死亡抚恤及丧葬费
甲矿（煤）	河北省	31627	在矿场自设或指定医院中治疗，工人不付费。养伤期间工资照给，无期限	里工或外工残废者，不论是否影响工作能力，概予恤金。恤金以 300 元为基数，按伤残的百分比发给。除得恤金，根据身体情况安排工作，或入该厂教养院	里工或外工，均一次给葬费 50 元及恤金 300 元。并设教养院，凡公亡之老父母、妻及幼年子女可入院寄养
乙矿（煤）	山东省	8244	在矿场自设或指定医院中治疗，工人不付费。养伤期间工资照给，无期限	里工服务未满 1 年者，因残废失去一部分能力，予以 3 个月平均工资，失去全部工作能力，给予半年工资；服务已满 1 年，丧失一部分能力给半年工资，全部能力给1 年工资；服务已满 2 年以上者，丧失一部分能力给 1 年工资，全部能力给 2 年工资。外工无抚恤	里工给丧葬费 50 元，服务 7 年以下者一次性给恤 1 年之工资，7 年以上者给 2 年之工资。外工一次给葬费 50 元，恤金 150 元
丙矿（煤）	河北省	5696	在矿场自设或指定医院中治疗，工人不付费。里工受伤期间工资照给。外工在养伤期间无工资	里工或外工，残废丧失部分工作能力者，工作不满 1 年，给予 3 个月平均工资。满 1 年，给予半年工资。丧失全部工作能力者，工作不满 1 年者，给予半年平均工资，满 1 年者，给予 1 年之平均工资	里工按服务年数一次给 3 个月及 3 年之工资。外工一次发恤金 150 元。里外工均给棺木

① 吴至信：《中国惠工事业》，载李文海：《民国时期社会调查丛编》（社会保障卷），福建教育出版社，2004，第 167 页。

续表

矿场代名	所在地	人数（人）	工伤治疗	残废抚恤	死亡抚恤及丧葬费
丁矿（煤）	河南省	12700	在矿场自设或指定医院中治疗，工人不付费。轻伤在2个月内，重伤在4个月内，工资给1/2，过期为1/3。重伤住院愈后，可得至多3个月之调养期，给1/2之工资	外工，给予90日之工资作为恤金（里工待遇不明）	里工或外工，均一次给葬费50元及恤金300元
戊矿（煤）	河南省	5300	在矿场自设或指定医院中治疗，伙食费自纳。里工在养伤在6个月以内，给资2/3。自第6个月至12月，只给资1/2。外工在养伤期间无工资	里工可入残废工厂，入厂工作者月给6元至12元不等。外工无抚恤	里工给以棺木，一次性恤金200元。外工只有棺木及葬地，无恤金
己矿（煤）	山西省	3376	矿方不负担住院费。受伤期间，里工工资照给，外工给以津贴，轻伤每日1角，重伤每日2角	对于里外工，皆是酌给。外工约二三十元，里工较外工多三四倍不等	外工给恤50元。里工服务未满2年者，给3个月工资，2年以上至6年以下者，5个月工资；满6年至10年以下者，9个月工资；10年已满者，1年工资；明知危险而奋勇尽责致命者，外加2月至4月工资
庚矿（煤）	山西省	1631	在矿场自设或指定医院中治疗，工人不付费。外工在养伤期间无工资。里工1个月内给原资，1个月外减半发给	里工给予安排轻省工作，按新工作发放工资。若不能做或不愿做者，亦不另予恤金	外工恤金30元。里工分30元与40元两种
辛矿（煤）	山西省	1609	轻伤者，酌给3元至5元，令自行就医。重伤者，送特约医院治疗，费用由矿方负担	里工外工皆无条件解雇	里工外工，受伤当地致命者给恤45元。经过相当时间再致命者酌减，但不得少于35元

续表

矿场代名	所在地	人数（人）	工伤治疗	残废抚恤	死亡抚恤及丧葬费
壬矿（铁）	湖北省	1800	在矿场自设或指定医院中治疗，工人不付费	里工外工，皆月给恤金，每月1元至2元不等	矿工、土工与杂工概一次性发恤金150元。机匠服务3年以下者200元，已满3年者酌加，至多以400元为限

资源来源：吴至信《中国惠工事业》，载李文海：《民国时期社会调查丛编》（社会保障卷），福建教育出版社，2004，第163～168页。根据描述整理而成。

4. 工业工人

吴至信调查的工厂有35所，工厂业别，计有炼冶、机器、兵工厂、化学、纺织、饮食品、土石、制造、印刷、公用事业等，"举凡我国现有之重要工业部门，都经选样抽查"。[①] 根据工厂的所有权划分，有民营24所、省营6所、国营5所。所调查的人数共计54083人。在调查中也涉及建设委员会所属电厂之工人工伤待遇。具体见表5-1-5。

（1）工伤医疗与伤病津贴

所调查的35厂，工人因工受伤，医疗费用全部由雇主给付，但均以该厂所自设或所指定的医院治疗者为限。

治疗期间，工资照付者，且无给付期限者，有27厂。工资给付有所折扣者有8厂，其中4厂为军政部所属国营工厂。

和《修正工厂法》的规定相比，各厂对于工人工伤治疗的待遇，皆符合标准。工伤期间的伤病津贴，有33厂高于或等于标准，占所调查样本的94.28%。

（2）残废津贴

国营工厂中，建设委员会所属电厂，对于残废至永久不能工作的工人，"按服务年限一次给恤，计1年以下者，3个月工资；1年以上至3年者，4个月；3年以上至5年者，5个月；5年以上者，月给最后工资1/4，其期限与该工人服务之月数相同。惟若按前述计算法算出恤金，总数不足

[①] 吴至信：《中国惠工事业》，载李文海：《民国时期社会调查丛编》（社会保障卷），福建教育出版社，2004，第112页。

100 元者，概予以 100 元"。① 相对《修正工厂法》规定的"残废抚恤金为 1~3 年平均工资"的标准相比，实际待遇与共差距不小。

军政部所属的 5 家工厂，除 1 厂工人残废待遇按士兵发放恤金外，其他各厂规定相同：除一次性给予等于 1 年工资之恤金外，另按服务年份给赡养金 50~350 元。此待遇和《修正工厂法》规定的标准可算相符。

省营工厂，为西北实业公司所属 6 厂，其待遇规定一致：恤金多寡与残废程度及服务年限相关。此种待遇标准中，除对少数服务年限长，且残废等级高的工人残废待遇高于《修正工厂法》的标准，总体来说，待遇水平相较标准为低。

民营工厂 24 家，各待遇差别很大。有酌量给恤者，有一次性定额给付者，有分期给付者，有对长工与短工差别给恤者，有留厂做轻工作者。相比《修正工厂法》待遇，标准较高者为 3 号、15 号、16 号等厂，与此标准相当者，有 11 号、13 号、20 号等厂。不及标准者有 1 号及 12 号厂。其他厂不便比较。

从以上调查可以看出，在所调查的 35 厂中，除 1 厂尚未开工而无具体规定外，其他厂皆有工伤残废抚恤的待遇。其中，高于或相当于《修正工厂法》标准的有 10 厂，占样本总数的 28.57%。

（3）丧葬费与死亡抚恤金

国营工厂中，建设会所属各电厂，"对于工亡工人，除予理丧费 80 元外，并按服务年限给恤，1 年以下者，一次给 6 个月之工资；1 年至 3 年以下者，8 个月工资；3 年至 5 年以下者，10 个月工资；5 年以上者，按月给予最后所支工资数 1/4 之恤金，其期限与该工人服务之月数相同。但若恤金总数不满 200 元者，概给以 200 元。倘死者无法定领恤金之遗族，即以等于 10 个月工资之恤金作为殡葬之费"。② 此待遇相比《修正工厂法》规定的"50 元丧葬费，300 元抚恤金，平均 2 年工资"相比，待遇水平相较标准为低。

军政部所属 5 厂，除 31 号厂待遇低于《修正工厂法》标准外，其他 4 厂和《修正工厂法》规定待遇相当。

---

① 吴至信：《中国惠工事业》，载李文海：《民国时期社会调查丛编》（社会保障卷），福建教育出版社，2004，第 165 页。

② 同上书，第 168 页。

省营的西北实业公司所属6厂，对于工伤死亡者的待遇相同，均按服务年数一次给恤，较有利于服务年限长的工人，但总的待遇比起《修正工厂法》的标准为低。

民营工厂中，有酌量给恤无最高限额者8厂，酌量给恤有限额者3厂，一次定额给恤者8厂，长工与短工差别给恤者3厂，分期给恤者1厂，1厂因未正式开工而无待遇规定。和《修正工厂法》相比，高于标准的只有3号厂与5号厂，与此标准相等或所差不甚远的，有11、13、15、16、20号等厂。其他不便比较，或相差太远。

从以上调查可以看出，所调查的35厂，除14号厂情况特殊外，其他厂皆有工伤死亡待遇，其待遇标准和《修正工厂法》相比，高于标准或相当于标准的有11厂，占所调查样本的31.43%。

表5-1-5　吴至信所调查的35厂工人工伤保障待遇（1937年）

工厂代名	所在地	业别	工人数（人）	公营或私营	工伤医疗	残废抚恤	死亡抚恤与丧葬费
1号	上海市内	印刷	1700	民营	在自设或指定医院治疗，雇主付费。受伤6个月内，工资2/3，7~12月内，工资为1/2	酌量给恤，至多不超过1年工资	丧葬费50元，酌恤无限制
2号	上海市内	机器	670	民营	在自设或指定医院治疗，雇主付费。治疗期间，酌给至多原资1/2	酌量给恤	酌量给恤80~100元
3号	上海市内	卷烟	2600	民营	在自设或指定医院治疗，雇主付费。重伤者给原资，轻伤酌减	1500元	1500元
4号	上海市内	面粉	716	民营	在自设或指定医院治疗，雇主付费。工资照给	留做轻工作	恤100元，另附保险赔偿费100元
5号	上海市内	卷烟	4000	民营	同上	每月给半资（最少15元），至身故日止	1200元（其中工会救济费100元）

续表

工厂代名	所在地	业别	工人数（人）	公营或私营	工伤医疗	残废抚恤	死亡抚恤与丧葬费
6号	上海市内	制罐	1200	民营	同上	月给半资，以2年为限	按月给付遗属工人原额工资，1年为限
7号	无锡城外	缫丝	1050	民营	同上	酌量给恤	酌量给恤
8号	无锡城外	棉纺织	5000	民营	同上	酌量给恤	酌量给恤
9号	无锡城外	棉纺织	4000	民营	同上	酌量给恤	酌量给恤
10号	汉口乡间	炼铁	870	民营	同上	留做轻工作	3个月工资为恤
11号	青岛市内	棉纺织	2100	民营	同上	酌量给恤，1~3年工资。留做轻工作者，发给原工资	丧葬费50元，恤金300元及2年的平均工资
12号	青岛市内	制蛋	650	民营	同上	2年工资。留做轻工作者，发给原工资	丧葬费50元，2年的平均工资
13号	青岛市内	制针	245	民营	同上	每半年给半年工资一次，以3年为限。留做轻工作者，发给原工资	丧葬费50元，恤金300元及2年的平均工资
14号	浦口乡间	制硫酸铔	1500	民营	同上	尚未开工，无详细规定	尚未开工，无详细规定
15号	塘沽	制碱	869	民营	同上	短工4个月工资恤金，留做轻工作。长工6个月内每月工资照给，6个月后，残废能做原来工作者，按公亡例给50%，不能者，给70%	丧葬费40元。并按服务年数，未满1年者给12个月工资，已满1年者给14个月工资，以后每多服务1年，即增2个月工资恤金，增至36个月工资为止。短工丧葬费60元，并给6个月工资恤金
16号	塘沽	制盐	142	民营	同上	同上	同上
17号	北平市内	啤酒	195	民营	同上	酌量给恤	酌量给恤，另除保险赔偿费60元
18号	北平市内	火柴	329	民营	同上	酌量给恤	酌量给恤

续表

工厂代名	所在地	业别	工人数（人）	公营或私营	工伤医疗	残废抚恤	死亡抚恤与丧葬费
19 号	北平市内	自来水	86	民营	同上	酌量给恤	服务满 10 年，恤金 3 个月工资，未满 10 年，2 个月工资
20 号	唐山	洋灰	1650	民营	同上	外工酌恤，里工按服务年数，未满 1 年，8 个月恤金，1 年者 10 个月，2 年者 12 个月，4 年者 16 个月，7 年者 20 个月，10 年者 24 个月，15 年者 30 个月，20 年者 36 个月	丧葬费 50 元，恤金 300 元，再按残废程度加恤一次。外工酌恤
21 号	石家庄	炼焦	250	民营	同上	酌量给恤	酌量给恤
22 号	阳泉乡间	炼焦铁工	1010	民营	同上	留做轻工作者，工资按新工资另定	酌量给恤
23 号	太原市内	电灯	84	民营	同上	留做轻工作，发给原工资	酌量给恤，最高为 1 年工资
24 号厂	太原市内	棉纺织	720	民营	同上	酌量给恤，100~400 元。留做轻工作者，发给原工资	酌量给恤，100~400 元
25 号	太原城外	烧砖	500	省营	同上	残废分为甲、乙、丙三种，其恤金多寡与三种残废程度及服务年限相关，在 40~520 元之间。能任轻工作者，仍留厂工作，领受相当之工资。工人受伤因自己疏忽所致，待遇减半发给	丧葬费 30 元，并按服务年数一次给恤：服务不足 1 年者 100 元，不足 3 年者，150 元，不足 5 年者，220 元，不足 7 年者，310 元，不足 10 年者，420 元，10 年以上者，550 元。致命原因为自己疏忽所致，减半发给。临时工人亦按此减半
26 号	太原城外	炼钢	1100	省营	同上	同上	同上
27 号	太原市内	卷烟	1600	省营	同上	同上	同上
28 号	太原城外	印刷	300	省营	同上	同上	同上

续表

工厂代名	所在地	业别	工人数（人）	公营或私营	工伤医疗	残废抚恤	死亡抚恤与丧葬费
29 号	太原市内	火柴	440	省营	同上	同上	同上
30 号	太原城外	机器	7500	省营	同上	同上	同上
31 号	北平乡间	制呢	578	国营	同上	按士兵恤金	丧葬费 50 元，恤金 100 元
32 号	南京市	兵工	2500	国营	在自设或指定医院治疗，雇主付费。治疗期间，2 个月内全资，3～6 个月，工资的 2/3，第 7～12 月，工资的 1/2	一次性给予等于 1 年工资之恤金外，另按服务年份给赡养金一次：凡服务未满 5 年者，给 50 元，满 5 年者，给 100 元，以后每多 5 年，照增 50 元，至 350 元为止	丧葬费 100 元，抚恤费 250 元，及平均 2 年工资
33 号	巩县	兵工	4300	国营	同上	同上	同上
34 号	巩县	兵工	629	国营	同上	同上	同上
35 号	汉阳市内	兵工	3000	国营	同上	同上	同上

资源来源：吴至信《中国惠工事业》，载李文海：《民国时期社会调查丛编》（社会保障卷），福建教育出版社，2004，第 163～168 页。根据描述整理而成。

工伤是现代劳工面对的新型劳动风险。根据吴至信的调查，可以看出，至 1937 年，铁路、交通及重要的工厂及矿场对于劳工工伤风险都有相应的保障措施。这些保障措施，在铁路与交通部门，基本是遵循着基本制度的设计实施的。在工厂和矿场，其保障规定中的待遇内容却是各种各样。综合来说，大型矿场矿工的总体待遇不如新型工厂的工人。就具体内容里面，工伤医疗费的负担大体按照《修正工厂法》的规定，所调查的工厂 100% 遵循了医疗费雇主负担的原则。在矿场中也是绝大多数由矿场负担。在伤病津贴上，工厂中有 94.28% 高于或等于规定的标准。在矿场中，超过半数矿场的里工待遇能达到规定标准，外工待遇达到标准者则不到两成。在残废抚恤和死亡抚恤方面，高于或相当于《修正工厂法》标准的工厂占调查样本总数的 28.57% 与 31.43%，而矿场虽有相应待遇，但无一达到标准。

在工伤保障待遇中，雇用的性质影响了工人的待遇。在所调查的矿场中，就残废抚恤与死亡抚恤而言，有一半以上的矿场里工外工待遇不相同。在工厂中，长工短工待遇不同者有3厂。而《修正工厂法》并无此种规定。在矿场中，外工几乎全在包工制下生活，他们与矿场并不存在着直接的雇用关系，所以他们的待遇与矿场直接雇用的里工不同（调查中只有己矿的外工是直接雇用的，但待遇仍有不同）。而外工的人数大大超过了里工的人数，据谢诺研究，有时外工的人数占到总工人数的75%~80%①这就使大量的矿工得不到相同的保障。在工厂中也存在着相同的情况，凡存在着长工与短工区别的工厂，短工的待遇基本均不及长工。

伤病津贴的发放方式有两种，一种是定期发放，如国有铁路与丙、壬3矿及5号、6号、13号等厂。定期发放有利于残废工人的长期生活，尤其是国有铁路、丙矿、壬矿及5号厂，其发放期限为残废工人身故止，能较好地保障残废工人的生活。其他厂矿皆为一次性发放。在竞争激烈的环境中，企业存在的寿命往往有限，一次性发放伤病津贴是企业承担此项责任的最简便的方法。

二　失业保障制度的实施

失业保障的内容包括失业救济金（解雇费）、职业介绍与就业安置等内容。

（一）失业救济金（解雇费）

《修正工厂法》第27条规定了解雇费和解雇预告期。铁路工人的制度中并无此种规定。邮电工人的制度中有相应的内容。

1. 铁路工人

吴至信发现，在所调查的5条铁路中，只有1条铁路有关于解雇费的待遇规定，"凡非因自己过失而离职或死亡者，给1个月工资，所有公费津贴亦同时发给"。② 因铁路工人的社会保障制度中并无解雇费的规定，因此大多数铁路无此规定也是正常的。

---

① 〔法〕谢诺：《中国工人运动（1919-1927）》，载刘明逵：《中国工人阶级历史状况》（第一卷，第一册），中共中央党校出版社，1985，第585页。

② 吴至信：《中国惠工事业》，载李文海：《民国时期社会调查丛编》（社会保障卷），福建教育出版社，2004，第159页。

2. 交通工人

邮电工人"被裁退或因病辞职而月薪在 270 元以下者，按每服务 1 年以半月工资计退职金"。

电务工人中技工无此待遇。报差则有相应的规定："报差之被裁退者，按每服务 1 年给半月工资计退职金，但至多不得超过等于 5 个月之工资。"[1]

从以上调查结果可以看到，交通工人的失业待遇也符合有关制度的规定。

3. 矿场工人

在所调查的 9 矿中，仅 4 矿有解雇费待遇。其中除 1 矿待遇里工与外工均适用外，其他 3 矿此项待遇只适用于里工。待遇规定有的和服务年限相关，有的无关，金额都在 1~3 个月工资之间。具体见表 5-1-6。和《修正工厂法》的规定相比，这几个矿场的待遇水平皆超过了标准。

4. 工厂工人

在所调查的 35 家工厂中，军政部兵工署所属 5 厂中的 4 厂，省营西北实业公司的 6 厂，都有关于解雇费的规定。也就是调查样本中有 9 成的国营与省营工厂都有相关的待遇规定。在民营工厂中，所调查的 24 厂中，有 11 厂有解雇费，占总数的 45.83%。在所调查的所有工厂中，有 60% 的工厂有此待遇。具体待遇见表 5-1-6。

表 5-1-6　吴至信所调查的工厂工人失业救济金待遇（1937 年）

工厂代名	公营或民营	失业救济金（解雇费）
2 号	民营	视被解雇工人返家旅费而定，限于无过被裁者
3 号	民营	每服务 1 年给半月工资，限于无过被裁者
4 号	民营	至少半月工资，至多 1 月工资，限于无过被裁者
5 号	民营	给工资 2 月（限于服务 1 年以上的长工）限于无过被裁者
10 号	民营	给半月工资，限于无过被裁者
11 号	民营	视被解雇工人返家旅费而定，只限于因病被裁退者
13 号	民营	给 1 个月工资。若先 1 月前预告，则不另给解雇费，限于无过被裁者

---

[1] 吴至信：《中国惠工事业》，载李文海：《民国时期社会调查丛编》（社会保障卷），福建教育出版社，2004，第 159 页。

续表

工厂代名	公营或民营	失业救济金（解雇费）
15 号	民营	因停工或歇业而解雇，给 2 个月工资，非因过失被解雇，按服务年限每 2 年给付 1 个月工资。其服务未满 2 年者，按比例给付
16 号	民营	同上
20 号	民营	10 日前预告，并另给 5 日工资，限于无过被裁者
23 号	民营	酌给 1 个月工资。限于离职不是由于犯规有过者，无论被裁或自辞
25 号	省营	服务 3 月至 1 年者，预告期 10 日，服务 1 年至 3 年者，20 日，3 年以上者，30 日，未经预告而解雇者，照应给预告日数按日计资；经预告者，亦照预告日数计给半资
26 号	省营	同上
27 号	省营	同上
28 号	省营	同上
29 号	省营	同上
30 号	省营	同上
32 号	国营	患职业病残废被解雇者，如已服务 10 年以上，一次给予 1 年工资；以事辞退工人，按服务发给恩饷：服务满 1 年者 5 日工资，满 5 年者半月工资，满 10 年者 1 月工资，满 15 年者 2 月工资，满 20 年者 3 月工资，满 25 年者 4 月工资，满 30 年者 6 月工资
33 号	国营	体力衰弱而被辞退者，若已服务 10 年以上，给予 1 年工资，作退职金；在厂服务 5 年得职业病而残废，因而解雇者，一次给予 1 年之工资；因停工裁工而解雇者，长工给付 1 个月工资作为遣散费
34 号	国营	同上
35 号	国营	同上

资源来源：吴至信《中国惠工事业》，载李文海：《民国时期社会调查丛编》（社会保障卷），福建教育出版社，2004，第 159~160 页。根据描述整理而成。

解雇费的水平，各厂规定相差很大。国营工厂中，军政部兵工署所属 4 厂中，因职业病残废或长期服务、体力衰落被解雇者，属于工伤保障的范畴，所以标准较高，解雇费为 1 年工资。因事解雇，32 号厂按服务年限给予 5 日至半年工资，低于 10 年服务期的工人待遇低于《修正工厂法》的标准，10 年以上者，则高于标准。其他 3 厂则都给予 1 个月工资，待遇等于或高于标准。

省营工厂中，西北实业公司所属 25 号、26 号、27 号、28 号、29 号、30 号 6 厂规定相同，预告期在 10~30 日内，未经预告与曾经预告者，皆可得解雇费。其待遇水平高于或等于标准。

11 家有此规定的民营工厂，有 3 号、4 号、5 号、13 号、15 号、16

号、23 号厂，待遇水平相当于或高于《修正工厂法》的标准。2 号、11号厂待遇水平不定，其他厂家待遇水平或不好比较，或低于规定的标准。

根据以上分析，在所有的工厂中，解雇费的水平高于或相当于《修正工厂法》规定的工厂有 3 号、4 号、5 号、13 号、15 号、16 号、23 号、25 号、26 号、27 号、28 号、29 号、30 号、33 号、34 号、35 号厂，共 16 家，占具有此种规定的工厂的 76.19%。

除上述所调查的工厂外，国营工厂中建设委员会所属电厂、电机制造厂也有此种待遇，"若无过失而被厂方辞退，给半月工资作为解雇费"。[1]这种规定因无预告期及服务年限的相关规定，与《修正工厂法》的标准不好比较。

具有失业救济性质的解雇费对于失业工人的生活非常重要。在进行制度设计时，针对铁路工人与交通工人中的技工的保障制度中并没有这一内容。而工矿工人的保障因《修正工厂法》的规定而较受注重。但在所调查的矿场中，只有不到一半的矿场有此待遇，且大多限于里工。在调查的所有工厂中，有 60% 的工厂有此待遇。其中国营或省营的工厂中 9 成以上有此待遇，民营则只有 4 成多。所以工厂的性质影响着制度的实施。

在具有解雇费规定的厂矿中，矿场的待遇水平都高于《修正工厂法》的标准，在工厂中有 7 成以上超过了标准。其中国营或省营的工厂超过标准的比例高于民营工厂。

在所调查的路厂矿中，大都有关于解雇费发放的限制条件，各不相同，计有以下几种："凡非因过而离职""自己未犯过而被裁歇或因病请求辞职""工人无过而被雇主裁歇""因病被裁歇"。[2] 第一种"凡非因过而离职"的条件最宽，既包括因雇主意愿造成的失业，如裁员、停工，也包括因工人意愿造成的失业，如自动辞职。在所调查的路厂矿中，只有1 号铁路与 23 号厂有此种限制。第二种"自己未犯过而被裁歇或因病请求辞职"，则比上条限制要严格，工人若辞职，只有因病而起者才能得到解雇费。邮电工人的制度即有此限制。第三种"工人无过而被雇主裁

---

① 吴至信：《中国惠工事业》，载李文海：《民国时期社会调查丛编》（社会保障卷），福建教育出版社，2004，第 159 页。

② 同上书，第 160 页。

歇"，则只有雇主意愿导致的失业，工人才享有解雇费。所有由工人意愿造成的失业，如自动辞职、过失，都不能得到解雇费。这是解雇费发放的最普遍的限制条件，交通部之报差，兵工署所属各厂，建委会电厂，西北实业公司所属的6厂及乙、戊、己、壬4矿，与2号、3号、4号、5号、10号、13号、15号、16号、20号厂，都有此种规定。第四种是"因病被裁歇"，这种限制条件最严格，只有11号厂有此种限制。此种限制下，因停业、歇业等其他因素被解雇的工人与自动辞职的工人都得不到解雇费。

根据《修正工厂法》的规定，工厂在工作契约期满前解雇工人的情形有："（1）工厂为全部或一部之歇业时；（2）工厂因不可抗力停工在1个月以上时；（3）工人对于其所承受之工作不能胜任时。"工厂可以不经预告而终止契约的情形有："（1）工人违反工厂规则而情节重大时；（2）工人无故旷工至3日以上或1个月内无故旷工至6日以上。"① 按照这些条文，工厂必须在不得已的情形下才能解雇工人，解雇的意愿来自厂方，而工人则需无过失，才能得到失业的相应待遇。所以上述解雇条件和前文第三种规定最为接近。可以说，有解雇费待遇的绝大部分路厂矿都符合解雇条件的标准规定。

吴至信在调查中发现，制度设计中有关预告期的规定在大多数厂矿中并没有实行。大多数厂矿都用解雇费代替了预告期。吴至信认为原因有以下几点：（1）工人被预告解雇后，不能安心生产，厂方若依法允许工人外出寻找工作，也会影响生产；（2）预告期间，工人可能请其他工人援助使厂主收回成命，导致工潮；（3）工人若在预告期内不能找到工作，生活会发生问题；即使还乡，也须给以路费。② 从以上分析可以看出，制度本身存在的问题，致使其无法实行。

（二）职业介绍

1931年12月3日，实业部公布《职业介绍所暂行办法》，规定职业介绍所分为国营、公营和私营三种。1935年8月7日，国民政府公布《职业介绍法》。从事职业介绍的机关或人分为公设职业介绍机关、私设职业介绍机关、介绍业者三类。

---

① 《修正工厂法》，《实业公报》1933年第117、118期合刊，法规，第5页。
② 吴至信：《中国惠工事业》，载李文海：《民国时期社会调查丛编》（社会保障卷），福建教育出版社，2004，第161页。

关于国营的职业介绍机关，成立者计有北平、青岛、上海、南京、广州、济南、汕头等地。其从属于各地政府的社会局或建设厅，人员由社会局选派或兼任，对于申请介绍人员一般不收费，但"办理著有成效者颇少"。①

1935 年 6 月广州市社会局职业介绍所成立后，至当年 12 月止，登记申请介绍职业的人数如下：店员学徒类，男 525 人，女 92 人；工友学徒类，男 337 人，女 39 人；仆工类，男 480 人，女 521 人。② 截至 1936 年 9 月，登记总人数达 3000 人，而已介绍成功者约 800 人。成立 1 年多，到所申请登记的男女劳动者，每月均有一二百人。由所介绍职业者，多属劳动者，尤以女仆为多。该所收登记费每人 2 角，后减为 1 角。③

由各团体设立的职业介绍所称为公营职业所或私设介绍机关。办理成绩较为显著的有以下几所。

中华职业教育社上海职业指导所。该所成立于 1927 年 9 月，业务包括职业介绍及职业指导、升学指导、人事指导（包括法律、健康、婚姻等数种）。该所成立后，各地继起组织成立指导所的有南京、镇江、吴县、无锡、嘉定、盛泽等县市。④ 该所职业介绍，一切手续概不收费。⑤ 自该所成立后，至 1936 年 6 月，委托介绍职业者 35920 人，经介绍成功者有 3763 人。其介绍成功的主要职业包括学校教师（1816 人）、机关职员（800 人）、工厂职员及练习生（411 人）、商店职员及练习生（841 人）、卖票员（150 人），以及其他（145 人）。可见劳工只占其中一小部分。⑥

河北井陉煤矿产业工会附设职业介绍所。该所成立于 1932 年 7 月 1 日，每月由井陉厂津贴工会补助费内支出 30 元作为经费，设立主任 1 人，副主任 1 人，秘书 1 人。1933 年请求介绍者有 114 人，均为工友及仆工。⑦

---

① 实业部劳动年鉴编辑委员会：《民国二十二年中国劳动年鉴》（第三编），文海出版社，1990，第 257 页。
② 《广州职业介绍所统计》，《国际劳工通讯》1936 年第 18 期，第 98 页。
③ 《广州职业介绍所近讯》，《国际劳工通讯》1936 年第 3 卷第 10 期，第 91 页。
④ 实业部劳动年鉴编辑委员会：《民国二十二年中国劳动年鉴》（第三编），文海出版社，1990，第 259 页。
⑤ 《中国职业介绍机关概况》，《全国学术工作咨询处月刊》1935 年第 4 期，第 31 页。
⑥ 《上海职业介绍指导所十年统计》，《国际劳工通讯》1936 年第 3 卷第 8 期，第 111 页。
⑦ 实业部劳动年鉴编辑委员会：《民国二十二年中国劳动年鉴》（第三编），文海出版社，1990，第 260 页。

除上述新成立的非营利介绍机关外，主要从事职业介绍者，仍是传统营利性的私立介绍所或介绍业者，一般被称为荐头行、中人行、仆人介绍所。制度建立后，政府进行了调查登记工作。至 1932 年底，南京市共登记 83 所，杭州有 70 余所。① 1933 年间，北平登记的有 16 所。② 1935 年，广州经统计有 40 多家荐人馆。③ 1936 年间，汉口有未经政府立案手续的 4 所仆工介绍所。④ 关于制度在收费管理方面的执行情况，未有详细记载。

（三）平民工厂

《县市设立民生工厂办法》《劝办工厂考成条例》通咨各省办理后，在 1937 年已有数省市筹办了平民（民生）工厂，包括山东、河南、湖南、江苏、察哈尔、南京、北平、青岛、上海等。其中成绩最好者为山东省，截至 1933 年，108 个县除 2 个实验区外，皆成立民生工厂。各厂在组织时，除特殊情形设有专任副厂长负责办理外，其他一律由各县政府第四科科长兼任厂长，工商技术员兼任副厂长。此外设事务员及工程师。各厂工人与工徒人数不一。工人大多在 5 人以下，工徒一般在 20 人以下。资金一般在数千元，少数超过万元。⑤ 资金除少数县由地方罚款等项筹拨，或招有商股外，其余均由各县建设特捐、其他建设费、建设临时费及地方预备费内划拨，农工费各项下拨充。工人除招募外，则为各县区公所保送者。学徒除供给衣食外，并按月发给津贴。各厂出口均用派销法。⑥

至 1933 年，另有河南省 54 县、湖南省 32 县、江苏省 10 县、察哈尔 4 县、⑦ 南京市、北平市、青岛市、上海市建立了平民工厂。

然而各县市举办平民工厂，"其经营得法，成绩优良者，实居少数"。⑧ 原因是，各地办平民工厂，依据的是行政命令，如河北省由实业

---

① 实业部劳动年鉴编辑委员会：《民国二十二年中国劳动年鉴》（第三编），文海出版社，1990，第 151~152 页。

② 同上书，第 257~258 页。

③ 《广州的荐人馆》，《国际劳工通讯》1935 年第 12 期，第 93 页。

④ 《汉口新设仆工介绍所》，《国际劳工通讯》1936 年第 18 期，第 98 页。

⑤ 实业部劳动年鉴编辑委员会：《民国二十二年中国劳动年鉴》（第三编），文海出版社，1990，第 247 页。

⑥ 同上书，第 141 页。

⑦ 同上书，第 251~255 页。

⑧ 同上书，第 247 页。

厅转令各县举办时规定，"每县至少设立平民工厂一所"。① 行政命令能促成工厂迅速建立，但实际市场经营条件则不一定具备。各地在举办时，因陋就简，"各处平民工厂，大多从原有救济院之贫民习艺所改组而成"，② 将原来的游民转变为劳动者，将平民工厂作为改造社会问题分子的一种方法。如河北省规定"游民流氓，应令公安局强制入厂工作"，③ 青岛市民生工厂刚建立时，"由游民感化所调拨游民数百名入厂工作"④。政府官员兼任管理者，财政拨款充任资金，工人非自由劳动者，这三点说明平民工厂是不具有现代劳动关系的企业，产品必然缺乏市场竞争力。如湖南省，"各工厂，所制各项出品，往往以各方关系，极形滞销"。⑤ 一些省市也只能借助行政力量进行干预，如山东省民生工厂的"各厂出口均用派销法，带有强制性质，发售于各机关及全省人民，实提倡国产抵制外货之意，故各厂无倒闭之忧"。⑥ 这种方法不能长久，一旦离开行政力量，如财政拨款不足，工厂将难以生存。

有些工厂曾作过一些改良。在招收劳动者方面，青岛市平民工厂创办后，"考选曾受小学教育之学徒二百名，入厂学习，授以工商业常识，定期 6 个月或 3 个月毕业"，用以代替游民。在举办方式上，南京市第一平民工厂在原主任卷款潜逃事件后，改为官督商办，由市商会接收该厂，负责筹集资金，承担盈亏责任，由社会局负责监督。⑦ 这些改良符合了企业的发展规律，但类似者为数甚少。

实业部一直致力于推进以平民工厂来救济失业工人的方法。1937 年，实业部咨各省市，将举办平民工厂列入 1937 年行政计划并切实实行："自 1937 年度起，划定区域，限期成立。先从交通便利工商业较为繁盛之县市着手，限于半年内成立。至下半年，则推及于人口众多，生产原料丰富

① 实业部劳动年鉴编辑委员会：《民国二十二年中国劳动年鉴》（第三编），文海出版社，1990，第 255 页。
② 同上书，第 247 页。
③ 同上书，第 255 页。
④ 实业部劳动年鉴编辑委员会：《民国二十一年中国劳动年鉴》（第三编），文海出版社，1990，第 152 页。
⑤ 《湖南省各县设立民生工厂》，《国际劳工通讯》1937 年第 4 卷第 8 期，第 100 页。
⑥ 实业部劳动年鉴编辑委员会：《民国二十一年中国劳动年鉴》（第三编），文海出版社，1990，第 141 页。
⑦ 《南京市商会承办民生工厂办法》，《南京市政府公报》1932 年第 110 期，第 13 页。

之县市。俾得缓急适宜，易收实效"。①

三 生育保障制度的实施

生育保障制度针对的是女工会遇到的生育风险。铁路工人与交通工人中几乎没有女性，所以铁道部与交通部没有相关的制度规定。在吴至信调查的 5 条铁路中，有 1 条铁路在其工役请假规定中，有女工生育给假 60 日不扣工资的规定，但实际上这条铁路并未雇用女工。矿场也存在同样的情况，基本无女工。所以生育保障制度只对于工厂女工有作用。

在吴至信所调查的 35 厂中，仅有 13 厂有女工，占调查工厂总数的 37.14%。这些工厂多属棉纺织、卷烟、火柴等需要大量劳动力的行业。其中，有 2 厂雇用的均为女工，但都以未婚为雇用条件，一旦结婚即解雇，所以不存在生育保障待遇。余下 11 厂，只酌给假期而无特别规定者有 6 厂；生育假期工资照给者有 3 厂，均为给假 1 个月，生育假期间，扣工资而给以津贴者有 2 厂。也就是说，有生育津贴的工厂只占有女工工厂的 38.46%，而且其待遇水平大都较低。《修正工厂法》规定，女工生育假期为 8 周，女工入厂工作 6 个月以上者，假期工资照给，不足 6 个月者，减半发给。因此在有女工的 13 厂中，"各厂之生育假待遇，……尚无符此标准者"。② 具体待遇见表 5-1-7。

表 5-1-7　吴至信所调查的女工生育保障待遇（1937 年）

工厂代名	公营或民营	业别	工人数（人）	生育保障待遇
1 号	民营	印刷	1700	生育假期间扣工资。由公益金内提出等于 8 周之工资作为津贴
3 号	民营	卷烟	2600	生育假期间扣工资。增现金 34.50 元，米贴照发
5 号	民营	卷烟	4000	给假 1 个月，工资照发。再给保产金 10 元
7 号	民营	缫丝	1050	无。女工结婚后即解雇
8 号	民营	棉纺织	5000	酌给假期
9 号	民营	棉纺织	4000	同上

---

① 《实部咨各省市设立平民工厂》，《国际劳工通讯》1937 年第 4 卷第 6 期，第 70 页。

② 吴至信：《中国惠工事业》，载李文海：《民国时期社会调查丛编》（社会保障卷），福建教育出版社，2004，第 153 页。

续表

工厂代名	公营或民营	业别	工人数（人）	生育保障待遇
11 号	民营	棉纺织	2100	给假 1 个月，工资照发
12 号	民营	制蛋	650	酌给假期
13 号	民营	制针	245	无。女工结婚后即解雇
18 号	民营	火柴	329	酌给假期
24 号	民营	棉纺织	720	给假 1 个月，工资照发
27 号	省营	卷烟	1600	酌给假期
29 号	省营	火柴	440	酌给假期

　　资源来源：吴至信《中国惠工事业》，载李文海：《民国时期社会调查丛编》（社会保障卷），福建教育出版社，2004，福建教育出版社，2004，第 113～114、152～153 页。根据描述整理而成。

　　在《工厂法》实施之前，陈达曾对上海 228 家工厂的女工生育保障情况进行过调查。这些工厂中多数不用女工，有女工的工厂有 63 家，其中"大概 1/3 的工厂是支付产母恤金的，但支付的数目与支付的方法很有不同的。有许多工厂准许孕妇于临产时请假，假后复工，假内不给资，有许多工厂对于产母假期内给一部分工资。还有许多工厂给假若干日，假内并给工资。恤金数目最低者为 3 元，最高者为 26.5 元。假期最短者 2 星期，最长者 6 星期。给资的标准（以产母工资计）自 2 星期半至 6 星期"。[①] 这一待遇水平和《修正工厂法》实施后吴至信的调查情况相对比，无论是实施生育保障的工厂比例还是产假时间与产假津贴数额，变化都不大。可见《修正工厂法》对于生育保障待遇的实行影响较小。

第二节　疾病、养老保障与劳工福利制度的实施

一　疾病保障制度的实施

（一）劳工医疗设施

1. 铁路医院、诊疗所

铁路承担卫生医务事项，自 1890 年代开始。"当时各路开工之始，工

---

① 陈达：《我国工厂法的施行问题》，《国际劳工消息》1932 年第 2 卷第 5 期，第 56 页。

人分段麇集，自办治疗机关，即可节省经费和时间，且可由医师证明病假日数，免得职工藉故请假。"[1] 后各路通车后，除少数铁路，如南浔、湘鄂路特约沿线各私立医疗代路方进行员工诊疗外，各路大都自办医疗和治疗所。1928年铁道部成立后，派卫生技士胡宣明，卫生专员虞顺德、池博等，分赴各路整理卫生医务。1929年11月，铁道部设立卫生处，胡宣明任处长，加派郑真德、吴南凯、江上峰等为专员，整理各路医务。因内战迭起，经费困难，医务处各项计划难以顺利推行，仅举行了全国铁路医疗会议一次及做各项卫生医疗之调查、视察等报告。九一八事变以后，卫生处改科，胡定安与王畏三先后任科长。此时期各路均增设了一些医院。至1936年，各路有自办医院43所，自办诊所45处，特约医疗共20处（见表5-2-1）。每年各路诊疗经常费共计160余万元。[2]

表5-2-1　铁路自办医疗及诊疗所数目（1936年）

路别	自办医院（所）	自办诊所（所）	特约医疗诊所（所）
京沪沪杭甬路	3	10	2
津浦路	6	8	—
平汉路	8	1	2
陇海路	9	—	—
北宁路	4	11	1
胶济路	5	1	1
平绥路	7	1	—
正太路	1	2	—
湘鄂路	—	1	5
南浔路	—	1	2
株韶路	—	5	—
粤汉南局	—	2	5
广九路	—	2	2
合计	43	45	20

资料来源：转引自"各路现有之自办医疗及诊疗所数目表"，王畏三《各铁路卫生医务过去及现在之概况与将来之展望》，《铁道公报》1936年第1402期，第9~10页。

---

[1] 王畏三：《各铁路卫生医务过去及现在之概况与将来之展望》，《铁道公报》1936年第1402期，第7页。

[2] 同上刊，第10页。

关于各铁路医生人数，1931 年 10 月铁道部卫生处进行了统计，见表 5-2-2。除湘鄂路、潮汕路、南浔路外，各铁路每千名员工配有医生 1~2 名。[①]湘鄂路为 0.69 名，潮汕路为 5.15 名，南浔路不详。

表 5-2-2　全国各铁路医生人数与员工人数比较（1932 年）

路别	员工人数（人）	医生人数（人）	每一医生对应员工数（人）
京沪路	8658	10	865.8
沪杭甬路	4054	6	675.6
津浦路	19862	22	902.8
平汉路	19575	21	932.1
北宁路	29595	51	580.4
胶济路	9593	21	456.8
陇海路	8095	9	896.1
湘鄂路	5812	4	1453.0
南浔路	—	3	—
平绥路	12399	18	688.8
正太路	2764	3	921.3
道清路	2176	3	725.3
潮汕路	388	2	194.0

资料来源：转引自邢必信等《第二次中国劳动年鉴》（第三编），北平社会调查所，1932，第 180 页，"全国各铁路医生人数与员工人数比较表"。

2. 矿厂医院、诊疗所

一些大型矿场设有自办的医院或诊疗所。据统计，到 1933 年，各矿场办有医院或诊疗所，有中兴、中福、开滦、烈山、保晋、大通、六合沟、临城、博东、鲁大等十余处，见表 5-2-3。各矿场的医院或诊疗所的经费大都由矿场拨付，医院有西式、中西式及中式三种。

---

① 邢必信等：《第二次中国劳动年鉴》（第三编），北平社会调查所，1931，第 180 页。

表 5-2-3　各矿场设立医院概况一览（1933 年）

医疗或诊所	主办机关	经费来源及数额	中式或西式	医务人员
医院	中福公司联合办事处第一矿厂	公司 经常费均由公司领取，医药材料均由公司备办	中西两式	院长 1，医员 2，助医 5，庶务 2，看护长 1
医院	中福公司第二矿厂	公司 经常费每月约 1800 元，临时需用物品，或其他需要，均向矿厂领取，故无临时费	中式	院长 1，内外科主任各 1，司药主主任 1，办事员 1，助产 1，男女看护 11 人，均为雇员
医院	华宝煤矿公司	公司	中西两式	医生 2
医院	烈山煤矿公司	公司	西式	院长 1，助理医师 1，药师 1，助手 1
诊疗所	山西大同保晋矿务公司	工人月捐资一角五分，余由厂担任 经常费 2116 元，临时费 342.25 元	中西式	主任 1，助手 1，庶务 1，西医 1，练习生 1，差役，厨役
医院	六河沟矿场	厂方 经常费 15000 元	西式	院长 1，护士 2，司药 1
医院	大通煤矿公司	公司 经常费 400 元，临时费不定	中西式	中医 1，西医 1，助手 1，看护 2
医院	河北临城矿务局	公司 经常费每月 60 元，临时费无	西式	医务主任 1，医士 1，护士 1
医院	中兴煤矿	公司 全年六万余元	西式	院长 1，医师 6，药师 2，医助手 3，药助手 2，看护 11，助产 1，练习生 7，事务 6
医院	华丰煤矿公司	公司	中西	中医 2，西医 4
医院	湖南水口山铅锌矿局	—	中西	中医 1，西医 1，伤科 1
特约博山东和医院	博东矿业公司	—	—	—
医院	开滦矿务局	公司	西式	医生 7

续表

医疗或诊所	主办机关	经费来源及数额	中式或西式	医务人员
医院	河南焦作中原煤矿公司	公司	—	院长1，医员2，助医、司药、办事员、看护长各1人
医院	河北井径矿务局	公司	—	主任、医士、助手、司药、看护共6人

资料来源：根据实业部劳动年鉴编辑委员会《民国二十一年中国劳动年鉴》（第三编），文海出版社，1990，第162~164页。实业部劳动年鉴编辑委员会，《民国二十二年中国劳动年鉴》（第三编），文海出版社，1990，第275~277页，编辑而成。

3. 工厂医院、诊疗所

"各地工厂，除规模较大者，间有医疗设备外，小规模之工厂，仅系委托附近医院，办理工人医疗事宜。"[1] 委托医院每月收取工厂一定的费用，负责工人的工伤和疾病的医治。吴至信对实业部1933年调查的31县市483家较大工厂的医药设备进行统计，其中无医药设备亦无委托医院者计102家，占21.8%。其余78.2%均有医疗设备或委托医院。只有少数工厂，厂内自备医室，同时又有委托医院。在483家工厂中，有自设医院的21家（占总数的8%），自有医室者38家（占总数的14%），有委托医院者348家（占总数的72%）。大多数工厂采取委托医院办法的原因，吴至信认为是："以其既简单省费同时又可不负诊治责任也。惟此种办法，于工人殊感不利，最甚者莫过于当受需要急诊手术之伤害时，因医院未必即在工厂邻近，故医师不能顷刻而至，此为最大之缺点。同时医院系营业性质，每月只收厂方极其微量之金钱，其于工人疾病，容易忽略，自不待言。"[2]

中央工厂检查处成立后，为明了各地工厂之医疗设备情况，特制定表格，调查各地工厂医疗设施情况。至1934年，河北省9家、杭州3家、北平4家、南京1家、福建2家、广州1家、江西2家、济南7家、青岛7家、江苏5家、湖南1家、陕西2家总共44家工厂报告了工厂医疗设备费支出情况。医疗设备费包括医药费、医务人员薪金。工厂有自办医院或

---

[1] 实业部中央工厂检查处：《中国工厂检查年报》，1934，第三章，第76页。

[2] 吴至信：《中国劳工福利事业之现状》，《民族》1936年第7~12期，第1702页。

诊疗所者，含医务人员薪金的支出，44 家工厂中，有 33 家有此项支出，即说明占总数 75% 的工厂办有医疗或诊疗所。这些工厂工人数一般较多，在百人以上，其中 11 家人数在 1500 人以上。余下的 11 家，系委任附近医院代为办理工人医疗事务，仅有医药费支出。各厂中每名工人每年平均医疗费在 1~5 元间者较多，有 30 家，占总数的 68.18%。1 元以下者有 3 家，占 6.82%，10 元以上者有 5 家，占 22.73%。[①] 具体见表 5-2-4。

在接受调查的工厂中，有医院或诊疗所的 20 家工厂报告了所设置的病床数。其中 16 家工厂医院或诊疗所病床数在 10 张及以下，占总数 80%。病床数最多的为 20 张，有 2 家工厂。最少的为 1 张，有 3 家。每千名工人平均配有病床之数量相差很大，最高者为平均每千名工人 400 张，最低者为 0.25 张。其中每千名工人配有病床在 10 张以下为最多，有 12 厂，占总数的 60%。具体见表 5-2-5。平均病床数较大的工厂，一般工人数偏少，如南乐县第一工厂、福州制冰厂股份有限公司，二者工人人数皆为 15 人，却分别有 3 张和 6 张病床。这显示，此类工厂设置病床，可能仅为敷衍，因为它超出了工人的实际需要，且无需太大成本。

表 5-2-4　各地工厂医疗设备费一览（1934 年）

地方别	工厂别	工人数（人）	每年医药设备费（元）			每名工人每年平均之医疗费（元）
			医药费	医务人员薪金	总数	
河北省	保定电灯公司	39	30	—	30	0.74
	通达精盐工厂	105	300	1440	1740	16.57
	永华火柴公司	460	300	288	588	1.05
	乾义面粉公司	145	120	200	320	2.21
	无极县第一工厂	37	100	—	100	2.70
	三河县第一工厂	14	40	—	40	2.86
	南乐县第一工厂	15	—	72	72	4.80
	献县第一工厂	7	5	—	5	0.71
	庆云县第一工厂	26	30	—	30	1.17

---

① 实业部中央工厂检查处：《中国工厂检查年报》，1934，附录，第 49~52 页。

地方别	工厂别	工人数（人）	每年医药设备费（元）			每名工人每年平均之医疗费（元）
			医药费	医务人员薪金	总数	
杭州市	杭州电气公司总厂	229	2200	1200	3400	15.10
	杭州缫丝厂	358	360	360	720	2.01
	浙江省公路管理局修车厂	150	—	120	120	0.80
北平市	北平自来水厂	67	70	—	70	1.04
	光明慈善料器工厂	100	—	120	120	1.20
	丹华火柴公司平厂	602	100	720	820	1.32
	燕京工厂	302	350	—	350	1.12
南京市	金陵兵工厂	4000	4000	2780	7780	1.94
福建省	福州电气公司	403	3878	—	3878	9.60
	福州制冰厂股份有限公司	15	80	—	80	5.33
广州市	士敏土厂	624	1200	3960	5160	8.27
江西省	大中华火柴股份有限公司九江裕生工厂	697	820	420	1140	1.80
	久兴棉纺厂	1059	840	1000	1840	1.41
济南市	成丰面粉股份有限公司	177	1000	360	1360	7.68
	茂新第四面粉厂	90	300	240	540	6.00
	成通纺织公司	817	1180	360	1540	1.88
	仁丰纺织股份有限公司	450	100	3720	3820	8.49
	华庆公司	100	1000	252	1252	12.52
	鲁丰纱厂	1950	1850	504	2354	1.21
	济南实丰面粉公司	60	60	228	288	4.80
青岛市	华新纺织股份有限公司	1923	3000	4008	7008	3.64
	公大第五纱厂	4800	7200	10780	17940	3.72
	宝来纱厂	1355	3000	4800	7800	5.75
	隆兴纱厂	1591	3000	2440	5440	3.42
	内外棉纱厂	3900	2500	3960	6460	1.65
	富士纱厂	1745	1200	4380	5580	3.20
	大康纱厂	4300	—	5652	5652	1.32

续表

地方别	工厂别	工人数（人）	每年医药设备费（元）			每名工人每年平均之医疗费（元）
			医药费	医务人员薪金	总数	
江苏省	中国水泥厂	500	600	1080	1680	3.35
	苏纶纺织厂	3010	1200	2280	3480	1.16
	苏州电气厂	54	800	—	800	14.80
	大中华火柴股份有限公司苏州鸿生工厂	802	1000	—	1000	1.25
	大生第三纱厂	3130	4000	1872	5872	1.90
湖南省	湖南第一纺织厂	3224	3600	1956	5556	1.74
陕西省	农工机械制造厂	226	512	1188	2888	12.77
	陕西省印刷局	126	150	516	666	5.28

资料来源：转引自实业部中央工厂检查处《中国工厂检查年报》，1934，附录，第49~52页，有删节。

表 5-2-5　各地工厂病床数与工人数比较（1934 年）

地方别	工厂名称	工人数（人）	病床数（张）	每千名工人平均之病床数（张）
河北省	通达工厂	105	10	95.24
	南乐县第一工厂	15	3	200.00
北平市	丹华火柴公司平厂	602	20	33.22
	燕京工厂	302	3	9.93
福建省	福州电气公司	404	6	14.61
	福州制冰厂股份有限公司	15	6	400.00
济南市	仁丰纺织股份有限公司	450	10	22.22
	鲁丰纱厂	1950	2	1.26
青岛市	华新纺织股份有限公司	1923	2	1.41
	公大第五纱厂	4800	21	4.37
	宝来纱厂	1355	5	3.68
	隆兴纱厂	1591	1	0.63
	内外棉纱厂	3900	1	0.25
	富士纱厂	1745	1	0.57
	大康纱厂	4300	10	2.31

续表

地方别	工厂名称	工人数（人）	病床数（张）	每千名工人平均之病床数（张）
江苏省	中国水泥厂	500	6	12.00
	苏纶纺织厂	3010	4	1.33
	大生第三纱厂	3130	2	0.64
陕西省	陕西农工机械制造厂	226	9	39.80
	陕西省印刷局	126	6	47.50

资料来源：转引自实业部中央工厂检查处《中国工厂检查年报》，1934，附录，第52~54页，有删节。

4. 各地政府所办劳工医院及诊所

各地政府举办劳工医院者，有上海、青岛、汉口等地。

1929年，工商部与卫生部确定无锡为劳工卫生试验区，全由两部官员与地方人士组织成立劳工卫生促进委员会。劳工卫生促进委员会在无锡城内广勤、丽新两路设劳工诊疗所各一。[1] 1930年9月，工商部与卫生部训令劳工卫生委员会将整顿劳工医院事务移交无锡劳工卫生促进委员会。[2]

上海劳工医院由上海特别市党部与社会局、卫生局共同提议创办，由原劳工时役医院改组扩充而成，于1929年12月15日成立。该院经费由上海特别市党部遵照中央指令，提拨反日救国会基金20万元充用，其中5万元作为开办费，用于开办时购买医疗用具，15万元存银行生息，作为经常费。"凡属工友贫病，对于诊病、药费、住院以及光疗电疗等等，一切费用，概行免费。"[3] 后因支出庞大，经常费不足，呈请市政府补贴。市政府自1931年1月起，按月拨助1000元。[4] 该院经费部分来自捐助，如济生纱厂1931年捐助5000元，[5] 1933年上海工部局补助银1000两。[6] 该院有诊疗与住院两部，诊疗部分内科、外科兼皮肤科、产科兼小儿科、

---

① 邢必信等《第二次中国劳动年鉴》（第三编），北平社会调查所，1931，第169页。
② 《工商部卫生部训令第545号》，《卫生公报》1930年第10期，第25页。
③ 《上海劳工医院概况》，《医药评论》1930年第29期，第39页。
④ 《劳工医院昨开院务会议》，《申报》1930年11月28日，第16版。
⑤ 《劳工医院联席会议》，《申报》1931年4月19日，第16版。
⑥ 《各机关事宜：补助上海劳工医院之款》，《上海公共租界工部局公报》1933年第4卷第13期，第180页。

眼耳喉鼻科4科。住院部有病床90余张。凡住院病人的衣服被褥，均由院提供。开办后，"诊务异常忙碌，现除住院病人不计外，每日到院医治者不下200余人，此去彼来，颇有应接不暇之势"，①"自开办迄今，为期将近一载，而医愈之病友，统计不下万人，办理认真，成绩卓著，深得沪上一般人士与工友之信仰"。②1935年收费办法为："门诊，工人携有该院施诊券或工厂证明书者完全免费，否则纳挂号费100文，免收药费（生计较裕者例外）；住院工人，携有施诊券或证明书者，除膳费（每日3角）、接生费、606注射费外，完全免纳；否则仅免诊费及宿费。"1935年该院门诊病人全年共计55743人，住院病人共计297人。③

青岛市社会局在1932年于东镇、四方两处工人众多的地区设立医院诊所，对工人疾病进行免费诊治。东镇医院每年经常费7080元，内设院长1人，医师2人，助手1人，看护4人。院内分内科、外科、皮肤花柳科、耳鼻眼喉科。每月平均诊治人数约2000人。四方诊所，经费约4000余元，内设主任1人，助手1人，看护2人。前往诊治的工人也很多。④

南京市社会局劳工福利委员会于1933年6月1日举办南京市第一、第二工人诊疗所。聘请王舜卿、赖觉为第一诊疗所医士，贾国民为该所主任；翟云生为第二诊疗所医士，金品三为该所主任。另外由劳工福利委员会发给工人诊疗证，函请市府卫生事务所属各诊疗所，凡持有该诊疗证者，均予以诊疗。又派代表向各药房接洽，请其折扣售药，以利劳工。⑤

天津市劳工医院由原天津市第二医疗所改组而成。经费由社会局及市中各大工厂负担，另外收取诊金作为补助，用于医药费。计划"俟经费充裕时，将号金医药等费，再行完全取消"。⑥

---

① 《劳工医院免费施诊》，《申报》1930年1月8日，第16版。
② 《内政部批准劳工医疗备案》，《申报》1930年10月17日，第16版。
③ 上海市通志馆年鉴委员会：《民国二十五年上海市年鉴》（下）（一），张研孙燕京主编《民国史料丛刊》（1001），（郑州）大象出版社，2009，第392~393页。
④ 实业部劳动年鉴编辑委员会：《民国二十二年中国劳动年鉴》（第三编），文海出版社，1990，第267页。
⑤ 同上书，第268页。
⑥ 同上书，第268页。

（二）医疗费与病假工资

1. 铁路工人

在吴至信调查的 5 条铁路中，各铁路均建有医院，患病工人的医药、住院费用全免。在病假工资方面，3 条铁路遵循铁道部的规定，即铁路工人可以连续请 3 个月的病假，病假期间第 1 个月全资，第 2 个月半资，第 3 个月停资留职。有 1 条铁路，除第 1 个月全资，第 2 个月半资外，其停资留职时间较铁道部规定增长 2 个月。另有 1 条铁路，其病假工资没有遵循铁道部的规定，而是沿袭旧例，劳工每年病假 14 天全资，14~25 日半资，超过 25 日后按日扣工资。可见，除此条铁路待遇水平相对较低外，其他 4 条铁路的病假与病假工资待遇均符合或高于制度的规定水平。

2. 交通工人

交通工人中，电政技工"每次病假在 1 个月内工资照给，愈期照扣，以 4 个月为限"。报差为"每次病假，第 1 个月照扣，愈期可得半资。但病假满第 1 星期后，即须自行觅人代理工作"。[1] 这些都符合了制度中的相应制度规定。

3. 矿工

吴至信调查的 9 矿中，除辛矿外，都附有医疗设施，占总数的88.89%。凡附设医院的矿场，工人疾病都给予医药。工人请病假则须医生之证明。调查的 9 矿中，甲、丁、戊、己、庚、辛 6 矿的里工与外工，病假工资一律照扣。建设委员会所属的淮南煤矿也是如此。乙矿、丙矿与壬矿的病假待遇，里外工有所不同。所有外工病假期间，一律工资照扣。里工病假，各给不同数目的工资。吴至信认为设置此项短期病假扣工资之条例的原因为："该矿负担人谓，非此不足以禁遏工人藉微疾而旷工也。"[2] 从调查结果来看，矿工中，除 3 矿里工外，所有的外工及大部分里工都没有病假工资。具体内容见表 5-2-6。

4. 厂工

在吴至信调查的 35 厂中，有 30 厂工人如患病请假，可在各该厂自设

---

① 吴至信：《中国惠工事业》，载李文海：《民国时期社会调查丛编》（社会保障卷），福建教育出版社，2004，第 148 页。

② 同上书，第 148 页。

之医院中免费诊治，或由各厂负担医药费而在指定医院进行治疗，占所有总数的 85.71%。有 3 厂给予部分医疗费补助。仅有 1 厂医疗费全由工人自理。各厂对于工人病中的待遇，概不适用花柳病。病假期间工资照扣者，有 22 厂，占总数的 62.86%。有条件给以工资者，有 12 厂，占总数的 34.26%。有 1 厂给以部分工资。具体内容见表 5-2-7。

在吴至信调查的路厂矿中，大部分都肯承担工人的医药费。但病假期间给付工资者较少。除铁路、电政工人外，仅 1/3 矿场的里工、不到总数 4 成的工厂工人有病假给资的待遇。其中之工厂，近半数为政府所办。吴至信考察了各厂矿不付病假工资的理由："彼等并非不同情于工人罹病后之苦况。惟事实上因厂属医院或指定医院之医生不愿结怨工人，随便签发病证单，猾懒工人遂得藉此作弊。"①

（三）病故抚恤

1. 铁路工人

据吴至信调查，铁路工人的病故抚恤金皆有依照铁路有关制度办理，即按工人的服务年限一次给恤，未满 3 年者酌恤，服务满 3~4 年者给 1 个月工资，4~5 年者给 2 个月工资，依此类推，服务年数每多 1 年，即增加 1 个月工资，但至多以 12 个月工资为限。工人病假期满后 6 个月内身亡者，也可得此项恤金。

2. 交通工人

交通工人中邮务工人、电务技工、报差也有相关制度。各类工人病故时也按照制度办理。邮务工人病故，除得养老金外，再按服务年数一次性给恤。服务未满 3 年者给 3 个月工资，3~6 年者 4 个月工资，6 年以上者 5 个月工资。若 3 个月工资合计不足 80 元，概发给 80 元。电务技工 "在职病故，或因病离职在 6 个月内病故者，除给葬费 60 元外，另按服务 1 年给半月工资计，一次发给恤金，至多发放以等于 15 个月工资为限"。报差 "在职病故，或因病离职在 6 个月内病故者，按每服务 1 年给半月工资计，一次发给，至多发放等于 10 个月工资之恤金"。②

---

① 吴至信：《中国惠工事业》，载李文海：《民国时期社会调查丛编》（社会保障卷），福建教育出版社，2004，第 149 页。

② 同上书，第 157 页。

3. 矿工

在吴至信调查的 8 矿中，病故抚恤待遇，里工与外工不同。外工病故，除丙矿发给棺木外，各矿概无任何恤金。里工病死，也只有 2 矿只给棺木，3 矿给以恤金。具体待遇见表 5-2-6。

4. 厂工

在吴至信调查的 35 厂中，有病故抚恤待遇的工厂有 22 家，占总数的 62.86%。病故抚恤计算方式各有不同，有的工厂恤金有定额，有的按服务年限给恤，有的酌恤无定额，有 1 家仅给棺木费，待遇水平各不相同。"恤金额除 19 号厂外，均较各该厂公亡恤金为小。"[1] 有定额者，最高为 5 号厂，为 200 元，低者如 15 号及 16 号厂之短工或试工，为 40元。按服务年限给恤者，最高者为 15 号或 16 号厂之长工，除 40 元丧葬费外，工作未满 1 年者给 3 个月工资，服务每增 1 年，即增给 1 个月工资，增至 15 个月工资为止。酌恤者，大都有最高额与最低额的限制。具体见表 5-2-7。

表 5-2-6　吴至信所调查的矿场工人疾病保障待遇（1937 年）

厂矿代名	医药费	病假工资	丧葬费与病故抚恤金
甲矿	在矿场附设医院免费治疗	里工与外工病假工资一律照扣	无
乙矿	同上	外工病假工资一律照扣。里工病假，在乙矿经该矿医师证明者，工资照给，无期限限制	仅对里工。凡服务 1~3 年者，只给丧葬费 50 元，3~5 年者，除 50 元丧葬费外，恤金 3 个月工资，5~10 年者，50 元丧葬费及 6 个月工资，10 年以上者，给 1 年工资
丙矿	同上	外工病假工资一律照扣。里工每年 30 日病假全资，此后 30 日半资，超过 3 个月给以退职待遇	里工外工皆给棺木
丁矿	同上	里工与外工病假工资一律照扣	无
戊矿	同上	同上	仅对里工，按服务年限酌付

[1]　吴至信：《中国惠工事业》，载李文海：《民国时期社会调查丛编》（社会保障卷），福建教育出版社，2004，第 158 页。

续表

厂矿代名	医药费	病假工资	丧葬费与病故抚恤金
己矿	同上	同上	仅对里工，给棺木费10元
庚矿	同上	同上	无
辛矿		同上	无
壬矿	在矿场附设医院免费治疗	外工病假工资一律照扣。里工每次病假，在3日以内者，扣工资，3日至1月间，给半资	仅对里工。服务未满3年给100元，3年以上酌加，至多以200元为限

资源来源：吴至信《中国惠工事业》，载李文海：《民国时期社会调查丛编》（社会保障卷），福建教育出版社，2004，第148、157页。根据描述整理而成。

表5-2-7　吴至信所调查的工厂工人疾病保障待遇（1937年）

工厂代名	公营或民营	医药费	病假工资	病故抚恤金与丧葬费
1号	民营	凡住指定医院治疗者，住院费若日在1元以下，则补助全数；2元以下，补助1元，2元以上补助半数；手术费、注射费经核可后，亦按比例补助。不住院而就医门诊，工人自出挂号费，其余均由厂给；倘延医出诊，工人自付1元，余数由厂补助。但继续患病1个月，或4个月内患病已满1个月者，则停止发放补助	病假内工资照扣。另由厂积公益金项下拨给津贴。凡在指定医院中治疗之工人，在1个月内，按其工资2/3给以津贴	对病故而身后萧条者，酌恤
2号	民营	厂方负担（在厂自设医院或指定医院）。以2星期为限	病假内工资照扣	无
3号	民营	厂方负担（在厂自设医院或指定医院）	轻病扣资，重病送医院治疗者，工资照给	每服务1年给半月工资，以此类推，无最高额限制
4号	民营	同上	病假内工资照扣	给棺木，给保险金100元
5号	民营	同上	轻病发半资，重病全资，以2个月为限	恤金200元，厂方与工会各出半数
6号	民营	同上	在厂内医院治疗者，给全资，回家调养者，给半资	恤金工匠200元，小工减半
7号	民营	同上	病假内工资照扣	无

续表

工厂代名	公营或民营	医药费	病假工资	病故抚恤金与丧葬费
8 号	民营	同上	同上	无
9 号	民营	厂方负担轻病治疗。重病赴厂外医院就医者，厂方不负担费用	同上	无
10 号	民营	厂方负担（在厂自设医院或指定医院）	同上	酌恤 30~50 元
11 号	民营	同上	同上	工作未满 3 年者，酌恤 25~50 元，已满 3 年者一律 50 元，机匠酌增，但以 100 元为限。此外并赠棺木 1 副
12 号	民营	同上	同上	无
13 号	民营	同上	同上	酌恤 6~50 元
14 号	民营	同上	同上	服务已满 1 年之工人，恤金 50 元
15 号	民营	同上	病假 1 年中在 15 日内者，不扣工资；重病则工资酌减，以 3 个月为限	短工与试工恤金 40 元。长工除 40 元丧葬费外，工作未满 1 年者给 3 个月工资，服务每增 1 年，即增给 1 个月工资，增至等于 15 个月工资为止
16 号	民营	同上	同上	同上
17 号	民营	同上	病假内工资照扣	无
18 号	民营	同上	病假内工资照扣	保险赔偿费 60 元，厂方并加酌恤
19 号	民营	无	病假在 3 个月内工资照给；6 个月内，给 2/3；1 年以内，给 1/2；1 年以上停给	服务未满 10 年者，一次给恤 2 个月工资，已满 10 年者 3 个月工资
20 号	民营	厂方负担（在厂自设医院或指定医院）	病假内工资照扣	外工不恤。里工工作未满 1 年者给 1 个月工资，已满 1 年者给 2 个月工资，5 年以上者 4 个月，10 年以上 6 个月，15 年以上 8 个月，20 年以上 10 个月，25 年以上 12 个月

续表

工厂代名	公营或民营	医药费	病假工资	病故抚恤金与丧葬费
21 号	民营	同上	同上	无
22 号	民营	免收诊费，药费自备	同上	酌恤 2~3 个月工资
23 号	民营	诊费、药费自理	病假并入事假内计算。每年在 30 日以内者，不扣工资	酌恤 80~100 元
24 号	民营	供给一半医疗费	病假内工资照扣	棺木费 20 元
25 号	省营	厂方负担（在厂自设医院或指定医院）	同上	无
26 号	省营	同上	同上	无
27 号	省营	同上	同上	无
28 号	省营	同上	同上	无
29 号	省营	同上	同上	无
30 号	省营	同上	病假连同事、婚、丧等假，全年合计在 30 日以内者，不扣工资	无
31 号	国营	同上	轻病按 1/2 工资给资，以 3 个月为限；重病按 2/3 工资给资，以 6 个月为限	丧葬费 50 元，恤金 100 元
32 号	国营	同上	每次病假 10 日以下给全资，11~20 日给半资，20 日以外停给，逾 2 月除名	丧葬费 100 元。凡服务已满 5 年者，一次给 1 个月工资作恤金。服务年数每增 5 年，增 1 个月工资恤金，至多不得逾 6 个月工资
33 号	国营	同上	同上	同上
34 号	国营	同上	同上	同上
35 号	国营	同上	同上	同上

　　资源来源：吴至信《中国惠工事业》，载李文海：《民国时期社会调查丛编》（社会保障卷），福建教育出版社，2004，第 148~149、157~158 页。根据描述整理而成。

　　由于《修正工厂法》中并没有关于疾病保障待遇的规定，除军政部与建设委员会所属的一些国营工厂外，一般民营工厂都将病故抚恤作为一种"赠予之补助"，将疾病医疗费和病假工资作为一种救济。在吴至信所调查的样本中，8 成以上的工厂和矿场对于工人的疾病医疗承担责任，或在自设的医院中予以免费治疗，或在指定的医院治疗，厂方负担医疗费。在病假工资方面，有 1/3 矿的里工、37.14% 的厂工有病假给资的待遇。在病故抚恤方面，有 6 成以上的工厂和矿场有抚恤金或丧葬费。但各自水平相差很大。如有工厂最高给 15 个月工资，有的工厂给予 200 元抚恤金，而有些矿场仅给棺木。

由于《修正工厂法》中并没有强制规定工矿工人的疾病待遇水平，因此不支付医疗费、病假工资与病故抚恤的这些厂矿的做法并未违反法律的规定。在吴至信所调查的工厂矿场中有 8 成多工厂矿场能支付医疗费，近 4 成工厂能支付病假工资，6 成多工厂矿场有病故抚恤的待遇，这已是很大的进步。这也与吴至信调查样本选择的是管理先进或社会保障事业推进顺利的工厂矿场有关。工厂与矿场相比，由于矿场的许多待遇将外工排除在外，因此矿场工人总体的疾病保障水平低于工厂工人。在铁路、交通工人方面，由于各局均有明确的制度，并基本能按照制度执行，因此铁路、交通工人遭遇疾病时，要比工厂和矿场工人更有保障。

二　养老保障制度的实施

(一)　铁路工人

据吴至信调查，铁路工人的退休资格为"服务满 15 年而年满 60 岁或只 55 岁而身体衰弱者"，退休的待遇为"由路局给予养老金，按月发给，其多寡因退休资格及服务年限而不同，分为 4 种"："(1) 服务 25 年以上，而年满 60 岁者，按月发工资之半数，至身故日止。(2) 年满 60 岁，而服务只 15 年者，按月发工资 30%，16 年者，32%；每多服务 1 年，即增发工资 2%，照此类推至 50% 止。(3) 服务已满 25 年，而年只 55 岁者，按月发原资 40%；若退休年龄较大 1 岁，养老金即增原资 2%，增至 50% 为止。(4) 服务只 15 年，而年在 55 岁以上，身体衰弱者，按照前述第 2 项之规定，发给 2/3。身告退休领养老金未满 10 年即亡故者，其遗族可得一次恤金；若在退休之第 1 年内身故者，按照因公身故抚恤例，给以恤金之全数；第 2 年身故者减 10%，照此类推"。① 这些内容显示，各路工人的退休待遇皆遵循了铁道部的相关规定。据《铁路杂志》记载，1936 年 2 月，铁道部共核定各路工人养老退休 25 案计 502 人。②

（二）交通工人

据吴至信的调查，交通工人中邮务工人、电报技工、交通部所属报差有养老保障待遇。邮务工人退休资格为"服务满 25 年以上者，或服务已满 15 年而年满 50 岁（邮差满 45 岁）呈准退休者，或服务满 40 年，年满 60 岁强迫退休者"，其退休金为"一次发给，每服务 1 年，计给 1 个月工资；惟超过 25 年之年份，按每年给半个月工资计算"。交通部电务技工退休年龄为 55 岁，退休金"按每服务 1 年计给半个月工资……，总额以等于 15 个月工资之总额为限，于退休后分期发给"。报差退休年龄为"年满 45 岁，或工作已满 10 年者"，退休金的计算方法，也是每服务 1 年计给半个月工资，但"退休金总额至多等于 10 个月工资，一次发给"。③从以上记载来看，交通工人的这些待遇也遵循了交通部的有关规定。

（三）矿工与工厂工人

有养老保障待遇的矿场有乙、丙 2 矿，占总数的 22.22%。工厂工人中，有此待遇的厂有国营工厂军政兵工署所属 5 厂及民营工厂中 6 厂，占总数的 31.43%。具体待遇如表 5-2-8。

表 5-2-8　吴至信所调查的工矿工人养老保障待遇（1937 年）

厂矿代名	公营或民营	退休条件	退休待遇
乙矿	民营	工作 10 年以上，年逾 6 旬者；或年逾 6 旬丧失工作能力者	服务 10 年以上年逾 6 旬而退休者，按月发给半资，至身故日止。或一次给 18 个月工资，作养老金。因年老体衰或丧失工作能力，服务不满 10 年者，一次给 3~6 个月工资作退休金

① 吴至信：《中国惠工事业》，载李文海：《民国时期社会调查丛编》（社会保障卷），福建教育出版社，2004，第 154~155 页。
② 《各路养老退休及伤亡抚恤之核定》，《铁路杂志》1936 年第 2 卷第 2 期，第 89 页。
③ 吴至信：《中国惠工事业》，载李文海：《民国时期社会调查丛编》（社会保障卷），福建教育出版社，2004，第 154~155 页。

续表

厂矿代名	公营或民营	退休条件	退休待遇
丙矿	省营	工作 25 年以上年老无归者	按月给工资半数，至身故日止，但以本地居留者为限
3 号厂	民营	年满 55 岁自动退休者，或患不能医治之疾病经医生证明者	按服务年限酌给，至多 1500 元
4 号厂	民营	年满 60 岁，在厂服务满 25 年，精力衰退者	无退休金。但可以改换轻易职务，而照领原额工资
5 号厂	民营	年满 60 岁以上，未犯过失者	按服务年限酌给，最少为 500 元
11 号厂	民营	年满 55 岁，在厂服务 10 年以上者	退休工人一次性领取半年工资，外给还乡旅费
20 号厂	民营	年满 55 岁，自动退休或被厂方强制退休者	按服务年限酌给 2 月至 1 年之工资
24 号厂	民营	同上	一次发给 1 年工资作为养老金
31 号厂	国营	服务 10 年以上而年满 60 岁者	凡服务满 10 年者，退休金一次给予 200 元；15 年者，250 元；照此每增 5 年，给 50 元；至多增至 400 元为限
32 号厂	国营	同上	同上
33 号厂	国营	同上	同上
34 号厂	国营	同上	同上
35 号厂	国营	同上	同上

资源来源：吴至信《中国惠工事业》，载李文海：《民国时期社会调查丛编》（社会保障卷），福建教育出版社，2004，第 154~155 页。根据描述整理而成。

从以上实施养老保障的厂矿来看，工人退休资格一般都有年龄和服务年限的限定。退休年龄在 55 岁的，有 4 厂，年龄在 60 岁的，有 8 厂，1厂没有具体的规定。和铁路工人的 60 岁与 55 岁，交通工人的 45 岁、50岁、55 岁与 60 岁等多种退休年龄相比，厂矿所规定的退休条件较高。

关于退休的服务年限，最低为 10 年，有 7 厂矿以此为标准，最高为25 年，有 2 厂以此为标准，其他厂矿没有具体规定。铁路工人退休最低服务年限为 15 年，交通工人最低为 10 年，这种条件相差不大。

关于退休金待遇，有 7 厂为固定数额，最高者为 3 号厂，服务年限长者可有 1500 元，最低者为国营 5 厂，为 200~400 元之间。有 5 厂和退休者的工资相关，其中最高者为乙矿，一次给予 18 个月工资，最低者为 20 号厂，为半年工资。这些都是一次性发放。按工资发放退休金的工厂，其工人待遇不如邮务工人（最低为 25 个月工资），但与电务技工（至多为 15 个月工资）、报差（至多 10 个月工资）相差不多。在所有厂矿中，有乙、丙两矿退休金为按月发放，每月为工资半数，这和铁路工人待遇相同。

《修正工厂法》并没有规定养老保障的待遇。这些能够实施养老保障的厂矿，皆属当时较为先进之流。

三　劳工福利制度的实施

（一）劳工教育福利

1. 铁路劳工教育福利

铁路劳工教育福利分两种，一种是面对失学职工，由铁道部职工教育委员会与工会举办职工识字学校；二是面对职工子女，由该部总务司育才科举办扶轮学校，各路局及路局工会举办职工子弟学校。

针对失学职工，职工教育委员会所举办的是各路职工识字学校。1932年铁道部职工教育委员会成立后，拟筹设全国各路第一期职工补习学校 48 所，覆盖职工总数 55418 人，开办 381 个班。[①] 但至 1933 年底，实际开办学校共有 28 所，其中京沪沪杭甬路 6 所（常州、南京、上海、吴淞、闸口、白沙）、津浦路 8 所（浦镇、浦口、蚌埠、徐州、济南、德州、天津、临城）、平绥路 4 所（西直门、大同、归绥、包头）、正太路 3 所（石家庄、太原、阳泉）、南浔 1 所（九江）、湘鄂路 4 所（徐家棚、安源、岳州、长沙）、道清 2 所（焦作、新乡），覆盖职工总数 29259 人，设有 236 班，其中识字班两期学员共 4837 人，补习班两期学员共 4553 人，识字班已毕业人数为 829 人，补习班 244 人。职教人员专任 84 人，兼任 68 人。每月经常费实际支出 9522.5 元。[②] 至 1937 年，"各大站之工人识字教育，均已大部完

---

① 实业部劳动年鉴编辑委员会：《民国二十一年中国劳动年鉴》（第三编），文海出版社，1990，第 111~113 页。

② 实业部劳动年鉴编辑委员会：《民国二十二年中国劳动年鉴》（第三编），文海出版社，1990，第 211~213 页。部分数字为笔者计算得出。

成"。此外，还针对道班工人拟定"实施流动教学办法草案，已由该部劳工科函各路职工教育委员会征集意见，然后核定施行"。[①]

工会所举办的职工教育，有胶济路工会兴办的 6 校，设于青岛、高密、坊子、张店、济南、四方机厂，并于青州、潍县、博山、周村、普集等处先后设立分校。至 1933 年底，共办理 5 期，卒业 2217 人，经费每月由路局补给津贴 1200 元，除各校经常费外，余作学生购置书籍等费。津浦路工会主办职工学校 1 所，设于德州站，共 3 班，学生 45 人，教员 2人，经费 70 元。[②]

根据 1935 年交通部发布的《交通职工教育程度统计》，当时铁路职工中未受教育者有 57410 人，其中略识字者 3797 人，余为完全不识字者。[③] 至 1933 年底，参加职工学校识字班的职工两期共 4837 人，补习班两期共 4553 人，胶济路工会举办的补习学校卒业 2217 人，津浦路工会主办的补习学校卒业 45 人，共 11652 人，占未受教育职工总数的 20.30%。

关于教学内容，吴至信调查的 5 铁路所办的职工学校，均按照铁道部规定设置教学内容，识字班为识字、写字、注音符号及算术；公民班为三民主义、国语、数学、社会、自然科学、常识、外国语、铁路常识。每日上课时数为 2 小时，在工作时间之外。各铁路对于工人教育均为强制入学，按铁道部规定的奖惩办法，鼓励工人不旷课。这些奖惩牵涉金钱（如给奖金、扣工资或影响加工资）或职务，所以职工补习教育成绩较为显著。[④]

针对铁路职工子弟，铁道部举办的是扶轮中小学。至 1933 年，扶轮中学共 2 所，分别设在天津与德州，共 18 个班，学生共计 643 人。[⑤] 至 1935 年 6 月，扶轮小学 59 所，设立在各铁路主要站点，其中京沪沪杭甬

---

① 《铁道部推进铁路工人识字教育》，《国际劳工通讯》1937 年第 4 卷第 6 期，第 108~109 页。
② 实业部劳动年鉴编辑委员会：《民国二十二年中国劳动年鉴》（第三编），文海出版社，1990，第 214 页。
③ 《交通职工教育统计》，《国际劳工通讯》1935 年第 12 期，第 167 页。
④ 吴至信：《中国惠工事业》，载李文海：《民国时期社会调查丛编》（社会保障卷），福建教育出版社，2004，第 216~217 页。
⑤ 实业部劳动年鉴编辑委员会：《民国二十一年中国劳动年鉴》（第三编），文海出版社，1990，第 114~116 页。数字为笔者计算得出。

8 所，津浦 8 所、北宁 9 所、平汉 8 所、平绥 10 所，正太 3 所、道清 1 所、陇海 7 所、湘鄂 5 所，共计学生 21436 名。① 另外一些路局有自设的员工子弟学校，其中胶济路 6 所，分别设于济南、坊子、四方、青岛、张店、高密，平汉路 10 所，分别设于前门、长辛店、保定、石家庄、顺德、新乡、郑州、信阳、广水、江岸。② 另有路局工会举办的子弟学校，如津浦路 5 所，设在天津、泰安、济南、临城、白马山，共有 27 个班，学生906 人，教员 35 人，经费数目 4086 元。③

综上所述，职工子弟小学中，铁道部举办的有 59 所，路局举办的有16 所，路局工会举办的有 5 所，共 69 所，覆盖了各铁路主要站点。

在吴至信调查的 5 条铁路中，除铁道部主办的扶轮学校外，各路邻站均有员工子弟小学。职工子弟小学经费由路局或工会支付，对于学生免收学杂费，但收书籍费。④

各铁路子弟小学学生主要是铁路劳工子女。根据 1934 年下半年对铁道部主办扶轮学校进行的统计，21436 名学生中，工友子弟为 13230 名，占 62%，员司子弟计 6275 名，占 29%，非员工子弟计 1931 名，占 9%。"若将在各路工会自设之工人子弟学校及附近普通小学求学的，合计起来，恐怕失学的工人子弟只占较少数罢了。"⑤ 因此，铁路子弟小学的设立对铁路劳工而言是很重要的福利。

2. 交通职工教育福利

交通部劳工教育福利，由交通职工事务委员会负责办理，分为邮政职工补习班、电政职工补习班与工人子女小学三部分。

邮政职工补习班，由交通部令饬邮政总局转饬各区邮政管理局设立，

① 张秉义：《我国国营铁路之劳工待遇与设施》，《中国经济》1935 年第 3 卷第 10 期，第9～10 页。
② 实业部劳动年鉴编辑委员会：《民国二十一年中国劳动年鉴》（第三编），文海出版社，1990，第 116～117 页。
③ 实业部劳动年鉴编辑委员会：《民国二十二年中国劳动年鉴》（第三编），文海出版社，1990，第 211～213 页。数字为笔者计算得出。
④ 吴至信：《中国惠工事业》，载李文海：《民国时期社会调查丛编》（社会保障卷），福建教育出版社，2004，第 217～220 页。
⑤ 张秉义：《我国国营铁路之劳工待遇与设施》，《中国经济》1935 年第 3 卷第 10 期，第10 页。

以邮政总局为总枢纽。1930 年 11 月，上海邮政管理局首先设立职工补习班。12 月，邮政总局拟定 3 年分期举办的计划，呈交通部核准实行。第一期在 1930 年举办，共设 7 校，开办者为上海、北平、苏皖、浙江、河北、山东、吉黑、辽宁 8 所邮政管理局。7 校共开设 22 班，补习人数 647 人，教职员 58 人，开设党义、国文、英文、算术、地理等课程。除上海邮政管理局职工补习班外，其他 6 校的开办费总额为 2139.3 元，除辽宁邮政管理局职工补习班外，其他 6 校 1930 年度每一学期经常费开支总额为 2212.01 元。[①] 第二期补习班原定于 1932 年 2 月开办，因为九一八事变的影响，除陕西省外，其他省份第二期补习班均于 1933 年与第三期同时举办。第二、三期举办者有福建、广东、广西、湖南、湖北、陕西、山西、江西等省邮政管理局，共开办 17 班，补习职工 364 人，教职员数据不完全统计有 54 人。[②]

根据 1935 年交通部发布的《交通职工教育程度统计》，邮务职工中未受教育者为 2269 人，私塾教育程度者 4999 人，小学教育程度者 7738 人，中等教育程度者 6960 人，特种教育程度者 450 人，专门以上者教育程度者 1039 人，程度不明者 1459 人。[③] 至 1933 年底，邮政职工补习班两期补习人数分别为 647 人和 364 人，共 1011 人，占未受教育者总数的 44.56%。

电政职工补习班，由交通部直接饬令各地电政管理局、电报局、电话局分别设立。1932 年，办理职工补习班的有广西、热察绥蒙、川藏、山东、甘宁、安徽 6 所电政管理局，天津、太原、首都、苏州、镇江、青岛、蚌埠、太原 8 所电话局，天津、太原、南京、上海、汉口、青岛、杭州 7 所电报局，共 21 所。共开办 59 个班，补习职工人数据不完全统计为 1298 人。[④] 1933 年，太原电话局、青岛电话局、汉口电报局职工补习班

---

① 实业部劳动年鉴编辑委员会：《民国二十一年中国劳动年鉴》（第三编），文海出版社，1990，第 107~108 页。数字为笔者计算得出。

② 实业部劳动年鉴编辑委员会：《民国二十二年中国劳动年鉴》（第三编），文海出版社，1990，第 209 页。数字为笔者计算得出。

③ 《交通职工教育统计》，《国际劳工通讯》1935 年第 12 期，第 167 页。

④ 实业部劳动年鉴编辑委员会：《民国二十一年中国劳动年鉴》（第三编），文海出版社，1990，第 108 页。数字为笔者计算得出。

在当期学生毕业后停办。首都电话局、苏州电话局、南京电报局、上海电报局各补习班期满后，也因经济困难而停办。①

电务职工因技工较多，受教育程度相对较高。1935 年交通部发布的《交通职工教育程度统计》显示，电务职工中未受教育的人数较少，为 274 人。其他为受私塾教育者 3581 人，小学教育程度者 2857 人，中等教育程度者 4070 人，特种教育程度者 1907 人，专门以上的教育程者 154 人，程度不明者 695 人。1933 年底，电务职工补习人数达 1298 人，已覆盖所有未受教育的工人与部分仅受私塾教育的工人。②

交通部所办职工子女小学，至 1933 年，共为 4 所，分别为上海 2 所，南京 2 所，共有学生 668 人，经常费每月共计 3232 元。③ 交通部所办的职工子女学校数量较少，这应该和职工分布较为分散有关。

3. 矿业工人教育福利

各矿的教育福利包括矿场和工会设立的职工补习学校和工人子弟学校。根据《民国二十二年中国劳动年鉴》记载，至 1933 年底，设有职工补习学校（或称劳工学校）的矿场有烈山煤矿、六河沟矿业公会、中福两公司办事处第一矿场、华丰合记矿厂、中兴煤矿公司、鲁大煤矿公司洪山矿区、淄博区矿业产业公司、鲁大煤矿公司（大昆仑炭矿）、博东矿业公司、湖南常宁水口山铅锌矿务局、开滦矿务局、湖南炼铅厂 12 个。这些矿场共设立职工补习学校 15 所，60 个班，补习工人 1872 人。设有职工子弟学校的矿场有中兴煤矿公司、大通煤矿公司舜耕山煤矿、大同保晋煤矿、六河沟煤矿、中福两公司办事处第一矿厂、华丰合记矿厂、鲁大煤矿公司洪山矿区、鲁大煤矿公司华坞炭矿、湖南常宁水口山铅锌矿务局、开滦矿务局 10 个，总计设立职工子弟学校 51 所，学生数超过 6700 人。设立工人补习学校的矿业工会有柳江煤矿产业工会、博爱县煤矿产业工会、汤阴新记路矿产业工会、淄博区煤矿产业工会等。④

① 实业部劳动年鉴编辑委员会：《民国二十二年中国劳动年鉴》（第三编），文海出版社，1990，第 209~210 页。
② 《交通职工教育统计》，《国际劳工通讯》1935 年第 12 期，第 167 页。
③ 实业部劳动年鉴编辑委员会：《民国二十二年中国劳动年鉴》（第三编），文海出版社，1990，第 210 页。
④ 同上书，第 207~208 页。数字为笔者计算得出。

　　吴至信所调查的 9 矿中，有 6 矿（甲、乙、丁、戊、己、庚）设有识字补习班。有 1 矿（辛矿）当时正在筹备中，有 1 矿（丙矿）曾办理过补习班但因无工人上课而陷于停顿中。在 6 矿中，只有 1 矿（乙矿）设有专门的教室。矿工教育的经费主要来自雇主。有 4 矿（甲、乙、丁、戊）工人可以自由决定是否受教，其余 2 矿（己、庚）虽名为强迫，但"事实上外工根本无教室，不点名，只是上工以前群集露天场中，由职员轮流作十数分钟之谈话；而里工虽有教室，因无书籍，亦只是随便谈谈。因此教员学生均无兴趣，工人教育只是空名，更不足与云强迫教育也"。上课内容，都有识字课及算术，其他则不一致。上课时间有每日 2 小时者（甲、戊、丁矿）、80 分钟者（乙矿）、每周两次每次 1 小时者（庚、己）。上课时间在工作时间之外，工人在早晚班工作结束后，轮流上课。[①]办理补习教育较有名的为乙矿，其采用奖励办法，规定补习工人每 3 个月考试给奖 1 次：未曾请假者，成绩在 90 分以上奖金 4 元，80 分以上 3 元，70 分以上 1 元；曾经请假者，成绩在 90 分以上 2 元，80 分以上 1 元。"该矿劳教办法，虽有惩罚规定，迄未实用，而奖金之颁发，则定不误期。且得奖条件亦易，每次有 80% 以上学生，均可得奖。因此过去尚有工人贪得奖金，会毕业者又报名再读之事实。最近该矿始严加取缔，修业期满考试及格之工人，不许再报名入学。"[②]

　　吴至信所调查的 9 矿中，除 1 矿（辛矿）外，其他都办有子弟学校。"愈在荒僻无学校之区域，此项（工人子弟）教育愈感重要，此矿场子弟教育所以较工厂子弟教育尤为普遍之原因也。"[③] 甲矿设有男女小学在 15 所以上，另有男女中学；乙矿设有职业学校 1 所，小学 2 所；丙矿亦有 2 所小学；丁矿计小学 5 所，中学 1 所，并另有 1 所专门学院；戊矿有 1 所完全小学及 1 所分校；己矿有 4 所初级小学；壬矿亦有 5 所小学。庚矿因入学人数过少，学校未成规模。所有学校均为矿场举办，由雇主负担经费。各校经费除庚矿外，大都充足。除壬矿外，各矿学校一律免收学费。

①　吴至信：《中国惠工事业》，载李文海：《民国时期社会调查丛编》（社会保障卷），福建教育出版社，2004，第 213~217 页。

②　同上书，第 217 页。

③　同上书，第 217 页。

壬矿的学费为：高级小学男生每学期 3 元，女生 2 元；初级小学男生 2
元，女生 1 元。除己矿收杂费 5 角外，其他矿不收杂费。丙、戊、己 3 矿
对于工人子弟免费供给书籍。丙矿每年免费供给制服 2 套。己矿供给制
服，收半费。①

4. 工厂工人教育

1931 年 5 月实业部与教育部共同成立了劳工教育设计委员会，负责
劳工教育事宜。1932 年 2 月，实业部会同教育部颁布《劳工教育实施办
法大纲》，将劳工教育分为识字训练、公民训练及职业补习三种，督促各
地切实实施。各地依法颁布施行细则者有察哈尔、山东、上海、青岛等省
市，拟具劳工教育实施大纲者有河南焦作、湖北、南京等。② 为推动各地
劳工教育，1936 年 11 月，实业部与教育部制定《各市县劳工教育委员会
组织规程》，通令各省市分别转饬遵照办理。"各省市组织成立者，计有
山东、浙江、河北、四川等八九省市。"③

1934 年实业部与教育部共同颁布了《劳工教育事业统计表》（见表
5-2-9），共有 12 省市的劳工教育情况被纳入统计。④ 此表显示，12 省市
共有劳工学校 136 所。其中由劳方即工会出资主办者 27 所，由资方即工
厂出资举办者 63 所，由政府举办者 38 所，由其他机构举办者 8 所。可见
劳工学校以由工厂出资举办为主，其数量接近总数的一半。统计表显示，
在 12 省市中，青岛举办的劳工学校最多，为 37 所。这与青岛较早关注劳
工教育有关。1930 年青岛社会局（教育局被合并为社会局第三科）即拟
订《工厂职工补习学校实施办法》，经市政府核准履行。不久教育局独
立，两局为实施办法，召集各工厂厂长谈话，令其依法筹设职工补习学
校。后为统一管理劳工教育，教育局、社会局、国民党青岛市党部共同组

① 吴至信：《中国惠工事业》，载李文海：《民国时期社会调查丛编》（社会保障卷），福建
教育出版社，2004，第 219~220 页。
② 实业部劳动年鉴编辑委员会：《民国二十二年中国劳动年鉴》（第三编），文海出版社，
1990，第 5 页；《湖北省劳工教育实施办法大纲》，《湖北省政府公报》1935 年第 125
期，法规，第 23~24 页；《青岛市劳工教育实施细则》，《国际劳工通讯》1935 年第 10
期，第 160 页；《南京市劳工教育实施办法大纲施行细则》，《南京市政府公报》1935 年
第 152 期，法规，第 17~20 页。
③ 《教育实业两部推行劳工实验教育》，《国际劳工通讯》1937 年第 4 卷第 4 期，第143 页。
④ 《劳工教育事业统计表》，《劳工月刊》1934 年第 3 卷第 8 期，第 1 页。

成独立的管理机关——职工教育委员会。委员会成立后，拟定职工教育委员会分会简则，与各厂接洽设立职工教育委员会分会及职工学校。为管理各学校事务，处理缺课退学等情事，职工教育委员会拟定《职工补习学校奖惩暂行简则》，令发各校遵照施行。为掌握各校教员情况，拟订《职工补习学校教员登记办法》，令各校遵照登记；为使工人增加学习兴趣，拟订教育标准；为解决教员教学中的各种困难，成立职工学校教学研究会，每月开会一次共同研究。研究会成立后，一方面积极推进学校内部教学事务，一方面与未设职工补习学校的各厂接洽，陆续设立职业学校。这些措施都使青岛的劳工教育成绩显著。[1]

表 5-2-9　劳工教育事业统计（1934 年）

省市	学校数（所）	班级数（个）	教职员数（人）		学生数（人）		毕业生数（人）		常年经费（元）	主办者（所）			
			男	女	男	女	男	女		劳	资	政府	其他
山西	6	23	27	—	516	180	305	60	5905	1	2	3	
安徽	4	6	14	1	182	32	28	10	1620	4	—		
江西	2	7	16	—	312	—	35	—	70	1	1		
广西	10	44	50	23	2950	806	278	71	28174	1		8	1
福建	1	5	8	3	156	72	—		360	1			
广东	5	23	25	11	443	195	31	10	19292	5			
浙江	18	28	64	9	516	407	168	13	2814	1	5	11	1
河南	14	20	49	2	356	79	285	96	4336	3	9	2	
山东	21	31	63	2	613	32	94	—	2764	5	11		
青岛	37	76	101	1	2949	425	1291	95	22076	1	34	2	
南京	3	11	31	3	582	3	31	3	9252			3	
北平	15	37	58	10	762	216	95	19	12490	4	1	4	6

资料来源：转引自《劳工教育事业统计表》（12 省市），《劳工月刊》1934 年第 3 卷第 8 期，第 1 页。

除上述 12 省市外，资料显示，关注劳工教育的地区还有汉口市与上海市。汉口是当时一个重要的工业区，1934 年，汉口共有各类劳工学校

[1]　实业部劳动年鉴编辑委员会：《民国二十一年中国劳动年鉴》（第三编），文海出版社，1990，第 134 页。

19 所，其中，工厂举者 3 所，由各行会商会举办者 16 所。[①]

上海是中国当时最重要的工业区，工厂众多。上海市社会局也很注重劳工教育。1929 年 1 月，上海特别市颁布《上海特别市市立职工补习学校简则》，着手设立市立职工补习学校。[②] 1930 年上海劳工教育委员会成立，至 1934 年秋季，共计主办劳工学校 16 所，各校学费及课业用品完全免费。[③] 1934 年上海市教育局、社会局公布实施《上海市劳工教育实施办法大纲施行细则》，令本市各厂场公司商店等雇用工人在 50 人以上者设立劳工学校或劳工班。[④] 至 1935 年 6 月，上海已有由工会设立工人子弟学校 17 所，劳工补习学校 4 所，工厂设立劳工识字学校 71 所，可以说是"劳工教育之设施，本市亦冠于全国"。[⑤]

综上所计，全国设立的劳工学校（包含工人子弟学校）超过 260 所。总数虽看似不少，但相对于符合《修正工厂法》的 6400 多家工厂与 52 万余工人[⑥]来说，制度的实施情况还是不乐观的。1934 年底，教育与实业两部派员到上海、无锡调查工厂劳工教育情况，发现工厂商店等雇主"借故不办者估十分之七八"，而且举办者也存在着很多问题，如"随意敷衍漫无计划""舍本逐末忘记劳工本身教育""课程过少或不紧要"等。劳工教育设计委员会在无锡与上海成立劳工教育实验区后，虽发动改革，但这些缺陷仍然存在，劳工教育方面仍存在经费不足、教材不适用、工作时间过长影响学习时间、所学知识无法运用等困难。[⑦]

在吴至信调查的 35 厂中，有 18 厂办有工人学校或识字班，占总数的 51.43%。另有 3 厂当时正在筹办，1 厂办理陷入停顿。有 13 厂自办或合

---

① 《汉口劳工学校一览表》，《劳工月刊》1934 年第 3 卷第 11 期，调查资料，第 8～10 页。

② 《上海特别市市立职工补习学校简则》，《上海特别市政府市政公报》1929 年第 19 期，法规，第 79～80 页。

③ 上海市通志馆年鉴委员会：《上海市年鉴》（1935 年）（三），张研、孙燕京主编《民国史料丛刊》（997），大象出版社，2009，第 44～45 页。

④ 《上海市劳工教育实施办法大纲施行细则》，《国际劳工》1934 年第 1 卷第 2 期，专载，第 105～111 页。

⑤ 上海市通志馆年鉴委员会：《民国二十五年上海市年鉴》（下）（一），张研、孙燕京主编《民国史料丛刊》，大象出版社，2009，第 392～393 页。

⑥ 实业部中央工厂检查处：《中国工厂检查年报》，1934，附录，第 41～44 页。

⑦ 陈振鹭：《劳工教育》，商务印书馆，1937，第 72～76 页。

办有子弟小学，占总数的 37.14%，有 2 厂正在建筑校舍。有 1 厂不办学校，但发给工人子弟教育补助金。[①] 这显示，一些大型或新型工厂的劳工教育水平优于全国平均状况。

《民国二十二年中国劳动年鉴》评论劳工教育认为："中国劳工教育，除铁道部交通部所办之职工补习学校、工人子弟学校等，较为完整而有系统外，其余各矿山工人学校，仅恃雇主之恩惠而设置，故所受教育之机会甚少。"[②] 这种评价其实适合于所有工矿铁路交通工人的劳工教育举办状况。也就是说，劳工教育中，铁道部与交通部因制度严密、资金充足，办理较有成果。而工矿工人劳工教育举办成绩相对较差，达不到制度初设计时的目标。吴至信在调查劳工教育现状时也认为："以现存之各劳工学校或补习班而言，略具成绩者实居少数。"他在分析劳工教育办理成败的原因时，将其归纳为两方面，一是雇主缺乏办理劳工教育的决心："能略有成绩之真正原因，亦非工人觉悟发奋，或教员教导特别有方，乃厂矿当局具有诚意与决心，故不惜严定奖罚，奖则以现金，罚亦关系金钱，使工人感到切身得失之影响，然后勉为就范。"二是工人鲜有接受教育的积极态度：

> 一般工人对于教育之态度，至为不佳。因日常工作时间甚长，下班疲苦已甚，若干工人尚须归返远在七八里以至十里以外之家中餐宿，更盼得较多之自由时间。兼以工人年龄，多在 20 岁以上，记忆力非孩童可比，于是读书成绩不佳，兴趣愈淡。故一闻在工作时间以外，添受教育，在普通情形之下莫不以为苦事。厂矿当局有鉴于此，诚意者即严定赏惩，以期入学，然总居少数；大多数以为不办教育，亦未必有害于生产，设或过于认真，强工人为其所不乐为，激起反感，尤为不美，故可以不办即不办，办后能敷衍即敷衍，或停课解散即任其解散，而不谋有以整顿之，此多数厂矿工人教育所以萎靡之原因所在也。[③]

---

① 吴至信：《中国惠工事业》，载李文海：《民国时期社会调查丛编》（社会保障卷），福建教育出版社，2004，第 217～219 页。

② 实业部劳动年鉴编辑委员会：《民国二十二年中国劳动年鉴》（第三编），文海出版社，1990，第 206～207 页。

③ 吴至信：《中国惠工事业》，载李文海：《民国时期社会调查丛编》（社会保障卷），福建教育出版社，2004，第 213 页。

工人和雇主的态度反映了劳工教育制度在设计中一些欠缺因素，即未加考虑经济环境对于工人与雇主教育需求的影响。经济落后导致工人工资低下、工作时间过长，工人挣扎在生存线上。教育并没有为其提供改变现状的前景，而成为其沉重工作之外的负担。中国落后的工矿业需要的是大量的纯体力劳动者，工人教育程度的提高并不能为雇主提供高质量的劳动者进而提高利润与效益，雇主在教育方面的付出得不到相应的回报。这导致了工人与雇主双方对劳工教育制度的实施持敷衍态度。政府在办理劳工教育存在着太多的政治目的，对劳工的"训育"要求迫切，使之在开展时强调规模，而不重视效果。此外，制度也不曾考虑劳工教育费用由厂矿雇主负担，有多少雇主能够承担得起，对厂矿生产的影响如何。这使劳工教育脱离了它原来福利的本质。

（二）劳工娱乐和生活福利

1. 俱乐部

1929年2月，工商部制定《工商职工俱乐部计划大纲》，规定凡雇用职工在30人以上的工厂、矿厂、公司、商店或工厂、矿厂、公司、商店工会均应设立职工俱乐部。俱乐部为劳工娱乐休闲的主要场所。吴至信所调查的5铁路9矿35厂中，设置俱乐部的有铁路5条（占总数的100%）、矿场6个（占总数的66.67%）、工厂18家（占总数的57.14%）。举办者有的为雇主，有的为工会。俱乐部基本设备经费一律由雇主供给。一般经费来源分为三种：全部由雇主负担者有6矿11厂；职工自筹、雇主补给津贴者有5铁路6厂，由雇主补给津贴、工人捐款与罚金充任者1厂。经常费由雇主负担者，有的有固定数额，有的无经费预算，只是随时开支。工人筹款方式不同，有凭工会收会费者，有因参加某各种娱乐组织而收取会费及月费者，有工人自动捐款并向职员募捐者，有由工人自办的工人事业中抽出一部分经费者。俱乐部娱乐项目种类很多。常见的有戏剧、弈棋、台球、乒乓球等。戏剧包括新剧及旧剧。其中旧剧中的京剧在所调查的所有铁路、大部分厂矿中都有。许多俱乐部聘请教师教工人学唱，甚至排演。最低限度，俱乐部亦备有各种京剧乐器。各俱乐部均有棋及棋盘，供工人消遣。其中以象棋最为普遍，备有围棋、军棋及跳棋者较少。俱乐部中多设乒乓球室，备有球台及球拍之设备。工人须自备乒乓球。有些俱乐部中设有台球。普通的俱乐部大都有报刊书籍，有寓教育于消遣之意。

通过调查，吴至信认为，工人对于娱乐与运动大都不感兴趣，俱乐部各活动，参加人数较少。分析原因，主要有两点："（1）工作时间过长，下工以后感觉过于困乏，而不愿意再有所动作；（2）管理工人之当局，不知设法引起工人参加之兴趣。"①

由于吴至信所调查的都是规模较大或社会保障设施较为先进的厂矿，因此俱乐部举办的工厂比例较高。而对照制度规定的内容，这些俱乐部无论在设施还是举办的活动方面，都远远达不到要求。

2. 住宿

劳工住宿设施分为两种，一是单身工人所居住的宿舍，二是工人携带家眷同住的住宅。劳工住宿设施一为政府所举办的、满足本地劳工住宿需求的劳工新村，又称平民新村或贫民新村，二是雇主所兴建的、供自己雇用的工人所居住的住宅和宿舍。

1928 年，工商部劳工司拟具《建筑劳工新村计划方案》，颁布于各省市后，在首都南京选择地点进行实验，以便推广。筹建劳工新村运动由工商部部长孔祥熙提倡，并得到蒋介石、胡汉民、戴季陶等人支持。由于工商部无此预算，其后，他们共同发起捐廉赞助，② 计先后收到认捐款项3000 余元，实到款项 1600 余元。③ 1929 年，由财政部拨水西门造币厂空地 20 余亩，建造劳工新村。④ 实业部成立后，工程继续进行，共建成房屋 300 余间，每间月租金 2 元。⑤ 1931 年当地遭遇水灾，劳工新村建设工作渐懈，逐渐荒芜。1932 年，实业部制订计划予以整顿："（1）组织新村自治会，藉以训练工友，行使四权，实现村户自治；（2）组织党义研究会，使工友了解三民主义与劳工之关系；（3）筹设消费合作社，以供给

---

① 吴至信：《中国惠工事业》，载李文海：《民国时期社会调查丛编》（社会保障卷），福建教育出版社，2004，第 231 页。

② 《工商部筹建首都劳工新村》，《工商半月刊》1929 年第 1 卷第 6 期，"工商部工作报告"，第 1~2 页。

③ 《民国二十二年之实业》，载秦孝仪：《抗战前国家建设史料》，《革命文献》第 75 辑，中央文物供应社，1978，第 232 页。

④ 《财部拨地建劳工新村》，《申报》1929 年 10 月 14 日，第 8 版。

⑤ 《实部修筑劳工新村》，《申报》1931 年 4 月 6 日，第 4 版。

住户日常生活上之需要品；（4）举行演讲会，以灌输工友各种知识；（5）扩充小学及补习学校，俾工人子女及附近失学童皆有求学之机会；（6）设立书报室，陈列浅近读物，以便工人浏览；（7）举行卫生检查，注射防疫针（拟与京市卫生事务所合作）；（8）筹设诊疗室（拟与京市卫生事务所合作）；（9）举行村户同乐会，以联络感情，增进兴趣；（10）提倡运动，以健全工友体格；（11）设置中国乐器、乒乓球及各种棋类，以提倡正当娱乐；（12）组织消防队，以防失慎。该村经派员依计划整理，逐步推进。该村附设之工人子弟学校、工人补习班、书报室、露天新闻牌，以及篮球场、娱乐室等，均依计划一一成立。"①

在中央政府的提倡下，一些大城市也开始加紧建设劳工住宿设施。上海于1935年4月17日成立平民福利事业管理委员会，办理建筑平民新村等事务。市政府拨经费100万元，为建筑费用。至1936年，已完成建设平民新村4处，共有住宅1062幢，男女宿舍共6所。南京在1930年前已有劳工住宅2所。其后政府组织棚户住宅委员会，改建金川门外4所棚户区，共支出费用26000余元。1935年马超俊任南京市市长后，积极推进"劳工住宅七年计划"，拟定总经费280万元，并已筹集48万元，为1935~1936年首次年度经费。汉口市政府于1935年夏决定支出40万元建筑平民住宅1000间，分为10所，1936年建成3所；建设完成了贫民宿舍，于1935年秋正式开放。湖南省政府于1935年1月决定在长沙成立贫民住宅工程处，计划在东、南、北三部建筑平民住宅，至1936年已经将东部第一处平民住宅建设完竣，余在进行中。青岛于1935年夏由市府主建平民住所共700间。广东方面，1929~1936年间建成劳工住宅计有2处，可容600人，单身宿舍5处，可容1500人，住宅兼宿舍1处，可容纳260人。汕头于1928年已建有住宅112间，至1936年共有住户544户。其他大城市如天津、北平、杭州、无锡、重庆等地也在计划建设或积极建设中。② 劳工住宅一般租金低廉，同时附设教育卫生娱乐等设备，较为适合收入低微的劳工居住。但有的住宅在建筑时为了节省费用，选取离工厂区较远的空

---

① 《民国二十二年之实业》，载秦孝仪：《抗战前国家建设史料》，《革命文献》第75辑，中央文物供应社，1978，第231~232页。
② 吴至信：《中国劳工福利事业之现状》，《民族》1936年第7~12期，第1693页。

旷公用土地，工人不方便往返而不愿意搬入，致使部分房屋空废。

关于雇主办理工人住宿情况，实业部劳动年鉴编辑委员会 1933 年通过函件进行调查，全国共有建有劳工宿舍的 46 厂回函。其中，免收住宿费者 35 家，占 76.09%，每月须缴租金 2~4 角者 3 家，规定工人带家眷时须酌收租金者 2 家，缴纳租金费用数额不明者 3 家，是否缴费情况不明者 3 家。① 矿山一般远离城市，工人生活环境较为恶劣。因环境及工作关系，各矿大都有工人住宅设备。1933 年调查的 17 矿均建有宿舍，其中免费住宿者 14 矿，占 82.35%，收最低费者 1 矿，是否收费情况不明者 2 矿。② 可见大多数劳工宿舍并不收费，这体现了宿舍作为劳工福利的性质。在吴至信的调查中，有住宅设施的有铁路 2（占铁路总数的 40%）、矿场 9（占矿场总数的 100%）及工厂 27（占工厂总数的 77.14%）。关于租金："宿舍免收者较多，住宅则什九收租。"关于住宿条件："宿舍与住宅之建筑设备，大抵因地制宜。除内地旧式矿外，一般厂矿之此种设施，其舒适程度，多较当地贫民水准线为略高。"③

3. 托儿所与哺乳室

《修正工厂法施行条例》第 20 条与《工厂设置哺乳室及托儿所办法大纲》规定了工厂关于托儿所与哺乳室设置的责任。但事实上真正实施者极少。

关于工厂所办哺乳室，有记载者 1 处，为上海南洋兄弟烟草公司制造厂。该厂有女工近 3000 人。厂方为方便女工哺乳，特采用原职工宿舍 4 大间及 2 小间，设立哺乳室。内设床（配有床上用品）、木座椅、小藤椅、橱等设施，设备费约 840 余元。配有 1 名看护员及 1 名保姆负责照顾婴儿。女工可每两三小时到哺乳室哺乳一次，每次以 15 分钟为限。1933 年 7 月 20 日哺乳室开放。1935 年有婴儿满额 30 名，平均每日到者 25 名。哺乳室经常费每月约 70 元，管理员薪金 72 元，杂费约 10 元。④

---

① 实业部劳动年鉴编辑委员会：《民国二十二年中国劳动年鉴》（第三编），文海出版社，1990，第 271~273 页。

② 同上书，第 278 页。

③ 吴至信：《中国惠工事业》，载李文海：《民国时期社会调查丛编》（社会保障卷），福建教育出版社，2004，第 171 页。

④ 屠哲隐：《南洋烟厂哺乳室之经验》，《工业安全》1934 年第 1~6 期，第 267~281 页。

图 5-2-1　南洋烟厂哺乳室（1934 年）

资料来源：屠哲隐《南洋烟厂哺乳室之经验》,《工业安全》1934 年第 1～6 期，第 280 页。

关于工厂所办托儿所,《民国二十二年中国劳动年鉴》记载有 3 处,[①] 吴至信所调查的 35 厂中仅有 1 厂设置。[②] 这些托儿所规模很小，设施简单。

当时，一些地方政府与社会团体开始注重托儿所的建设。资料显示，青岛、上海、南京、杭州、广州等地，开始设立主要面向劳工幼儿的托儿所。

青岛教育局、社会局于 1935 年冬在四方劳工教育馆内成立一所公立劳工托儿所，经费由市政府按月拨给，接收儿童仅限于劳工子女，自初生 2 个月至 5 足岁为止。该所办理日夜寄托、日间寄托和夜间寄托 3 种。对于寄托儿童，不收寄托费，只收乳膳费。[③] 青岛市社会组织于 1935 年 7 月成立慈幼托儿所，收纳孩童 20 多人。又拟于西镇东镇两处选择适当地点设立贫儿组，对于贫民儿童免费收养。[④] 1937 年青岛市政府又在东镇铁道口设立劳工托儿所，定名为青岛市市立劳工托儿所，于 1 月 1 日开始招收幼儿，只收劳工子女，年龄在初生 2 个月到 5 足岁，名额暂定 100 名。

①　实业部劳动年鉴编辑委员会:《民国二十二年中国劳动年鉴》（第三编），文海出版社，1990，第 273 页。

②　吴至信:《中国惠工事业》，载李文海:《民国时期社会调查丛编》（社会保障卷），福建教育出版社，2004，第 235 页。

③　同上书，第 235 页。

④　《青岛慈幼托儿所添设贫儿组》,《国际劳工通讯》1935 年第 11 期，第 206 页。

寄托时间也分为 3 种：日夜寄托、日间寄托和夜间寄托。该所不收寄托费，乳膳费由所资助一半，向家属征收一半，家属如无力缴费，经查明确实，可以免除。①

中华慈幼协会与沪东公社在 1932 年在上海创办上海慈幼托儿所，专收 2~6 岁劳工幼儿，名额暂定为 50 人，寄托时间为除周日外每日上午 6 时至下午 6 时。午饭与下午茶点均由所内供给，每月只收取费用 5 角。② 上海儿童幸福会于 1935 年 1 月成立第一劳动托儿所，收容儿童 30 名，有日间寄托和夜间寄托。日间收容每月 2 元，日夜 8 元。年龄以 2~4 岁为限。③ 1935 年秋，儿童幸福会计划在杨树浦劳工区内成立第二劳动托儿所。④ 因经费无着，至 1936 年仍未建成。上海高桥农村改进会于 1935 年试办农忙托儿所，后得中华慈幼协会资助，至 1936 年已在高桥镇、西凌家宅、王间桥及小张家宅建成农忙托儿所 4 处。托儿所一年分两期，第一期为每年 4~6 月，第二期为每年 8~10 月。高桥镇和王间桥之托儿所终年开办。收费情况为：高桥镇托儿所为农工阶级每月 2 角，商界 5 角，贫苦者免收费用。其余 3 所，概收 2 角。入所儿童年龄在 2~6 岁，入所时间为早 7 时到晚 5 时，由所内特备改良小车接送。⑤

南京于 1935 年 5 月 1 日由妇女文化促进会主办第一托儿所，收托儿童 50 多名。寄托方式分为白天寄托、长期寄托、哺乳寄托三种。寄托年龄为 1 月以上至 6 岁以下。该所收费为：白天寄托的，每月 6 元；留宿的，每月 15 元；哺乳的，每月 21 元。经费除收费外，不足之处由主办人捐出。收取的这些费用非普通劳工阶级能够承担。寄托儿童的家长大都是中央党部的职员，另有少数从事社会服务工作的女职员。⑥ 同年 9 月，该市儿童年实施会拟定将全市分为 4 区，每区设立托儿所 1 处，每处须能收容 50 名儿童以上，收取费用全托为每月 6~10 元，半托为每月 2~5

---

① 《青岛市立东镇劳工托儿所开幕》，《国际劳工通讯》1937 年第 4 卷第 5 期，第 119 页。

② 《上海慈幼托儿所》，《国际劳工通讯》1936 年第 3 卷第 10 期，第 112~113 页。

③ 《上海第一托儿所之内容》，《国际劳工通讯》1935 年第 10 期，第 180 页。

④ 《上海市儿童幸福会续办第二劳动托儿所》，《国际劳工通讯》1935 年第 12 期，第 166 页。

⑤ 《高桥农忙托儿所》，《国际劳工通讯》1936 年第 3 卷第 10 期，第 113~114 页。

⑥ 《南京第一托儿所》，《国际劳工通讯》1936 年第 3 卷第 7 期，第 106 页。

元，暂托为每日 3 角 8 分。① 但由于经费关系，此计划并未实现。

杭州市第一劳动托儿所共招收 2~4 岁儿童 40 名。收托儿童仅收取食费每人每月 1 元，赤贫者可申请免费。② 浙江省妇女会 1937 年决定筹设劳工托儿所，招收 2~4 岁劳动者子女，费用为每人每月食品费 1 元，供给午膳者月纳 2 元 5 角，在所时间为早 7 时至晚 6 时，拟呈准浙江省党部暨省政府拨给经费后开办。③ 杭州民众俱乐部于 1936 年举办托儿所，当年 2 月报名幼儿十余名。④

1934 年，广州市社会局举办婴孩寄托所，专门招收劳工婴孩，年龄在出生 1 月至 12 月内。每日寄托时间为早 6 时至晚 7 时，不收取任何费用。⑤ 后又拟增设 3 所，租赁地址设立。⑥

根据上述材料可知，在 1937 年前，有数个大城市的托儿所建设已引起政府与社会的关注。但因经费关系，托儿所一般规模较小，同时除青岛公立劳工托儿所、广州婴孩寄托所外，一般都收取一些费用，且有些收取费用较高，非劳工所能负担。而实业部所发的《工厂设置哺乳室及托儿所办法大纲》规定了雇主承担建设托儿所的责任，从各处的统计材料来看，此规定几乎没有得到实行。

4. 劳工储蓄

1932 年 4 月 1 日行政院公布《工人储蓄暂行办法》，规定了工厂或工会办理劳工储蓄的责任。劳工储蓄分强制储蓄与自由储蓄两种。1936 年 12 月 18 日又颁布《工人储蓄暂行规程》，通令各省市转饬工厂或工会办理。据调查，至 1935 年 6 月底，办有劳工储蓄的省市共有 10 个，为江苏、山东、四川、河南、广西、云南、北平、青岛、汉口、威海卫。确知未办的有察哈尔、江西、陕西、福建、绥远、青海、湖南、贵州 8 省。办理储蓄会的 10 省市中，储蓄会的总数为 25 个，其中工会办理者 5 个，雇主办理者 18 个，其他团体办理者 2 个。储蓄会会员数共计不超过 7507

① 《京市儿童年实施劳工托儿所计划大纲》，《国际劳工通讯》1935 年第 15 期，第 156 页。
② 《杭州市第一劳动托儿所》，《国际劳工通讯》1937 年第 4 卷第 3 期，第 86 页。
③ 《杭市筹设劳工托儿所》，《国际劳工通讯》1937 年第 4 卷第 6 期，第 104 页。
④ 《杭州民众部附设托儿所》，《国际劳工通讯》1936 年第 18 期，第 121 页。
⑤ 《婴孩寄托所收容婴孩办法》，《广州市政府市政公报》1935 年第 489 期，第 123~124 页。
⑥ 《社会局筹划婴孩寄托所》，《广东省政府市政公报》1934 年第 498 期，第 268 页。

人，储款金额总数共计 299743 元。可见，劳工储蓄并没有得到普及。①

吴至信于 1937 年对较大规模的路厂矿进行的调查显示，劳工储蓄情况似有所改善。办理储蓄的有 3 铁路（占铁路总数的 60%）、5 矿（占矿场总数的 55.56%）、24 厂（占工厂总数的 68.57%），并有 2 矿、3 厂当时正在筹备中。这些路厂矿的储蓄会半数以上是在近 5 年内举办的，"由此可见，我国工人储蓄事业，进展尚速"。②

在办有储蓄会的路厂矿中，储金大都在工资内扣或工人自付。强制储蓄有 2 铁路（占办有储蓄的铁路总数 66.67%）、3 矿（占办有储蓄的矿场总数 33.33%）、17 厂（占办有储蓄的工厂总数 70.83%），其中由工会主办者为 2 厂，其他都由雇主主办。自由储蓄者有 1 铁路、3 矿、9 厂，工会主办者只有 1 铁路，其他都是雇主举办。为鼓励工人参加储蓄，部分路厂矿实行储蓄补助金，即雇主也提出等于各工人储蓄数额全部或一部分之现金，同时加入储蓄，这使储蓄不但起到了抗风险的作用，更有了企业福利的性质。有储蓄补助金的有 2 铁路、2 矿、3 厂，分别占有储蓄制度的路厂矿的 66.67%、22.22%、12.5%，数量并不多。各路厂矿对于工人每次储蓄数额的规定有所不同，有的全无限制（大都是自由储蓄），有的有最高额与最低额的限制，有的为定额，有的按工资额的百分比，有的按工资分级定额，有的储蓄额为工资一定百分数，百分数按工资额递增。其利息，有的路厂矿不先预定，而由所存银行按金融市场规例办理。有的路厂矿先规定利率，使工人在参加储蓄前已周知，利息或按月计，或按年计。对工人储蓄金利息的处理有两种方式，一为按期发放给储蓄人，一为转利为本，须待提取本金时一并计还。储金的提取方式，根据储金的种类不同而有所差别。自由储蓄大部分都可以自由提取，而强制储蓄往往有一定的条件，如身故、离职、最低限期已满、婚丧生育伤病灾变等。而储蓄补助金因是雇主提供，往往不能视为工人储金一部分，所以工人有时虽达到提取储金的条件，但可能未必满足发给补助金的条件。"多数厂矿利用补助金以奖励工人长久工作，故因各人服务年限不同，领得补助金若干成之可

---

① 吴至信：《中国劳工福利事业之现状》，《民族》1936 年第 7~12 期，第 1693 页。

② 吴至信：《中国惠工事业》，载李文海：《民国时期社会调查丛编》（社会保障卷），福建教育出版社，2004，第 202 页。

能亦不一。此外，更有因种种原因，而将补助金扣留者。"① 工人自己所出的储金，一般无扣留不发的规定。但事实上工人若侵占或损坏厂方的钱物，或有其他过失时，有些工厂会扣除储金，以充赔偿。而储蓄补助金，仅有1厂规定在任何情形均不扣发，其他厂矿都有扣除的可能。有些厂矿对于某些情形会着重声明扣留储蓄补助金，如"犯过革职"，甚或"自动辞职"。由此可见，雇主办理储金，除了有抗风险和发福利的目的外，还开发了其管理约束工人的功能。②

劳工储蓄属于个人储蓄积累保障，是"职工个人根据自身收入情况自愿地将收入中的一部分进行储蓄，用来保障自己今后遭受年老、伤残、疾病、失业、贫困等风险时的生活需求"。③ 储蓄的基础，是具备当期不用的收入，能将当期的消费转到未来。但此时期的工人是否有储蓄的能力是值得思考的。"据73个中国劳工生活费调查之综合研究，每个工人家庭每月平均收入仅27.16元，然而须养活5.28人；事实上此等家庭之每月支出已是26.96元，超过收入之平均数以上，如此工人尚不免有债务亏累，何得余资储蓄？"④ 因此"工人收入过少，对于储蓄殊少兴趣"。⑤ 而厂方为推广政令，致使强迫储蓄制度更普遍于自由储蓄制度。但强迫储蓄额普遍很少，许多厂矿工资低者，每月储蓄额不足1元，"虽积年累月，尚不足保障失业疾病或老年期内之生活"。⑥ 因此少数厂矿实施的储蓄补助金制，既可以扩大储金的数量，也可以提高工人储蓄的兴趣。但储蓄补助金会加重雇主负担，所以实施此制度的路厂矿的数量很少，"储蓄补助金办法，虽于工人有利，但在缺乏诚意提倡工人储蓄或经济力量实有不逮之厂矿，多未实施"。⑦

从以上资料可以看出，劳工社会保障的实施状况因劳工的行业不同而

---

① 吴至信：《中国惠工事业》，载李文海：《民国时期社会调查丛编》（社会保障卷），福建教育出版社，2004，第207页。
② 同上书，第202~209页。
③ 吴鹏森：《现代社会保障概论》，上海人民出版社，2004，第15页。
④ 吴至信：《中国劳工福利事业之现状》，《民族》1936年第7~12期，第1695页。
⑤ 吴至信：《中国惠工事业》，载李文海：《民国时期社会调查丛编》（社会保障卷），福建教育出版社，2004，第202页。
⑥ 同上书，第202页。
⑦ 同上书，第205页。

表现出较大的差异。

铁路和交通劳工的社会保障制度基本落实，制度覆盖 10 万余工人。

工矿劳工的社会保障制度仅在一些大型或新型的厂矿中有所落实。这些厂矿数量没有权威记载，但通过上面的资料估计，数量应不大。实业部曾于 1933 年调查了 31 县市 483 家较大工厂的医药设施建设情况，据统计，有 381 家（占总数的 78.2%）工厂有医疗设备或委托医院。少数工厂同时有自备医室和委托医院。① 由于工伤保障与疾病保障的实施都与医疗设施有关，而且工伤保障是《修正工厂法》中的重要内容，也是第一期工厂检查中针对社会保障方面的检查的主要内容，因此这些工厂多已建有相应的制度或给予了相应的待遇，在全国几千家符合制度规定的厂矿中，有数百家已开始落实相关制度。但是，这些厂矿的保障项目和待遇水平并没有严格按照制度的规定设定。一般来说，国有企业，如军政部所属工厂、建设委员会所属厂矿及一些省营工厂都有正式规定，待遇项目及水平更接近制度的规定。民营厂矿实施情况则差别较大。少部分民营厂矿保障水平高过制度规定。②

吴至信所调查的 35 厂与 9 矿中，工人人数有 12 万余，将这些厂矿所实施的各种保障项目进行比较，可以看出，工伤保障实施情况最为良好，几乎所有实施社会保障制度的厂矿都有此种待遇。其他项目则仅得到不同程度的实施。

---

① 吴至信：《中国劳工福利事业之现状》，《民族》1936 年第 7~12 期，第 1701~1702 页。
② 在吴至信进行的调查的厂矿中，在各个保障项目的最高水准的实施者皆民营厂矿，工伤医疗、工伤残废待遇、工亡待遇、病假期限、病死抚恤、医疗设施、住宿设施、储蓄、工人补习教育、工人子弟教育、娱乐设施等待遇甚至超过了铁路、交通劳工的待遇。参见吴至信：《中国惠工事业》，载李文海：《民国时期社会调查丛编》（社会保障卷），福建教育出版社，2004，第 121~122 页。

结语：外源性现代化背景下劳工社会保障制度建设的初步思考

　　1927~1937 年是我国现代化进程中一个重要的时期。依据某些现代化研究学者的观点，现代化包含三个层面：物质层、制度层、思想及行为层，[①] 劳工社会保障制度的建立是制度层面的现代化的一部分。在西方发达国家，现代化首先开始于物质层面，而后，经济的增长逐渐使制度的改变成为需要，最后影响到人的思想与行为。虽然这三个层面事实上无法被清楚地区分，但经济因素的作用占主导地位已成共识，它为其他层面的现代化提供了物质基础。这种改变是一种自发的、缓慢演变的过程。劳工社会保障制度正是在这种背景产生并一步步发展起来的。但中国的现代化进程不同于西方，它建立在应对外部挑战的基础上，属于外源性现代化，[②] 一方面，"在国际环境的影响下，社会受外部冲击而引起内部的思想和政治变革"，[③] 这为劳工社会保障制度的现代化提供了一定条件，另一方面，内部资本主义因素微弱，外来挑战造成民族危机和社会危机，缺乏像内源性现代化国家那种长期渐进变革带来的能保障制度生存的经济社会环境。

[①] 张玉法：《中国现代化的动向》，载罗荣渠、牛大勇主编《中国现代化历程的探索》，北京大学出版社，1992，第 71 页；金耀基：《从传统到现代》，中国人民大学出版社，1999，第 131 页。

[②] 在现代化理论中，现代学者根据现代化的起源不同，一般将其分为两类：一是内源性现代化，一是外源性现代化。见罗荣渠：《现代化新论——世界与中国的现代化进程》（增订本），商务印书馆，2004，第 131 页；金耀基：《现代化与中国现代历史》，载罗荣渠、牛大勇主编《中国现代化历程的探索》，北京大学出版社，1992，第 4 页。

[③] 罗荣渠：《现代化新论——世界与中国的现代化进程》（增订本），商务印书馆，2004，第 131 页。

这两方面的现实，导致了我国劳工社会保障制度产生的特殊性，决定了其模式的选择与实施的效果。

一　外源性现代化背景与劳工社会保障制度建立的动机

劳工社会保障制度作为一种现代社会制度，是建立在工业化的经济基础之上的。西方资本主义发达国家除出台劳工立法、建立雇主责任制模式的劳工社会保障制度时，已经历了 18 世纪后期至 19 世纪中叶的第一次工业革命。至 19 世纪末 20 世纪初社会保险制度建立时，正是第二次工业革命时期。通过两次工业革命，英、法、德、美、比利时、瑞士、挪威、瑞典等欧美国家先后实现了工业化。

工业革命使欧美主要资本主义国家的工业生产力实现了飞跃式发展，改变了其经济结构和劳动力结构。以英国为例，1770 年英国农业在国民生产总值中的比重为 45%，1841 年降到 22%，1901 年再降至 6%，工业产值相应地从 24% 上升至 34%、40%。农业劳动力在总劳动力中的比重从 1801 年的 35% 下降至 1901 年的 9%，工业劳动力则从 29% 上升到 54%。[①] 工业劳动力的增长改变了传统的社会阶级结构，工人阶级得以形成并成为重要的社会力量，其所面临的劳动风险更易成为社会风险，更易为社会所关注。资产阶级在掌握政权后逐步建立了政党政治及资产阶级议会民主制。国家除传统的财政、外交、军事等方面的职能之外，增加了更多的社会职能。这些都为制度建设提供了经济与政治基础。这正是劳工社会保障制度得以顺利建立并得到有效实施的关键。其他发达国家的情况也基本类似。

而南京国民政府的劳工社会保障制度建立前，虽然中国的工业也有一定的发展，但在国民经济中所占比重甚微。1920 年，中国工农业和交通运输业的总产值中，新式产业只占 7.84%，而传统产业占 92.16%。单就工业而论，新式产业在制造业总产值中仅占 17.2%。[②] 新式工人在全国人口所占比例很少，1933 年，全国人口 4.445 亿人口，现代工矿交通工人

---

① 〔日〕宫崎犀一等：《近代国际经济要览》，陈小洪等译，中国财政经济出版社，1990，第 2~3 页。
② 许涤新、吴承明：《中国资本主义发展史》（第二卷），人民出版社，2003，第 1071 页。

有 300 万左右，工人人数占全国人口的 0.7%。[①] 绝大多数劳动力仍在从事农业。此外，由于多年的战乱，政府的基本社会治理功能严重缺乏。

在这种情况下，中国劳工社会保障制度之所以能够建立起来，以下因素起着主要作用。

（一）外来挑战下执政党激进的现代化理念

国民党成立时，中国正处于严重的民族危机之下，当时的执政者对此有深刻的认识："海禁既开，列强之帝国主义如怒潮聚至，武力的掠夺与经济的压迫，使中国丧失独立，陷于半殖民地之地位。"[②] 这使国民党统治时期的国家建设目标带有强烈的紧迫感，急于迎头赶上甚至超越西方现代国家。

同一时期，西方发达国家的现代化已有了相当成就，成为国民党学习的对象，但西方资本主义的弊病也使其警戒："西方各民族革命……一方面固已打破宗教上、政治上、经济上不适宜之制度；一方面则又产生以个人主义为基础之资本主义与海外殖民竞争，造成以特殊阶级为中心之军国主义与虚伪的民主政治，于社会则酿成阶级斗争，于国际则形成海陆争霸，而弱小民族遂备受侵略与压迫，世界人类亦同蒙其祸。"[③] 国民党企图以自己的现代化理念来建设国家，"为领导中国民族以其历史上所具备之文化能力，与世界各民族共同解决此世界的革命时期中所含之各种基本问题，而致人类生存方法与生存组织于最善之途也"。国民党认为实行三民主义可以消灭西方资本主义的弊病："单纯的民族运动只能产生国家主义与帝国主义；单纯的民权运动只能产生虚伪之民主制度或阶级政治；单纯的经济运动只能产生资本主义与个人主义的社会主义。……唯有实行民权主义的与民生主义的民族主义，始不变为帝国主义；唯有实行民族主义的与民生主义的民权主义，始不致变成虚伪之民主制度与阶级政治；唯有实行民族主义的与民权主义的民生主义，始不致变为资本主义与个人主义

---

① 刘明逵：《中国工人阶级历史状况》（第一卷，第一册），中共中央党校出版社，1985，第 123 页。

② 荣孟源：《中国国民党历次代表大会及中央全会资料》（上），光明日报出版社，1985，第 11 页。

③ 同上书，第 621 页。

的社会主义"。①

国民党这种毕其功于一役的现代化理念，在党国体制的背景下，成为国家治理方针，在经济建设的同时，加速了制度现代化的进程。立法院成立后，1928 年 12 月 5 日至 1934 年 12 月 31 日间，共开会 300 次，通过法律案 364 件，② 现代政治、经济、社会各方面的制度不断出台，其中就包括劳工社会保障制度。

在劳工社会保障方面，政府的目标也是一次性完成所有相关立法。无论是在《劳动法典草案》中，还是在立法院劳工法起草委员会的立法计划中，《工厂法》与《劳动保险法》的立法工作几乎都是同时进行的。而在发达国家，劳工立法是根据实业发展与社会需求的情况先后进行的，往往都经历了几十年。"就各实业国家言，劳工立法均分段或分区实行，其进程常延至数十年，即实业发展迅速之国家亦非例外，采行如此之方法，劳工法规之实施不致引起实业组织最大及过速之改变。"③ 英、法、意等发达国家都是从 19 世纪上半叶开始《工厂法》的立法工作的。而到 1880年代，德国才第一个开始社会保险立法工作，其他国家都在其后，两项立法工作开始时间差距一般都在几十年间。这几十年间，通过不断改进《工厂法》和工厂检查制度，工人的劳动风险得到雇主的保障，而后通过建立社会保险，工人的社会保障过渡到社会保险模式。"中国所订立之工厂法则异乎是，欲以一时期内解决各种不同之问题，其中有若干问题根本上即非以缓慢之方法不能解决。中国之立法利用他国之经验，诚然较先进国为有利，惟欲将其决定之急进方针立即全部实行，亦将产生极严重之困难。"④《工厂法》的制定引起了当时国内企业界的担心，因为中国社会并没有做好实施劳工社会保障立法的准备。北京政府时期的劳工立法基本上是一纸空文，不但对公众没有影响，在实业界也没引起过一丝波澜。各工厂管理工人依照的是风俗习惯。企业界在立法与修订过程中都曾提出现实

---

① 荣孟源：《中国国民党历次代表大会及中央全会资料》（上），光明日报出版社，1985，第 622 页。

② 谢振民：《中华民国立法史》，中国政法大学出版社，2000，第 244 页。

③《波安两氏对于以工厂检查实行工厂法之备忘录》，《劳工月刊》1932 年第 2 卷第 10 期，第 90 页。

④ 同上刊，第 90 页。

中的各种困难，但在政府坚持下，《工厂法》的主要内容改变并不大，可见制度本身超出了社会的承受力范围。它的建立更多是出于执政党与政府的政治理念。

（二）国民党争取劳工支持的政策目标

南京国民政府建立时，中国的劳工运动正在轰轰烈烈地进行当中。中国劳工运动的兴盛一方面是出于经济落后导致的劳工贫困，另一方面也受到了反抗外国势力入侵的政治宣传的影响。国民党在进行国民革命中，十分注重以工农为主体的民众的支持，唤起民众参加革命是其取得国民革命胜利的重要手段。"盖以本党之国民革命事业，原以唤起民众，团结民众，竖立民众之基础为根本要图。若舍此不图，则所谓民众基础必无从巩固，甚至无从取得。"工人群众被认为在各界民众中最为重要。对于"受压迫最深、革命性最强之工人群众"，"一方面宜加以深切的援助，使其本身力量与组织日臻强大；一方面须用种种方法取得其同情，与之发生密切的关系。使本党在工人群众中树立伟大的革命基础。"[1]

但此时期工人受阶级斗争思想影响很大，罢工与武装斗争是工人争取自己权利的重要方式。而国民党认为自己是代表全体民众的政党，否认阶级斗争的作用。"社会之所以有进化，是由于社会上大多数的经济利益相调和，不是由于社会上大多数的经济利益有冲突……社会进化的定律是人类求生存，人类求生存才是社会进化的原因。阶级战争不是社会进化的原因，阶级战争是社会当进化的时候所发生的一种病症；这种病症的原因，是人类不能生存，因为人类不能生存，所以这种病症的结果便起战争。"[2]认为阶级斗争对国家的危害重重，"阶级斗争以一阶级之利益为本位，其方法将整个社会分成种种对立之阶级，而使之相杀相仇……"[3]"盖中国之所以贫穷，外由于敌国之凭陵，内由于生产之落后。若于民族之内，煽动阶级斗争，对外则适足以冲销民族整个之力量，而陷国家于灭亡；对内

---

① 荣孟源：《中国国民党历次代表大会及中央全会资料》（上），光明日报出版社，1985，第127页。

② 胡汉民：《工厂法该展缓施行吗》，载中国历史第二档案馆：《国民政府政治制度档案史料选编》，安徽教育出版社，1994年版，第746页。

③ 荣孟源：《中国国民党历次代表大会及中央全会资料》（下），光明日报出版社，1985，第435页。

则适足以引起各生产分子间之混战，阻止生产建设之进展。"[1] 国民党处理劳资矛盾的原则，是劳资协调。"我国近奉遗教，以全民主义立国，自不容有阶级之争。……政府为预防劳工斗争，并维持工业健全发达起见，亟宜采用劳资协调政策，对于劳资两方之保护，无所偏倚。"[2]

南京国民政府建立后，改变原有的民众运动方针，即"只知单纯作唤起民众之运动，迨民众既起之后，民众本身并无办法，乃并作民众运动者亦无办法以济之，结果遂陷于民众于妄动暴动之境"，要加强党对民众组织的控制，"全国农工已得有相当之组织者，今后必须由本党协助之，使增进其知识与技能，提高其社会道德之标准，促进其生产力与生产额，而达到改善人民生计之目的。"[3]

国民党一方面对劳工运动与工人组织加强控制，另一方面实行积极的劳工保护政策，以争取工人的支持。1926 年国民党第二次全国代表大会上通过的《工人运动决议案》，以"改良工人生活状况"为目标，提出制定劳动法，实行八小时工作制、制定最低工资、保护童工女工、设置劳动保险、厉行工人教育等具体措施。[4] 1928 年，国民党中央民众训练委员会颁发的民众训练大纲中，设定社会保障的目标是工人运动纲领的主要部分："（1）制定劳工法、工厂法……（2）制定劳工保护法（尤其注意童工妇女）（3）制定劳工保险法，疾病保险法、灾荒救济法、伤害赔偿法、死亡抚恤法、年老恤金法……（6）设立工人补习学校与俱乐部，增进工人智识技能及精神上之修养……（8）监督并改良工厂之设备和工人之待遇"。[5] 1929 年 6 月，国民党三届二次全体会议通过《训政时期国民政府施政纲领草案》中，其中劳工社会保障及劳资协调为主要内容：举办职工新村；举办劳工储蓄及保险；救济失业工人，设立职业介绍机关；安插失业工人及移工举办他种事业；组织劳资争议处理机关；改善劳资相互对

---

[1]　荣孟源：《中国国民党历次代表大会及中央全会资料》（下），光明日报出版社，1985，第 431 页。

[2]　同上书，第 266 页。

[3]　同上书，第 635 页。

[4]　荣孟源：《中国国民党历次代表大会及中央全会资料》（上），光明日报出版社，1985，第 128 页。

[5]　朱子爽：《中国国民党劳工政策》，国民图书出版社，1941 年版，第 36~37 页。

立关系；倡导劳资协作。①

国民党的政策也反映到了政府立法中，《工厂法》《工会法》《劳资争议处理法》分别含有劳工社会保障待遇、工会组织管理、劳资争议处理等内容。通过一系列立法及各种相关措施，工人运动终于沉寂了下去。包括社会保障内容在内的一系列劳工立法，达到了南京国民政府稳定社会秩序、实现合法统治的目的。

（三）新建政权获得国际社会了解和认可的目的

中国早期建立劳工社会保障的立法活动就有国际背景的影响，北京政府出台的劳工法很大程度来自国际劳工组织的施压。

南京国民政府建立后，执政者积极参加各种国际事务，力图以一个不同于晚清的现代国家面貌得到国际承认。参加国际劳工组织也出于此种目的。一方面，国民政府希望以参加国际劳工大会的方式让世界了解中国的劳工政策及劳工状况。1929 年 5 月，中国首次派完全代表出席第 12 届国际劳工大会。在此大会上，政府代表作了关于国民党劳工政策、国民政府劳工行政方针、劳动立法程序、外国人工厂地位及施行劳工法的方法等报告，劳工代表作了中国工运情形及劳工状况的报告，这些都得到了大会的关注与国际的同情。② 另一方面，中国政府试图通过国际劳工组织的帮助，取消治外法权，恢复国家主权的完整。1929 年第 12 届与 1933 年第 17 届中国政府代表两次提出"外人在华工厂，应服从中国政府执行劳工法案"，③ 在与上海租界当局进行工厂检查权交涉的同时，在 1933~1937 年的历届大会上，积极争取国际支持。④ 除此之外，经过多方努力，1933 年在第 17 届大会上，国民政府代表以最多票数当选为国际劳工局理事，部分实现了"增高中国在国际上之地位"的目标。⑤

---

① 中国第二历史档案馆：《中华民国史档案资料汇编》，第五辑第一编政治（一），第 13~14 页。
② 实业部劳动年鉴编辑委员会：《民国二十一年中国劳动年鉴》（第四编），文海出版社，1990，第 12 页。
③ 实业部劳动年鉴编辑委员会：《民国二十二年中国劳动年鉴》（第四编），文海出版社，1990，第 13~14 页。
④ 见第四章第二节"南京国民政府在国际劳工大会中争取租界工厂检查权的活动"。
⑤ 实业部劳动年鉴编辑委员会：《民国二十二年中国劳动年鉴》（第四编），文海出版社，1990，第 27~28 页。

在建立劳工社会保障制度的同时，南京国民政府也积极与国际劳工组织互动，接受国际劳工组织的帮助。1928 年，国际劳工局首任局长多玛到中国访问，得到中国政府官员、劳资组织、学术界团体的热情接待。1930 年，国际劳工局在中国设立分局，分局在与中国政府及各团体联络感情、增进合作、搜集国内劳工经济材料、介绍世界各国劳工消息等方面做了大量工作。为推行《工厂法》，中国政府于 1931 年函请国际劳工局请派专家襄助设立工厂检查制度。国际劳工组织派波恩及安德生来华。二人在参观中国各地工厂并对中国的《工厂法》做了研究后，提出了建立工厂检查制度的相关建议。中国政府在这些建议的基础上设立了工厂检查制度，其后在工厂检查制度的技术细节方面也得到了国际劳工组织的指导和协助。①

在开展这些活动的时候，南京国民政府是以保护劳工权益、尊重国际劳工法规的现代国家的形象出现的。虽然 1939 年前，国际劳工组织共出台 63 个公约中，南京国民政府仅正式批准了 12 个，但国民政府还是认为自己在尽力按照国际劳工组织要求的标准给予劳工以保护，工厂法“各条款多半系参照历届国际劳工大会所通过之公约与建议书而制定者”，② 并将国际劳工组织所制定公约条文与中国劳工立法中某部法律或某条文进行对比，以示中国劳工保障的情况，也以此对某些公约未被批准的原因进行说明，如《失业公约草案》与《职业介绍所暂行办法》，《女工生育前后雇用之公约草案》与《修正工厂法》第 37 条，《工业工人灾害赔偿之公约草案》与《修正工厂法》第 45 条，《工业工人因工致病应得赔偿之公约草案》与《修正工厂法》第 45 条第 1 款，《工商业及仆役之劳动保险公约草案》与当时正在制定中的《强制劳工保险法草案》，等等。③

一方面，现代化理论认为，内源性的早期现代化是自发的、自下而上的变革过程，经济因素的作用占主导地位。而外源性现代化在其启动阶

---

①　《国际劳工组织与中国》，《国际劳工通讯》1939 年第 4 期，第 37 页。
②　同上刊，第 33 页。
③　实业部劳动年鉴编辑委员会：《民国二十二年中国劳动年鉴》（第四编），文海出版社，1990，第 104~110 页。

段，非经济因素的作用大于经济因素的作用，由现代民族国家、改革型政党等有组织的社会力量扮演主导力量。① "在早期现代化中，新经济因素的成长是缓慢的，只有待这些新因素发展成熟之后，才可能逐渐渗透到制度性变革的层面，而后来的外源性现代化却不可能等待这样漫长的自发性变革。"② 这充分体现在劳工社会保障制度建设方面，在资本主义经济十分弱小的情况下，劳工保障制度能在短时间内建立，执政党现代化理念与新建政权的内外政策目标等政治因素起着决定性的作用。

但另一方面，政党与政府的力量过强使制度建立的过程中其他因素被边缘化，这就导致制度脱离实际。包括社会保障内容的劳工立法多有涉及经济利益的分配，对于当时的经济实体本应是影响很大的事。而对于实业界能否承担起这些的改变，政府考虑甚少。国际劳工局专家波恩、安德生在对上海工厂进行考查并研究了《工厂法》的条文后，指出"实际情况不能适合于新法中所规定之标准。此种标准虽属需要，但实行后，恐多数之工厂在组织及管理上将有巨大的变更"。并提出自己的担心，"假如此法真能立即实行，各工厂巨大之改变是否将使各关系之企业有全部破坏，因而有时使工厂法所欲保护之工人受实际上损失之虞"。③

二　外源性现代化背景与劳工社会保障模式的选择

"外源的现代化，特别是发生在欠发达国家的晚近的现代化，现代生产要素和现代化文化要素都是从外部移植或引起的。"④ 南京国民政府建立时，国外可供中国借鉴的社会保障模式有两种，一是以德国为代表的资本主义国家的社会保险模式。这种模式是建立在资本主义市场经济与自由雇用制度的基础上的，即企业之间可以自由竞争、劳动力可以自由流动。企业和劳动者按规定必须参加社会保险，社会保险是法定的、强制的。社

---

① 罗荣渠：《现代化新论——世界与中国的现代化进程》（增订本），商务印书馆，2004，第185页。
② 同上书，第200页。
③ 《波安两氏对于以工厂检查实行工厂法之备忘录》，《劳工月刊》1932年第2卷第10期，第90页。
④ 罗荣渠：《现代化新论——世界与中国的现代化进程》（增订本），商务印书馆，2004，第133页。

会保险金来源以个人和企业为主，国家财政补贴为辅；社会保险机构实行行业组织管理和地区组织管理相结合的办法，由劳资双方共同参与、自治管理。国家通过立法管理保险机构的行为。

另一种模式是以社会主义苏联为代表的国家保险模式。这种模式是建立在计划经济基础上的，即认为劳动为一种义务，只有不在劳动年龄范围内或残废的人才可以"免除强迫劳动"。劳动力和资本作为生产要素受政府部门的统一支配："负有强迫劳动义务而不在有用的公共工作里做事的人，地方苏维埃为公共工作的执行，于劳动部决定而得职工联合、地方苏维埃的同意的条件，得召唤之"，"雇主得由劳动分配部召唤。只有应苏维埃各机关、各企业的命去做事的时候可以免除。"雇方或劳方都没有自由选择对方的权利，"机关和个人需要工人时，须通告地方劳动分部或支部（通信处）并且开明工作条件和工人资格（商情、智识、经验）。劳动分配部得……即将合格的工人依次派送。如工作条件与有关系的工率规则所定的标准相合，或职工组合没有规定，失业的人无权拒绝本行业的工作"。"失业的人被指定为本行业外的工作时，有承受的义务，若本人愿意，得以暂时承之至本人有本行业的时候为止作条件"。对于违反规定者处罚十分严厉："个人违犯本章所规定劳动分配规则，应由劳动分配部地方局处以三百卢布以上的罚金，或一星期以上的拘役。苏维埃工厂和官吏违反劳动分配规则，应受刑事制裁。"[①] 在这种就业制度下，工人遇到工伤、疾病、失业、生育、年老及残废等丧失劳动能力的情况时，都有权享受社会保险，保险费由国家和雇主负担，个人不用承担任何费用。其保险待遇水平很高，如生育、疾病时，保险金相当于原工资；医疗免费；退休金一般在原工资的 70% 以上。老年、遗属、残废年金支出由国家保险机关掌管，生育、疾病等保险金支出由工会掌管。

代表资产阶级利益的国民党，在制度现代化方面，多选择德国的模式，而在社会保障制度的建设上亦是如此。《强制劳工保险法草案》即体现了这些原则。只是中国社会保障立法远远落后于西方国家，在社会

---

① 李泽彰译：《俄罗斯苏维埃共和国劳动法典》，《新青年》，1920 年第 7 卷第 6 号（劳动节纪念号），第 2~4 页。

保障立法之前，资本主义各国均已完成了劳工立法，完成了雇主责任制模式向社会保险模式的过渡。南京国民政府则在劳工立法开始之后，才从雇主责任制模式向社会保险模式发展的。但这种发展在 1937 年并没有完成。

劳工社会保障模式的选择，反映了制度现代化中意识形态的作用。国民党在选择劳工社会保障的具体模式时，更多地受所效仿国家的制度的影响，而不是从国情出发，因而其内容与经济基础不相适应。工业幼稚，企业承担能力差，给制度推行带来了巨大的困难。

三 外源性现代化背景与劳工社会保障制度的实施

劳工社会保障制度建立后，仅在铁路及交通部门得到了实施，而在劳工人数占绝大多数的工矿业，则影响甚微。因为这种从西方传来的制度，是在执政党与政府等有组织的力量的推动下建立的，它超越了中国的现实，缺乏实施的基础。影响制度实施的不利因素具体表现为以下三个方面：企业经济承受能力不足、政府承担责任能力不足、相关责任主体的思想认识不足。

（一）企业经济承受能力不足

雇主责任制劳工社会保障模式使雇主承担了保障的主要责任，"一般情形之下，各项惠工待遇，均在工资项及奖恤项内开支"，"无论任何厂矿惠工设施之主要经费来源，仍是雇主等筹拨之经费"。[①] 尤其是工伤、失业、生育等方面，制度规定的赔付是强制性的。因此雇主的承担能力决定了制度的实施效果。而在全国范围来看，众多企业的经济实力和其所在的经济环境是分不开的。南京国民政府时期，和已实施劳工社会保障制度的资本主义发达国家相比，中国经济落后，民族经济在现代资本主义发展体系中处于被动不利的位置。已经发展起来的西方资本主义国家将当时的中国变成其原料产地和资本输出地，中国的"工业化投资在很大程度上

---

① 吴至信：《中国惠工事业》，载李文海：《民国时期社会调查丛编》（社会保障卷），福建教育出版社，2004，第 128、130 页。

借用外国资本，其至受外国支配"。① 据严中平统计，1937 年外国直接经营和控制经营的铁路各占 46.6% 和 44.1%；机械开采的煤矿中直接开采的占 47.0%，参加投资的占 25.5%；生铁生产中，外国投资的占 97.6%；1935 年，棉纱厂的 29%、棉布厂的 65%、火柴厂的 11%、卷烟厂的 58%、电力厂的 58% 被外资控制。② 外资控制着中国主要的经济部门，挤压了民族资本的发展空间。

　　在依附性经济结构中，中国民族工业力量弱小，在与中国国内的外资竞争时，无论是在资本方面还是在技术方面都处于弱势地位，而在世界经济体系中，更是沧海小舟。1929 年世界经济危机爆发，1931 年，当《工厂法》等一系列有关劳工社会保障的法规开始实施时，这些危机也开始影响中国。在这场危机中，物价连年下跌，国货工业营业额指数急剧下降。中国银行 1933 年所作调查显示，16 种主要国货工业行业中，11 种营业额指数下降，包括棉纺织业、染织业、毛纺织业、丝织业、面粉业、针织业、卷烟业等这些劳动密集型的行业。如将 1930 年营业额指数为定为 100，则这几种行业于 1933 年分别降到 35、80、85、90、50、50、80 等。③ 企业纷纷停工、倒闭，1934~1935 年上海工商企业倒闭数为 510、1065、784。④ 1935 年《天津市工厂检查第二次报告书》（1935 年 1 月 1 日至 3 月 31 日）报告，"就普遍情形言之，工商界全然被经济没落之黯淡气象所笼罩……当第一次报告时，于 98 个工厂中，即有 7 家停业，然即此余剩之 91 家工厂，仍不足以维持现况，降格以求，合于工厂法第 1 条之规定者仅有 60 家"。⑤

　　在世界经济危机中，向欠发达国家转嫁损失，是发达国家企业摆脱危机的一个重要手段。这使落后国家的经济状况更为雪上加霜。"近年以来，世界经济情形，均呈不景气之象，资本富足之外国工厂，以精良之机

---

① 罗荣渠：《现代化新论——世界与中国的现代化进程》（增订本），商务印书馆，2004，第 133 页。
② 严中平：《中国近代史统计资料选辑》，科学出版社，1957，第 190、124、128、131 页。
③ 陈真：《中国近代工业史资料》，三联书店，1957，第 68 页。
④ 《上海工商业倒闭数》，《经济统计月志》1937 年第 4 卷第 9 期，第 27 页，转引自许涤新、吴承明：《中国资本主义发展史》（第三卷），第 130 页。
⑤ 实业部中央工厂检查处：《中国工厂检查年报》，1936，第 213 页。

器，制出大宗成品，每贬低售价，大事倾销，以致国外商品，充溢市场。本市为华北之商品集散场所，感觉影响亦为最大。商贩经售之舶来成品，往往较本市出品价值为低。本市工业出品，若与舶来者竞卖销售，必致牺牲制品成本，无可获利。若竞堆置不售，待价再沽，则必成品囤积，金融停滞，一转瞬间，市价复低，损失尤巨"。① 国际的竞争亦显示出中国企业的落后："由于自来资本不裕，营业又复不佳，陈旧机件，不甚精良，其生产效率较之新式机器相差甚远。若以本市工厂之各种弱点，方之外国工厂之各种优点，出品之成色，售价之高低，及其推销之难易等，无一不落人后。因之营业不振，内部紧缩。其稍能维持现状继续经营者，亦不过极尽挣扎之能事，勉力支持而已。"②

因此，在立法和实施过程中，企业家不断提出执行上的困难，"我国生产落后，工人效率过低，若仅抬高工厂中一部分劳工之地位，以节制资本，而于国内经济状况、社会环境以及各阶级一般人之生活，并不顾及，则本法之是否足以推行尽利，诚属莫大疑问。属会各厂，对于本法虽欲敬谨奉守，而成本加重，亏累难支，势必出于辍业一途，彼劳工者，皮之不存，毛将焉附"。③ 这样的经济条件下，政策的实施效果必然受到很大影响。表现在经济危机中，即企业"自身支撑之不暇，对于首创之工业统治设施每多漠视"。④

1935 年底，中国经济慢慢走出危机，这时劳工社会保障的实施情况开始有所转机：工厂检查"实施即久，各工厂渐能明了工检之意义，深知于劳资双方均有莫大利益与帮助。已不若前次之漠视，反而乐予咨询与接近。入秋后，市面稍形安定，各业工厂亦稍见转机。工检工作因势利导，颇有急转直下之势"。⑤ 然而不久之后，抗日战争爆发，中国主要的经济区落入日本手中，制度失去了实施的环境。

不同一般工矿业的经济窘境，铁路、邮政等因属国营企业，具有垄断

---

① 实业部中央工厂检查处：《中国工厂检查年报》，1936，第 221 页。
② 同上书，第 221 页。
③ 《关于八月一日实施工厂法鄂省棉业界致当局函》，《纺织时报》1931 年第 819 期，1931 年 8 月 3 日，第 1 版。
④ 实业部中央工厂检查处：《中国工厂检查年报》，1936，第244 页。
⑤ 同上书，第 244 页。

地位，所以受国际经济环境影响较小，这是其制度实施较为顺利的主要原因。如此时期的铁路部门每年都有盈利。1928～1935 年年利润率分别为 60.57%、51.98%、42.46%、45.73%、30.78%、36.19%、47.52%、51.39%，[①] 平均利润率为 45.83%。虽然同期铁路盈余须以 30%余交给政府，又须以 56%支付外债利息，[②] 并不利于行业的进一步发展，但用于劳工社会保障方面的资金还是可以保障的。

（二）政府承担责任能力不足

1. 政府行政管辖权不足

制度的实施，需要依靠国家的强制力。政府的实际管辖权决定了制度的实施范围。中国的现代化是在应对外部挑战的基础上启动的，西方的影响更多地及于东部沿海地区，内地仍多为小农经济的传统模式。中国地域广阔，现代交通发展缓慢，经济缺乏内在联系，社会也就缺少内在凝聚力。在中央政府政治权威不足的情况下，地方割据极易形成。北伐战争后，1929 年 12 月，随着东北易帜，南京国民政府名义上统一了中国，但其实际控制地区有限。广东、福建、云南、贵州、四川、西藏、新疆、甘肃、陕西、山西等地均控制在本地政治势力手中，中央政令对其并无强制性。1931 年九一八事变，中国政府又失去了对经济相对发达的东北地区的控制。至 1937 年，南京国民政府只能在全国 25%的土地上对 66%的人口建立起有效的统治。[③]

南京国民政府成立后承认了晚清与北京政府时期的各种不平等条约，承认了外国列强在中国境内的各种特权。此时，列强在中国设有大大小小数十个租界，这些租界大都设在工业较发达的各大中城市，覆盖工厂和劳工众多。据 1936 年调查，仅上海公共租界就有大小工厂 3421 家，工人总数为 170704 人。[④] 青岛"工业虽属发达，大小工厂，总数不下 300 余家，但以资本及工人数而论，外商工厂实占十之七八"。[⑤] 租界当局以治外法

---

① 严中平：《中国近代史统计资料选辑》，科学出版社，1957，第 200 页。
② 许涤新、吴承明：《中国资本主义发展史》（第三卷），人民出版社，1990，第 94 页。
③ 罗荣渠：《现代化新论——世界与中国的现代化进程》（增订本），商务印书馆，2004，第 356 页。
④ 《上海公共租界工厂调查》，《国际劳工通讯》1936 年第 3 卷第 11 期，第 43 页。
⑤ 实业部中央工厂检查处：《中国工厂检查年报》，1936，第 283 页。

权为借口，不受中国政府的治理，使中国的劳工政策无法惠及这些劳工。自 1931 年劳工社会保障制度实施以后，中国政府就开始与上海租界当局交涉，并极力争取国际上的支持，至 1937 年仍一无所获。行政管辖权的局限性导致社会保障制度无法在全国范围内施行。

2. 政府财力难以保障

社会保障制度属于社会政策，在执行过程中，国家的财力保障是十分必要的。而在外源性现代化的背景下，受制于薄弱的经济基础和频繁的战乱环境，国家并无财力给予支持。

"内源的现代化大都经历漫长的时间，相对平衡地渐进地推进，暴力的使用和爆发性突变都是暂时的、一时的。而外源的现代化则启动较慢，但很不平稳，充满爆发性剧烈震荡，暴力成为常见的手段。"[①] 有学者统计，辛亥革命后至 1928 年，发生在各省之内和各省之间的军阀大战和小规模的战争达 140 次之多。[②] 南京国民政府宣布统一后，战乱依然不断。如蒋桂战争、蒋冯战争、蒋冯阎战争，主要集中在大城市之间和铁路沿线，给国民经济造成了极大的破坏性。此时期，国民政府对于广东、山东、东北军阀的收买也花费巨大，动辄几千万元。其间还发生了九一八后的抗日战争和对共产党领导的革命根据地进行"围剿"等行动。战争不断使军费成为财政支出的最大项。1929~1937 年，军费占财政支出比例分别为 50.8%、45.5%、43.7%、44.5%、49.8%、48.5%、39.1%、36.3%、44.6%。同时，国民党政府还宣布承担偿还北京政府的全部外债。1929~1937 年，债务支出占比分别为 38.7%、37.1%、40.6%、39.5%、32.6%、31.7%、37.8%、27.4%、26.1%。庞大的军费和外债压缩了本来应该用于经济建设的费用。1934~1937 年，实业、交通、建设三费之和仅占各年度财政总支出的 1.8%、4.3%、9.4%、5.3%。[③]

1929~1937 年，南京国民政府年年出现财政赤字，分别为 19.4%、

---

① 罗荣渠：《现代化新论——世界与中国的现代化进程》（增订本），商务印书馆，2004，第 133 页。

② 同上书，第 321 页。

③ 许涤新、吴承明：《中国资本主义发展史》（第三卷），人民出版社，1990，第 61 页。

18.7%、30.3%、19.0%、13.3%、19.1%、20.8%、23.9%、25.7%，平均为
21.7%。① 南京国民政府靠发行公款、借债度日，无力承担制度建设费用。

　　实施社会保障制度还需要培训合格的工厂检查人员，而中央政府由于
财力困窘，便将责任推向地方政府，规定培养费用由选派检查员的地方政
府承担。工厂检查实施后，地方检查经费由各省市担任。而各地方政府财
政同样困窘，支出困难。如当时经济最发达的上海，1927～1936 年，除开
始的三年财政略有盈余外，此后一直收不抵支。在 1930～1936 年 6 个财
政年度中，年平均赤字在 240 万元以上。② 各地方政府以经费困难为理
由，不执行工厂检查。"惟各省市主管官署，每以经费奉令减缩，或以预
算未列为辞，对于工厂检查，延不举办。"③ 北平市"因经费支绌，迄无
显著成绩"，江苏"省政府厉行紧缩，裁减检查员名额，无法进行"，
山东省"实业厅裁并于建设厅，工厂检查工作，遂因经费影响而无形停
顿"，河北省"该省核减政费，检查员一律裁撤，该省工厂检查，遂告
停顿"。④ 1935 年，实业部不得已呈请行政院通令各省市政府嗣后于年
度概算内必须列入工厂检查经费。1936 年又令各地将工厂检查经费列
入 1936 年财政概算内。未列入财政预算者一律饬令追补，否则不予
核定。

　　3. 人才缺乏

　　新制度在建立后必然需要合格人才去实施。而此时期合格的专业人
员是严重缺乏的。1931 年 4 月，实业部成立工厂检查人员养成所培养
工厂检查人员。由于资金的限制，养成所共办两期培训，毕业人员共
59 人。59 个受过专门训练的专业人员，对于全国适于《修正工厂法》
的 6344 工厂来说，可以说数量完全不相匹配。从地区分布来看，这些
人员来自中央和 16 省市，因各种原因没有派送的省份，在执行工厂检
查时就缺少合格的专业人员，这极大影响了检查的进行。如广西"惟所

---

① 许涤新、吴承明：《中国资本主义发展史》（第三卷），人民出版社，1990，第 61～62 页。
② 〔法〕安克强：《1927～1937 年的上海——市政权、地方性和现代化》，张培德译，上海
　古籍出版社，2004，第 104～108 页。
③ 实业部中央工厂检查处：《中国工厂检查年报》，1934，第三章，第 72 页。
④ 实业部劳动年鉴编辑委员会：《民国二十二年中国劳动年鉴》（第三编），文海出版
　社，1990，第 232、235、237、240 页。

派检查员，均未经训练合格，除视察各该县工厂外，对于工厂检查未能积极办理"，云南省"检查员又非训练合格者，故各地工厂检查，均无法进行"。南京市则"当实业部办理工厂检查人员养成所时，曾保送科员林铮入所训练，但中途辍学，未经补送，该市因无训练合格之工厂检查员，致未举办"。①

此外，毕业后的检查员也没有完全量才而用。有的分发后未经机关委用，有的因"待遇过低，无法维持生活"②或其他原因而离职。上海市社会局选入工厂检查养成所培训人员22名，毕业19名，而真正从事相关检查员职务者仅有8名。山东省毕业合格人员4名，从事相关职业者2名，河北省毕业4名，从事相关职业者2名。北平市"于民国二十一年派定刘海皋、吴宪祖为检查员，均因故离职"。③

由于缺少工厂检查人员，中央工厂检查处成立后，一些地方政府只能委派没有受到过专业培训的人员从事检查工作。南京市于1934年4月指派社会局科员娄良海、工务局技术员刘华国兼任工厂检查员，④后呈准实业部试用。类似未经培训而试用的工厂检查员还有北京市2名、青岛市1名、河南省2名、湖南省1名、云南省1名。1934年中央工厂检查处调查各地工厂检查人员情况，经报告的15省市中，共有26名工厂检查人员，未经训练而核准试用者9名，占所有检查人员的34.62%。⑤为减少人员不足带来的困难，保证检查工作的进行，南京国民政府不得不于1935年4月修订《工厂检查法》第3条，在工厂检查事务"由中央劳工行政机关派工厂检查员办理之"一条外增加一款，"但必要时，省市主管

---

① 实业部劳动年鉴编辑委员会：《民国二十二年中国劳动年鉴》（第三编），文海出版社，1990，第244、244、228页。

② 《咨河北省政府等，为据工厂检查人员养成所呈据毕业学员来函，或称分发后未经机关委用，或称待遇过低，无法维持生活，呈请转咨原送机关即予任用并优为待遇等情，咨请查照办理见复由》，《实业公报》，1931年第43期，第31页。

③ 实业部劳动年鉴编辑委员会：《民国二十二年中国劳动年鉴》（第三编），文海出版社，1990，第230~232页；实业部中央工厂检查处：《中国工厂检查年报》，1934，附录，第45~46页，实业部中央工厂检查处：《中国工厂检查年报》，1934，第三章，第82~83、231~232页。

④ 实业部劳动年鉴编辑委员会：《民国二十二年中国劳动年鉴》（第三编），文海出版社，1990，第228页。

⑤ 实业部中央工厂检查处：《中国工厂检查年报》，1934，第三章，第82~83页。

厅局亦得派员检查"。① 为了保证工厂检查员资格任用的规范，实业部于 1936 年修正《工厂检查员任用及奖惩暂行规程》，省市主管厅局任用检查员应函中央工厂检查处审查合格后，呈请实业部备案。②

（三）相关责任主体对制度的认识不足

南京国民政府时期是劳工社会保障制度的初建时期。由于社会保障制度起源于西方，在中国缺乏制度运行的思想基础，制度的现代性未得到社会的充分认识，这也影响了制度的实施。

现代社会保障制度是以保障人的权利为基本目标的，而社会保障权是人的基本权利的一种。1948 年 12 月 10 日，联合国发布的《世界人权宣言》中第 25 条即关于社会保障权："每个人都有权使本人及家庭达到生活康乐，这不仅包括有权得到食品、衣着、住宅、医疗和其他社会基本服务，而且包括遇到失业、生病、残疾、丧偶、年老或由于非本人所能控制的其他原因而带来生活困难时，有权获得社会保障"。③ 而在南京国民政府时期，虽然制度在逐步发展，但社会对其现代性的认识并没有到位。受传统思想的影响，各种保障项目被视为对劳工的帮助，是"惠工事业"，目的是"改善劳工生活，且可提高工作效率"，④ 而不是保障劳工应有的基本权利。

在制度的相关主体中，政府将劳工社会保障作为社会治理的一种手段，旨在平衡劳资间的利益，维持社会稳定，促进经济发展。"国民政府为民众之政府，乃为全民众谋利益的，并非为某一部分人民谋利益的。劳资两方，皆为民众之一部分，在一方面，政府固然要为工人解除痛苦，并提高其地位，而在他一方面，政府亦当维护厂方之机能，使其得以发展其营业，而后我国经济垂绝之生机，始有回苏之希望。"⑤

① 《修正工厂检查法第三条第五条第十条条文》，《实业公报》1935 年第 228 期，第 60 页。
② 《修正工厂检查员任用及奖惩暂行规程》，《实业公报》1936 年第 311 期，法规，第 27~28 页。
③ 李晓林、王绪瑾主编《社会保障学》，中国财政经济出版社，2003，第 2 页。
④ 吴至信：《中国惠工事业》，载李文海：《民国时期社会调查丛编》（社会保障卷），福建教育出版社，2004，第 112 页。
⑤ 《工商法规委员会委员之讨论工厂法草案重要谈话》，《申报》1928 年 9 月 10 日，第 13 版。

雇主责任制的制度模式使雇主的认识对制度的实施影响极大，"其成功之主要关键，以雇主自觉为最要。政府督促或工人要求，虽不能否认其力量，但常只获得表面或暂时之设施，有时反而阻滞其他惠工事业之正常发展，引为吾人至堪寻味也"。①"此次被调查各厂矿之惠工设施，诚有若干是由于政府之督促而办理，但办理易而敷衍亦易，故有工人补习班而无桌几书籍者，工厂卫生室中而无医师看护者。是知惠工待遇或有一部分可借政府力量以求改善，而惠工设施，则非雇主先有诚意，无由以收实效也。"②

在对劳工社会保障制度的认识上，有些雇主态度较为积极，因而认真实施。有的则很态度消极，予以敷衍。态度积极者，将劳工社会保障看作"促进生产之一必要条件"或"管工之辅助手段"，但这些都是出于提高生产利润的目的，并未考虑到劳动风险的发生与劳工雇用身份有关，给予其保障是雇主的义务。在这种思想下，社会保障待遇若没有强制标准，其支付往往带有各种条件，如许多待遇里工、长工可以得到，而外工、短工则得不到。对劳工社会保障制度态度消极者，则认为"工人智识程度不足，每得寸而进尺"，"办理惠工设施或提高惠工待遇，每为工潮之端"。如不得已而办理，也视其为"平息工潮之救急药方"。还有一种认识，是将劳工社会保障给付看作慈善事业的一种。这种看法较多出现在受西方思想影响较弱的内地，如北平和山西。"对工人病者施药，死者施棺，如'做好事然'。"③

各厂矿劳工对社会保障制度的认识差距很大。一部分劳工深受1924~1927年大革命中阶级斗争思想的影响，认为举办社会保障是雇主当然的义务，在劳资争议中将社会保障待遇作为斗争的目标。这种斗争虽比大革命时期数量少，但仍在持续不断地进行，尤其是在工人运动曾经很激烈的地区，这种认识仍然有影响。而在未经受工人运动洗礼的内地，厂矿工人普通缺乏阶级斗争意识，不认为举办劳工社会保障是雇主的义务，而是将

---

① 吴至信：《中国惠工事业》，载李文海：《民国时期社会调查丛编》（社会保障卷），福建教育出版社，2004，第117页。
② 同上书，第124页。
③ 同上书，第124~125页。

其视为雇主施予工人的一种恩给。由于工资微薄，工作劳累，劳工对自己未来的风险预防措施也较少关注，"办理储蓄或保险，若非厂方强迫，或予以经济补助，绝少成功"，"工人补习教育，目下除……等厂，或以重奖相诱，或以严惩相迫者，尚能略有成绩外，余多徒有空名实际空虚之至"。[①]

从制度相关主体对制度的认识来看，在西方影响下建立的制度，制度的根本精神还没有深入渗透中国社会。对劳工社会保障的解释依据的仍然是中国传统的观念，社会保障设施被认为是雇主给予劳工的"福利"，工伤、失业、疾病保障方面的给付则是给予劳工的"救济"。在制度执行强制性不足的情况下，这些认识非常不利于制度的实施。

综上所述，南京国民政府时期（1927～1937 年）基本建立起了包含工伤、失业、疾病、生育、养老等内容的现代劳工社会保障制度，但制度在整个社会中影响甚微。1930 年代，全国共有人口 4 亿多，全部劳工有2700 万～2800 万人，产业工人在 200 万～300 万，[②] 而得到制度保障的人口仅 10 余万铁路交通工人及符合《修正工厂法》的 66 万工矿工人中的一小部分。[③] 绝大多数劳工的劳动风险并没有得到应有的保障。主要原因在于，在外源性现代化的背景下，社会保障制度的观念来源和建立动机、具体制度模式的选择都来源于外部，而制度施行的条件与中国当时的经济和社会现实存在巨大的脱节。这些因素决定了社会保障制度实施的困境。

但是，这不能抹杀国民政府时期建立起的劳工社会保障制度在中国社会保障发展史中的历史地位。它的出现标志着中国现代社会保障制度的滥觞，传统社会保障的现代转型，中国社会保障制度与国际接轨。南京国民政府的劳工社会保障制度建立后，该制度的实施情况在整个民国时期没有发生太大的变化。现今中国台湾地区较为完善的社会保险制度，也是在此基础上发展起来的。中国共产党领导下的根据地政府仿照苏联建立了社会

---

① 吴至信：《中国惠工事业》，载李文海：《民国时期社会调查丛编》（社会保障卷），福建教育出版社，2004，第 126 页。

② 具体数字见本书第 4～6 页。

③ 具体数字见本书第 231～235 页。

保险制度，在中华人民共和国成立后发展成了大陆的劳动保险制度，至20 世纪 80 年代后伴随经济体制改革进行了根本性的改革，改革一直持续到现今。当初两种模式的选择对现代大陆与中国台湾的社会保障制度的影响仍在。可见 1927~1937 年这段时期是我国社会保障发展史上一个关键阶段，对其进入深入思考，有益于对现今制度的理解和对制度未来发展的认识。

主要参考文献

一 年鉴、资料汇编与社会调查资料

1. 王清彬等：《第一次中国劳动年鉴》，北平社会调查部，1928。

2. 邢必信等：《第二次中国劳动年鉴》，北平社会调查所，1931。

3. 实业部劳动年鉴编辑委员会：《民国二十一年中国劳动年鉴》，文海出版社，1990。

4. 实业部劳动年鉴编辑委员会：《民国二十二年中国劳动年鉴》，文海出版社，1990。

5. 实业部中国经济年鉴编纂委员会：《中国经济年鉴》（1934 年），国家图书馆出版社，2011。

6. 实业部中国经济年鉴编纂委员会：《中国经济年鉴：民国二十四年续编》（1935 年），北京：国家图书馆出版社，2011。

7. 实业部中国经济年鉴编纂委员会：《中国经济年鉴：民国二十五年第三编》（1936 年）国家图书馆出版社，2011。

8. 上海市通志馆年鉴委员会：《上海市年鉴》（1935 年），张研孙燕京主编《民国史料丛刊》，大象出版社，2009。

9. 上海市通志馆年鉴委员会：《民国二十五年上海市年鉴》，张研孙燕京主编《民国史料丛刊》，大象出版社，2009。

10. 天津市政府统计委员会：《天津市统计年鉴》，天津市政府统计委员会，1935。

11. 申报年鉴社：《申报年鉴全编》，国家图书馆出版社，2010。

12. 中国第二历史档案馆：《中华民国史档案资料汇编》，江苏古籍出版社，1991。

13. 中国历史第二档案馆：《国民政府政治制度档案史料选编》，安徽教育出版社，1994。

14. 实业部劳工司：《劳工法规汇编》，实业部总务司，1937。

15. 河南省建设厅：《建设法规汇编》，河南省建设厅，1934。

16. 立法院编译处：《中华民国法规汇编》，中华书局，1934。

17. 顾炳元：《中国劳动法令汇编》，会文堂新记书局，1937。

18. 蔡鸿源：《民国法规集成》，（合肥）黄山书社，1999。

19. 徐白齐：《中华民国法规大全》，商务印书馆，1937。

20. 国家图书馆文献开发中心：《民国劳工劳务史料选编》，全国图书馆文献缩微复制中心，2008。

21. 刘明逵、唐玉良：《中国近代工人阶级和工人运动》，中共中央党校出版社，2002。

22. 刘明逵：《中国工人阶级历史状况》（第一卷，第一册），中共中央党校出版社，1985。

23. 宓汝成：《中华民国铁路史资料》（1912~1949），社会科学文献出版社，2002。

24. 交通部交通史编纂委员会：《近代交通史全编》，国家图书馆出版社，2009。

25. 殷梦霞、李强：《民国统计资料四种》，国家图书馆出版社，2010。

26. 严中平：《中国近代史统计资料选辑》，科学出版社，1957。

27. 北京大学国际政治系：《中国现代史统计资料选编》，河南人民出版社，1985。

28. 陈真：《中国近代工业史资料》，三联书店，1957。

29. 彭泽益：《中国近代手工业史资料》，三联书店，1957。

30. 中华全国总工会中国职工运动史研究室：《中国历次全国劳动大会文献》，工人出版社，1957。

31. （台湾）中国国民党中央委员会党史委员会：《革命文献》。

32. 上海社会科学院历史研究所：《五卅运动史料》，上海人民出版社，1981。

33. 中央档案馆：《中共中央文件选集》，中共中央党校出版社，1982—1989。

34. 中共中央党校党史教研室：《中共党史参考资料》，人民出版社，1979。

35. 中华全国总工会中国工人运动史研究室：《中国工会历次代表大会文献》，工人出版社，1984。

36. 荣孟源：《中国国民党历次代表大会及中央全会资料》，光明日报出版社，1985。

37. 中国第二历史档案馆：《中国国民党第一、二次全国代表大会会议史料》，江苏古籍出版社，1986。

38. 全国总工会研究室：《二七大罢工资料选编》，工人出版社，1983。

39. 中国科学院上海历史研究所、复旦大学历史研究所：《（民国）大事史料长编》，北京图书馆出版社，2008。

40. 李文海：《民国时期社会调查丛编》，福建教育出版社，2004。

41. 中国大百科全书总编辑委员会《社会学》编辑委员会：《中国大百科全书（社会学）》，中国大百科全书出版社，1991。

42. 王宗洲：《中国劳动法规全书》，黄河出版社，1989。

43. 上海市档案馆：《上海档案史料研究》，上海三联书店，2006。

44. 解学诗：《满铁史资料》，中华书局，1987。

45. 北京农商部：《中国政府关于交通四政劳工事务设施之状况》，农商部，1925。

46. 道清铁路管理局：《道清铁路卅周纪念》，道清铁路管理局，1933。

47. 中国劳动问题研究社、国际劳工局中国分局：《公约草案及建议书》，中国劳动问题研究社，1934。

48. 工商部：《全国工人生活及工业生产调查统计报告书》，工商部，1930。

49. 刘大钧：《中国工业调查报告》，经济统计研究所，1937。

50. 上海市政府社会局:《近五年来上海之劳资纠纷》,中华书局,1934。

51. 上海市政府社会局:《上海市工人生活费指数》,中华书局,1932。

52. 实业部统计长办公处:《无锡工人生活费及其指数》,华东印务局,1935。

二　政府公报、年报、期刊杂志、报纸

《政府公报》《国民政府公报》《行政院公报》《立法院公报》《司法院公报》《农商公报》《工商公报》《实业公报》(后为实业部公报)《铁道公报》《交通公报》《卫生公报》《察哈尔政府公报日刊》《建设委员会公报》《河北省政府公报》《广东省政府年报》《上海特别市市政公报》《津浦铁道公报》《江苏省政府公报》《广州市政府公报》《南京市政府公报》《北平市市政公报》《江西省政府公报》《陕西省政府公报》《河南省政府公报》《广东省政府市政公报》《广州市政府市政公报》《湖北省政府公报》《山东工商公报》《河北工商月报》《农工公报》《中国工厂检查年报》《交通部统计年报》《国有铁路劳工统计》《上海公共租界工部局年报》《劳工月报》《工商半月刊》《劳工月刊》《实业部月刊》《立法专刊》《法令周刊》《铁路职工》《铁路职工教育周刊》《铁路职工教育旬刊》《铁路职工教育委员会会报》《国有铁路统计月刊》《交通职工月刊》《交通部电政法令汇刊》《中华邮工》《河北工商月报》《农工商周刊》《上海特别市农工商局半年刊》《广东行政周刊》《劳工教育》《国际劳工通讯》《国际劳工》《国际劳工消息》《中国工人》(中国工人社)《工人周刊》《银行月刊》《纺织时报》《外交评论》《医药评论》《全国学术工作咨询处月刊》《新青年》《东方杂志》《社会学刊》《社会科学杂志》《劳动季刊》《民国日报》《中央日报》《大公报》《申报》

三　论著

1. 陶孟和:《中国劳工生活程度》,中国太平洋国际学会,1932。

2. 青岛市职工教育委员会:《青岛市职工补习教育概况》,(青岛)

青岛市职工教育委员会，1933。

　　3. 华凤章：《各国交通职员养恤制度大纲》，交通部编译处，1921。

　　4. 马超俊：《中国劳工问题》，民智书局，1927。

　　5. 郑行巽：《劳工问题研究》，世界书局，1927。

　　6. 陈达：《中国劳工问题》，商务印书馆，1929。

　　7. 何德明：《中国劳工问题》，商务印书馆，1937。

　　8. 徐协华：《铁路劳工问题》，东方书局，1931。

　　9. 马君武：《失业人及贫民救济政策》，商务印书馆，1933。

　　10. 樊弘：《劳动立法原理》，商务印书馆，1928。

　　11. 樊澍：《劳动法大纲》，商务印书馆，1933。

　　12. 陈振鹭：《劳动问题大纲》，大学书店，1934。

　　13. 陈振鹭：《现代劳动问题论丛》，书报合作社，1933。

　　14. 吴耀麟：《社会保险理论与实际》，大明书局，1932。

　　15. 张法尧：《社会保险要义》，华通书局，1931。

　　16. 林良桐：《社会保险》，正中书局，1946。

　　17. 邱致中：《都市社会政策》，有志书屋，1936。

　　18. 邵元冲：《劳动问题之发生经过及现代劳工事业之发展》，民智书局，1926。

　　19. 王治焘：《国际劳工机关概要》，商务印书馆，1931。

　　20. 林定平，邓伯粹：《各国劳工运动史》商务印书馆，1928。

　　21. 曾炳钧：《国际劳工组织》，北平社会调查所，1932。

　　22. 陈振鹭：《劳工教育》，商务印书馆，1937。

　　23. 陶百川：《中国劳动法之理论与实际》，大东书局，1931。

　　24. 樊澍：《劳动法大纲》，商务印书馆，1933。

　　25. 樊弘：《劳动立法原理》，商务印书馆，1928。

　　26. 〔法〕皮力葛：《国际劳动组织》，商务印书馆，1928。

　　27. 〔日〕浅利顺四郎：《国际劳工问题》，太平洋书店，1928。

　　28. 〔美〕普赖斯：《苏俄劳动保障》，华通书局，1929。

　　29. 蒋学楷：《国际劳工立法》，大东书局，1931。

　　30. 刘巨鋆：《工厂检查概论》，商务印书馆，1934。

31. 彭学沛：《工人运动》太平洋书店，1927。

32. 张廷灏：《中国国民党劳工政策的研究》，大东书局，1930。

33. 程海峰：《国际劳工组织》，正中书局，1946。

34. 国际劳工局中国分局：《国际劳工组织与中国》，国际劳工局中国分局，1948。

35. 马超俊：《中国劳工运动史》，商务印书馆，1942。

36. 朱子爽：《中国国民党劳工政策》，（重庆）国民图书出版社，1941。

37. 朱斯煌：《民国经济史》，文海出版社有限公司，1990。

38. 曾鲲化：《中国铁路史》，新化曾宅，1924。

39. 陈达：《人口问题》，商务印书馆，1934。

40. 陈天表：《人口问题研究》，黎明出版社，1930。

41. 谢振民：《中华民国立法史》，中国政法大学出版社，2000。

42. 钱端升等：《民国政制史》，上海世纪出版集团，2008。

43. 蒋学楷：《国际劳工立法》，大东书局，1931。

44. 曾炳钧：《国际劳工组织》，北平社会调查所，1932。

45. 唐海：《中国劳动问题》，光华书局，1926。

46. 邵元冲：《劳动问题之发生经过及现代劳工事业之发展》，民智书局，1926。

47. 徐公肃等：《上海公共租界史稿》，上海人民出版社，1980。

48. 钱端升等：《民主政制史》，上海人民出版社，2008。

49. 龚书铎：《中国社会通史》，山西教育出版社，1996。

50. 王子今等：《中国社会福利史》，中国社会出版社，2002。

51. 岳宗福：《近代社会保障立法研究》，齐鲁书社，2006。

52. 许涤新、吴承明：《中国资本主义发展史》，人民出版社，1990。

53. 秦孝仪：《中华民国社会发展史》，近代中国出版社，1985。

54. 周建卿：《中华社会福利法制史》，黎明文化事业股份有限公司，1992。

55. 刘明逵、唐玉良：《中国工人运动史》，广东人民出版社，1998。

56. 孔庆泰等：《国民党政府政治制度史》，安徽教育出版社，1998。

57. 〔法〕白吉尔：《中国资产阶级的黄金时代（1911－1937）》，上海人民出版社，1994。

58. 〔法〕安克强：《1927－1937年的上海——市政权、地方性和现代化》，上海古籍出版社，2004。

59. 费成康：《中国租界史》，上海社会科学院出版社，1991。

60. 郭卿友：《中华民国时期军政职官志》，甘肃人民出版社，1990。

61. 许涤新、吴承明：《中国资本主义发展史》，人民出版社，2003。

62. 郭士浩：《旧中国开滦煤矿工人状况》，人民出版社，1985。

63. 罗荣渠：《现代化新论——世界与中国的现代化进程》（增订本），商务印书馆，2004。

64. 罗荣渠：《现代化：理论与历史的再探讨》（译文集），上海译文出版社，1993。

65. 罗荣渠、牛大勇：《中国现代化历程的探索》，北京大学出版社，1992。

66. 罗荣渠：《现代化新论——世界与中国的现代化进程》（增订本），商务印书馆，2004。

67. 罗荣渠：《现代化：理论与历史的再探讨》（译文集），上海译文出版社，1993。

68. 罗荣渠、牛大勇：《中国现代化历程的探索》，北京大学出版社，1992。

69. 卫忠海《中国现代化的理论与实践》，四川大学出版社，2008。

70. 金耀基：《从传统到现代》，中国人民大学出版社，1999。

71. 尹保云：《什么是现代化：概念与范式的探讨》，人民出版社，2001。

72. 沈湘平：《全球化与现代性》，湖南人民出版社，2003。

73. 虞和平：《中国现代化历程》，江苏人民出版社，2001。

74. 〔美〕C.E. 布莱克等：《日本和俄国的现代化》，商务印书馆，1992。

75. 〔美〕吉尔伯特·罗兹曼：《中国的现代化》，上海人民出版社，1989。

76. 〔美〕C. E. 布莱克：《现代化的动力》，四川人民出版社，1988。

77. 郑功成：《社会保障学》，商务印书馆，2000。

78. 美国社会保障署：《1995 年全球社会保障》，华夏出版社，1996。

79. 陈冬红、王敏：《社会保障学》，西南财经大学出版社，1996，

80. 董克用、王燕：《养老保险》，中国人民大学出版社，2000。

81. 仇雨临、孙树菡：《医疗保险》，中国人民大学出版社，2000。

82. 杨伟民、罗桂芬：《失业保险》，中国人民大学出版社，2000。

83. 孙树菡：《工伤保险》，中国人民大学出版社，2000。

84. 谢圣远：《社会保障发展史》，经济管理出版社，2007。

85. S. Avineri, Karl Mark on Colonialism and Modernization, New York, 1968.

86. S. N. Eisenstadt, ed., Revolutions and the Transformation of Societies, A Comparative Study of Civilizations, New York, 1978.

87. David Apter, Rethinking Development: Modernization, Dependency, and Postmodern Politics, New York, 1978.

88. John H. Kautsky, The Political Consequences of Modernization, New York, 1963.

后　记

　　本书是在笔者博士毕业论文基础上修改完成的。2009 年我师从扬州大学吴善中教授攻读中国近现代史专业博士学位。吴老师在太平天国史和近现代秘密社会史的研究上有很深的造诣，但考虑到我此前在现代社会保障政策研究上的基础，同意我做近代社会保障史的研究。我的博士论文从选题到框架结构，到最后定稿，都经过了吴老师的精心指导。由于我的专业基础薄弱，吴老师对我的指导更为费心，我的论文能顺利通过答辩，以至现在成书，吴老师付出了无数心血。我毕业后所出的研究成果，其内容也是毕业论文有关主题的拓展。吴老师引领我走进中国近现代史研究领域，对此感激之情，无法用言语表达。

　　在博士论文答辩与预答辩时，许多老师对论文提出了宝贵的意见，促使我对这个主题进一步的思考与对论文的修改，在此感谢这些老师：中国社会科学院王建朗教授、南京邮电大学叶美兰教授、扬州大学周新国教授、周一平教授、周建超教授、刘建臻教授、刘正峰教授、李尚全教授……

　　也感谢我的家人。由于读书和写作，几年中对老母亲和儿子的照顾时间有所减少，但他们都很理解、支持。在写作过程中，我和爱人何仟年做了很多细节上的探讨，他提出了许多有益的建议，在定稿时又帮我校对了部分章节。在北京访学时，我吃住在妹妹刘秀清的家中，后来又请她对论文的一些章节做了文字校对。

　　出于篇幅的考虑，我对博士论文做了以下修改：将原先的绪论部分改作前言，缩减了学术综述与概念界定等方面内容。在制度创建过程一章中，删除了北京政府劳工社会保障立法尝试的部分，将内容简要论述于此章节前。缩减了参考文献部分。

感谢扬州大学淮扬文化中心的资助，感谢社会科学文献出版社诸位先生的辛劳，让这本书得以顺利出版。

以后唯有努力工作、好好生活，报答诸位师长家人的厚爱。

图书在版编目（CIP）数据

南京国民政府时期劳工社会保障制度：1927-1937 /
刘秀红著. -- 北京：社会科学文献出版社，2018.11
（扬州大学中国史学科丛书）
ISBN 978-7-5201-3066-0

Ⅰ.①南…　Ⅱ.①刘…　Ⅲ.①劳动就业-社会保障-
研究-中国-民国-1927-1937　Ⅳ.①D693.66

中国版本图书馆 CIP 数据核字（2018）第 155024 号

·扬州大学中国史学科丛书·

南京国民政府时期劳工社会保障制度（1927~1937）

著　　者／刘秀红

出 版 人／谢寿光
项目统筹／王　绯
责任编辑／张建中　崔晓璇　钱越洋

出　　版／社会科学文献出版社·社会政法分社（010）59367156
　　　　　地址：北京市北三环中路甲 29 号院华龙大厦　邮编：100029
　　　　　网址：www.ssap.com.cn
发　　行／市场营销中心（010）59367081　59367083
印　　装／三河市东方印刷有限公司

规　　格／开　本：787mm×1092mm　1/16
　　　　　印　张：21.25　字　数：336 千字
版　　次／2018 年 11 月第 1 版　2018 年 11 月第 1 次印刷
书　　号／ISBN 978-7-5201-3066-0
定　　价／89.00 元